CONTROLADORIA AVANÇADA

Dados Internacionais de Catalogação na Publicação (CIP)
(Câmara Brasileira do Livro, SP, Brasil)

Padoveze, Clóvis Luís
  Controladoria avançada / Clóvis Luís Padoveze. -
1. ed. - São Paulo: Cengage Learning, 2010.

  1. reimpr. da 1. ed. de 2005.
  ISBN 978-85-221-0433-8

  1. Contabilidade gerencial 2. Controladoria
I. Título.

04-7792   CDD-658.151

Índice para catálogo sistemático:
1. Controladoria : Empresas : Administração
        financeira 658.151

CONTROLADORIA AVANÇADA

Clóvis Luís Padoveze

☼ CENGAGE

Austrália • Brasil • México • Cingapura • Reino Unido • Estados Unidos

CENGAGE

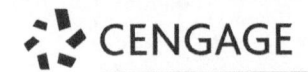

Controladoria avançada

Clóvis Luís Padoveze

Gerente Editorial: Adilson Pereira

Supervisora de Produção Editorial: Patricia La Rosa

Editora de Desenvolvimento: Tatiana Valsi Pavanelli

Produtor Editorial: Fábio Gonçalves

Copidesque: Marcos Soel Silveira Santos

Revisão: Andréa da Silva Medeiros e Vera Lúcia Quintanilha

Composição: Cia. Editorial

Capa: Ana Lima

© 2005 Cengage Learning Ltda.
Todos os direitos reservados.

Todos os direitos reservados. Nenhuma parte deste livro poderá ser reproduzida, sejam quais forem os meios empregados, sem a permissão, por excrito, da Editora.
Aos infratores aplicam-se as sanções previstas nos artigos 102, 104, 106 e 107 da Lei nº 9.610, de 19 de fevereiro de 1998.

Esta editora empenho-se em contatar os responsáveis pelos direitos autorais de todas as imagens e de outros materiais utilizados neste livro. Se proventura for constatada a omissão involuntária na identificação de algum deles, dispomo-nos a efetuar, futuramente, os possíveis acertos.

A editora não se responsabiliza pelo funcionamento dos links contidos neste livro que possam estar suspensos.

Para informações sobre nossos produtos, entre em contato
por telefone **0800 11 19 39**

Para permissão de uso de material desta obra, envie seu
pedido para **direitosautorais@cengage.com**

© 2005 Cengage Learning. Todos os direitos reservados.

ISBN-10: 85-221-0433-6
ISBN-13: 978-85-221-0433-8

Cengage Learning
Condomínio E-Business Park
Rua Werner Siemens, 111 – Prédio 11 – Torre A – Conjunto 12
Lapa de Baixo – CEP 05069-900 – São Paulo – SP
Tel.: (11) 3665-9900 – Fax: (11) 3665-9901
SAC: 0800 11 19 39

Para suas soluções de curso e aprendizado, visite
www.cengage.com.br

Impresso no Brasil
Printed in Brazil

Apresentação

A decisão de continuidade nos estudos me colocou diante de vários desafios, ao mesmo tempo que me propiciou situações gratificantes. Exemplo de uma situação gratificante é o convite do dileto amigo, Clóvis Luís Padoveze, para escrever a apresentação de *Controladoria avançada*. Novamente enfrento um desafio, pois não será fácil escrever apenas sobre o autor, ou sobre mais uma de suas notáveis obras. Tentarei as duas coisas.

Clóvis possui diversas qualidades: é um profissional renomado e de sucesso, experiente como poucos nas áreas de Controladoria e de Contabilidade, com rara e profunda visão de negócios. Vem desenvolvendo sólida e crescente carreira acadêmica, como professor, autor e pesquisador. Tive as primeiras notícias sobre seus escritos no final da década de 1980. E, na década de 1990, conhecemo-nos pessoalmente, quando fomos colegas de turma no Doutorado em Controladoria e Contabilidade na USP. Em 1999 ele compôs a banca perante a qual apresentei minha tese de doutorado. Desde então, desenvolvemos excelente relacionamento e nos temos encontrado nos melhores eventos da área contábil e em bancas de mestrado na Fecap.

Como professor, sua trajetória na graduação, no treinamento empresarial e na pós-graduação tem brindado estudantes, profissionais e executivos com um tempero equilibrado e consistente de conhecimento teórico, experiência prática e capacidade didática.

A obra *Controladoria avançada* é mais um exemplo do que Clóvis vem oferecendo à comunidade empresarial e aos profissionais de Controladoria e Contabilidade. Clóvis é eclético. Consegue visitar diversos autores e pesquisadores nacionais e estrangeiros, estudar e refletir sobre suas proposições para, em suas conclusões, oferecer efetivas contribuições, em vez de simplesmente repetir os outros, ou polarizar sobre determinadas metodologias ou modelos.

Em *Controladoria avançada*, o leitor encontrará elementos que lhe permitirão:

- Equilibrar as demandas de controle da gestão, afeitas à Controladoria, com as de controle interno, nas quais a Contabilidade possui papel fundamental.
- Uma análise crítica sobre a etapa de planejamento dentro do processo de gestão, e uma exposição completa e equilibrada sobre a importância do orçamento empresarial. Concordo com Clóvis que o orçamento é indispensável para a continuidade das organizações, e faço minhas suas palavras ao alertar de forma fundamentada a comunidade empresarial e os profissionais de Controladoria e de Contabilidade sobre modismos que parecem ser a "dose salvadora de conhecimento" ou a "panacéia para a resolução imediatista dos problemas organizacionais".

- Uma das mais completas e racionais abordagens sobre o tema "Custos". Assim como Clóvis, entendo o custo como um elemento da equação denominada resultado. Como conseqüência, o resultado deveria ser a preocupação principal da comunidade empresarial e dos profissionais de Controladoria e Contabilidade. Lamentavelmente, ainda reina a "síndrome do custo". Os custos devem ser tratados no contexto do planejamento e controle dos resultados. Significa que precisam ser planejados e conhecidos, para depois serem racional e eficientemente controlados.

- Elementos que permitirão elaborar uma estrutura de relatórios para avaliação da atividade empresarial, desdobrada na avaliação do desempenho da empresa, das áreas de responsabilidade e dos resultados dos produtos e serviços.

Tenho dúvidas se consegui vencer o desafio, mas estou feliz e honrado por oferecer essa apresentação, ao tempo em que manifesto minha preocupação ao elaborar um texto à altura do autor e da qualidade da obra de que me coube falar. Os que me conhecem sabem que, em minha opinião, um padrão é o que deveria ser. Por isso Clóvis será sempre um *benchmarking*, representando um padrão a ser seguido.

Peço a Deus que continue a iluminar os caminhos de Clóvis e que, em breve, ele nos brinde com mais trabalhos de mesma envergadura. Meus parabéns à comunidade empresarial brasileira e aos profissionais de Controladoria e Contabilidade por terem a partir de agora mais uma obra de referência à sua disposição.

Prof. Dr. Ivam Ricardo Peleias

Professor e Pesquisador do Programa de Mestrado em Controladoria e Contabilidade Estratégica do Centro Universitário Álvares Penteado – Unifecap-SP; Professor do Curso de Graduação em Ciências Contábeis da PUC/SP; Consultor de Empresas.

Sumário

Prefácio IX

Plano da Obra XI

PARTE I – CONCEITOS E ESTRUTURA 1

1. O Processo Empresarial de Criação de Valor 3
   Clóvis Luís Padoveze

2. A Controladoria como Ciência e Unidade Administrativa 21
   Clóvis Luís Padoveze, Gideon Carvalho de Benedicto

3. Auditoria Interna no Atual Ambiente Empresarial 43
   Clóvis Luís Padoveze

4. Adequação das Demonstrações Financeiras para os Usuários Externos 55
   Clóvis Luís Padoveze, Gideon Carvalho de Benedicto

5. Estruturação do Sistema de Informação Contábil no
   Sistema Integrado de Gestão Empresarial (ERP) 71
   Clóvis Luís Padoveze, José Carlos Pantaroto

6. Elementos Operacionais e Não Operacionais nas Demonstrações Contábeis 93
   Clóvis Luís Padoveze, Gideon Carvalho de Benedicto

PARTE II – PLANEJAMENTO 107

7. Determinação da Estrutura do Ativo e
   Retorno do Investimento 109
   Clóvis Luís Padoveze

8. A Decisão de Distribuição de Lucros 137
   Clóvis Luís Padoveze, Gideon Carvalho de Benedicto, Fábio Frezatti

9. Análise da Conjuntura e Previsão da Demanda 151
   Clóvis Luís Padoveze, Geraldo Vitorio Biaggi, Jaime Augusto de Campos

10. Plano Orçamentário: Estrutura e Análise Crítica 173
    Clóvis Luís Padoveze

PARTE III – CONTROLE 189

11. Custeio Variável *versus* Custeio por Absorção 191
    Clóvis Luís Padoveze

12. Política de Redução de Custos 219
    Clóvis Luís Padoveze

13. Gestão de Preços de Venda 235
    Clóvis Luís Padoveze

PARTE IV – AVALIAÇÃO DE DESEMPENHO 251

14. Índice de Liquidez e Avaliação Econômica da Empresa 253
    Clóvis Luís Padoveze

15. Teoria das Restrições e Avaliação do Desempenho Empresarial 269
    Clóvis Luís Padoveze

16. Contabilidade Divisional: Centros de Lucros e Unidades de Negócios 289
    Clóvis Luís Padoveze

17. Mensuração do Capital Humano 305
    Clóvis Luís Padoveze

Prefácio

Nossa concepção sobre a Ciência da Controladoria é que ela é hoje o atual estágio evolutivo da Ciência Contábil. Nas organizações, a Controladoria se configura como uma unidade administrativa, com estrutura própria, que, por meio da utilização maciça da teoria contábil, acoplada aos conceitos necessários das demais ciências, exerce funções específicas.

O objeto da Ciência de Controladoria é o controle econômico das entidades, portanto, é uma gestão baseada em resultados econômicos. O espectro do controle econômico abrange os três aspectos temporais: controle antecedente ou preliminar, controle concomitante ou corrente e controle subseqüente ou posterior.

Segundo essa visão, a controladoria deve participar ativamente de todo o processo de gestão empresarial, que compreende o ciclo de planejamento, execução e controle. Dentro do planejamento (controle antecedente), podemos distinguir três etapas: planejamento estratégico, planejamento operacional ou de médio prazo e programação ou planejamento de curto prazo. Dentro do controle (controle subseqüente) podemos distinguir o controle propriamente dito e o processo de avaliação de resultados e desempenho da empresa e dos gestores internos.

O instrumento básico para o exercício das funções da Controladoria é o sistema de informação contábil ou de controladoria, que se caracteriza automaticamente como gerencial, uma vez que deve permitir a atuação do *controller* ou contador geral em todas as etapas do processo de gestão. Dessa maneira, todas as teorias, os conceitos e as técnicas da ciência contábil devem ser internalizados em todos os subsistemas do sistema de informação de controladoria.

Contudo, a função da Controladoria não deve limitar-se a fornecer informações gerenciais para o processo decisório. Cabe a ela, além do monitoramento de todo o sistema de informação gerencial, fornecer os modelos decisórios adequados para a gestão econômica do sistema empresa, de suas atividades e eventos econômicos, e para a avaliação dos gestores empresariais.

Como ciência da gestão econômica, cabe à Controladoria a gestão de todos os resultados empresariais e essa é a sua maior missão. Portanto, nossa concepção de Controladoria é de uma gestão baseada em resultados. E nessa missão, o resultado econômico é considerado a melhor medida da eficácia empresarial.

Assim, o exercício da função de Controladoria é uma atuação ativa, com a tarefa de assegurar o resultado planejado, da empresa e suas partes, para que esta se mantenha em continuidade, remunerando adequadamente os supridores de capital e cumprindo seu mister de satisfazer as necessidades da sociedade.

Plano da Obra

Este trabalho caracteriza-se como avançado, uma vez que aborda os principais assuntos de Controladoria dentro de uma visão crítica e aprofundada, com forte conteúdo conceitual, sem, contudo, eliminar os aspectos práticos necessários a sua compreensão básica. Os temas desenvolvidos estão apresentados em uma estrutura que se alinha com o processo de gestão.

O trabalho é segmentado em quatro partes.

Na Parte I são desenvolvidos e apresentados os principais temas que mostram a Ciência da Controladoria e sua estrutura como unidade administrativa, partindo da visão básica de que é o processo de criação de valor. Apresentamos, também, os temas necessários para sua compreensão como sistema de informação gerencial e as necessidades contábeis básicas.

A Parte II engloba os principais pontos para a etapa do processo de planejamento, incluindo um capítulo para apreciação do plano orçamentário.

Na Parte III são apresentados os mais importantes conceitos de custos e métodos de custeamento, bem como uma visão geral de gestão de custos, nos temas Política de Redução de Custos e Gestão de Preços de Venda.

A Parte IV apresenta os principais fundamentos para análise da rentabilidade da empresa e sua avaliação econômico-financeira, bem como os principais conceitos para avaliação das atividades empresariais e do desempenho dos seus gestores.

Esperamos que nosso trabalho seja de utilidade para acadêmicos e profissionais. A abordagem dada ao tema é uma proposta inicial, a ser ajustada e complementada com as sugestões recebidas.

PARTE I
CONCEITOS E ESTRUTURA

Capítulo 1

O Processo Empresarial de Criação de Valor

Clóvis Luís Padoveze[1]

A contabilidade gerencial pode ser definida como o processo de identificação, mensuração, acumulação, análise, preparação, interpretação e comunicação de informação (tanto financeira como operacional) utilizada pela administração para planejamento, avaliação e controle dentro da organização e para assegurar o uso e a responsabilidade sobre seus recursos (Ifac, 1989).

O atual foco das pesquisas sobre a missão das entidades empresariais está centrado no conceito de criação de valor, associando no mesmo escopo o processo de informação gerado pela contabilidade para que as entidades possam cumprir adequadamente sua missão.

Atkinson et al. (1997, p. 1 e 4) iniciam seu trabalho mais recente com esse conceito, dizendo: "Contabilidade Gerencial – Informação que cria valor – Sistemas contábeis gerenciais efetivos podem criar valor consideravelmente pelo fornecimento de informações acuradas e oportunas sobre as atividades necessárias para o sucesso das organizações de hoje".

Horngren, Foster e Datar (1994, p. 6) também deixam claro que o escopo da contabilidade gerencial é a cadeia de valor, quando citam na introdução de seu trabalho: "Através desse livro nós organizamos nossa visão sobre as organizações pela utilização da cadeia de valor das funções do negócio, que aparecem na Figura 1.1. **A cadeia de valor** é a seqüência das funções do negócio no qual a utilidade é adicionada aos produtos ou serviços de uma organização. Essas funções são:

Estratégia e Administração

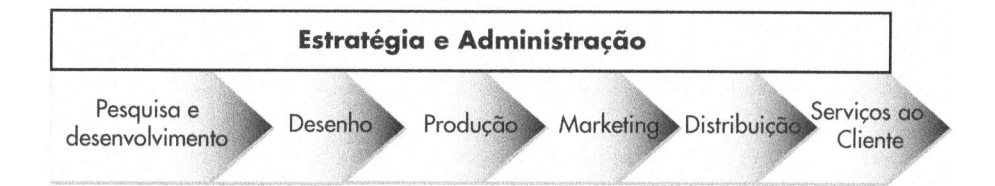

Pesquisa e desenvolvimento ▸ Desenho ▸ Produção ▸ Marketing ▸ Distribuição ▸ Serviços ao Cliente

Figura 1.1 – Cadeia de Valor.

---

[1] Universidade Metodista de Piracicaba-SP.

A Figura 1.1 também mostra uma função de estratégia e administração, que se estende através de todas as funções individuais do negócio".

Mais especificamente na administração financeira, Van Horne (1998, p. 3) inicia seu último trabalho também dentro do mesmo enfoque quando diz: *"O objetivo de uma companhia deve ser a criação de valor para seus acionistas.* O valor é representado pelo preço de mercado da ação ordinária da companhia, o qual, por outro lado, é uma função das decisões de investimento, financiamento e dividendos da empresa... Por todo este livro, o tema unificante é a criação de valor".

Ramirez, no recente artigo "A criação de valor na nova economia" (1998, p. 16), discute o mesmo escopo, procurando alertar que o conceito tradicional de "cadeia de valores" deve ser revisado quando diz: "No esquema tradicional de 'cadeia de valores', o valor é criado pelos produtores e destruído pelos consumidores. No entanto, essa concepção deixa de fazer sentido num mundo de empresas, fornecedores e clientes estreitamente vinculados numa rede global de negócios em que seus respectivos relacionamentos estão em constante mutação. Nesse ambiente, as tradicionais ferramentas de análise econômica tornam-se inúteis. A tarefa, agora, é descobrir uma maneira mais flexível de conceber as distinções entre clientes, fornecedores, bens e serviços".

O objetivo deste tópico é discutir o conceito de criação de valor e suas variantes, buscando sua validação, sua interação com a contabilidade e o papel da contabilidade no processo de geração de valor dentro do ambiente empresarial. Nesse sentido, estaremos também objetivando circunscrever a função contábil dentro das empresas, rediscutindo sua missão.

Contabilidade Gerencial e a Função de Criação ou Geração de Valor

O atual estágio da contabilidade gerencial, que abarca todos os estágios evolutivos anteriores, centra-se no processo de criação de valor por meio do uso efetivo dos recursos empresariais. Essa função-objetivo está declarada no Relatório Revisado de Março de 1998, emitido pelo Comitê de Contabilidade Financeira e Gerencial da Federação Internacional de Contadores (International Federation of Accountants – Ifac), sobre os Conceitos de Contabilidade Gerencial.

Apresentamos a seguir os principais tópicos relacionados como tema de geração ou criação de valor, partindo da apresentação dos estágios evolutivos da contabilidade gerencial, de acordo com o Ifac.

Evolução e Mudança na Contabilidade Gerencial (Ifac, 1998, p. 4)

"O campo da atividade organizacional abarcado pela *contabilidade gerencial* foi desenvolvido através de quatro estágios reconhecíveis:

- Estágio 1 – Antes de 1950, o foco era na determinação do custo e controle financeiro, através do uso das tecnologias de orçamento e contabilidade de custos;
- Estágio 2 – Por volta de 1965, o foco foi mudado para o fornecimento de informação para o controle e planejamento gerencial, através do uso de tecnologias tais como análise de decisão e contabilidade por responsabilidade;
- Estágio 3 – Por volta de 1985, a atenção foi focada na redução do desperdício de recursos usados nos processos de negócios, através do uso das tecnologias de análise do processo e administração estratégica de custos;
- Estágio 4 – Por volta de 1995, a atenção foi mudada para a geração ou criação de valor através do uso efetivo dos recursos, através do uso de tecnologias tais como exame dos direcionadores de valor ao cliente, valor para o acionista e inovação organizacional."

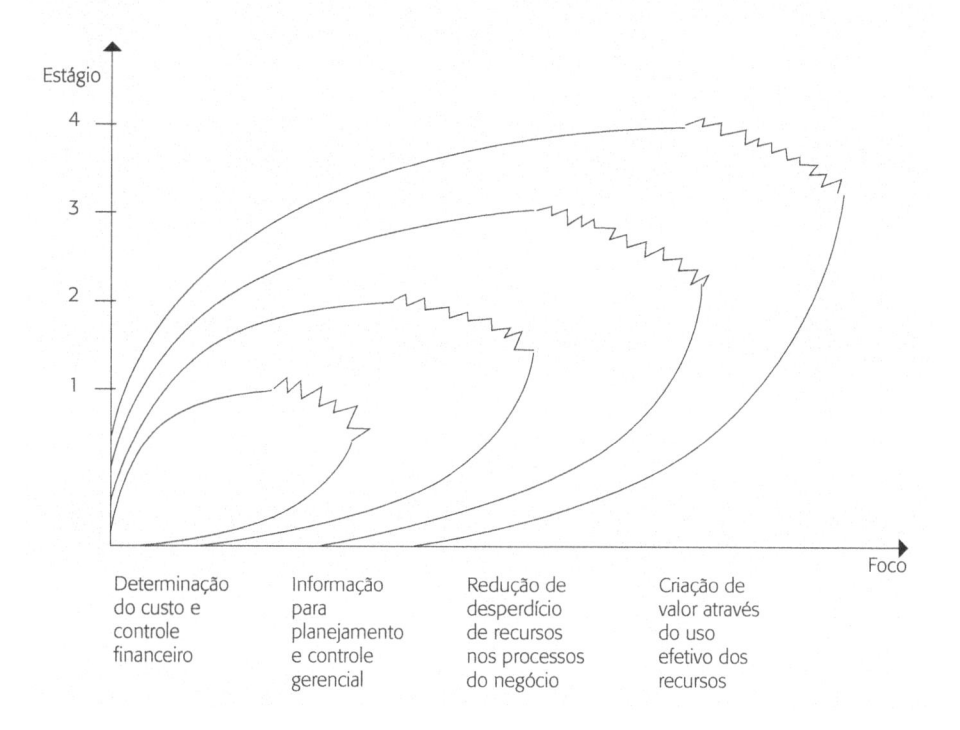

Figura 1.2 – Evolução da Contabilidade Gerencial.

Cada estágio da evolução representa adaptação para um novo conjunto de condições que as organizações enfrentam, pela absorção, reforma e adição aos focos e tecnologias utilizadas anteriormente. Cada estágio é uma combinação do velho e do novo, com o velho sendo reformado para ajustar-se com o novo em combinação a um novo conjunto de condições para o ambiente gerencial. A contabilidade gerencial atual refere-se ao produto do processo de evolução cobrindo os quatro estágios. (Ifac, 1998, parágrafos 9 e 15)

Nos estágios 3 e 4, ela (a contabilidade gerencial) é vista como uma *parte integral do processo de gestão*, com informações sendo disponibilizadas em tempo real diretamente para a administração, e com a distinção entre administração de *apoio e linha* sendo progressivamente embaçada. *O foco do uso dos recursos (incluindo a informação) para criar valor é uma parte integral do processo gerencial nas organizações* (Ifac, 1998, parágrafo 19). Nos estágios 3 e 4, a informação é vista como um recurso organizacional, juntamente com outros recursos organizacionais; o foco, agora, contudo, é na redução das perdas e desperdícios desses recursos (tanto em termos reais como financeiros) e em conservar ou alavancar seu uso na geração ou criação de valor. (Ifac, 1998, parágrafo 17)

A contabilidade gerencial, como uma parte integral do processo de gestão, adiciona valor distintivamente pela investigação contínua sobre a efetividade da utilização dos recursos pelas organizações – na criação de valor para os acionistas, clientes e outros credores. (Ifac, 1998, parágrafo 29)

Passaremos a discutir, a seguir, os principais conceitos que, em nosso entendimento, devem ser revistos à luz dessa função-objetivo da contabilidade gerencial, que é a adição e criação de valor.

Criação de Valor – A Atividade Produtiva

O estudo da criação de valor ou geração de riqueza, a atividade produtiva, não é objeto de estudo da Ciência Contábil, mas, sim, o ponto fundamental da Ciência Econômica (Sandroni, 1994, p. 107). A economia, objeto da ciência econômica, pode ser definida como o conjunto de atividades de uma coletividade humana relativas à produção, distribuição e consumo dos bens (Grande Enciclopédia..., 1988, p. 113).

A produção e a conseqüente geração de renda é assim apresentada por Rossetti (1994, p. 58):

> Dentre as três diferentes categorias básicas de atividade econômica (produção, consumo e acumulação), a *produção* é considerada como *atividade fundamental*. O seu caráter de atividade fundamental decorre de que as demais categorias dependem das funções produtivas, à medida que os diferentes agentes que operam nos sistemas econômicos nacionais só podem satisfazer às suas necessidades de consumo e acumulação de riquezas se, preliminarmente, destinarem tempo, talento e esforço à ação de produzir bens e serviços que desejarem consumir e acumular.

A geração de renda ocorre paralelamente ao processamento da produção. Independentemente da sua natureza, quaisquer bens ou serviços que sejam produzidos exigem o emprego de recursos econômicos, denominados *fatores de produção*, como o trabalho, o capital, a tecnologia e a capacidade empresarial. Como já vimos, a mobilização, pelas empresas, desses diferentes tipos de fatores conduz ao pagamento de remunerações, sob a forma de salários, juros, aluguéis e lucros. Estas remunerações, geralmente denominadas *custo dos fatores*, correspondem ao conceito econômico de renda. (Ibidem, p. 60)

Hicks (1946), citado por Rossetti (1994, p. 59), ressalta que o conceito de produção não se limita à atividade industrial, mas abrange também a atividade comercial e a atividade de serviços, quando ele diz: "Os comerciantes não são originalmente responsáveis pela produção dos bens com que transacionam; todavia, o comércio desempenha a útil atividade de reunir e oferecer os bens em locais que melhor satisfaçam às necessidades dos consumidores (...) além disso, há numerosos trabalhadores que não estão diretamente ligados à produção de bens materiais. Os médicos, os professores e os atores são, todos eles, exemplos de *produtores de serviços* que satisfazem necessidades tão importantes quanto as proporcionadas por certos tipos de bens materiais".

As empresas têm sido o meio mais eficaz de produção de valor na economia moderna. Também conforme Rossetti, "afinal, o que diferencia os modos de produção das modernas organizações sociais, comparativamente aos praticados pelas organizações primitivas, não é a essência em si do ato de produzir, mas o número cada vez maior de etapas interpostas entre a produção e o consumo, decorrentes da maior especialização e da divisão social do trabalho" (p. 59).

Neste trabalho, queremos deixar claro que o processo de criação de valor deve ser medido objetivamente e, portanto, conceituamos como criação de valor a geração ou o aumento do *valor econômico* de um recurso ou ativo. Estamos interpretando dessa maneira o conceito de criação de valor, não de outra maneira subjetiva. Exemplificando, se criar valor para o cliente é fazer com que ele se sinta cada vez mais satisfeito com os produtos e serviços oferecidos pelas empresas, entendemos isso como um conceito subjetivo de criação de valor. Para nós, esse conceito (subjetivo) é apenas um meio (provavelmente o melhor) de criar valor econômico (conceito objetivo) para as empresas.

Valor Agregado ou Adição de Valor

A Ciência Econômica é responsável pelo conceito-base de adição ou agregação de valor. Conforme Rossetti, "a produção deve ser vista como um processo contínuo de entradas (*inputs*) e saídas (*outputs*). O produto deve ser entendido como a diferença entre o valor das saídas e o valor das entradas, o que equivale a dizer que o conceito de produto corresponde ao *valor agregado* pelas empresas no decurso do processamento da produção" (p. 81).

Complementando, também com Rossetti "... devemos ter presente o significado do valor agregado, que expressa, como já vimos, a diferença entre o valor bruto da produção e a soma dos valores de todos os bens e serviços intermediários utilizados quando do processamento dessa mesma produção" (p. 85).

No processo de agregação de valor, fica claro também que as empresas são as entidades que se responsabilizam pelos processos intermediários de agregação de valor, conforme Rossetti: "... cada uma das empresas integrantes do aparelho de produção da economia será considerada, sob um ponto de vista sistêmico, como uma *unidade processadora* dependente de fornecimentos originários de outras empresas" (p. 80).

A Ciência Contábil incorporou o conceito de valor agregado no seu escopo, com o desenvolvimento do conceito de *valor adicionado*. Conforme De Luca (1991, p. 39), "podemos definir Valor Adicionado como a diferença entre o valor da produção/faturamento e os consumos intermediários (compras a outras empresas) nesse período, ou seja, a mesma definição utilizada pela economia".

Destruição de Valor

O processo de destruição de valor é considerado o consumo dos bens e serviços produzidos pelas empresas. Conforme Ramirez (1998, p. 16), "na economia industrial que estamos prestes a deixar para trás, supunha-se que o consumo de bens ou serviços pelos clientes destruísse o valor que havia sido criado pelos produtores".

Apesar da visão desse autor de que esse processo destrutivo possa ser visto de maneira mais avançada, o consumo é considerado o processo destrutivo do valor dos bens e serviços produzidos.

Criação ou Adição de Valor e Contabilidade Gerencial

Retomamos a função-objetivo da atual contabilidade gerencial apresentada na introdução deste trabalho segundo a Ifac: "A contabilidade gerencial, como uma parte integral do processo de gestão, adiciona valor distintivamente pela investigação contínua sobre a efetividade da utilização dos recursos pelas organizações – na criação de valor para os acionistas, clientes e outros credores".[2]

---

[2] "Management accounting, as an integral part of the management process, distinctly adds value by continuously probing whether resources are used effectively by organizations – in creating value for shareholders, customers or other stakeholders" (Ifac, 1988, parágrafo 29).

A criação de valor para os clientes e outros credores faz parte, em nosso entender, dos conceitos *subjetivos* de criação de valor, os quais são válidos na medida em que podem auxiliar o processo de mensuração econômica do sistema empresa, mas não permitem, em um primeiro momento, enquadrar-se como criação ou adição de valor.

Outrossim, a função-objetivo da contabilidade gerencial de criação de valor para os acionistas nos parece clara, e é um conceito objetivo, pois pode ser mensurado economicamente. A criação do valor para o acionista centra-se na geração do lucro empresarial, que, por sua vez, é transferido para os proprietários da entidade, que genericamente estamos denominando de acionistas. O pequeno e simples exemplo sobre objetivo de finanças com a abertura de uma empresa, de Ross, Westerfield e Jaffe (1995, p. 26), ilustra bem a questão: "No linguajar financeiro, seria feito um investimento em ativos, tais como estoques, máquinas, terrenos e mão-de-obra. O dinheiro aplicado em ativos deve ser contrabalançado por uma quantia idêntica de dinheiro gerado por algum financiamento. *Quando começar a vender, sua empresa irá gerar dinheiro. Essa é a base da criação de valor* (grifo nosso). A finalidade da empresa é criar valor para o seu proprietário. O valor está refletido no modelo básico da empresa, representado pelo seu balanço patrimonial".

Em resumo, o conceito de criação (ou adição) de valor na contabilidade gerencial, como em finanças, está ligado ao processo de *geração de lucro para os acionistas*.

O Conceito de Atividades que *Não Adicionam* Valor na Contabilidade Gerencial

Decorrente da filosofia de administração de produção JIT (*Just-in-Time*) e do conceito de eficiência dos ciclos de produção e entrega, dentro da abordagem da Gestão Estratégica de Custos, surgiu o conceito de *atividades que adicionam ou não valor ao produto ou ao cliente*.

Conforme Nakagawa (1991, p. 43), "uma atividade que não adiciona valor ao produto é aquela que pode ser eliminada, sem que os atributos do produto (desempenho, função, qualidade, valor reconhecido) sejam afetados".

Ainda conforme Nakagawa, "nas atividades relacionadas com a produção, o conceito de valor não adicionado pode ser visualizado mais facilmente. Produtos parados na empresa, desde a armazenagem de matéria-prima, passando pelos materiais em circulação na área de produção até a estocagem de produtos acabados, constituem custos de atividades que poderiam ser eliminadas pela manutenção de um fluxo contínuo do produto através do processo de produção".

Como as atividades consomem tempo, e os tempos de espera, inspeção e movimentação não adicionam ou agregam valor ao produto e, portanto, ao cliente, estas devem ser eliminadas. Assim, a única atividade que agrega valor ao produto é a atividade de produção. Nessa visão, há o conceito de *throughput time*, ou tempo de fabricação, que, em seguida, evolui para o tempo do ciclo de entrega. Constatou-se que, no ciclo de entrega e fabricação, além do processamento normal e necessário, existem muitos tempos que deveriam ser evitados, por não serem produtivos. São os tempos de espera, movimentação e inspeção. Um dos grandes objetivos, então, da manufatura, é a busca desses tempos improdutivos, que são denominados *tempos que não adicionam valor* aos produtos, para que sejam eliminados. A Figura 1.3 mostra os ciclos de tempo com esse conceito.

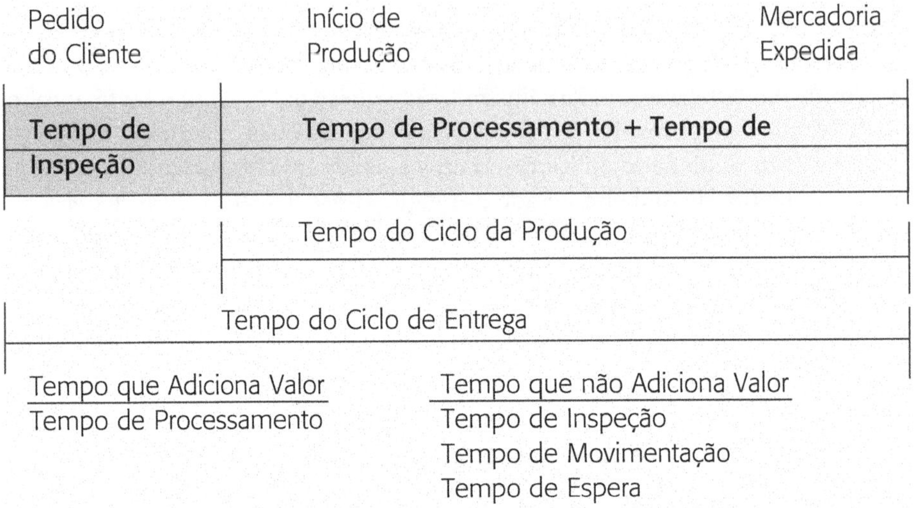

Pedido do Cliente	Início de Produção		Mercadoria Expedida
Tempo de Inspeção	**Tempo de Processamento + Tempo de**		
	Tempo do Ciclo da Produção		
Tempo do Ciclo de Entrega			
Tempo que Adiciona Valor Tempo de Processamento		Tempo que não Adiciona Valor Tempo de Inspeção Tempo de Movimentação Tempo de Espera	

Como uma medida de desempenho de manufatura, adotando os conceitos de tempos que adicionam ou não valor, temos a eficiência do ciclo de produção, que é assim expressa:

$$\text{Eficiência do Ciclo de Fabricação} = \frac{\text{Tempo de Processamento}}{(\text{Tempo de Processamento} + \text{Tempo de Espera} + \text{Tempo de Movimentação} + \text{Tempo de Inspeção})}$$

Figura 1.3 – Tempo do Ciclo de Entrega e de Fabricação.

Como ideal, as empresas deveriam buscar a eficiência = 1.

Horngren, Foster e Datar (1994, p. 474) e Ostrenga et al. (1993, p. 232) também entendem que as atividades internas da companhia podem ser classificadas (e mensuradas) entre as atividades que adicionam valor ao produto e as que não adicionam valor, apresentando exemplos de demonstrações de resultados evidenciando essas mensurações e classificações.

Horngren; Foster e Datar (1994, p. 473) assim definem: "O conceito de atividade que adiciona valor é um ponto chave na gestão de custos. Atividades que adicionam valor são aquelas que os clientes percebem como incrementadoras da utilidade dos produtos ou serviços que eles compram".

Atividades que Adicionam Valor, Cadeia de Valor e Valor Agregado

Apesar de similares, os conceitos de valor agregado e adição de valor podem ser distinguidos. O conceito de valor agregado é macroeconômico, e fundamenta-se na transferência de bens ou serviços entre as empresas. O conceito de adição de valor, da forma como propugnado pelos estudiosos da Gestão Estratégica de Custos, relaciona-se com as atividades internas da empresa.

Há ligação entre os dois conceitos, obviamente. Partindo do pressuposto de que as atividades desenvolvidas internamente não são mais do que subprocessos de uma atividade maior, nas transferências entre as atividades internas há a adição ou a agregação de valor. Podemos ilustrar esses dois conceitos como na figura a seguir.

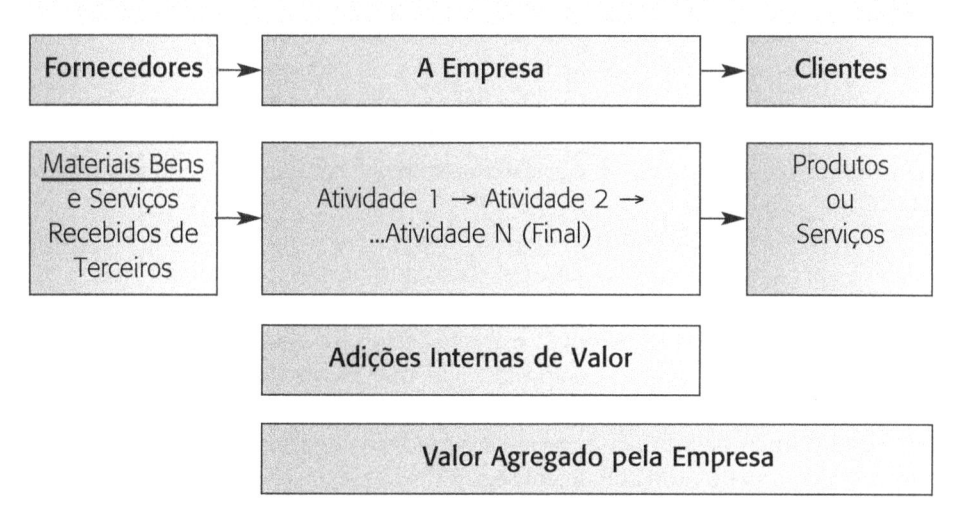

```
Fornecedores  →  A Empresa  →  Clientes

Materiais Bens
e Serviços       Atividade 1 → Atividade 2 →     Produtos
Recebidos de     ...Atividade N (Final)           ou
Terceiros                                         Serviços

          Adições Internas de Valor

          Valor Agregado pela Empresa
```

Figura 1.4 – A Empresa, Atividades que Adicionam Valor e Valor Agregado do Produto.

Outrossim, é importante ressaltar que as adições internas de valor têm um limite que é o valor do produto final entregue ao mercado. Dessa maneira, associando o conceito dos gargalos da Teoria das Restrições (Goldratt e Cox, 1986), todas as adições dentro da cadeia interna de atividades da empresa não conseguem exceder ao valor do produto final vendido aos clientes, que é o preço de mercado. Por mais que as atividades internas possam ter condições de adicionar valor, o produto final tem um valor agregado limítrofe, ou seja, um valor que não pode ser ultrapassado, que é o valor da diferença dos preços de mercado dos materiais e serviços adquiridos de terceiros, e do valor do produto final entregue aos seus clientes. Desse modo, ganhos internos de adição de valor podem ser "perdidos" pelas restrições impostas pelo mercado.

Contudo, em nosso entendimento, o objetivo do desenvolvimento do conceito de atividade que não adiciona valor está ligado ao conceito de tempos possíveis de serem eliminados, e não ao conceito correto de adição de valor. Quando Horngren; Foster e Datar (1994) dizem "atividades que adicionam valor são aquelas que os clientes percebem como incrementadoras da utilidade dos produtos ou serviços que eles compram" estão, em nossa opinião, falando sobre *valor agregado* pela empresa, e não de atividades desenvolvidas internamente.

De fato, os clientes *percebem utilidades diferentes de produtos diferentes*, mas não têm condições de distinguir quais atividades desenvolvidas internamente para determinado produto são executadas pelas empresas.

Se uma empresa vende um aparelho de tevê em branco e preto e outra vende um em cores, os clientes darão mais valor aos televisores coloridos. Da mesma forma, se uma empresa oferece tevês sem controle remoto, os clientes darão mais valor aos aparelhos com controle de outra empresa. Identicamente, se uma empresa oferece uma tevê simples de vinte polegadas, e outra oferece um aparelho de vinte polegadas conjugado com DVD, os clientes estarão propensos a pagar mais pelo aparelho conjugado. Nesse sentido, há valores agregados aos produtos, pois são produtos diferentes, que os clientes percebem diferentemente. O valor de um produto ou serviço é expresso pelo seu preço de venda ao mercado, aceito pelo cliente.

Entendemos o conceito de atividade que adiciona ou não valor, da forma como é apresentado por esses autores, como questionável, uma vez que *o cliente não sabe quais as atividades que a empresa emprega no seu processo de produção e comercialização*, salvo algumas evidentes, como os serviços pós-venda.

Partindo também da pressuposição de que os processos utilizados pela empresa apresentam possibilidades opcionais, ou seja, a empresa tem várias opções de adotar determinados processos produtivos e comerciais, fica difícil, no nosso entendimento, um cliente conseguir avaliar se alguma atividade adiciona ou não valor ao produto ou serviço que ele adquire.

Não há dúvida de que o cliente, eventualmente, vem a perceber algumas diferenças entre os diversos produtos similares a ele oferecidos, mas essa diferenciação é de caráter altamente subjetivo e de julgamento individual, não sendo possível, em nosso entendimento, contar como dado da empresa, e conseqüentemente, ter relevância informar e mensurar.

Em nosso entendimento, todas as atividades que a empresa desenvolve internamente são necessárias e, portanto, têm valor para a empresa. Assim, não seria lógico e racional supor que uma empresa *desenvolvesse internamente uma atividade desnecessária*.

Contudo, entendemos que o conceito de atividade o qual adiciona ou não valor está mais na idéia de quanto custa cada atividade, se ela está sendo desenvolvida de forma eficiente e eficaz, e se não há desperdícios. Somos obrigados a concordar com esse ponto de vista, se é ele que está subjacente à idéia de adicionar ou não valor. Cada atividade desenvolvida pela empresa deve ser gerida e ter um resultado eficiente e eficaz, sob pena de comprometer o lucro e a eficácia empresarial.

Mesmo com relação ao tempo despendido na execução das atividades, e sua separação em tempos que adicionam ou não valor, a aplicação do conceito é questionável. É óbvio que as empresas buscam reduzir o tempo gasto no desenvolvimento das atividades para vender, produzir e entregar os produtos e serviços, com o menor consumo de recursos e ativos. Isso tem sido medido pela análise financeira e de balanço com o conceito tradicional de giro do ativo e dos prazos médios de atividade.

Mas se os tempos de espera, movimentação e inspeção *são necessários*, tanto para produção e venda, como para garantir a qualidade dos bens e serviços, esses tempos *não são elimináveis*. São tão necessários quanto os tempos "produtivos". Sem eles, os produtos não seriam gerados dentro das condições idealizadas.

A avaliação do tempo gasto nas atividades é fundamental para apuração e determinação da capacidade de produção e venda, seja em termos de recursos humanos ou de outros recursos (materiais, energia elétrica etc.). Essa avaliação é uma atribuição dos gestores operacionais das diversas áreas, setores e processos por onde o produto ou serviço é manipulado.

O tipo de tempo gasto, em nosso entendimento, é irrelevante. A tecnologia de produção e comercialização adotada exige um processo de movimentação e transporte de materiais e produtos, e todo esse tempo é necessário. Se o equipamento exige um tempo de preparação, este não poderá ser eliminado. Se entre um equipamento e outro há a necessidade de transporte de material, também esse procedimento não poderá ser eliminado. Se o material, por exemplo, exige um serviço fora da empresa (a terceirização tem sido uma política de redução de custos muito utilizada), será impossível eliminar o transporte e a burocracia exigida para tal tarefa. Se a inspeção deve ser feita, seja no momento de produção ou em momento posterior, ela também não será eliminável, dentro daquela tecnologia e daquele processo, para aquele produto ou serviço.

Entendemos mais relevantes, em relação à avaliação dos tempos operacionais, os conceitos de otimização da produção da Teoria das Restrições. Dessa visão destacamos os seguintes conceitos em relação ao tempo gasto nas atividades necessárias ao processo operacional:

a) uma hora perdida no gargalo é uma hora perdida no sistema inteiro;
b) uma hora economizada onde não é gargalo é apenas uma *ilusão* (grifo nosso).
(Guerreiro, 1996, p. 38)

Um exemplo desse tipo de procedimento é o de um fabricante de relógios norte-americano. O fabricante identificou um modo de montagem em um país asiático, de custo extremamente reduzido. Em um determinado momento do dia, as peças eram reunidas e enviadas de avião para tal país. Durante o dia acontecia a montagem e, em seguida, o avião retornava com o produto montado. Ora, se o tempo de transporte fosse eliminado, não haveria essa possibilidade de redução de custo. Mais ainda, nesse caso, aumentou-se o tempo, pelo transporte e montagem em outro país, mas foi a melhor opção econômica. Mesmo o tempo de entrega ao cliente, analisado de forma individualizada, foi aumentado em um dia. Obviamente, a empresa dispõe de capital de giro para bancar um estoque adicional que possibilite a mesma condição de entrega do produto. *Portanto, o que importa não é necessariamente o tempo reduzido, mas a otimização do valor econômico obtido pelo processo de produção, venda e distribuição.*

Em resumo, todas as atividades da empresa têm de ser avaliadas economicamente em termos de resultado, receitas menos custos. O tempo gasto nas atividades precisa ser sempre o menor possível, em todas as suas etapas, na busca da maior eficiência e produtividade operacional. A análise e a possível redução dos tempos devem ser feitas à luz da tecnologia de produção, processo e comercialização adotada, avaliado economicamente, na busca do melhor resultado positivo, o lucro empresarial.

Valor Econômico Adicionado (EVA – *Economic Value Added*)

Na área de finanças, mais ligado à análise de investimentos, surgiu o conceito de EVA/MVA – Valor Econômico Adicionado/Valor Adicionado de Mercado. Conforme Atkinson et al. (1997, p. 478-479), "recentemente, um número de analistas e consultores tem proposto o uso do valor econômico adicionado como uma ferramenta para avaliação do desempenho da organização (...) o analista ajusta o lucro contábil, corrigindo-o *com o que* os proponentes do valor econômico adicionado consideram para sua visão conservadora. Por exemplo, os ajustes incluem a capitalização e amortização de custos de pesquisa e desenvolvimento e custos significativos de lançamento de produtos. A seguir, o analista computa a importância do investimento na organização e deriva o valor econômico adicionado como segue:

Valor Econômico Adicionado = Lucro Contábil Ajustado (–) Custo de Capital *versus* Nível de Investimento".

Na realidade, podemos dizer que o conceito do EVA nada mais é do que uma aplicação do conceito de *custo de oportunidade* do capital e do conceito de manutenção do capital financeiro da empresa.

Custo de Oportunidade

Todas as atividades devem ser avaliadas pelo mercado, que representa o custo de oportunidade de manter determinada atividade. Fundamentalmente, isso é explicitado em dois conceitos de custo de oportunidade:

- Preço de mercado e preço de transferência baseado no preço de mercado, para avaliação dos estoques e produtos finais, e dos produtos e serviços produzidos pelas atividades internas.
- Custo de oportunidade financeiro, para mensurar e avaliar o aspecto financeiro das atividades e do custo de oportunidade dos acionistas, fornecedores de capital à empresa e às atividades.

A adoção do custo de oportunidade para os acionistas implica criar uma área de resultados específica para mensurar sua rentabilidade. O custo de oportunidade dos acionistas é o lucro mínimo que eles deveriam receber para justificar seu investimento (o seu custo de oportunidade, a preço de mercado). Ao mesmo tempo, a adoção desse conceito permite incorporar o conceito de manutenção do capital empresarial e, nesse sentido, estamos adotando o conceito de lucro de Hicks (1946, p. 172), para quem o lucro é "a importância que uma pessoa pode consumir durante um período de tempo e estar tão bem no fim daquele período como ela estava no seu início".

O conceito de custo de oportunidade dos acionistas permite uma visão correta de lucro distribuível, ou seja, só distribuir o excedente à manutenção do capital financeiro e, com isso, dá as condições econômicas para o processo de sobrevivência do sistema empresa e, portanto, sua continuidade.

O conceito de custo de oportunidade, acoplado a conceitos de mensuração relacionados com o fluxo futuro de benefícios, configura o conceito de lucro econômico, em oposição ao conceito tradicional de lucro contábil.

Lucro Econômico *versus* Lucro Contábil

O resultado apurado segundo os princípios contábeis geralmente aceitos é denominado *lucro contábil*. Denominamos lucro econômico o resultado apurado segundo os conceitos de mensuração não atrelados ao custo original como base de valor mas, sim, em valores de realização ou de fluxo futuro de benefícios, decorrentes da abordagem das atividades para mensuração do lucro (Hendriksen, 1977, p. 143-144).

Iudícibus (1980, p. 58) assim se expressa: "... a avaliação conservadora, baseada no custo original, falha, nos demonstrativos financeiros, como elemento preditivo de tendências futuras para os usuários externos (...) Nesse ponto, a Contabilidade a valores de realização seria mais informativa para o usuário, pois, não se sabendo até que ponto irá a 'continuidade' da entidade (pelas normas atuais de avaliação), talvez fosse mais fácil depreender quão próxima está a descontinuidade".

Dessa maneira, entendemos que o conceito de Lucro Econômico é o único que permite ver a aplicação da teoria da mensuração de forma abrangente e integrada com modelos de decisão para os eventos econômicos e as atividades, dentro do Sistema de Informação Contábil.

Estamos adotando como premissa que o lucro é obtido pela diferença do valor do patrimônio líquido final menos o inicial. Nesse sentido, adotamos o conceito de lucro econômico como mensuração do resultado empresarial, em acordo com as colocações de Guerreiro (1991, p. 1-23).

Sobre o lucro econômico, diz Guerreiro: "Em termos econômicos, o lucro é visto como a quantia máxima que a firma pode distribuir como dividendos e ainda continuar tão bem ao final do período como estava no começo. Continuar tão bem, economicamente falando, é interpretado como manter o capital intacto em termos do valor descontado do fluxo de recebimentos líquidos futuros. O lucro econômico é gerado, portanto, assim que exista um aumento no patrimônio líquido. Por outro lado, para mensurar o lucro como incremento do patrimônio líquido é necessária a avaliação de todos os ativos da empresa, com base nos recebimentos líquidos futuros esperados. O lucro é mensurado através do crescimento do patrimônio líquido, originado pela manipulação dos ativos. Sob esse prisma, os ativos de qualquer natureza são 'recebíveis' esperados para fluir para a empresa período a período" (p. 5).

Complementando o conceito de lucro econômico, conforme diz Iudícibus (1995, p. 13) em outro trabalho, "O conceito econômico depende, para sua mensuração, de fluxos nominais (correntes) de caixa (ou, eventualmente, até de lucro contábil, na falta de valores de caixa), da fixação de um horizonte temporal e da estimação de uma taxa de juros que seria utilizada para o cálculo do valor presente dos fluxos futuros".

Lucro Econômico, Goodwill e Custo de Oportunidade

Conforme vimos anteriormente com Guerreiro (1991, p. 16), "continuar tão bem, economicamente falando, é interpretado como manter o capital intacto em termos do valor descontado do fluxo de recebimentos líquidos futuros".

Para manter o capital intacto, é necessária a adoção do conceito de custo de oportunidade do capital. O conceito de custo de oportunidade do capital implica uma rentabilidade mínima de mercado, de tal forma que os investidores sejam remunerados além dessa rentabilidade mínima, sob pena de abandonarem os investimentos na empresa.

Também conforme Guerreiro (1992, p. 17), "em termos práticos, o custo de oportunidade corresponde à remuneração mínima exigida pelos acionistas sobre o seu investimento na empresa".

Assim, dois conceitos de mensuração são fundamentais para a Contabilidade Gerencial, para obter o correto valor da empresa e o resultado econômico correto: custo de oportunidade e fluxo líquido de benefícios futuros.

Nesse sentido, a figura do *Goodwill*[3] emerge naturalmente, como o valor resultante da mais-valia do valor da empresa sobre a avaliação individual de seus ativos, como diz Martins (1972, p. 78): "O *Goodwill* tem sido genericamente aceito como o fruto da existência de diversos fatores que a Contabilidade não aceita formalmente como elementos do Ativo, quer sejam eles a organização interna da empresa, o bom relacionamento com os empregados, a condição monopolística, a localização da firma ou outros quaisquer".

Como vemos, o conceito de lucro econômico é muito mais abrangente, pois permite incorporar as questões fundamentais da mensuração do resultado, eficácia, sobrevivência e valor da empresa, além de que o faz de uma forma integrada e dentro da visão sistêmica.

EVA e Destruição de Valor

O conceito de destruição de valor emerge como conceito inverso ao conceito de adição de valor, considerando o custo de oportunidade de capital. Todas as atividades que tiverem um resultado inferior ao custo de oportunidade do investimento apresentam destruição de valor, pois os acionistas estarão sendo remunerados com rentabilidade inferior ao custo médio de oportunidade do mercado.

A distribuição de resultados nessa condição implicaria um processo de destruição do capital da empresa, pois se estaria, na realidade, distribuindo capital dos acionistas e, conseqüentemente, reduzindo o valor da empresa.

EVA e a Mensuração do Resultado dos Produtos, Atividades e Divisões da Empresa

O conceito de EVA deve ser aplicado não só para a avaliação geral do empreendimento, mas, sim, para todas as atividades e divisões da empresa, conforme o processo de avaliação de desempenho dos gestores divisionais.

---

[3] *Goodwill*: valor da diferença obtida entre o valor total da empresa, avaliada por determinados critérios, e o valor resultante da soma aritmética do valor dos ativos e passivos avaliados isoladamente; valor intangível adicional da empresa.

Nessa mesma linha, o processo de análise de rentabilidade dos produtos deve incorporar o mesmo conceito, objetivando a congruência de objetivos específicos, setoriais e globais do empreendimento.

Considerações Finais

Diante do exposto, podemos concluir que existem dois pontos referenciais na análise do processo de criação de valor:

1. O Conceito de Valor Agregado, decorrente da Teoria Econômica, expresso pelo valor de mercado do produto final entregue aos clientes menos o valor dos insumos adquiridos de terceiros, também a preços de mercado, ou seja, o conceito de Valor Adicionado adotado pela Ciência Contábil.
2. O Custo de Oportunidade de Capital dos Acionistas, que entende como criação de valor o lucro empresarial que excede ao custo de oportunidade do capital sobre o valor dos investimentos no negócio.

A contabilidade gerencial e a atividade de controladoria[4] devem se inserir entre esses dois pontos referenciais. Portanto, os conceitos de atividades que adicionam ou não valor também se circunscrevem dentro desses mesmos pontos referenciais e, dessa maneira, é ilusão entender que uma atividade interna pode agregar valor de forma isolada, já que é limitada pelo valor do bem ou serviço produzido pela empresa.

Dentro desses pontos referenciais, a Controladoria, no exercício da função contábil gerencial, pode monitorar adequadamente o processo de geração de valor na empresa, mediante:

a) a adoção dos conceitos adequados de mensuração do lucro empresarial, que, em nosso entendimento, são derivados do conceito de lucro econômico;

---

[4] Estamos considerando neste trabalho Controladoria como uma unidade administrativa dentro da empresa, cujo responsável é o controlador (*controller*), que exerce sua função de controle fundamentalmente pela utilização da Ciência Contábil, denominada neste trabalho de contabilidade gerencial, por meio do sistema de informação contábil, em conformidade com o entendimento de Nakagawa (1993, p. 13-14 e 17): "Para tanto, geralmente o *controller* acaba tornando-se o responsável pelo projeto, implementação e manutenção de um sistema integrado de informações, que operacionaliza o conceito de que a contabilidade, como principal instrumento para demonstrar a quitação de responsabilidades que decorrem da *accountability* (obrigação de se prestar contas dos resultados obtidos, em função das responsabilidades que decorrem de uma delegação de poder) da empresa e seus gestores, é suportada pelas teorias da decisão, mensuração e informação".

b) o apoio às atividades operacionais no processo de geração de valor, por meio do sistema de informação contábil gerencial.

Os fundamentos do lucro econômico são:

1. O Resultado da Empresa é obtido pela diferença entre Patrimônios Líquidos, Final menos Inicial, excluídos os aumentos e as reduções de capital durante o período.
2. Ativos avaliados pelo Valor Presente do Fluxo Futuro de Benefícios e, conseqüentemente, incorporação do conceito de *Goodwill*.
3. Adoção do Custo de Oportunidade de capital para mensuração do resultado dos produtos, atividades, divisões e da empresa.
4. Adoção do Custo de Oportunidade para o processo de distribuição de dividendos e manutenção do capital da empresa.

Nesse sentido, todas as estruturas organizacionais da empresa trabalharão de forma congruente junto aos acionistas, objetivo maior da entidade e da continuidade do empreendimento.

A controladoria é uma área de apoio dentro das empresas e não tem responsabilidade pelo processo operacional de geração de lucro, salvo a decorrente de sua própria atuação, pois não é um órgão de linha.

Assim, não vemos como possível imaginar que a contabilidade gerencial e a controladoria consigam gerar valor dentro da empresa. A controladoria, por meio do sistema contábil gerencial, que incorpora os conceitos de lucro econômico, dá as condições à empresa de avaliar todo o processo de geração ou criação de valor (geração de lucro para os acionistas).

Outrossim, considerando que para exercer as funções de controladoria são necessários recursos, os quais custam para a empresa, essa função, como todo recurso internado, deve ser sempre avaliada à luz dos benefícios gerados. Cabe ao controlador, e à empresa, avaliar o exercício da função de controladoria dentro da relação custo *versus* benefício da produção de informação, como qualquer sistema informacional existente dentro da empresa.

Bibliografia

ATKINSON, Anthony A. et al. *Management Accounting*. 2. ed. Upper Saddle River, NJ: Prentice-Hall, 1997.

DE LUCA, Márcia Martins Mendes. *Demonstração do valor adicionado*. São Paulo, 1991. Tese (Mestrado) – FEA-USP.

GOLDRATT, Eliyahu; COX, Jeff. *A meta*. São Paulo: Imam, 1986.

GRANDE ENCICLOPÉDIA LAROUSSE CULTURAL. São Paulo: Universo, 1988, v. 3, p. 1113.

_____. Mensuração do resultado econômico. In: *Caderno de Estudos Fipecafi/FEA-USP*, n. 3, set. 1991.

_____. Um modelo de sistema de informação contábil para mensuração do desempenho econômico das atividades empresariais. *Caderno de Estudos Fipecafi/FEA-USP*, n. 4, mar. 1992.

GUERREIRO, Reinaldo. *A meta da empresa*: seu alcance sem mistérios. São Paulo: Atlas, 1996.

HENDRIKSEN, Eldon S. *Accounting Theory*. 3. ed. Homewood, Il.: Richard D. Irwin Inc., 1977.

HICKS, James R. *Value and Capital*. 2. ed. Londres: Oxford University Press, 1946.

HORNGREN, Charles T.; FOSTER, George; DATAR, Srikant. *Cost Accounting – A Managerial Emphasis*. 8. ed. Englewood Cliffs, NJ: Prentice-Hall, 1994.

IFAC – INTERNATIONAL FEDERATION OF ACCOUNTANTS/INTERNATIONAL MANAGEMENT ACCOUNTING PRACTICE STATEMENT. Management Accounting Concepts. Relatório de fevereiro de 1989.

_____. Relatório Revisado, março de 1998.

IUDÍCIBUS, Sérgio de. *Teoria da contabilidade*. São Paulo: Atlas, 1980.

_____. Conceitos econômicos e contábil de lucro: simetrias e arritmias. *Revista Brasileira de Contabilidade*, v. 24, n. 96, nov./dez. 1995.

MARTINS, Eliseu. Contribuição à avaliação do ativo intangível. São Paulo, 1972. Tese (Doutorado) – FEA-USP.

NAKAGAWA, Masayuki. *Gestão estratégica de custos*. São Paulo: Atlas, 1991.

_____. *Introdução à controladoria*. São Paulo: Atlas, 1993.

OSTRENGA, Michael R. et al. *Guia da Ernst & Young para gestão total de custos*. Rio de Janeiro: Record, 1993.

RAMIREZ, Rafael. A criação de valor na nova economia. *Mastering Global Business*. Caderno editado pela *Gazeta Mercantil*. São Paulo, 7 ago. 1998.

ROSSETTI, José Paschoal. *Contabilidade social*. 7. ed. São Paulo: Atlas, 1994.

ROSS, Stephen A.; WESTERFIELD, Randolph W.; JAFFE, Jeffrey E. *Administração financeira*. São Paulo: Atlas, 1995.

SANDRONI, Paulo. *Novo dicionário de economia*. 5. ed. São Paulo: Bestseller, 1994.

VAN HORNE, James C. *Financial Management and Policy*. 11. ed. Upper Saddle River, NJ: Prentice-Hall, 1998.

Capítulo 2

A Controladoria como Ciência e Unidade Administrativa

Clóvis Luís Padoveze
Gideon Carvalho de Benedicto[1]

O objetivo do Capítulo é apresentar a Controladoria como Ciência e o seu papel na organização, indicando os fundamentos para viabilizar o órgão administrativo Controladoria dentro de uma empresa. Na primeira parte de nosso estudo, faremos um resumo do nosso entendimento da questão do aspecto científico da Controladoria e, na segunda parte, as considerações da Controladoria como unidade administrativa.

Para discutir a Controladoria como Ciência e se ela tem os requisitos necessários para tal, é preciso verificar o seu campo de atuação, suas teorias, os fenômenos sobre os quais ela se debruça e os métodos científicos que utiliza. É objetivo discutir sucintamente esse aspecto.

Dos autores pesquisados sobre Controladoria, a única obra que explicitamente trata do tema é Controladoria, de Mosimann et al. (1993).

Segundo esses autores (p. 85), "a Controladoria consiste em um corpo de doutrinas e conhecimentos relativos (...) gestão econômica. Pode ser visualizada sob dois enfoques:

a) como um órgão administrativo com uma missão, funções e princípios norteadores definidos no modelo de gestão do sistema empresa e,

b) como uma área do conhecimento humano com fundamentos, conceitos, princípios em todos oriundos de outras Ciências.

Sob esse enfoque, a Controladoria pode ser conceituada como o conjunto de princípios, procedimentos e métodos oriundos das Ciências da Administração, Economia, Psicologia, Estatística e principalmente da Contabilidade, que se ocupa da gestão econômica das empresas, com o fim de orientá-las para a eficácia" (Mosimann et al., 1993, p. 96).

Na visão desses autores, a Controladoria é uma Ciência autônoma e não se confunde com a Contabilidade, apesar de utilizar pesadamente o instrumental contábil.

---

[1] Pontifícia Universidade Católica de Campinas-SP; Centro Universitário Salesiano de São Paulo – Americana-SP.

Consideramos questionável esse aspecto da definição desses autores. Em nossa opinião, a Controladoria pode ser entendida como a Ciência Contábil evoluída. Como em todas as Ciências, há o alargamento do campo de atuação, e esse alargamento do campo de abrangência da Contabilidade conduziu a que ela seja mais bem representada semanticamente pela denominação de Controladoria.

Controladoria e Contabilidade

Tendo em vista a grande interação com a Contabilidade e a pouca Informação sobre Controladoria como Ciência, passamos, primeiramente, a pesquisar sobre a Contabilidade como Ciência, assunto sobre o qual existem diversos estudos, artigos e obras.

Nas pesquisas sobre Contabilidade como Ciência, as referências levam-nos à escola de pensamento contábil italiana, já que a escola americana não se preocupa profundamente com o assunto, pois busca tratar a Contabilidade mais como ferramenta administrativa e a sua utilização nas empresas. As pesquisas na escola italiana, principalmente, trazem os questionamentos da Contabilidade como Ciência, seu objeto, sua amplitude, definições, e conduzem a muitas visões e facetas sobre o tema.

Contabilidade – Definições

Apresentamos a seguir definições selecionadas sobre a Ciência contábil. Damos, primeiramente, algumas definições que refletem a visão da escola italiana:

> Contabilidade, a Ciência que estuda e pratica as funções de orientação, controle e registro relativos aos atos e fatos da administração econômica. (Francisco D'Áuria, apud D'Amore e Castro, 1967, p. 50)
>
> Considerada em seu aspecto teórico, a Ciência que estuda e enuncia as leis do controle econômico das empresas de todas as classes e deduz as normas oportunas a seguir para que esse controle seja verdadeiramente eficaz, persuasivo e completo. Considerada em sua manifestação prática, a aplicação ordenada das ditas normas. (Fabio Besta, apud D'Amore e Castro, 1967, p. 51)
>
> A Contabilidade, como Ciência autônoma, tem por objeto o estudo do patrimônio aziendal sob o ponto de vista estático e dinâmico. Serve-se da escrituração como instrumento para demonstrar as variações patrimoniais. A Contabilidade não se confunde, nem com a organização, nem com a gestão. (Herrmann Jr., 1978, p. 29)

Da escola americana, destacamos as seguintes definições:

Contabilidade é um processo de comunicação de informação econômica para propósitos de tomada de Decisão tanto pela administração como por aqueles que necessitam fiar-se nos relatórios externos. (Hendriksen, 1977, p. 100)

Contabilidade é o processo de identificação, mensuração e comunicação de informação econômica para permitir formação de julgamentos e decisões pelos usuários da Informação. (American Accounting Association 1966, apud Glautier e Underdown, 1977, p. 2)

Das definições apresentadas, podemos verificar duas vertentes conceituais sobre a Contabilidade: a primeira, que enfoca o conceito de controle econômico do patrimônio e de suas mutações (controles estático e dinâmico), e a segunda, que enfatiza o conceito de processo de comunicação de Informação econômica. Retomaremos o tema mais à frente.

Contabilidade e Controle

O conceito de controle econômico está fundamentalmente ligado à escola italiana, precursora da contabilidade como Ciência, e o conceito de comunicação de informação econômica está mais ligado à escola norte-americana, entendida como a abordagem da comunicação da Contabilidade (Iudícibus, 1980, p. 24).

Segundo Catelli (1994), a Controladoria tem por objeto a identificação, mensuração, comunicação e a decisão relativas aos eventos econômicos.[2] Ela deve ser a gestora dos recursos da empresa, respondendo pelo lucro e pela eficácia empresarial.

Tomando como referencial a definição de Mosimann et al. sobre a Controladoria...

> ... que se ocupa da gestão econômica das empresas, com o fim de orientá-las para a eficácia.

e a definição de Fabio Besta sobre Contabilidade...

> ... que estuda e enuncia as leis do controle econômico das empresas de todas as classes e deduz as normas oportunas a seguir para que esse controle seja verdadeiramente eficaz, persuasivo e completo.

e a visão de Catelli sobre Controladoria...

---

[2] *Evento econômico* é uma ocorrência no ambiente da empresa, tanto interno como externo, que tem uma significância econômica para os tomadores de decisão da empresa. (Colantoni et al. 1971)

... identificação, mensuração, comunicação e a decisão relativas aos eventos econômicos (...) respondendo pelo lucro e pela eficácia empresarial.

e entendendo que a gestão econômica se faz precipuamente por meio da decisão sobre os eventos econômicos, podemos compreender que, na realidade, Contabilidade e Controladoria têm o mesmo campo de atuação e estudam os mesmos fenômenos.

Podemos confirmar isso por meio de colocações de outros autores sobre a Ciência Contábil.

Segundo Viana (1966, p. 48-49), "o controle assume maior amplitude no que diz respeito à administração econômica, isto é, às ações que visam à obtenção, à transformação, à circulação e ao consumo de bens. O órgão que acompanha toda a atividade econômica, que estuda os fenômenos que lhe são inerentes, suas causas e seus efeitos, pondo-os em evidência, que demonstra os efeitos da administração sobre o patrimônio da 'azienda' e que desta forma constrange os órgãos da administração a atuarem em consonância com o programa estabelecido, denomina-se órgão de contabilidade, ou seja, aquele que exerce a função da contabilidade".

É interessante observar, nessa conceituação, uma visão muito abrangente e objetiva sobre o que se entende por Controladoria.

Segundo Hermann Jr. (1978, p. 31), "Fayol enquadrou a Contabilidade entre as seis operações administrativas fundamentais, emitindo a esse respeito os seguintes conceitos: 'É o órgão visual das empresas. Deve permitir que se saiba a todo instante onde estamos e para onde vamos. Deve fornecer sobre a situação econômica da empresa ensinamentos exatos, claros e precisos. Uma boa contabilidade, simples e clara, fornecendo uma idéia exata das condições da empresa, é um poderoso meio de direção'".

As funções de controle econômico constituem, segundo Fabio Besta apud D'Amore e Castro (1967), o objetivo principal da Contabilidade, e subdividem-se nas seguintes espécies:

a) antecedente;

b) concomitante;

c) subseqüente.[3]

> Tão importante é a contribuição da contabilidade à função de controle que o insigne contabilista e economista italiano Fabio Besta, denominado pelos seus patrícios 'il maestro', considerou o controle como o objeto fundamental da Ciência Contábil. (Viana, 1966, p. 53)

---

[3] Jucius e Schlender (1990, p. 128) denominam essas atividades de controle ao longo do tempo como: controle preliminar, controle concorrente e pós-controle.

Vê-se que a visão italiana, por intermédio de um de seus maiores expoentes, é uma visão extremamente abrangente, positiva e de largo alcance da Contabilidade, antevendo o que se convencionou hoje chamar-se de Controladoria.

Fases da Contabilidade

Glautier e Underdown (1977, p. 3) apresentam uma evolução histórica da Contabilidade que, em nossa opinião, contribui para o esclarecimento das funções contábeis e de controle, bem como do permanente processo evolutivo da Ciência da Contabilidade ou Controladoria.

Contabilidade do Proprietário

A primeira fase da Contabilidade, segundo Glautier (*Stewardship Accounting*), é a visão contábil de um instrumental ligado diretamente ao dono do empreendimento. Essencialmente envolvia o registro ordenado das transações dos homens de negócios para a proteção de sua riqueza. Desenvolvida desde os tempos históricos até a Revolução Industrial.

Contabilidade Financeira

Teve sua origem na Revolução Industrial, em conseqüência dos grandes negócios e da alteração nos modos pelos quais passaram a ser financiados. A essa fase associa-se a emergência dos relatórios contábeis (Balanço Patrimonial e Demonstração Anual de Lucros) relacionados com a prestação de contas para a sociedade capitalista, para redirecionamento dos investimentos para os projetos mais rentáveis.

Contabilidade Gerencial

É também associada com o advento do capitalismo industrial, e apresentou um desafio para o desenvolvimento da Contabilidade como uma ferramenta de gerenciamento industrial. Surgiu da necessidade do gerenciamento contábil interno em função das novas complexidades dos processos de produção, objetivando informações para tomada de Decisão.

A contabilidade gerencial mudou o foco da Contabilidade, o qual passou dos registros e análise das transações financeiras para a utilização da Informação para decisões afetando o futuro.

A Contabilidade de Responsabilidade Social

Fase inteiramente nova no desenvolvimento da contabilidade, que deve seu nascimento à Revolução social, passa a ocupar maior espaço no mundo ocidental nos últimos anos. A contabilidade de responsabilidade social alarga o escopo da contabilidade por considerar os efeitos sociais das decisões dos negócios, bem como seus efeitos econômicos.

A esse respeito, a utilidade da contabilidade como Ciência social depende dos benefícios que ela pode trazer para a sociedade, benefícios que devem prevalecer sobre as vantagens que ela pode conferir para seus membros individuais (Glautier e Underdown, 1977, p. 2).

Contabilidade Gerencial versus Contabilidade Financeira

A Contabilidade Financeira é entendida basicamente como o instrumental contábil necessário para a feitura dos relatórios para usuários externos e necessidades regulamentadas. A Contabilidade Gerencial é vista essencialmente como supridora de informações para os usuários internos da empresa. Vejamos algumas definições de Contabilidade Gerencial.

Segundo Iudícibus (1987, p. 15), "A contabilidade gerencial pode ser caracterizada, superficialmente, como um enfoque especial conferido a várias técnicas e procedimentos contábeis já conhecidos e tratados na contabilidade financeira, na contabilidade de custos, na análise financeira e de balanços etc., colocados numa perspectiva diferente, num grau de detalhe mais analítico ou numa forma de apresentação e classificação diferenciada, de maneira a auxiliar os gerentes das entidades em seu processo decisório".

Anthony (1979, p. 17) é bastante sintético em sua caracterização da disciplina: "A Contabilidade Gerencial, que constitui o foco deste livro, preocupa-se com a informação contábil útil à administração".

Segundo a Associação Nacional dos Contadores dos Estados Unidos, por meio de seu relatório número 1A, "Contabilidade Gerencial é o processo de identificação, mensuração, acumulação, análise, preparação, interpretação e comunicação de informações financeiras utilizadas pela administração para planejamento, avaliação e controle dentro de uma organização e para assegurar e contabilizar o uso apropriado de seus recursos" (Francia et al., 1992, p. 4).

A Contabilidade Financeira está essencialmente ligada aos princípios de contabilidade geralmente aceitos. A Contabilidade Gerencial está ligada à necessidade de informações para planejamento, controle, avaliação de desempenho e tomada de Decisão.

A Contabilidade Financeira, presa aos princípios contábeis, é objeto de muita crítica,[4, 5] uma vez que nem todos os princípios utilizados são necessariamente vistos como os mais corretos no nível conceitual (princípio do custo histórico, princípio da realização da receita etc.). Nesse sentido, a Contabilidade Financeira, apesar de cumprir o seu papel regulamentar, é tida como "fraca" conceitualmente, para fins de gerenciamento empresarial, e até indutora de erros na gestão empresarial.

Dessa forma, alguns entendem que a verdadeira contabilidade, que realmente auxilia os gestores empresariais, é a Contabilidade Gerencial. Nessa linha de raciocínio, entendem que a Contabilidade Financeira é uma Ciência diferente da Contabilidade Gerencial, que seria outra Ciência, e que receberia o nome de Controladoria.

Em nosso entendimento, esses dois segmentos da contabilidade fazem parte de um todo só, que é a Ciência Contábil. Fundamentalmente, a Ciência contábil nasceu para gerar informações para controle e tomada de decisão sobre empreendimentos negociais e de quaisquer outras entidades.

A sua utilização para fins de relatórios externos e a conseqüente fixação de determinados princípios para normalização e padronização para fins regulamentares decorrentes da grande vantagem do sistema de informação contábil sobre outros sistemas de informação, que é a mensuração econômica de todos os eventos operacionais em um único sistema e em uma única base, a monetária.

Portanto, a Contabilidade Financeira é um subsistema do Sistema de Informação Contábil, que, precipuamente, nasce da necessidade de controle, no sentido mais amplo possível, das operações empresariais.

Outrossim, também não se pode "culpar" a Ciência contábil pela fraca utilização, conforme uma visão restrita, que eventualmente é feita pelos próprios contadores. Quando se diz que a contabilidade é um simples registro econômico de fatos passados, servindo apenas para fins legais e fiscais, significa apenas despreparo técnico de quem emite ou aceita tal afirmativa. A Ciência contábil é ampla e nasceu para o auxílio à gestão empresarial em todos os seus segmentos. Essa é a verdadeira missão da Contabilidade. Classificar a Contabilidade Financeira dos princípios contábeis geralmente aceitos como uma ciência dife-

---

[4] Ver Kaplan e Johnson (1993, p. 109-110): "Porém, nos anos 60 e 70, os administradores passaram a confiar apenas nos números financeiros. Guiados cada vez mais por dados compilados para informes financeiros externos (...) levando a esse uso inadequado de informações financeiras pelos administradores atuais...".
[5] Ver Johnson (p. XVI) "A gerência a partir de informações contábeis, de acordo com o 'ciclo de controle de cima para baixo' (...) levou a duas décadas de produtividade estagnada e oportunidades econômicas decrescentes para os trabalhadores americanos".

rente de uma suposta Contabilidade Gerencial é desconhecer os fundamentos da ciência e das teorias contábeis.

A Controladoria como Ciência

Uma Ciência pode ser confirmada fundamentalmente pelas suas teorias. Das teorias contábeis e de controle, destacamos a visão de Glautier e Underdown (1977), que apresentamos a seguir, de forma sintetizada.

As Raízes da Teoria Contábil e de Controladoria

Glautier e Underdown (1977, p. 30-38) identificam as raízes da teoria contábil como sendo a Teoria da Decisão, a Teoria da Mensuração e a Teoria da Informação.

A Teoria da Decisão é tida como o esforço para explicar como as decisões são realmente tomadas. A Teoria da Decisão, para a tomada de decisões, objetiva solucionar problemas e manter o caráter preditivo, por meio de um Modelo de Decisão.

A tomada de decisões racionais depende de informações ou dados. A Teoria da Mensuração trabalha com o problema de avaliação dos dados e por isso é importante que esta seja estabelecida corretamente. A Teoria da Informação vem de acordo com o seu propósito, que é possibilitar a uma organização alcançar seus objetivos pelo eficiente uso de seus outros recursos. Em um sentido muito abrangente, a idéia de eficiência é expressa na relação entre *inputs* e *outputs*.

Teoria da Decisão

Conforme Glautier e Underdown (1977, p. 30), nos últimos vinte anos mudanças nas atitudes sociais, desenvolvimentos na tecnologia da informação, nos métodos quantitativos e das ciências comportamentais combinaram-se para mudar o foco de atenção da contabilidade da teoria do lucro para a teoria da decisão.

A Teoria da Decisão é parcialmente descritiva no que ela é um esforço para explicar como as decisões são atualmente feitas. Ela também é parcialmente normativa quando é um esforço para ilustrar como as decisões deveriam ser tomadas, isto é, com o estabelecimento de padrões para as melhores ou ótimas decisões.

A Teoria da Decisão deve-se preocupar fundamentalmente com a questão da solução de problemas e a subseqüente necessidade de tomada de decisão. Isso envolve, portanto, informações para previsões e uma metodologia científica para elaborar tais previsões.

Dessa forma, na Teoria da Decisão vamos encontrar os instrumentos desenvolvidos para o processo de tomada de Decisão, bem como o desenvolvimento de modelos de decisão que atendam as mais variadas necessidades gerenciais.

A construção de modelos vem facilitar a aplicação do método científico para o estudo da tomada de decisão.

Os modelos de decisão da teoria contábil podem e devem atender às necessidades gerenciais sobre todos os eventos econômicos, para qualquer nível hierárquico dentro da empresa. Assim, é possível a construção de modelos de decisão bastante específicos, para decisões operacionais, bem como modelos de decisão de caráter mais genérico, para decisões tidas como estratégicas. Conforme Glautier e Underdown (1977, p. 33), até a "estrutura completa da contabilidade é um modelo para descrever as operações de um negócio em termos monetários".

Teoria da Mensuração

Decisões racionais dependem de informações, ou dados. A mensuração tem sido definida como o "estabelecimento de números a objetos ou eventos de acordo com regras especificando a propriedade a ser mensurada, a escala a ser usada e as dimensões da unidade".

A Teoria da Mensuração deve solucionar os seguintes problemas:

a) quais eventos ou objetos devem ser medidos;

b) quais padrões ou escalas devem ser usados;

c) qual deve ser a dimensão da unidade de mensuração.

A natureza de decisões particulares determinará que objetos ou eventos devem ser mensurados e em qual tempo: passado, presente ou futuro. Mensurações são necessárias não apenas para expressar objetivos, como metas definidas claramente sobre quais decisões devem ser tomadas, mas também para controlar e avaliar os resultados das atividades envolvidas no alcance dessas metas.

O padrão de mensuração contábil é a unidade monetária, um dos grandes trunfos da Ciência Contábil, pois consegue traduzir todas as operações e a vida da empresa em um único padrão de mensuração. Porém, temos de ressaltar que apresenta algumas desvantagens quando são necessárias metas como moral do pessoal, especialização de mão-de-obra etc.

A dimensão da unidade de medida está ligada à confiança e à acurácia do padrão utilizado, à unidade monetária, que, a princípio, deve ser permanente e constante. Sabemos, contudo, que a unidade monetária sempre é dependente da estabilidade econômica. Assim, na ocorrência de inflação, valores de períodos diversos de tempo podem não ser comparáveis. Além desse aspecto, a própria questão da valoração, como critério de mensuração, envolve a necessidade de conceituação e fundamentação teórica, haja vista as possibilidades de diferentes critérios de atribuição de valor (baseado em custo, em valor esperado etc.)

Teoria da Informação

O propósito da informação é possibilitar que uma organização alcance seus objetivos pelo uso eficiente de seus outros recursos, isto é, homens, materiais, máquinas e outros ativos e dinheiro. Desde que a informação é também um recurso, a teoria da Informação considera os problemas de seu uso eficiente.

O uso eficiente da Informação como recurso é considerado confronto entre os custos associados com a produção da informação e os benefícios derivados de seu uso. Os custos associados com a produção de informação são aqueles envolvidos na coleta e no processamento de dados e na distribuição da saída de informação.

O valor da Informação reside no seu uso final, isto é, a inteligibilidade para as pessoas tomarem decisões, e em sua relevância para aquelas decisões. O valor da informação é baseado na redução da incerteza resultante dela própria. Sintetizando, a Teoria da Informação centra-se na questão da relação custo da produção da informação *versus* o provável benefício gerado pela sua utilização.

Em termos de posicionamento conceitual, em relação à informação e à construção de sistemas de informações, o contador deve estar menos preocupado em minimizar o custo da informação e mais preocupado em descobrir o nível ótimo de produção de Informação.

A Ciência Controladoria

Nas definições apresentadas sobre a Contabilidade, identificamos duas visões conceituais: uma que enfoca o conceito de controle econômico do patrimônio e de suas mutações (controles estático e dinâmico), e outra que enfatiza o conceito de processo de comunicação de informação econômica.

Concordamos com Catelli e Guerreiro (1993) sobre o campo de atuação da Controladoria, que tem por objeto a identificação, a mensuração, a comunicação e a decisão relativas aos eventos econômicos.

Retomemos também a Abordagem da Comunicação da Contabilidade (Iudícibus, 1980, p. 24) "... contabilidade como método para identificar, mensurar e comunicar informação econômica...".

Note-se que a única diferença significativa de objeto, entre a abordagem da comunicação da Contabilidade e a visão de Catelli e Guerreiro, é com relação ao conceito de decisão, que não está explícito na abordagem de comunicação dada à contabilidade.

Porém, e por fim, fazendo concordância com a posição de Glautier e Underdown citada anteriormente, sobre as raízes da teoria contábil (Teoria da Decisão, Teoria da Mensuração e Teoria da Informação), podemos afirmar que a Controladoria é Ciência e, na realidade, é o atual estágio evolutivo da Ciência

Contábil. Como bem conceituou Glautier e Underdown, a Contabilidade saiu, nas últimas duas ou três décadas, da teoria do lucro (mensuração, comunicação de Informação) para a teoria da Decisão (modelos de decisão e preditividade).

Entendemos que unindo esses três conceitos podemos entender a Controladoria como Ciência e como forma de acontecer a verdadeira função contábil.

Utilizando as mesmas considerações sobre Ciência para a Contabilidade, explicitadas por Tesche et al. (1991), podemos também afirmar (as frases entre parênteses são nossas inserções):

> ... a Contabilidade (Controladoria) é uma Ciência, visto apresentar as seguintes características:
> – ter objeto de estudo próprio (os eventos econômicos);
> – utilizar-se de métodos racionais (identificação, mensuração, registro
>   – partidas dobradas – comunicação);
> – estabelecer relações entre os elementos patrimoniais, válidas em todos os espaços e tempos;
> – apresentar-se em constante evolução;
> – ser o conhecimento contábil regido por leis, normas e princípios (teorias contábeis);
> – seus conteúdos evidenciarem generalidade (os mesmos eventos econômicos reproduzidos nas mesmas condições provocam os mesmos efeitos);
> – ter caráter preditivo (por meio dos modelos de decisão);
> – estar relacionada com os demais ramos do conhecimento científico;
> – a construção lógica do pensamento ser o fundamento das idéias e estas ensejarem os conteúdos das doutrinas;
> – apresentar o caráter de certeza na afirmação de seus enunciados (comprovados por evidências posteriores).

A partir do exposto, concluímos que não há elementos significativos que façam a Controladoria ser considerada como um ramo de conhecimento de modo a diferir da Contabilidade. Os fenômenos da Controladoria são a busca da eficácia, o processo de gestão, os modelos de decisão, mensuração e informação. O ponto mais relevante que evidencia alguma diferenciação significativa está em relação à gestão e ao planejamento, caso fossem eles aspectos exclusivos da Controladoria. Como vimos, porém, vários estudiosos fazem questão de frisar os aspectos de controle do planejado como sendo função da Contabilidade, no que concordamos.

Pelas pesquisas, podemos dizer também que a Controladoria seria a Ciência Contábil dentro do enfoque controlístico da escola italiana. Pela escola americana, a Contabilidade Gerencial é o que se denomina de Controladoria.

Os princípios contábeis geralmente aceitos introduziram o conceito de Contabilidade Financeira, ofuscando provisoriamente as reais funções da Contabilidade como sistema de informação para as empresas para a administração econômica. Note-se que os autores italianos não falam em princípios contábeis, mas em administração econômica da *azienda*. Assim, a escola americana, essencialmente gerencial até 1925 (Kaplan e Johnson, 1993, p. 109), passou a dar mais ênfase para a contabilidade financeira a partir desse momento, retomando o tema de contabilidade gerencial, por meio da função de controladoria, apenas no final do século passado, nas anos 1990.

Desse modo, parece-nos mais uma questão de semântica. Primeiro, não há distinção entre Contabilidade e Contabilidade Gerencial, pois na sua essência a Contabilidade é Gerenciamento e é Sistema de Informação. Segundo, o nome de Contabilidade Gerencial é para a disciplina que apresenta todos os aspectos da Contabilidade dentro de um Sistema de Informação Contábil que, funcionalmente, dentro da organização é exercida em algumas empresas pelo nome de Controladoria.

A Controladoria é o ramo da Ciência que cuida do patrimônio empresarial, por meio da identificação, mensuração, comunicação e decisão sobre os eventos econômicos e, portanto, é igual a Contabilidade. *A controladoria é o exercício da função contábil em toda sua plenitude.*

Controladoria e as Demais Ciências

Podemos dizer que não existe ciência que possa ser considerada totalmente autônoma, no sentido de que suas teorias, fenômenos, métodos, campo de aplicação sejam exclusivos. Como toda Ciência, a Controladoria envolve-se com diversos ramos científicos. Com algumas ciências, o campo é mais próximo e a utilização recíproca de conceitos e métodos é mais enfatizada.

Com relação ao campo de aplicação, há uma relação muito forte com as Ciências da Administração, Economia e do Direito, nas quais o patrimônio é o aspecto fundamental. Das ciências exatas, da Matemática e da Estatística, há um instrumental extenso que é utilizado pesadamente pela Controladoria. As Ciências Sociais, como a Sociologia e a Psicologia, cada vez mais fornecem à Controladoria subsídios para a gestão, o controle e a busca da eficácia empresarial.

A Unidade Administrativa Controladoria

Caracterizada a Controladoria como a Ciência Contábil evoluída, apresentaremos a seguir os principais conceitos, aspectos, instrumentos, estrutura e responsabilidades que envolvem a existência da Controladoria como uma unidade que desempenha um conjunto de atividades dentro das organizações.

A Missão da Controladoria

A missão da Controladoria é assegurar a eficácia da empresa por meio da otimização de seus resultados (Catelli e Guerreiro).

> Segundo Heckert e Willson, à Controladoria não compete o comando do navio, pois esta tarefa é do primeiro executivo, representa, entretanto, o navegador que cuida dos mapas de navegação. É sua finalidade manter informado o comandante quanto à distância percorrida, ao local em que se encontra, e à velocidade da embarcação, à resistência encontrada, aos desvios da rota, aos recifes perigosos e aos caminhos traçados nos mapas, para que o navio chegue ao destino.
> Dessa forma, podemos explicitar a missão da Controladoria: dar suporte à gestão de negócios da empresa, de modo a assegurar que esta atinja seus objetivos, cumprindo assim sua missão. (Peleias et al., 1991)

É interessante ressaltar aqui a grande proximidade da visão de Heckert e Willson (1963) e de Fayol. Os primeiros compararam o controlador com o navegador, que mantém o capitão permanentemente informado sobre o navio e a viagem. Fayol disse que a Contabilidade "deve permitir que se saiba a todo instante onde estamos e para onde vamos".

É ao mesmo tempo a visão do controle permanente e do alerta permanente. Controlar, informar, influenciar, para assegurar a eficácia empresarial. Nunca é uma posição passiva, mas ativa, sabendo da responsabilidade que tem a Controladoria de fazer acontecer o planejado.

O *Controller* e suas Funções

Introduzindo, adotamos a posição de Horngren (1985, p. 9) sobre o *Controller*.

> O *Controller*. O título de *controller* se aplica a diversos cargos na área de contabilidade, cujo nível e cujas responsabilidades variam de uma empresa para outra (...) Neste livro, o termo *controller* (às vezes escrito com p, *comptroller*, derivado do francês, *compte*, que quer dizer conta), *significa o principal executivo da área de contabilidade administrativa* (grifo nosso). Já vimos que o *controller* moderno não faz controle algum em termos de autoridade de linha, exceto em seu próprio departamento. Contudo, o conceito moderno de controladoria sustenta que, num sentido especial, o *controller* realmente controla: fazendo relatórios e interpretando dados pertinentes, o *controller* exerce uma força ou influência ou projeta uma atitude que impele a administração rumo a decisões lógicas e compatíveis com os objetivos.

A essência da função de *controller*, segundo Heckert e Willson (1963, p. 9), é uma visão proativa, permanentemente voltada para o futuro. "Essencial para a compreensão apropriada da função de controladoria é uma atitude mental que energiza e vitaliza os dados financeiros por aplicá-los ao futuro das atividades da companhia. É um conceito de olhar para a frente – um enfoque analiticamente treinado, que traz balanço entre o planejamento administrativo e o sistema de controle."

Segundo os mesmos autores (p. 13-17), são as seguintes as funções do *controller*:

a) a função de planejamento;

b) a função de controle;

c) a função de reporte;

d) a função contábil.

Horngren et al. (1994, p. 14) entendem que as funções do *controller* incluem:

a) planejamento e controle;

b) relatórios internos;

c) avaliação e consultoria;

d) relatórios externos;

e) proteção dos ativos;

f) avaliação econômica.

Peleias et al. (1991) assim procuram resumir as funções do *controller*: "Podemos dizer que hoje é a Controladoria a grande responsável pela coordenação de esforços com vista à otimização da gestão de negócios das empresas e pela criação, implantação, operação e manutenção de sistemas de informação que dêem suporte ao processo de planejamento e controle".

Sistemas de Informação e o Processo de Gestão

Os sistemas de informações gerenciais podem ser divididos em dois grandes grupos: sistemas de informação de apoio às operações e sistemas de informação de apoio à gestão. Os sistemas de informação de apoio às operações são aqueles que nascem da necessidade de planejamento e controle das diversas áreas operacionais da empresa, estão ligados ao subsistema físico-operacional e se constituem como necessários para se desenvolver as operações fundamentais da firma.

Os sistemas de informação de apoio à gestão estão ligados à vida econômico-financeira da empresa e às necessidades de planejamento e controle financeiro e de avaliação de desempenho. Os sistemas de Informação de apoio à gestão são formados a partir dos sistemas de informações de apoio às operações.

Fundamentalmente, a Controladoria, que tem o papel de gestora dos recursos da empresa, desenvolve suas funções por meio do Sistema de Informação Contábil, que está incluído nos sistemas de apoio à gestão.

A Controladoria tem como função principal a responsabilidade pelo processo de gestão da empresa como um todo (planejamento estratégico, planejamento operacional, programação, execução e controle), ao mesmo tempo em que auxilia subsidiariamente as demais atividades da companhia em seus processos de gestão específicos.

Para desenvolver esse papel adequadamente, é necessária uma perfeita integração entre os sistemas de informações gerenciais e o processo de gestão empresarial. Os subsistemas dos sistemas de informações devem estar em consonância e auxiliar todas as etapas do processo de gestão, tanto das atividades internas da companhia como da empresa como um todo.

A utilização do sistema contábil para que a Controladoria desenvolva seu papel e atinja sua missão fundamenta-se na premissa de que o Sistema de Informação Contábil é o mais importante elemento do Sistema de Informação de uma organização. Conforme Glautier e Underdown (1977, p. 21), o Sistema de Informação Contábil é o único que pode possibilitar aos usuários externos e aos administradores informações que permitam um quadro geral da organização. Além disso, o sistema de Informação contábil liga outros sistemas importantes de informação, como os de marketing, pessoal, pesquisa e desenvolvimento e o sistema de informação de produção, no qual as informações produzidas por esses outros sistemas podem ser expressas em termos financeiros no planejamento estratégico para obtenção das metas organizacionais.

A Controladoria na Organização

Segundo Francia et al. (1992, p. 27), "o *Controller* é uma posição de *staff* incluída na alta administração da empresa. O *controller* é responsável por todo o processamento da informação contábil da organização".

Ainda segundo Francia et al. (p. 9), o *Controller* deve responder ao diretor ou vice-presidente administrativo e financeiro, e tem suas funções diferenciadas do responsável pela aplicação e captação de recursos, que denomina de tesoureiro. Fundamentalmente, concordamos com a posição do *Controller* separada do responsável pela tesouraria. Entendemos que a função de tesouraria ou de finanças é uma atividade de linha e operacional, que basicamente tem como função o suprimento de recursos para as demais atividades desenvolvidas internamente na companhia, função essa que deve ser avaliada igualmente às demais pela Controladoria.

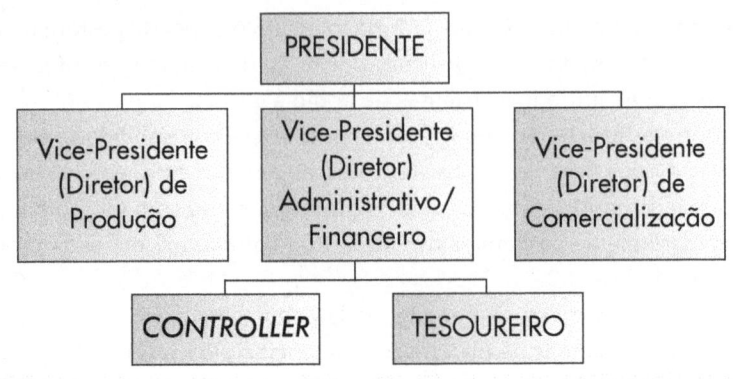

```
                    ┌─────────────┐
                    │ PRESIDENTE  │
                    └──────┬──────┘
        ┌──────────────────┼──────────────────┐
┌───────────────┐  ┌───────────────┐  ┌───────────────┐
│ Vice-Presidente│ │Vice-Presidente│  │Vice-Presidente│
│  (Diretor) de  │ │   (Diretor)   │  │  (Diretor) de │
│    Produção    │ │ Administrativo/│ │Comercialização│
│                │ │   Financeiro  │  │               │
└────────────────┘ └───────┬───────┘  └───────────────┘
                    ┌──────┴──────┐
              ┌───────────┐  ┌───────────┐
              │CONTROLLER │  │TESOUREIRO │
              └───────────┘  └───────────┘
```

Figura 2.1.

Com relação à questão de a Controladoria ser um órgão de *staff* ou de linha, concordamos com a posição de Horngren et al. (1994, p. 12), quando dizem: "...as organizações estão enfatizando a importância de equipes para alcançar seus objetivos. Essas equipes podem incluir tanto administração de *staff* como de linha, resultando que as tradicionais distinções entre *staff* e linha são menos claras do que foram décadas atrás".

Assim, entendemos que a Controladoria, que tem uma missão específica e, por conseguinte, objetivos a serem alcançados, é um órgão que pode ser mais bem caracterizado como de linha, apesar de, nas suas funções em relação às demais atividades internas da companhia, suas características serem mais de um órgão de apoio.

Apresentamos a seguir uma figura que resume a Controladoria na organização, missão e relações com as demais áreas empresariais.

```
┌─────────────────────────────────────┐
│   Missão, Crenças e Valores         │
├──────────────┐                      │
│  A Empresa   │                      │
├──────────────┴──────────────────────┤
│  Produtos/Serviços e Processos      │
├─────────────────────────────────────┤
│       Áreas de Responsabilidade     │
├────────┬────────┬──────────┬────────┬────────┤
│Compras │Produção│Desenvolvi│Comerci-│Finanças│
│        │        │mento de  │alização│        │
│        │        │ Produtos │        │        │
├────────┴────────┴──────────┴────────┴────────┤
│ Sistemas de Informação de Apoio às Operações │
│ Sistemas de Informação de Apoio à Gestão     │
├──────────────────────────────────────────────┤
│              CONTROLADORIA                   │
│     Asseguradora da Eficácia Empresarial     │
└──────────────────────────────────────────────┘
```

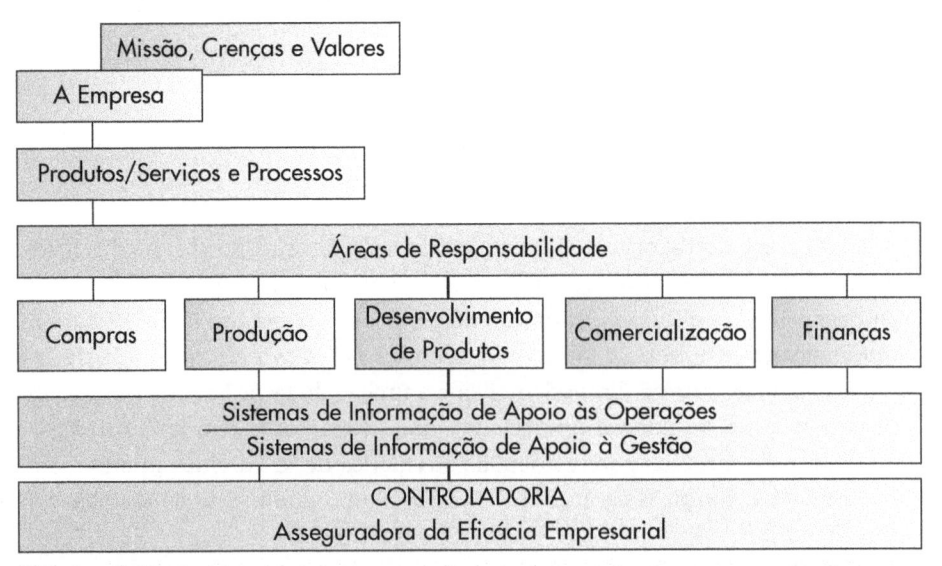

Figura 2.2.

Estrutura da Controladoria

Basicamente, a Controladoria é a responsável pelo Sistema de Informação Contábil Gerencial da empresa e sua missão é assegurar o resultado da companhia. Para tanto, ela deve atuar fortemente em todas as etapas do processo de gestão da empresa, sob pena de não exercer adequadamente suas funções de controle e reporte na correção do planejamento.

A Controladoria não se pode furtar, também, às suas funções de execução das tarefas regulamentares. Assim, junto com as funções gerenciais, deve assumir as funções regulatórias, normalmente vinculadas aos aspectos contábeis societários e de legislação fiscal. Além disso, a estruturação da controladoria deve estar ligada aos sistemas de informações necessários à gestão. Portanto, podemos, primariamente, estruturar a Controladoria em duas grandes áreas: a área contábil e fiscal e a área de planejamento e controle.

A área contábil e fiscal é responsável pelas informações societárias, fiscais e funções de guarda de ativos, tais como demonstrativos a serem publicados, controle patrimonial e seguros, gestão de impostos, controle de inventários etc.

```
                    CONTROLADORIA
                    /           \
            Auditoria        Sistema de Informação
            Interna          Gerencial
            /                           \
   Planejamento                      Escrituração
   e Controle

• Orçamento e Projeções
• Contabilidade de Custos          • Contabilidade Societária
• Contabilidade por Responsabilidades   • Controle Patrimonial
• Acompanhamento do Negócio e      • Contabilidade Tributária
  Estudos Especiais/Análise de
  Investimentos
```

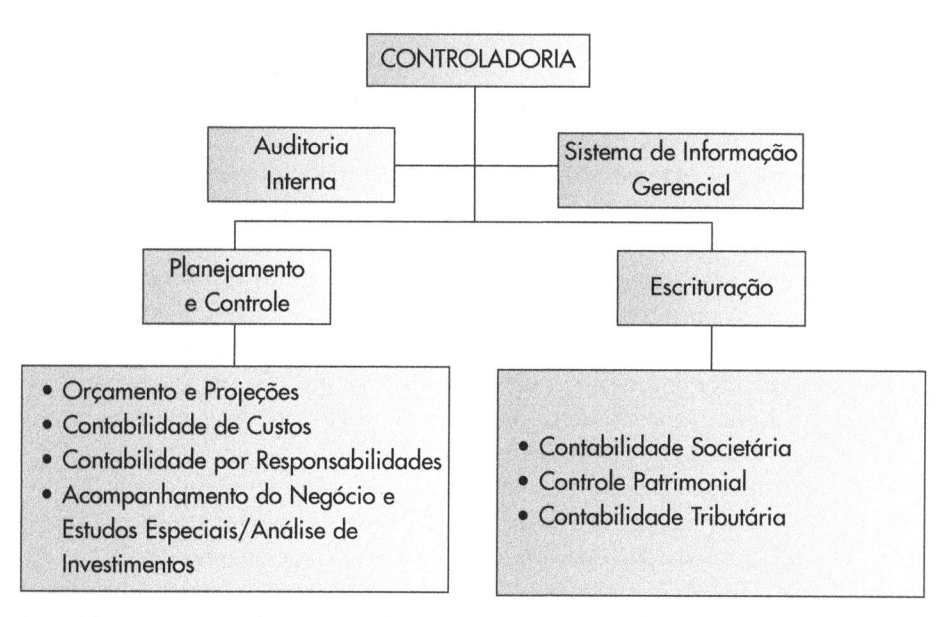

Figura 2.3.

A área de planejamento e controle incorpora a questão orçamentária, projeções e simulações, custos e a contabilidade por responsabilidade. Entendemos fundamental, dentro da Controladoria, um setor que se responsabilize pelo que denominamos de acompanhamento do negócio. Esse setor é responsável pelos dados estatísticos para análise de mercado, análise ambiental, análise conjuntural, elaboração e acompanhamento de projetos, análise de investimentos etc. Utiliza-se pesadamente dos sistemas de informações de apoio às operações, e é o setor que possibilita ao *controller* sua efetiva participação no processo de planejamento estratégico.

Na estrutura apresentada na Figura 2.3, colocamos a questão do Sistema de Informação Gerencial como responsabilidade direta do *controller*. Objetivando a existência de sistema de informação integrado, a administração do Sistema de Informação Gerencial deve ter o monitoramento permanente do *controller*, para alcançar essa integração. Partindo dos dados em sua maior parte coletados pela área de escrituração da controladoria, é importante que não exista a duplicação das informações existentes a serem utilizadas pela área de planejamento e controle. Assim, parece-nos que é mais conveniente que o Sistema de Informação Gerencial fique sob responsabilidade direta do *controller*.

A Controladoria e os Demais Gestores

Todas as atividades de uma empresa compreendem os aspectos operacionais, econômicos e financeiros.

Os aspectos operacionais dizem respeito a quantidade, execução e qualidade. Os aspectos financeiros relacionam-se com a questão dos juros e prazos de pagamento e recebimento. Os aspectos econômicos dizem respeito à mensuração em termos de unidades monetárias dos recursos consumidos e produtos gerados pela atividade empresarial.

A Controladoria, por meio do Sistema de Informação Contábil, procura avaliar todos os eventos empresariais em termos econômicos. Dizemos que isso pode traduzir-se em um conceito de Controladoria, ou seja, todos os eventos devem ser avaliados à luz de resultados econômicos.

Entendemos que é primordial, para os demais gestores operacionais de uma empresa, a visão dos aspectos econômicos de suas atividades. Assim como a Controladoria nunca deve desligar-se dos aspectos físico-operacionais das atividades que ela coordena para a empresa, os gestores operacionais não devem deixar os aspectos de controladoria apenas para o *controller*, mas, sim, incorporar ao processo de gestão de sua atividade os conceitos e teorias utilizados pela controladoria.

Considerações Finais

Procuramos apresentar resumidamente o papel e as funções da Controladoria, como o órgão gestor dos recursos da empresa, por meio do Sistema de Informação Gerencial, com a função fundamental de assegurar a otimização do resultado e a eficácia empresarial. Por esse conceito, a Controladoria tem uma missão e atribuições específicas que implicam um comportamento proativo e profundamente responsável e influenciador no desempenho do negócio.

Entendemos, também, que a Controladoria é uma área do conhecimento humano, porém não há elementos suficientes para, ainda, diferenciá-la da Contabilidade. Em nossa opinião, a Controladoria deve ser considerada como o atual estágio evolutivo da Ciência Contábil e, portanto, é igual a Contabilidade.

Bibliografia

ANTHONY, Robert N. *Contabilidade gerencial*. São Paulo: Atlas, 1979.

AMODEO, Domenico. *Ragioneria Generale Delle Imprese*. 2. ed. Nápoli: Giannini, 1965.

CATELLI, Armando. *Apontamentos de sala de aula, disciplina controladoria*. São Paulo, 1994. Dissertação (Mestrado/Doutorado) – FCA-USP.

CATELLI, Armando; GUERREIRO, Reinaldo. Mensuração de atividades: comparando "ABC" X "GECON". *Caderno de Estudos*, Fipecafi/FEA-USP, n. 8, abr. 1993.

CHIAVENATO, Idalberto. *Introdução à administração*. São Paulo: McGraw-Hill, 1983.

_____. *Administração: teoria, processo e prática*. São Paulo: McGraw-Hill, 1987.

COLANTONI, Claude S. et al. A Unified Approach to the Theory of Accounting and Information Systems. *The Accounting Review*, Jan. 1971.

D'AMORE, Domingos; CASTRO, Adaucto de Souza. *Curso de contabilidade*. 14. ed. São Paulo: Saraiva, 1967.

DICKEY, Robert Irvine. *Accountants' Cost Handbook*. 2. ed. Nova York: Ronald Press, 1967.

DRUCKER, Peter F. A Administração, essa desconhecida. *Revista Exame*, out. 1988.

FIGUEIREDO, Sandra; CAGGIANO, Paulo Cesar. *Controladoria*. São Paulo: Atlas, 1992.

FLORENTINO, Américo Matheus. *Teoria contábil*. 5. ed. Rio de Janeiro: FGV, 1988.

FRANCIA, Arthur J. et al. *Managerial Accounting*. 9. ed. Houston: Dame Publications Inc., 1992.

FRANCO, Hilário. *Contabilidade geral*. 18. ed. São Paulo: Atlas, 1976.

GARRISON, Ray H. *Managerial Accounting*. 6. ed. Homewood: Richard D. Irwin, 1990.

GLAUTIER, Michel W.; UNDERDOWN, Brian. *Accounting Theory and Practice*. Londres: Pitman Publishing Ltd., 1977.

HECKERT, J. Brooks; WILLSON, James D. *Controllership*. 2. ed. Nova York: Ronald Press, 1963.

HENDRIKSEN, Eldon S. *Accounting Theory*. 3. ed. Homewood: Richard D. Irwin, 1977.

HERRMANN JR., Frederico. *Contabilidade superior*. 10. ed. São Paulo: Atlas, 1978.

HESSEN, Johannes. *Teoria do conhecimento*. 8. ed. Coimbra: Arménio Amado Editora, 1987.

HORNGREN, Charles T. *Introdução à contabilidade gerencial*. 5. ed. Rio de Janeiro: Prentice-Hall do Brasil, 1985.

HORNGREN, Charles T. et al. *Cost Accounting*. 8. ed. Englewood Cliffs: Prentice-Hall, 1994.

_____. *Contabilidade gerencial*. 4. ed. São Paulo: Atlas, 1987.

IUDÍCIBUS, Sérgio de. *Teoria da contabilidade*. São Paulo: Atlas, 1980.

JOHNSON, H. Thomas. *Relevância recuperada*. São Paulo: Pioneira, 1994.

JUCIUS, Michael J.; SCHLENDER, William E. *Introdução à administração*. 3. ed. São Paulo: Atlas, 1990.

KAPLAN, Robert S.; JOHNSON, H. Thomas. *Contabilidade gerencial*. Rio de Janeiro: Campus, 1993.

KOONTZ, Harold; O'DONNELL, Cyril. *Princípios de administração*. 9. ed. São Paulo: Pioneira, 1974.

KWASNICKA, Eunice L. *Introdução à administração*. 2. ed. São Paulo: Atlas, 1990.

LI, David H. *Contabilidade gerencial*. São Paulo: Atlas, 1977.

MAXIMIANO, Antonio Cesar Amaru. *Introdução à administração*. 2. ed. São Paulo: Atlas, 1991.

MOSIMANN, Clara Pellegrinello et al. *Controladoria*. Florianópolis: UFSC, 1993.

NAKAGAWA, Masayuki. *Introdução à controladoria*. São Paulo: Atlas, 1993.

NASCIMENTO, José Amado. Filosofia da contabilidade (XI). *Revista Brasileira de Contabilidade*, n. 46, jul./set. 1983.

_____. Por que ciências contábeis? *RBC*, n. 60, jan./mar. 1987.

PARMA, Hamilton. Delineamentos histórico-contábeis. *Revista do CRCRS*, n. 67.

PELEIAS, Ivan Ricardo et al. O processo de planejamento e a controladoria. *RBC*, n. 77, ano XX, out./dez. 1991.

PFALTZGRAFF, Rogério. *Aspectos científicos da contabilidade*. 6. ed. Rio de Janeiro: Sedegra, 1961.

_____. *Seleções de contabilidade*. Rio de Janeiro: Sedegra, 1956.

QUILICI, Frediano. *Leituras em administração contábil e financeira*. Rio de Janeiro: FGV, 1973.

RODRIGUES, Alberto Almada. Terminologia técnica e invasão lingüística. *RBC*, n. 86, mar. 1994.

SÁ, A. Lopes de. *Teoria da contabilidade superior*. Belo Horizonte: UNA, 1994.

SHERIDAN, Tom. A New Frame for Financial Management. *Management Accounting*, v. 72, mar. 1994.

TESCHE, Carlos Henrique et al. Contabilidade: ciência, técnica ou arte? *RBC*, n. 74, 1991.

TUNG, Nguyen H. *Controladoria financeira das empresas*. 4. ed. São Paulo: Edusp, 1974.

VIANA, Cibilis da Rocha. *Teoria geral da contabilidade*. 3. ed. Porto Alegre: Sulina, 1966.

Capítulo 3

Auditoria Interna no Atual Ambiente Empresarial

Clóvis Luís Padoveze

Em linhas gerais, os pesquisadores e acadêmicos da área de auditoria interna têm proposto uma área de atuação bastante abrangente para a auditoria dentro das empresas, que vai do trabalho tradicional de reexame dos registros contábeis até a auditoria organizacional e do planejamento estratégico. Considerando, todavia, os novos conceitos de gestão empresarial, aliados ao novo ambiente de competitividade das empresas e às novas possibilidades de gestão dos processos por meio da tecnologia de informação, propõe-se que o campo da auditoria interna circunscreva-se estritamente às necessidades não-cobertas por esse conjunto de elementos, objetivando uma adequada relação custo-benefício do setor de auditoria, bem como, e mais importante, o máximo de não-redundância, dentro da empresa, de atos, processos e atividades.

A função de auditoria interna apresenta-se, em linhas gerais, consolidada. Ao mesmo tempo, alguns autores têm proposto um avanço nas atribuições da auditoria interna, sob os conceitos de auditoria operacional, auditoria de gestão, auditoria integral etc. Por outro lado, conceitos atualmente desenvolvidos e aceitos de competitividade, gestão empresarial, gestão de recursos humanos ou avanços na tecnologia de informação permitem considerar que a atuação dos gestores internos deve assumir postura de empreendedorismo, assunção de responsabilidades (*empowerment*) e alta capacitação técnica que podem colidir, parcial ou totalmente, com os conceitos clássicos de auditoria interna.

Mesmo considerando apenas esses aspectos, emerge a possibilidade de se rediscutir qual deve ser, de fato, a atuação da auditoria interna no novo ambiente empresarial. Estamos considerando, além da eventual dicotomia dos atuais conceitos de gestão com os conceitos de auditoria interna, também o atual estado da tecnologia da informação à disposição das empresas, que implica naturalmente um grau de integração e responsabilidade dos funcionários e atividades internas totalmente diferenciados do ambiente empresarial vivido anos atrás.

As premissas que orientam esse nosso estudo são:

1. O atual ambiente empresarial caracteriza-se centralmente pela necessidade de alta competitividade e exigência de padrões de alto desempenho, em um mundo de rápidas e constantes mudanças, com alterações freqüentes e rápidas dos ciclos econômicos conjunturais.

2. Para fazer frente a esse ambiente, é necessária uma empresa enxuta e flexível.
3. Caracteriza-se uma empresa enxuta aquela estruturada segundo um modelo que responda imediatamente às características do atual ambiente empresarial e que tenha uma organização a qual represente o menor custo possível para o desenvolvimento das atividades necessárias ao seu negócio.
4. As empresas enxutas caracterizam-se também por adotarem os melhores e mais avançados conceitos e modelos de gestão, bem como por utilizarem sistemas de informações gerenciais em conformidade com a sua estrutura e organização.
5. O fundamento da existência das empresas enxutas é a busca do maior valor empresarial, dentro do objetivo básico da empresa de criação de valor.
6. Uma empresa enxuta só admitirá o setor de auditoria interna com as mesmas características, ou seja, uma auditoria interna enxuta.

Caracterização da Auditoria Interna

Gil (2000, p. 13) define auditoria como "função organizacional de revisão, avaliação e emissão de opinião quanto ao ciclo administrativo (planejamento/execução/controle) em todos os momentos/ambientes das entidades". Attie (1987, p. 28) assim complementa: "A auditoria interna é uma função independente de avaliação, criada dentro da empresa para examinar e avaliar suas atividades, como um serviço a essa mesma organização".

Do trabalho de A. Lopes de Sá (1973, p. 17-19) extraímos os seguintes pontos que caracterizam a auditoria interna:

a) é a técnica contábil do exame sistemático dos registros patrimoniais;
b) é exame de contas, compreendendo a revisão completa das operações e finanças internas de uma empresa;
c) cumpre algumas funções de fiscalizações para garantir que a política e os procedimentos da empresa estejam sendo devidamente seguidos (mesmo em áreas que não tenham influência sobre os informes financeiros ou controle interno).

Em resumo, podemos dizer que os objetivos da auditoria interna são os seguintes (Attie, 1973, p. 29):

a) exame das informações financeiras e operacionais;
b) exame dos sistemas estabelecidos;

c) exame dos meios usados para proteção dos ativos;
d) exame da administração eficiente dos recursos à disposição dos gestores internos;
e) exame dos programas e operações e do resultado das ações quanto aos planos estabelecidos;
f) confirmar que os elementos auditados e levantados foram providenciados.

Auditoria Interna, Repetibilidade e o Atual Ambiente Empresarial

Chiavenato caracteriza adequadamente o novo ambiente empresarial quando diz que "a passagem gradativa da organização burocrática para a organização adhocrática, enxuta e flexível, está mostrando que a empresa do novo milênio será completamente diferente daquela que predominava no panorama dos negócios do século XX (...) a nova empresa está substituindo a velha hierarquia por redes de equipes autogeridas e autônomas (...) menos fronteiras internas e menos departamentalização e mais comunicação rápida entre a organização e funcionários, fornecedores de insumos e clientes (...) a principal vantagem competitiva passa a residir cada vez mais no menor tempo de duração do ciclo produtivo, e não nos custos. A agilidade torna-se indispensável" (2000, p. 98).

Para que a empresa seja competitiva, ela deve ser ágil, flexível, ter custos baixos, qualidade etc., no menor tempo possível. Conforme Chiavenato (p. 99), elas "devem trabalhar em tempo real". Para tanto, a qualidade tem de ser observada, em tempo real, em todos os processos, por aqueles que fazem o processo.

Os conceitos de qualidade total, conseqüentemente, são indispensáveis: "... Deming e Juran ensinaram aos gerentes japoneses como baixar os custos e melhorar a qualidade por meio de 'fazer certo da primeira vez' (...) o elemento-chave para o envolvimento dos funcionários é que cada trabalhador assuma a responsabilidade de inspecionar a qualidade do seu próprio trabalho. Isso é conhecido como a qualidade na fonte e estende-se além do trabalhador, incluindo o grupo de trabalho, todos os departamentos, e os fornecedores de componentes e os serviços da organização" (Davis; Aquilano e Chase, 2001, p. 148 e 154).

Entendemos que as colocações desses autores são suficientes para o entendimento e as necessidades do atual ambiente empresarial. Para que a empresa seja ágil e flexível, deve tratar o tempo como fator primordial de competitividade, e, conseqüentemente, ter funcionários treinados e capacitados, trabalhando com responsabilidade e autoridade na sua área de atuação (*empowerment*), em equipes de trabalho, com a qualidade sendo executada durante os processos.

Essas necessidades empresariais, em teoria, chocam-se com os conceitos clássicos de auditoria interna (que passaremos a tratar a partir deste momento simplesmente como auditoria). A atuação da auditoria consiste fundamentalmente em "exame" no conceito de "revisão". Rever algo é ver de novo, caracterizando-se por ser um ato redundante, feito novamente, repetitivo. *A ação de auditoria caracteriza-se então, essencialmente, pela repetibilidade.*

O ato de repetir não está em consonância, portanto, com o atual ambiente empresarial. Fazer de novo custa tempo e, conseqüentemente, recursos (dinheiro). Ambos os elementos são contrários a uma empresa enxuta que tem necessidade de agregação de valor, com o objetivo de cumprir sua missão de satisfazer as necessidades humanas.

Contudo, o conceito de auditoria é aceito de forma genérica e pacífica (e até exigido) dentro do ambiente social e empresarial. Portanto, a eliminação pura e simples da auditoria parece fora de questão, premissa que também passaremos a adotar. Posto isso, é possível discutir o papel da auditoria no atual ambiente empresarial, buscando circunscrever adequadamente sua atuação dentro das empresas, segundo conceitos e premissas adotados neste trabalho.

A Proposta Atual do Campo de Atuação da Auditoria

O conceito de auditoria integral, compreendendo a auditoria operacional e a auditoria de gestão, reflete a proposta atual, e abrangente, do campo de atuação da auditoria. Conforme Gil (2000, p. 21), corresponde a:

1. *Auditoria operacional*: revisão/avaliação/emissão de opinião de processos e resultados exercidos em linhas de negócios/produtos/serviços no horizonte temporal passado/presente.
   Exemplos: auditoria em processos e resultados de vendas realizadas, seqüência de tarefas e produtos produzidos e serviços prestados, atividades realizadas no âmbito administrativo/contábil/financeiro.

2. *Auditoria de gestão*: revisão/avaliação/emissão de opinião de processos e resultados exercidos em linhas de negócios/produtos/serviços no horizonte temporal presente/futuro.
   Exemplos: auditoria em planejamentos realizados, desenvolvimento de novos produtos/sistemas/tecnologias, pesquisas em realização, programas de qualidade em execução, informação e contra-informação empresarial.

Nessa concepção, a auditoria praticamente assume como uma necessidade empresarial, executada por meio de sua célula organizacional, a revisão de todos os atos e processos da empresa, desde o tradicional reexame dos registros contábeis até a revisão do planejamento estratégico da companhia.[1] Revisando um con-

---

[1] Cordeiro (2001, p. 29) enfatiza que deve haver a "participação da auditoria interna em todos os momentos empresariais".

teúdo programático de um curso recente de especialização em auditoria,[2] verificamos a seguinte proposta para a estruturação e atuação da auditoria:

a) Auditoria dos Demonstrativos Contábeis;
b) Auditoria Tributária;
c) Auditoria de Custos e Orçamento;
d) Auditoria de Qualidade;
e) Auditoria de Sistemas Informatizados;
f) Auditoria Integrada e de Gestão;
g) Redesenho dos Processos Organizacionais;
h) Análise nas Linhas de Negócio;
i) Auditoria de Planejamento Estratégico;
j) Fraudes e Riscos nos Ambientes de Negócio.

Verificam-se a ousadia e a abrangência da proposta de atuação da auditoria. Para a consecução dessa missão, será necessário que os auditores tenham uma formação compatível, ou seja, sejam especialistas com profundidade suficiente para questionamento de todas as questões auditáveis. Em outras palavras, deverá haver auditores especialistas em contabilidade, produção, vendas, tecnologia, engenharia, marketing, planejamento estratégico etc., o que nos parece questionável.

Auditoria de Planejamento e de Áreas Operacionais

Parece-nos que a proposta da moderna auditoria de reexame dos atos e processos do planejamento e das áreas operacionais deve ser classificada como redundante ou repetitiva e, portanto, eliminada ou minimizada.

Entendemos que o caminho natural é que a empresa certifique-se de que o pessoal especializado e responsável por todas essas áreas responsabilize-se também por prestar contas dos aspectos qualitativos e de observância dos procedimentos exigidos pelas suas atividades desenvolvidas.

Dessa maneira, entendemos desnecessária, em tese, auditoria sobre as atividades de:

1. Contabilidade Financeira e Tributária: a empresa deve assegurar que o profissional contábil esteja qualificado para o desempenho correto de suas funções, sem a necessidade de reexame das contas por auditoria.

---

[2] MBA em Auditoria. Fundação Getúlio Vargas, São Paulo.

2. Custos, Orçamento e Projeções: da mesma forma como a área anterior, não vemos absolutamente nenhuma necessidade de revisão das atividades dessa área.

3. Sistemas Informatizados: área muito discutida, porém, da mesma forma entendemos que não deve haver seu reexame ou sua revisão. Se a empresa tem dúvidas sobre o profissional responsável por essas atividades, deve fazer a sua substituição, e não aplicar redundantemente atividades de auditoria. Nesse aspecto particular, menção se faz necessária à questão do risco do ambiente de sistemas. Entendemos também que essa é uma atribuição natural do profissional de tecnologia e sistemas de informação, razão por que também não vemos necessidade de atuação redundante de auditoria.

4. Qualidade: este é um sistema que permeia toda a empresa e, dentro dele, é natural haver pontos de auditoria, executados pelo próprio pessoal envolvido. Entendemos desnecessária também uma tríplice atuação da auditoria interna.

5. Engenharia, Novos Negócios, Produção, Marketing, Vendas, Comercialização, Logística: como qualquer outra função desempenhada internamente, a empresa deve assegurar aos profissionais que as desempenham todas as qualificações para tanto, em todos os aspectos necessários. Não vemos necessidade de auditoria.

6. Planejamento Estratégico e Estrutura Organizacional: parecem-nos atribuições típicas e específicas da alta administração, totalmente qualificada para tal fim, sem nenhuma necessidade de revisão auditorial.

Tecnologia de Informação: Processos, ERP e *Workflow*

O novo ambiente de tecnologia de informação, aplicado a sistemas de informação, permite a adoção do conceito de que os processos empresariais devem ter primazia em relação às estruturas organizacionais hierárquicas. Em outras palavras, os novos conceitos aplicados aos sistemas de informação caracterizam-se por uma gestão horizontal (processos) em vez de por uma gestão vertical (departamentos).

O fundamental é que as atividades sejam executadas dentro do conceito de um fluxo ininterrupto, *on-line* e *real-time*, no qual nenhum setor específico da empresa possa ter proeminência para interromper os processos. Isso exige gente especializada, treinada, capacitada, bem como um modelo de gestão participativo e de delegação de responsabilidade.

Esse conceito é a base dos Sistemas Integrados de Gestão Empresarial, conhecidos pela sigla ERP (*Enterprise Resource Planning*). A base da integração é a internação computacional de todos os processos empresariais no conceito de fluxo, perpassando todos os departamentos e setores que trabalham com cada um dos processos.

Nesse sentido, o processo só é levado adiante se o setor anterior cumpriu a execução de sua parte, e assim sucessivamente. Automaticamente, esse conceito incorpora um sistema de auto-auditoria e autoqualidade, sob pena de o processo não caminhar dentro do sistema, já que ele é integrado e pré-formatado computacionalmente.

Complementando a gestão dos processos dentro do ERP, há o conceito de *Workflow*, que são os procedimentos, métodos, tarefas e responsabilidades hierárquicas internados computacionalmente. Em outras palavras, o *Workflow* substitui os conceitos antigos de O&M (Organização e Métodos) e Normas e Procedimentos. O *Workflow* liga os processos à estrutura hierárquica da companhia, adicionando as responsabilidades de cada setor ou pessoal, bem como suas autoridades e faixas ou elementos de autorização, dentro do conceito de rede, a todos os usuários com terminal de computador.

Dessa maneira, o ERP, potencializado pelo *Workflow*, por meio de autocontrole, praticamente substitui todas as necessidades de auditoria e controle interno dos principais processos e procedimentos da empresa, quais sejam:

a) Ciclo de Compras e Pagamentos;

b) Ciclo de Pedidos e Recebimentos;

c) Ciclo de Demanda e Produção;

d) Ciclo de Recrutamento e Seleção.

Recente declaração de empresa de grande porte diz que toda a auditoria interna relacionada com exames e controles internos foi eliminada após a adoção completa de *Workflow* no sistema de informação integrado de gestão.

Função de Auditoria e Setor de Auditoria

Do exposto até o momento, podemos dizer que, identicamente ao conceito de qualidade, a responsabilidade pela auditoria dos atos e processos operacionais deve ficar com os responsáveis pela execução das atividades. Ou seja, a auditoria, como um ato de validação, é um ato de qualidade e deve ser exercido exatamente no ato, por aquele que o executa.

Em outras palavras, em vez de um setor de auditoria que faça um exame posterior dos atos e processos praticados, a empresa deve ter uma cultura de validação permanente de seus atos e processos. Dessa maneira, podemos dizer que a função de auditoria continua na empresa, porém de forma dispersa e disseminada em todos os seus setores.

Insegurança Empresarial: o Motivo de Auditoria

O que, na realidade, motiva a auditoria é a insegurança das pessoas. Esta conduz à desconfiança, e esses dois sentimentos motivam a existência de um sistema de cheque duplo, que é a auditoria. O fato de esses sentimentos serem inerentes ao ser humano os faz naturalmente transportáveis para o sistema empresa.

O elemento motivador adicional é a característica, universalmente aceita, da imperfeição da humanidade. Portanto, não há nenhum problema quanto à implantação do conceito de auditoria nas empresas. O que estamos discutindo é a sua extensão, no pressuposto de sua minimização, em termos de custos e gasto de tempo.

Auditoria em Corporações e Pequenos e Médios Empreendimentos

Os elementos que apresentamos anteriormente – insegurança, desconfiança e imperfeição dos seres humanos – acentuam-se ou diminuem com a distância entre a cúpula da empresa e seus funcionários, dentro do conjunto dos seus estabelecimentos operacionais.

Em empresas de menor porte, com planta única, provavelmente as necessidades de auditoria tendem a zero (em observações particulares, observamos que nesse tipo de organização não há auditoria). Por outro lado, em grandes corporações, com grande número de plantas e filiais, dentro e fora do País, as necessidades de auditoria tendem a crescer.

Essa questão também assume outras tonalidades, considerando tipos de empreendimentos. Setores ligados à movimentação financeira e de capitais tendem a exigir maior atenção de atuação replicativa, portanto, potencializando a auditoria.

Empresas Fechadas de Capital Pulverizado

As sociedades anônimas de capital aberto são obrigadas a ter seus demonstrativos financeiros revisados por auditoria externa independente, uma exigência da sociedade conforme seus dispositivos legais. Não vemos aqui necessidade de rediscutirmos esse aspecto sobejamente conhecido e aceito.

As companhias limitadas, normalmente de pequeno e médio porte, podem trabalhar com o conceito de auditoria disseminada, sem necessidade de um setor específico de auditoria interna. Contudo, existem sociedades anônimas de capital pulverizado ou de propriedade de pessoas do exterior que têm a auditoria interna no seu modelo de gestão, exatamente no sentido de substituir o conceito de auditoria externa independente.

Campo de Atuação da Auditoria Interna: um Resumo

Diante do exposto e considerando as premissas adotadas, podemos circunscrever o campo de atuação da auditoria dentro do atual ambiente empresarial nas seguintes áreas:

1. *Atuação para áreas remotas*: as empresas organizadas em formato corporativo e com grande número de estabelecimentos ou filiais deverão ser municiadas por procedimentos de auditoria que lhes permitam dar as condições de segurança e confiança às atividades desenvolvidas nas áreas distantes do centro administrativo. Os procedimentos de auditoria, contudo, devem ser limitados àqueles pontos ou processos não cobertos pelo conjunto dos sistemas de informação disponíveis nos conceitos de integração e *workflow*.

2. *Substituição do papel da auditoria externa*: a auditoria interna deve atuar nos procedimentos não redundantes que complementem o papel da auditoria externa, em empresas de capital fechado com controle acionário pulverizado ou de residência remota.

3. *Prevenção de imperfeições humanas e éticas e sua correção*: papel tradicional da auditoria, partindo do pressuposto da característica da imperfeição do ser humano, aspecto de difícil eliminação, restando uma atuação de auditoria para sua minimização.

Modelo de Gestão para Substituição das Demais Áreas de Atuação da Auditoria

O campo de atuação proposto no tópico anterior objetiva a estruturação do setor de auditoria interna no conceito de auditoria enxuta. Assim, as demais propostas de atuação da auditoria devem ser cobertas por um enfoque administrativo coerente com o novo ambiente empresarial.

Nesse sentido, a empresa deverá incorporar necessariamente no seu modelo de gestão a contabilidade por responsabilidade e o modelo de gestão econômica. O modelo de gestão econômica, que significa gestão baseada em resultados, implica considerar as seguintes premissas:

a) o lucro é a medida da eficácia empresarial;

b) o planejamento é necessário;

c) o lucro da empresa é a somatória do lucro de suas partes;

d) os gestores têm a obrigação de reportar os resultados obtidos (*accountability*);

e) os gestores são responsáveis pela geração do lucro;

f) os gestores devem ser tratados como os respectivos "donos" das áreas;

g) os gestores devem ser avaliados pelos seus resultados.

Esse modelo de gestão envolve a cobrança do responsável de cada área da empresa, que é o foco condutor de uma empresa enxuta.

Auditoria Interna e a Hierarquia

Em linhas gerais, o setor de auditoria interna tem-se reportado à alta administração da empresa, como um setor de apoio à presidência da companhia ou do próprio conselho de administração. Uma outra configuração é a sua localização como setor de apoio à diretoria administrativa/financeira ou mesmo como setor de controladoria.

Dentro do conceito que apresentamos, não vemos nenhum inconveniente que o setor de auditoria reporte-se ao *controller* ou à controladoria central, uma vez que não deverá haver mais redundância de tarefas e atividades operacionais.

Considerações Finais

A estruturação de um setor de auditoria interna com uma adequada relação custo-benefício dentro nas organizações pressupõe a adoção de um modelo de gestão baseado em resultados, delegação de responsabilidades e avaliação de desempenho, bem como a utilização de sistemas de informações integrados de maneira a minimizar ações repetitivas para controle interno.

Estruturas de auditoria interna consideradas de tamanho mais que proporcional à estrutura do negócio como um todo podem evidenciar um excesso de atividades repetitivas, sugerindo que os sistemas de informações não estão adequadamente integrados e/ou que o modelo de gestão adotado pode ser reformulado. Por outro lado, uma estrutura enxuta de auditoria interna tende a refletir sucesso na utilização de sistemas de informação, bem como adequados modelos de gestão.

Bibliografia

ATTIE, William. *Auditoria interna*. São Paulo: Atlas, 1987.

CATELLI, Armando. *Controladoria*. São Paulo: Atlas, 1999.

CHIAVENATO, Idalberto. *Como transformar RH (de um centro de despesa) em um centro de lucro*. 2. ed. São Paulo: Makron Books, 2000.

CORDEIRO, Claudio Marcelo Rodrigues. Auditoria como instrumento de gestão. *Revista do CRCPR*, n. 130, p. 29, 2º semestre 2001.

DAVIS, Mark M.; AQUILANO, Nicholar J.; CHASE, Richard B. *Fundamentos da administração da produção*. 3. ed. Porto Alegre: Bookman Editora, 2001.

FRANCO, Hilário; MARRA, Ernesto. *Auditoria contábil*. São Paulo: Atlas, 1982.

GIL, Antonio de Loureiro. *Auditoria operacional e de gestão*. 5. ed. São Paulo: Atlas, 2000.

SÁ, A. Lopes de. *Auditoria interna*. 2. ed. São Paulo: Atlas, 1973.

pais demandas em termos de informações contábeis sejam elaboradas pelos profissionais da área contábil e apresentadas nas demonstrações contábeis pelas quais somos responsáveis.

Não faremos nenhuma discussão ou aprofundamento dos principais conceitos que fundamentarão nossa proposta, partindo da premissa de que já são conhecidos, e apresentaremos apenas as principais indicações para referência e acompanhamento. Em linhas gerais, a proposta tem como referencial somente as empresas com fins lucrativos.

Objetivo das Empresas: Criação de Valor

Van Horne (1998, p. 3) inicia seu trabalho de forma objetiva quando diz: "*O objetivo de uma companhia deve ser a criação de valor para seus acionistas*. O valor é representado pelo preço de mercado da ação ordinária da companhia, o qual, por outro lado, é uma função das decisões de investimento, financiamento e dividendos da empresa (...) Por todo este livro, o tema unificante é a criação de valor".

A maioria dos livros de finanças tem origem norte-americana, e nos Estados Unidos as sociedades anônimas de capital aberto são extremamente representativas, razão por que o foco de finanças tem sido considerado os acionistas, palavra que deve representar, além dos próprios acionistas, os sócios e os donos de empresas individuais. Em outras palavras, o objetivo maior de finanças é criar valor para os proprietários das empresas, sejam eles quais forem.

As finanças de entidades sem fins lucrativos devem interpretar o objetivo de criação de valor de forma similar. Assim, a geração ou a criação de um resultado econômico e financeiro positivo, que permita o desenvolvimento normal de suas operações e as necessidades gerais de investimentos, de modo a garantir sua continuidade e o cumprimento da missão a que se destinam, representa a mesma coisa que o conceito de criação de valor. Nesse caso, a criação de valor é para a entidade, não para os proprietários, uma vez que essas entidades não se caracterizam como propriedade de alguém.

Como a palavra valor se presta a muitas interpretações, convém ressaltar que o conceito a que se refere o objetivo de finanças é valor econômico, ou seja, a representação do valor da empresa medido em unidades monetárias. Portanto, criação de valor em finanças é um conceito objetivo, mensurável em moeda.

Maximização do Lucro *versus* Criação de Valor

O conceito de maximização do lucro como o objetivo principal de finanças é muito difundido e há muito tempo tem sido considerado como o propósito mais importante da atividade financeira. Contudo, é possível fazer uma distinção significativa entre o conceito de maximização *do lucro* e o conceito de maximização *da riqueza ou criação de valor*. O conceito de *maximização do lucro* parte da equação contábil tradicional de que o lucro é a resultante das receitas menos as despesas de um período:

Lucro do Período = Receitas (–) Despesas

Apesar de lógico, esse conceito, tomado e utilizado de forma restrita, pode não conduzir as empresas a uma melhor situação. A obtenção de um bom lucro em um período não quer dizer que o futuro da empresa será beneficiado por isso. Diversas possibilidades de gestão podem levar a companhia a obter um excelente lucro em um período, mas prejudicar o seu futuro.

Eventualmente, administradores de empresas com interesses dissociados dos acionistas podem tomar decisões de modo a garantir ou aumentar o resultado esperado de um período, e comprometer o futuro da riqueza dos acionistas. Esses tipos de decisões associadas ao objetivo de obtenção de maior lucro, reduzindo as despesas e aumentando a receita, utilizam-se da fórmula tradicional contábil-financeira. Contudo, a fórmula contábil-financeira do lucro restringe-se apenas ao período em pauta, não remete à questão da geração de lucros futuros. Dessa maneira, decisões que podem aumentar o lucro de um período tendem a prejudicar sensivelmente a geração futura de lucros. Nesse caso, tem-se a maximização do lucro, mas não a maximização da riqueza, a qual está relacionada mais com a geração futura de lucros do que com a obtenção de lucros no presente.

Assim, podemos dizer que a maximização do lucro é um conceito que tem aderência à visão de curto prazo, mas não permite uma gestão baseada no longo prazo. De modo geral, os acionistas investem pensando em dividendos recorrentes e contínuos ao longo do tempo, dentro de uma concepção de longo prazo, razão por que gestões de aumento de lucro no curto prazo podem estar em desacordo com as intenções gerais dos proprietários da empresa.

O conceito de *maximização da riqueza* é o mesmo que criação de valor. A criação de valor representa o aumento da riqueza. Maximizando-se a riqueza, maximiza-se a criação de valor. A riqueza compreende o valor patrimonial de alguém ou de uma empresa, mensurado economicamente e inclui todos os investimentos líquidos de suas dívidas, e os lucros gerados por esses investimentos até o momento da mensuração da riqueza.

Nas empresas, em termos financeiros e segundo a ótica dos acionistas, a riqueza é o valor do *capital próprio*, representado pelo capital investido e os lucros retidos. Em termos contábeis, esse valor é expresso pela figura do *Patrimônio Líquido* (PL).

Considerando o conceito de maximização da riqueza, a criação de valor é a diferença entre o valor da riqueza no fim de um período com o valor da riqueza no seu início. Em outras palavras, a criação de valor é o lucro do período analisado. Na semântica contábil-financeira, é a diferença entre o valor do Patrimônio

Capítulo 4

Adequação das Demonstrações Financeiras para os Usuários Externos

Clóvis Luís Padoveze
Gideon Carvalho de Benedicto

A Contabilidade tem sido fortemente questionada nos últimos anos, notadamente a partir de 1980, por especialistas de vários ramos do conhecimento e, particularmente, pelos próprios cientistas contábeis. As críticas têm sido colocadas no sentido de que a Contabilidade não tem cumprido adequadamente seu papel, tanto dentro das organizações, no seu gerenciamento interno, como em relação à sua utilização junto aos usuários externos.

No âmbito interno, uma obra considerada marco na análise crítica da Ciência Contábil, como resposta às críticas ao papel que a Contabilidade vinha desenvolvendo nas empresas, é o trabalho de Johnson e Kaplan (1987), intitulado *Relevance Lost*. As críticas referem-se ao papel da Contabilidade Gerencial ou de Custos, que havia perdido a relevância para fins de gerenciamento interno, em detrimento do uso intensivo e quase único dos padrões originados da Contabilidade Financeira, regida pelos princípios contábeis geralmente aceitos. Diversos outros autores engrossaram o posicionamento crítico e, a partir daí, surgiram novos conceitos de gestão de custos. Em linhas gerais, esses novos conceitos estão sendo denominados de Gestão Estratégica de Custos e têm como espinha dorsal o método de custeamento denominado ABC – Custeio Baseado em Atividades, do inglês *Activity Based Costing*.

Em meados da década de 1990, com a constatação de que o mundo estava vivendo a era do conhecimento (Davenport e Prusak, 1998), novas críticas foram lançadas à Contabilidade, já no âmbito externo, indicando que ela não conseguia evidenciar a correta riqueza da empresa a qual, segundo essa corrente, está centrada no seu Capital Intelectual e não mais no Capital Tangível, representado pelo balanço tradicional. As críticas foram (e ainda o são) duras. Stewart (1998, p. 52-53) diz, abrindo o tópico "Os Contadores Não Podem Contar o Capital Intelectual": "Exércitos de funcionários e barricadas de computadores monitoram ativos físicos e financeiros, mas esses sistemas contábeis não podem lidar com a capacidade intelectual". Esse autor também cita David Wilson, da empresa de auditoria Ernst e Young, que diz: "Passaram-se 500 anos desde a publicação do importante trabalho de Pacioli sobre contabilidade e ainda não vimos quase nenhuma inovação na prática contábil – apenas mais regras, que praticamente não mudaram a estrutura de medição".

Também no âmbito do uso da Contabilidade para usuários externos, mais precisamente para análise de investimentos, restrições ao formato e à análise contábil foram colocadas pelos defensores dos conceitos de EVA e MVA. Em Ehrbar (1999, p. VIII) encontramos: "Em contrapartida, a medida do lucro contábil, embora também reconheça a necessidade de utilização do lucro residual, subtrai um retorno exigido apenas para títulos preferenciais, o custo de juros de endividamento, e dividendos pagos a ações preferenciais. O lucro líquido contábil, conhecido como lucro líquido após tributação, ou, mais popularmente, como resultado líquido, permite que recursos de acionistas ordinários peguem uma carona – não há encargos sobre capital ordinário". Ainda no mesmo trabalho vemos que "por si sós, os GAAP (Princípios Contábeis Geralmente Aceitos) distorcem a realidade econômica e levam à má alocação de recursos na empresa". Na mesma linha de raciocínio, Copeland et al. (2000, p. 22) e outros dizem: "Ademais, a importância atribuída ao lucro contábil tende a voltar a atenção dos administradores ao gerenciamento da demonstração de resultados. Assim, o valor propriamente dito e o *timing* dos fluxos de caixa ficam em segundo plano".

Mais recentemente, o mundo foi abalado pelos escândalos financeiros das empresas norte-americanas Enron e WorldCom, entre outras, fazendo nascer, ou renascer, o jargão, depreciativo, de "contabilidade criativa".[1] Notícia do jornal *O Estado de S. Paulo* de 24 de janeiro de 2002 começava com o título "Contabilidade indecifrável torna-se desafio para analistas e investidores", provocando a classe contábil e seus princípios reguladores.

Entendemos que esse breve resumo das críticas feitas à Contabilidade nesses últimos anos é suficiente para provocar a reflexão da classe contábil. A pergunta, em forma de dúvida, que fica é muito simples: a Ciência Contábil está comprovadamente ultrapassada e sua utilidade como instrumento de gestão das empresas e como supridora de informações para os demais usuários de seus relatórios está totalmente comprometida?

Entendemos que não. A teoria contábil evoluiu gradativa e intensamente nos últimos séculos, dando total consistência científica a esse ramo de conhecimento, razão por que orgulhosamente e com justiça é denominada Ciência Contábil. O único pecado que a classe contábil pode ter, se assim o podemos dizer, é não possuir ousadia suficiente para colocar em prática todo o arsenal de conhecimentos, teorias, princípios, conceitos, modelos e procedimentos já conhecidos e comprovados.

O objetivo desse tópico é apresentar uma proposta para estruturação dos dois principais relatórios contábeis, o Balanço Patrimonial e a Demonstração do Resultado do Exercício, de forma a contemplar todos os conceitos necessários para os usuários internos e, principalmente, externos, de tal forma que as princi-

---

[1] Entrevista do professor Eliseu Martins ao jornal *Valor Econômico* em 3.12.2002.

Líquido final (PLf) menos o valor do Patrimônio Líquido inicial (Pli), que pode ser traduzido na seguinte fórmula:

Criação de Valor (Lucro do Período) = $PLf^2 - Pli$

Nesse conceito, em vez de se obter o lucro pelo confronto das receitas e despesas do período, obtém-se o valor do lucro pela avaliação do patrimônio líquido da empresa ao final do período, confrontado com o valor do patrimônio líquido inicial, que terá sido avaliado pelo mesmo critério. Esse conceito de lucro é denominado de *lucro econômico*, em contraposição ao conceito tradicional de lucro contábil. No lucro econômico, o resultado é apurado segundo os conceitos de mensuração não atrelados ao custo original como base de valor mas, sim, em valores de realização ou de fluxo futuro de benefícios, decorrente da abordagem das atividades para mensuração do lucro (Hendriksen, 1977, p. 143-144).

Lucro Econômico, Lucro Contábil, Custo de Oportunidade e *Goodwill*

O conceito de lucro econômico motiva os principais critérios de avaliação de ações e investimentos. De modo geral, quando se investe em títulos, espera-se um rendimento. O valor dos rendimentos futuros determinará o valor atual do investimento. Em outras palavras, o valor de hoje de um investimento é o valor dos rendimentos futuros que este proporcionará. Essa é a base do lucro econômico.

Podemos apresentar esse conceito em um simples exemplo. Imaginemos que um investidor tenha um imóvel pelo qual pagou $ 50.000, considerado seu patrimônio líquido inicial, e recebeu nos últimos 12 meses $ 500 mensais de aluguel, totalizando $ 6.000 no período de um ano. Supondo que não tenha tido nenhuma despesa, o lucro contábil seria os mesmos $ 6.000.

Lucro Contábil
Receitas do ano	$ 6.000
(–) Despesas do ano	0
Lucro do Ano	$ 6.000

Vamos supor, também, que, para o próximo período, os aluguéis mensais serão de $ 600 ao mês. Sob a abordagem do lucro econômico, o valor da riqueza do proprietário do imóvel são os fluxos futuros descontados a determinado custo de capital. Imaginando um custo de capital de 1% ao mês (equivalente ao recebimento de juros) e considerando o rendimento mensal de $ 600, o valor do imóvel seria de $ 60.000.

---

[2] Desconsiderados aumentos ou reduções de capital e distribuição de resultados.

Valor do imóvel sob o conceito de Lucro Econômico
Valor do rendimento mensal esperado $600
Custo de capital do investidor 1% ao mês
Valor do imóvel com renda $60.000 ($600 : 0,01)

Nesse exemplo, o *valor atual* do imóvel decorre do *valor do fluxo futuro das receitas* que ele irá gerar.

Com esse dado, podemos calcular o lucro econômico do patrimônio:

Lucro Econômico
Valor do Patrimônio Líquido final $60.000
(–) Valor do Patrimônio Líquido inicial $50.000
Lucro Econômico do Ano $10.000

O lucro contábil, como vimos, não trabalha com perspectiva de futuro. Utiliza-se apenas dos dados do passado (receitas e custos históricos, já acontecidos) para mensurar o lucro. Dessa maneira, como objetivo de finanças, impõe-se a utilização do conceito de lucro econômico, que é coerente com o conceito de maximização da riqueza e criação de valor e está voltado para as rendas futuras do investimento.

Para avaliação dos investimentos e empresas pelo conceito de lucro econômico, é necessário haver, portanto, modelos de previsão de lucros, caixa e investimentos. Como é necessário um valor que possa ser utilizado no presente, *descontam-se os fluxos futuros a uma taxa de custo de capital*. O valor obtido por esse modelo de avaliação pode superar o valor contábil do patrimônio líquido. A diferença é normalmente denominada de *Goodwill*,[3] um valor que, de modo geral, representa os intangíveis da empresa como marca, capital intelectual, ponto, fundo de comércio etc.

O custo de capital utilizado para desconto dos fluxos futuros de benefícios, para apuração do lucro econômico, consolida a adoção do conceito de custo de oportunidade do capital. Assim, a equação fundamental do lucro econômico é:

Lucro Econômico (Lucro do Período) = PLf – Pli Custo de Capital

O conceito de lucro econômico incorpora, então, três conceitos fundamentais para o processo de avaliação da empresa e da geração de lucro e valor: a utilização de fluxos futuros de caixa ou lucro, a adoção do custo de oportunidade de capital e a constatação da existência (ou não) do *Goodwill*.

---

[3] *Goodwill*: valor da diferença obtida entre o valor total da empresa, avaliada por determinados critérios (no caso, pelo fluxo futuro de benefícios descontados a um custo de capital), e o valor resultante da soma aritmética do valor dos ativos e passivos avaliados isoladamente; valor intangível adicional da empresa.

O quadro a seguir apresenta de forma comparativa os principais conceitos que desenvolvemos até agora.

Quadro 4.1 – Análise Comparativa: Maximização do Lucro *versus* Criação de Valor

Elemento/Fator/Variável	Maximização do Lucro	Criação de Valor
Horizonte Temporal	Curto Prazo	Longo Prazo
Modelo de Mensuração do Lucro	Lucro Contábil	Lucro Econômico
Elementos da Apuração do Lucro	Receitas e Despesas	Receitas e Despesas e Custo de Capital
Intangíveis e *Goodwill*	Não Reconhece	Reconhece
Perspectiva	Histórica	Futura
Dados utilizados	Passados	Futuros
Foco	Lucro do Período	Valor da Riqueza
Objeto	Resultado das Operações	Resultado das Operações
	Atuais	Futuras

Não há dúvida de que os dois conceitos de lucro podem ser trabalhados conjuntamente. Partindo da premissa de que o *Goodwill* surge da avaliação dos fluxos futuros, e que esses são descontados a um custo de capital, e admitindo os dois conceitos na equação do lucro contábil, teríamos:

Lucro Econômico a partir do Lucro Contábil
Receitas
(–) Despesas
(–) Custo de Oportunidade do Capital
(+/–) *Goodwill*
Lucro Econômico

Necessidades dos Usuários Externos em Relação às Demonstrações Contábeis

Conforme exposto, podemos resumir as atuais necessidades dos usuários externos em relação às demonstrações contábeis nos pontos que apresentaremos a seguir, ainda não contemplados no atual formato e conteúdo das demonstrações oferecidas ao mercado.

1. Identificação, avaliação e apresentação dos ativos intangíveis.
2. Apresentação do valor da empresa utilizando o modelo de fluxo futuro de benefícios (lucro ou caixa).
3. Incorporação do conceito de custo de oportunidade de capital.

A incorporação desses três pontos principais nas demonstrações contábeis não pode, em nenhuma hipótese, ferir a característica de confiabilidade das informações contábeis. Portanto, princípios contábeis adicionais deverão estar contemplados adequadamente, dentro de modelos de mensuração respaldados cientificamente.

Proposta Básica

Tendo em vista que o atual modelo das demonstrações contábeis é aceito universalmente, para fins fiscais, legais e societários, e que, também, está respaldado pelos princípios fundamentais de Contabilidade, de grande potencial informacional e preditivo, não há por que suprimir sua apresentação.

A proposta de adequação das demonstrações contábeis às necessidades dos usuários externos centra-se na apresentação de informações complementares às demonstrações básicas, o Balanço Patrimonial e a Demonstração do Resultado do Exercício, considerando critérios complementares de avaliação. Os valores decorrentes desses critérios complementares seriam apresentados em colunas ao lado das demonstrações contábeis tradicionais, contemplando os novos elementos patrimoniais do Balanço Patrimonial e as novas rubricas da Demonstração do Resultado que serão necessários.

Nessa proposta, as demonstrações contábeis básicas serão apresentadas com quatro critérios de avaliação:

1. Avaliação pelos princípios fundamentais de Contabilidade.
2. Avaliação a preços de mercado dos ativos e passivos avaliados individualmente.[4]
3. Avaliação a preços de mercado acionário.
4. Avaliação considerando os fluxos futuros de benefícios, descontados pelo custo de oportunidade de capital.

Em resumo, tanto o Balanço Patrimonial quanto a Demonstração do Resultado apresentarão o valor da empresa e o lucro do período pelos seguintes critérios de mensuração:

1. Valor Contábil;
2. Valor de Mercado;

---

[4] Esse critério de avaliação está sendo parcialmente contemplado no anteprojeto de alteração da Lei n. 6.404/76 da CVM, no que tange às demonstrações contábeis, ainda em trâmite no Congresso Nacional, com a introdução do critério de Ajustes de Avaliação Patrimonial, como proposta para substituição do procedimento de Reserva de Reavaliação.

3. Valor de Mercado das Ações;
4. Valor Econômico.

Nova Estrutura Proposta para as Demonstrações Contábeis Básicas

Apresentamos a seguir um exemplo numérico de como ficariam as demonstrações contábeis básicas nessa nova proposta. Os números são aleatórios, apenas de caráter ilustrativo.

O Balanço Patrimonial passa a incorporar no ativo permanente uma conta para evidenciar o valor do *Goodwill* não adquirido. No passivo, no grupo patrimônio líquido, abre-se a conta do resultado do período para abarcar a evolução do resultado decorrente dos quatro critérios de avaliação patrimonial.

Na coluna de Valor de Mercado, os ativos e passivos devem ser avaliados pelo critério de valor de mercado, na premissa de negociação individual. Os principais critérios a ser utilizados são: ajuste a valor presente dos créditos e obrigações, preços de reposição, valor realizável líquido, preços de mercado. No critério de Valor de Mercado Acionário, mantém-se a avaliação do critério anterior, adicionando-se apenas, na conta *Goodwill*, a diferença positiva ou negativa entre o valor patrimonial a preços de mercado e o valor patrimonial presentemente obtido pela cotação das ações no mercado de bolsa. No caso de empresas que não têm ações cotadas em bolsa, esta coluna é desnecessária.

Discriminação	Valor Contábil	Valor de Mercado	Valor de Mercado Acionário	Valor Econômico
ATIVO CIRCULANTE	44.000	45.000	45.000	45.000
Disponibilidades	8.000	8.000	8.000	8.000
Clientes	15.000	14.000	14.000	14.000
Estoques	20.000	22.000	22.000	22.000
Outros valores a realizar	1.000	1.000	1.000	1.000
REALIZÁVEL A LONGO PRAZO	1.000	1.000	1.000	1.000
ATIVO PERMANENTE	50.000	52.000	39.000	66.400
Investimentos	5.000	6.000	6.000	6.000
Imobilizado	44.000	46.000	46.000	50.000
Diferido	1.000	0	0	0
Goodwill não adquirido (marcas, capital intelectual, outros intangíveis, fluxos futuros etc.)	0	0	(13.000)	10.400
TOTAL DO ATIVO	95.000	98.000	85.000	112.400

continua

Tabela 4.1 – Balanço Patrimonial (continuação)

Discriminação	Valor Contábil	Valor de Mercado	Valor de Mercado Acionário	Valor Econômico
PASSIVO CIRCULANTE	15.000	14.600	14.600	14.600
Fornecedores	6.000	5.800	5.800	5.800
Contas a Pagar	3.500	3.500	3.500	3.500
Impostos a Recolher	2.500	2.400	2.400	2.400
Empréstimos e Financiamentos	2.000	2.000	2.000	2.000
Outros valores a pagar	1.000	900	900	900
EXIGÍVEL A LONGO PRAZO	35.000	35.000	35.000	35.000
Empréstimos e Financiamentos	34.000	34.000	34.000	34.000
Outros	1.000	1.000	1.000	1.000
PATRIMÔNIO LÍQUIDO	45.000	48.400	35.400	62.800
Capital Social	30.000	30.000	30.000	30.000
Reservas	10.000	10.000	10.000	10.000
Resultado do Período	5.000	8.400	(4.600)	22.800
Resultado Contábil	5.000	5.000	5.000	5.000
Resultado de Mercado	0	3.400	3.400	3.400
Resultado de Mercado Acionário	0	0	(13.000)	0
Custo de Oportunidade de Capital	0	0	0	7.260
Resultado Econômico	0	0	0	7.140
TOTAL DO PASSIVO	95.000	98.000	85.000	112.400

Tabela 4.1 – Balanço Patrimonial

Na coluna Valor Econômico, os ativos imobilizados devem ser avaliados pelos seus fluxos futuros de serviços. O valor do *Goodwill* nesse critério será a diferença entre o total dos fluxos futuros de lucros ou caixa descontados, mais ou menos o valor já apropriado para os ativos imobilizados. Nosso entendimento é de que não há necessidade de detalhamento do *Goodwill*, se proveniente de marca, capital intelectual ou outro bem intangível, bastando o conceito global de *Goodwill*.

Na Demonstração do Resultado, insere-se uma conta para evidenciar o resultado adicional obtido pela avaliação de mercado e fluxo futuro de lucros ou caixa. A outra conta a ser inserida é para absorver a contabilização do custo de oportunidade de capital dos acionistas. Exceto para a coluna Valor Contábil, os conceitos de preços de reposição devem ser adotados para atualização das receitas e despesas.

Tabela 4.2 – Demonstração de Resultados

Discriminação	Valor Contábil	Valor de Mercado	Valor de Mercado Acionário	Valor Econômico
RECEITA OPERACIONAL	100.000	110.000	110.000	110.000
(–) Custo das Vendas	(62.000)	(71.500)	(71.500)	(71.500)
LUCRO BRUTO	38.000	38.500	38.500	38.500
(–) Despesas Operacionais	(28.500)	(30.000)	(30.000)	(30.000)
LUCRO OPERACIONAL	9.500	8.500	8.500	8.500
(+) Receitas Financeiras	1.000	1.000	1.000	1.000
(–) Despesas Financeiras	(3.000)	(3.000)	(3.000)	(3.000)
(+/–) Equivalência Patrimonial	1.000	2.000	2.000	2.000
(+/–) Resultado na alienação de permanentes	(1.000)	(1.000)	(1.000)	(1.000)
LUCRO ANTES DOS IMPOSTOS	7.500	7.500	7.500	7.500
(–) Impostos sobre o Lucro	(2.500)	(2.500)	(2.500)	(2.500)
LUCRO CONTÁBIL APÓS OS IMPOSTOS	5.000	5.000	5.000	5.000
(+/–) Lucro de Mercado/*Goodwill* não Adquirido	0	3.400	(9.600)	9.400
LUCRO DE MERCADO/CRIAÇÃO DE VALOR	5.000	8.400	(4.600)	14.400
(–) Custo de Oportunidade de Capital	0	0	0	(7.260)
LUCRO ECONÔMICO	5.000	8.400	(4.600)	7.140

Apresentamos a seguir os seguintes pontos principais que a proposta apresentada soluciona para a classe contábil em relação aos usuários, sejam eles internos ou externos.

Teoria da Contabilidade

A proposta incorpora os mais avançados conceitos de mensuração e evidenciação já desenvolvidos pela Ciência Contábil. Deixa claro para todos os usuários que a Ciência Contábil engloba conceitos de mensuração econômica considerados indispensáveis na avaliação dos empreendimentos negociais. A Ciência Contábil contempla conceitos avançados e critérios dos livros e teses de teoria contábil e aplica-os no campo, dando, principalmente ao leitor externo, as avaliações econômicas necessárias para qualquer tomada de decisão.

Contabilidade Gerencial *versus* Contabilidade Financeira

A proposta faz a congruência entre essas duas visões da Ciência Contábil, eliminando um assunto pendente há muito tempo na classe contábil. Não há mais distinção entre uma e outra. Fica claro que a Contabilidade é uma só e que critérios de avaliação econômica podem ser discutíveis, mas também podem ser integrados.

Correção Monetária das Demonstrações Contábeis

A adoção de critérios de avaliação a preços de mercado (reposição, valor realizável líquido, fluxos futuros etc.) substitui os critérios de correção monetária de balanço e correção monetária integral, bem como a abordagem da mensuração do lucro considerando as variações de preços. Além disso, não provoca a visão de indexação generalizada, nociva à condução da economia do país.

Goodwill Periódico

A partir do segundo exercício da implantação da proposta, a Demonstração do Resultado do Exercício apresentará a diferença de *Goodwill* acumulado de um ano para outro. É de fundamental importância a mensuração periódica desse evento econômico, já que mostrará a tendência do crescimento da empresa e do processo de criação de valor, refletindo os novos impactos das tendências futuras, evidenciando, ao longo dos anos, a possível flutuação do valor econômico da empresa.

Análise de Balanço

O conjunto de informações fornecido pelas demonstrações propostas elimina qualquer necessidade de avaliação adicional dos usuários externos para fazer suas avaliações do empreendimento, já que o modelo-base considerado mais avançado para a análise das demonstrações contábeis – o conceito de geração de lucro, fluxos futuros e valor presente líquido – já consta do critério de avaliação do lucro econômico.

Vantagens

As vantagens que depreendemos dessa proposta são:

1. *Fortalece os princípios fundamentais de Contabilidade*: isso se dá não só pela manutenção da apresentação das demonstrações contábeis segundo os princípios já existentes, mas também por evidenciar que os atuais critérios são

excelentes, com grande valor informacional e preditivo, já que os demais critérios nutrem-se de sua base de informações.

2. *Solidifica os princípios fundamentais de Contabilidade*: a comparabilidade com outros critérios ao longo do tempo certamente mostrará a integridade dos princípios contábeis, sua consistência, seu grau de segurança e estabilidade, garantindo a confiança sobre as demonstrações contábeis.

3. *Incorporação das Teorias Contábeis*: um dos pontos principais. Alinha as demonstrações com os melhores critérios e modelos de mensuração econômica.

4. *Fortalece a capacitação dos profissionais contábeis*: torna definitiva a necessidade de um profissional contábil com perfil gerencial, sem deixar de lado as atribuições regulamentares.

5. *Torna a Contabilidade estratégica*: os critérios de avaliação que têm como base o fluxo futuro de benefícios incorporam definitivamente os profissionais de Contabilidade, Auditoria e Controladoria no nível da tomada de decisão da estratégia empresarial.

6. *Responsabilidade social*: permite aos administradores e contadores um crescimento no escopo de sua responsabilidade social, uma vez que os impactos externos da informação contábil ganham adicional relevância e importância.

7. *Comprometimento*: insere definitivamente os administradores e contadores no grau necessário de comprometimento e responsabilidade de seu trabalho, pois as informações, antes trabalhadas apenas por terceiros, passam a ser veiculadas pela própria empresa.

8. *Comprometimento dos auditores*: identicamente aos administradores e contadores, o parecer de Auditoria ganha relevância, pois avalizará métodos de grande conteúdo conceitual.

9. *Soluciona as críticas à ética contábil*: o comprometimento dos profissionais responsáveis pela elaboração das demonstrações contábeis permitirá deixar bem claro, ao longo do tempo, comportamentos éticos e não éticos.

10. *Evidenciação*: dá novo conteúdo conceitual à evidenciação contábil, muito mais focado na essência dos números e critérios de mensuração do que na simples exposição de notas explicativas. Mostra todo o potencial da Ciência Contábil e a ousadia necessária dos profissionais da área visando contribuir para com a comunidade.

11. *Notas explicativas*: passam a ser menos relevantes, pois o comprometimento dos profissionais responsáveis pelas demonstrações contábeis estará evidenciado nos números, em um formato concentrado, e não mais em notas explicativas dispersas e de difícil entendimento.

Possíveis Desvantagens

Um argumento a ser colocado é se o excesso de dados pode comprometer o entendimento das demonstrações, uma vez que se evidenciam os elementos patrimoniais por diversos critérios. Esse argumento não resiste a uma maior meditação. Os usuários externos interessados nas demonstrações contábeis têm capacitação suficiente para compreender as possibilidades de avaliação econômica que estamos sugerindo na proposta. São empresários, analistas de investimento, analistas de crédito, fornecedores, clientes, investidores etc., todos com capacitação suficiente para trabalhar em um ambiente complexo. Não se pode subestimar a inteligência das pessoas.

Também na linha de excesso de dados, poder-se-ia argumentar que são muitos números expostos. Como já frisamos, o conteúdo das mensurações suprimirá a necessidade de muitas notas explicativas, deixando as demonstrações mais leves e objetivas.

Crítica aos Critérios de Avaliação

O fato de a proposta incorporar critérios de avaliação econômica, com nível muito maior de subjetividade, poderia ensejar críticas à sua aplicabilidade. *O ponto fundamental, porém, é que os critérios de avaliação que constam da proposta são os utilizados no mercado.* Ou seja, mesmo admitindo a incorporação de subjetividade, é isso que os usuários externos fazem e querem. E não há ninguém melhor para exercer a subjetividade necessária do que os profissionais que atuam na empresa, os contadores e administradores. Nenhum usuário externo tem mais informações do que eles. Portanto, em tese, o melhor lugar para ser feito esse tipo de avaliação é dentro da própria empresa. Ressalte-se novamente que a proposta enseja um novo grau de comprometimento desses profissionais com a evidenciação contida nas demonstrações contábeis.

Outro fator importante será a depuração dos métodos a ser adotados com o passar do tempo. À medida que as demonstrações forem publicadas e criticadas, e os critérios de avaliação econômica forem evidenciados, seguramente irá se formar um novo conjunto de metodologias e modelos de avaliação econômica, o qual permitirá consolidar um novo conjunto de princípios fundamentais de Contabilidade Gerencial para usuários externos.

Comparabilidade, Consolidação e Periodicidade de Evidenciação

As demonstrações propostas são complementares às demonstrações atualmente exigidas. Assim, as informações consolidadas e os dados comparativos poderão ser conforme o formato e os critérios atuais, bem como haverá a manutenção da periodicidade anual de evidenciação obrigatória.

Considerações Finais

O presente estudo caracteriza-se por uma proposta inicial, com o intuito de provocar um debate na classe contábil. Não há pretensão de que o assunto tenha sido esgotado. Ao contrário, será necessário um exame exaustivo da idéia, bem como estudos para a obtenção dos melhores critérios a se adotar, dentro de uma metodologia que possa ser considerada de uso geral.

Bibliografia

CATELLI, Armando (Coord.). *Controladoria*. São Paulo: Atlas, 1999.

COPELAND, Tom; KOLLER, Tim; MURRIN, Jack. *Avaliação de empresas "Valuation"*. São Paulo: Makron Books, 2000.

DAVENPORT, Thomas H.; PRUSAK, Laurence. *Conhecimento empresarial*. Rio de Janeiro: Campus, 1998.

_____. *EVA – Valor econômico agregado*. Rio de Janeiro: Qualitymark Editora, 1999.

EHRBAR, Al. *Modelo conceitual de sistema de informação de gestão econômica*: uma contribuição à teoria da comunicação da contabilidade. São Paulo, 1989. Tese (Doutorado) – FEA-USP.

GUERREIRO, Reinaldo. Mensuração do resultado econômico. *Caderno de Estudos*, Fipecafi/FEA-USP, n. 3, set. 1991.

_____. Um modelo de sistema de informação contábil para mensuração do desempenho econômico das atividades empresariais. *Caderno de Estudos*, Fipecafi/FEA-USP, n. 4, mar. 1992.

HENDRIKSEN, Eldon S. *Accounting Theory*. 3. ed. Homewood, IL.: Richard D. Irwin Inc., 1977.

HENDRIKSEN, Eldon S.; BREDA, Michael F. van. *Teoria da contabilidade*. São Paulo: Atlas, 1999.

INTERNATIONAL FEDERATION OF ACCOUNTANTS/INTERNATIONAL MANAGEMENT ACCOUNTING PRACTICE STATEMENT. *Management Accounting Concepts*. Relatório Revisado de Março de 1998.

IUDÍCIBUS, Sérgio de. *Teoria da contabilidade*. São Paulo: Atlas, 1980.

_____. Conceitos econômicos e contábil de lucro: simetrias e arritmias. *Revista Brasileira de Contabilidade*, v. 24, n. 96., nov./dez. 1995.

JOHNSON, H. Thomas; KAPLAN, Robert. S. *Relevance Lost*. Boston: Harvard Business School Press, 1987.

MARION, José Carlos. *Contabilidade empresarial*. 1. ed. São Paulo: Atlas, 1982.

MARTINS, Eliseu. *Contribuição à avaliação do ativo intangível*. São Paulo, 1972. Tese (Doutorado) – FEA-USP.

NAKAGAWA, Masayuki. *Gestão estratégica de custos*. São Paulo: Atlas, 1991.

PADOVEZE, Clóvis Luís. *Proposta de modelo conceitual para estudo e estrutura da contabilidade gerencial com enfoque em resultados*. São Paulo, 1998. Tese (Doutorado) – FEA-USP.

ROSS, Stephen A. et al. *Administração financeira*. São Paulo: Atlas, 1995.

SÁ, A. Lopes de. *Teoria da contabilidade superior*. Belo Horizonte: UNA, 1994.

STEWART, Thomas A. *Capital intelectual*. Rio de Janeiro: Campus, 1998.

VAN HORNE, James C. *Financial Management and Policy*. 11. ed. Upper Saddle River, NJ: Prentice-Hall, 1998.

Capítulo 5

Estruturação do Sistema de Informação Contábil no Sistema Integrado de Gestão Empresarial (ERP)

Clóvis Luís Padoveze
José Carlos Pantaroto[1]

O atual ambiente tecnológico tem apresentado, como solução para a maior parte dos sistemas de informações necessários para as empresas, o conceito de Sistema Integrado de Gestão Empresarial (Sige). São assim denominados os sistemas de informações gerenciais que têm como objetivo fundamental a integração, consolidação e aglutinação de todas as informações necessárias para a gestão do sistema empresa. Os Sistemas Integrados de Gestão Empresarial são mais conhecidos por *ERP* (*Enterprise Resources Planning* – Planejamento de Recursos Empresariais).

Esses sistemas unem e integram todos os subsistemas componentes dos sistemas operacionais e dos sistemas de apoio à gestão,[2] por meio de recursos da tecnologia de informação, de tal forma que todos os processos de negócios da empresa possam ser visualizados em termos de um fluxo dinâmico de informações que perpassam todos os departamentos e funções. E permitem, com isso, uma visão horizontal e de processo, em oposição à visão tradicional verticalizada da hierarquia funcional das empresas.

---

[1] Centro Universitário Salesiano de São Paulo – Americana-SP.
[2] Os *sistemas de informações de apoio às operações* são aqueles que nascem da necessidade de planejamento e controle das diversas áreas operacionais da empresa. Estão ligados ao sistema físico-operacional e surgem da necessidade de desenvolver as operações fundamentais da firma. Têm como objetivo auxiliar os departamentos e atividades a executarem suas funções operacionais (compras, estocagem, produção, vendas, faturamento, recebimentos, pagamentos, qualidade, manutenção, planejamento e controle de produção etc.).
Sistemas de informações de apoio à gestão são aqueles ligados à gestão econômico-financeira da empresa e às necessidades de avaliação de desempenho dos administradores internos. Fundamentalmente, são utilizados pelas áreas administrativa e financeira da empresa e pela alta administração da companhia, com o intuito de planejamento e controle financeiro e avaliação de desempenho e dos negócios. São exemplos o sistema de informação contábil, o sistema de custos, de orçamento, de planejamento de caixa, planejamento de resultados, unidades de negócios, gestão do conhecimento e dos recursos humanos etc.

Para avaliação do resultado final de qualquer sistema empresarial, é necessária a sua avaliação econômica. Parte natural do Sige é o Sistema de Informação Contábil (SIC). Cabe a esse subsistema de informação o objetivo básico de avaliar os resultados da empresa e de seus processos operacionais, constituindo-se normalmente no subsistema que tem como um dos papéis fundamentais a consolidação dos resultados do sistema empresa. Um sistema de informação contábil bem estruturado propiciará informações gerenciais que permitam avaliar de forma rápida e eficaz o desempenho econômico das diversas áreas de responsabilidade e das empresas de um grupo corporativo. O Sistema de Informação Contábil deverá estar completamente integrado ao Sistema Integrado de Gestão Empresarial (que a partir de agora, neste trabalho, estaremos denominando apenas de ERP).

As empresas fornecedoras de sistemas de informações traduziram o conceito de integração dos sistemas operacionais e de apoio à gestão em um produto também denominado ERP.[3] De modo geral, as empresas que querem essa solução de tecnologia de informação aplicada a sistemas de informações têm optado por adquirir o software de um fornecedor em vez de desenvolver o conceito internamente e gerar o seu próprio ERP.

É uma característica geral de todos os fornecedores dessa solução a arquitetura de um modelo geral de ERP que sirva para a maioria das empresas, ou seja, o produto tem uma estrutura tecnológica e permite que a maior parte dos processos de qualquer organização sejam contemplados pelo sistema oferecido ao mercado. Dessa forma, não há necessidade de se fazer um ERP para cada empresa, procedimento denominado de customização. Para fazer face à adaptação das características específicas dos diversos processos operacionais de cada empresa, os ERPs postos no mercado são construídos conforme uma estrutura tecnológica que permite uma série de adaptações, nos limites do modelo geral, sem ferir sua arquitetura básica. O processo de adaptação das necessidades de cada empresa ao software genérico é denominado de parametrização.

O desempenho geral e adequado do ERP nas empresas, portanto, depende fundamentalmente do processo geral de parametrização, o que requer um estudo profundo das necessidades informacionais de todo o sistema empresa. Para que o Sistema de Informação Contábil cumpra adequadamente sua missão nas entidades, nesse ambiente tecnológico, faz-se, então, necessária sua estruturação adequada, completamente alinhada com as demais necessidades de informações supridas pelos outros módulos do ERP.

Considerando essas premissas, temos como objetivo apresentar um modelo conceitual para estruturação do Sistema de Informação Contábil no ERP, de modo

---

[3] Exemplos de nomes de algumas empresas fornecedoras dessa solução: SAP, Oracle, J. D. Edwards, Baan, Peoplesoft etc.; de procedência estrangeira: Datasul, Microsiga, Logix, RM etc., de procedência nacional.

a possibilitar a otimização de obtenção e uso das informações, para suportar o processo de gestão econômica do sistema empresa. Em nosso entendimento, este estudo complementa basicamente o trabalho de Parisi (1995) e alinha-se com os estudos feitos por Menezes (2001), Cornachione Jr. (1999) e Riccio (1989).

Sistema de Informação Contábil

O Sistema de Informação Contábil ou o Sistema de Informação de Controladoria é o meio que o contador geral, contador gerencial ou *controller* utilizam para efetivar a contabilidade e a informação contábil dentro da organização, para que sejam utilizadas em toda a sua plenitude. Para tanto, há necessidade de se aplicar à estruturação do sistema de informação contábil o enfoque sistêmico, pois, além de ser um sistema de informação, a Contabilidade, como um sistema aberto, está inserida no ambiente do sistema empresa.

Podemos resumir os objetivos do Sistema de Informação Contábil ou de Controladoria, apresentando a definição oficial dos órgãos de classe que sumaria adequadamente o tema: "A Contabilidade é, objetivamente, um Sistema de Informação e Avaliação destinado a prover seus usuários com demonstrações e análises de natureza econômica, financeira, física e de produtividade, com relação à entidade objeto de contabilização. Os objetivos da Contabilidade, pois, devem ser aderentes, de alguma forma explícita ou implícita, àquilo que o usuário considera como elementos importantes para seu processo decisório" (CVM-Ibracon-Ipecafi).[4]

Os Subsistemas do Sistema de Informação Contábil

Para configurar a abrangência do Sistema de Informação Contábil, ou seja, para definir quais os seus componentes ou subsistemas, devemos ter como linha norteadora a concepção da Ciência Contábil enquanto controle patrimonial à medida que toda a informação contábil deve ser útil à administração.

A Ciência Contábil, mesmo considerando a unicidade do arcabouço teórico, ao longo de seu desenvolvimento no correr dos séculos, especializou-se em diversas áreas, na medida em que segmentava o sistema de informação para atender adequadamente os diversos usuários e as diversas necessidades informacionais. Essas segmentações originaram ramos específicos da Contabilidade, com características peculiares, a ser corretamente contempladas, para atender os seus objetivos. Os segmentos do sistema contábil são os componentes do sistema maior, que é a Contabilidade.

---

[4] Comissão de Valores Mobiliários, Instituto Brasileiro dos Contadores, Instituto de Pesquisas Contábeis Atuariais e Financeiras.

Subsistemas Contábeis Legais e Gerenciais

Mesmo que a Ciência Contábil propugne uma sistematização única para a informação contábil, as empresas têm, de modo geral, partilhado os sistemas de informação contábil em duas grandes áreas: a) a área societária e fiscal, a área legal, que denominamos de *escrituração*, e b) a área gerencial, que denominamos de *planejamento e controle*.

Esse partilhamento, contudo, é mais para fins de entendimento. Na realidade, as duas grandes áreas do sistema de informação contábil devem estar em perfeita integração, e o responsável pelo sistema não deve fazer nenhuma diferenciação, principalmente na questão da relevância. Ambas as áreas têm a mesma importância para a empresa.

Na parte considerada legal, existem alguns subsistemas de informação para o primeiro gerenciamento da empresa que, mesmo tendo conotação gerencial, são análises de elaboração rotineira, tal como análise de balanço e de caixa, e gestão dos impostos. Em nosso entendimento, não é necessário que as duas áreas sejam operacionalizadas de forma diferente ou por setores diversos. Todo o sistema de informação contábil, seja a parte denominada legal, seja a parte denominada gerencial, deve ser operacionalizado como um todo, sem se dar maior ou menor importância a determinado subsistema ou área. A escrituração dos lançamentos é tão importante quanto a mais profunda análise de custo, ou projeção de resultados.

Podemos apresentar o Sistema de Informação Contábil em três grandes áreas e nos seguintes principais subsistemas (Padoveze, 2002, p. 140):

Quadro 5.1 – Áreas e Subsistemas do Sistema de Informação Contábil

Sistemas de Informação Contábil		
Área Legal/Fiscal	**Área de Análise**	**Área Gerencial**
• Contabilidade Geral		• Orçamento e Projeções
• Correção Monetária Integral		• Custos e Preços de Venda
• Contabilidade em Outras Moedas	• Análise de Balanço • Análise de Fluxo de Caixa	• Contabilidade por Responsabilidade
• Consolidação de Balanços	• Gestão de Impostos	• Centros de Lucros e Unidade de Negócios
• Valorização de Inventários		
• Controle Patrimonial		• Acompanhamento do Negócio

A Escrituração como Fonte dos Demais Subsistemas Contábeis

O cerne do Sistema de Informação Contábil é o subsistema de Contabilidade Geral (ou Contabilidade Financeira como é também chamada), que tem como pano de fundo as necessidades legais, societárias e fiscais.

As áreas de análise e gerencial podem ser elaboradas e operacionalizadas a partir do subsistema de Contabilidade Geral. Em termos práticos, as áreas gerencial e de análise tendem a ser construídas com procedimentos contábeis complementares.

Por exemplo, a Contabilidade Geral tem como referencial, para fins de custo, o princípio de custo como base de valor. Se a empresa decide, para fins gerenciais, trabalhar com o custo de reposição (custo, formação de preço de venda, análise de rentabilidade de produtos, por exemplo), serão feitos registros complementares da diferença entre o custo histórico e o custo de reposição, para as áreas gerencial e de análise, sem se interferir diretamente no banco de dados da Contabilidade.

A Importância do Lançamento Contábil

Se o cerne do Sistema de Informação Contábil é o subsistema de Contabilidade Geral, o cerne do subsistema de Contabilidade Geral é o lançamento contábil, ou seja, o processo de escrituração contábil. Dessa maneira, para se ter um bom sistema de informação contábil de cunho gerencial, é fundamental toda uma atenção especial para o registro da informação contábil, por meio do lançamento.

O Fundamento do Lançamento Contábil: Informação que Leva à Ação

Todo o sistema de acumulação contábil começa com o lançamento. O método é o das partidas dobradas, e a acumulação das informações dá-se nas contas contábeis. Mas a base, o fundamento de todo o sistema de acumulação contábil, é o lançamento. Cada lançamento deverá ser feito de forma extremamente cuidadosa, pois ele representará o fato contábil ou a transação de um determinado evento econômico. Após isso, é o lançamento que possibilitará o efeito científico preditivo da informação contábil.

Este deve possibilitar a ação. Tanto quanto ou até mais do que as informações acumuladas nas contas contábeis, o lançamento evidencia, no seu maior grau de detalhe, tudo o que aconteceu, e, seguramente, possibilitará uma ação para o futuro. Portanto, ele deve ser completo além de ter todas as informações que mostrem o evento acontecido, sem dúvidas. Lançamentos de forma aglutinada só serão possíveis ou aceitos sob condições extremas, ou quando a grande quantidade de dados, aglutinada em um único lançamento, não prejudique o entendimento do evento econômico daquele momento.

Um usuário da informação contábil nunca deverá ver um lançamento nas suas contas e no seu relatório que ele não entenda, ou que necessite de uma informação complementar. O lançamento contábil, como veículo da Ciência Contábil, deve atender as funções teóricas da informação contábil, que são:

1. A teoria da mensuração: o lançamento contábil deve medir corretamente o fato, nas dimensões desejadas e necessárias para cada um dos eventos econômicos.

2. A teoria da informação: o lançamento contábil deve conter todos os requisitos de uma informação útil.
3. A teoria da decisão: ele deve possibilitar a tomada de decisão.

Dessa forma, o lançamento contábil deve ser o veículo para a posterior tomada de decisão. Portanto, será uma informação que leva à ação, pois contém todos os elementos elucidativos do evento que se quer representar.

Modelo de Informação Contábil

A base para a modelação da informação contábil é o lançamento contábil. Cada tipo de evento econômico deve ser estudado em termos de modelos de decisão e, conseqüentemente, é preciso criar um modelo de informação contábil a ser aplicado em todas as transações que envolvam evento econômico, visando a sua utilização no modelo de decisão.

Os modelos de decisão escolhidos pela empresa e os usuários da informação contábil serão a base para a modelagem da informação contábil – para a modelagem do lançamento contábil. Para tanto, o potencial desse lançamento contábil deve ser explorado ao máximo.

Objetivando a potencialização da informação contábil e do sistema de informação contábil como instrumento decisorial, é necessária uma revisão do registro contábil. Utilizando-se o conceito de banco de dados, devemos incorporar a esse lançamento contábil todos os elementos e dados necessários às informações para os modelos de decisão dos principais eventos econômicos da entidade.

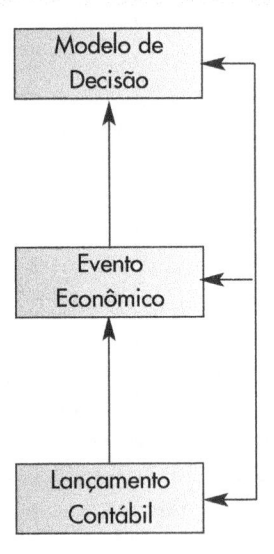

Figura 5.1 – Lançamento Contábil, Evento Econômico e Modelo de Decisão.

O Conceito de Lançamento Multidimensional

É a possibilidade de se ter *múltiplas medidas quantitativas* e não uma única medida de valor. Assim, o lançamento conteria os dados para registrar as atividades que causaram mudanças nos recursos, bem como as possibilidades de mensuração diferenciadas. O conceito de *lançamento multidimensional*, ou lançamento multipartite, propõe a incorporação do elemento quantitativo no lançamento, ou outras medidas de atividade que possam refletir adequadamente o fato contábil.

Isso conduz a um novo conceito de lançamento contábil, que denominamos de *lançamento contábil ampliado*, cuja operacionalização está diretamente ligada ao conceito de banco de dados, e todos os componentes do lançamento poderão ser explorados e potencializados.

Sistema Integrado de Gestão Empresarial (ERP)

Como já introduzimos, o ERP é considerado atualmente como a moderna solução de TI para os sistemas de informações operacionais e de gestão das organizações. Esse sistema trata das informações de toda a empresa relacionadas com todo o seu fluxo produtivo, comercial e administrativo.

Em Peleias (2000, p. 1), encontramos a seguinte definição: "Sistema Integrado é uma solução em processamento eletrônico de dados voltado para o atendimento das necessidades operacionais de uma empresa. Esse conceito representa uma evolução em relação a outras soluções já utilizadas no ambiente empresarial: as ferramentas MRP (*Materials Requirement Planning* – Planejamento das Necessidades de Materiais) e MRPII (*Manufacturing Resources Planning* – Planejamento dos Recursos de Produção). Dentro de um processo evolutivo, o planejamento dos recursos afeta e é afetado por outras atividades que a empresa precisa desenvolver para seu plano de vendas, o qual afeta suas contas a receber; seus planos de aquisição de materiais e insumos, que afetam suas contas a pagar. Por sua vez, as operações de compra e venda têm implicações de natureza fiscal, traduzidas em impostos indiretos (IPI e ICMS) a recuperar e a pagar. As transações de contas a receber e contas a pagar afetam o fluxo de caixa da empresa. Finalmente, todas as transações que afetam o patrimônio e os resultados precisam ser contabilizadas".

Para Colangelo Filho (2001, p. 17), "não há uma definição precisa e inquestionável do que seja um 'sistema ERP'. Para nossos propósitos, vamos considerá-lo um *software* aplicativo que permite às empresas: a) automatizar e integrar parcela substancial de seus processos de negócios, abrangendo finanças, controles, logística (suprimentos, fabricação e vendas) e recursos humanos; b) compartilhar dados e uniformizar processos de negócios; c) produzir e utilizar informações em tempo real".

Fatores que Conduzem ao ERP

No entendimento de Cruz (1998, p. 49), "nas empresas que passaram por atualizações recentes, por algum projeto de reengenharia, por exemplo, todos os funcionários, de qualquer nível na estrutura organizacional, têm a obrigação de decidir, ou seja, o processo decisório não é mais exclusivo das camadas superiores da organização. Afinal, entre tantas outras vantagens e desvantagens, foi principalmente para que isso se tornasse possível que as empresas fizeram tantas modificações. Hoje, diferentemente do que se fazia há quase 30 anos, não se fala mais em sistema disso ou daquilo, diz-se simplesmente Sistema de Gestão Empresarial, objetivando dar à empresa um caráter único, que implica integração, conjunto e harmonia".

Podemos citar três principais fatores que levam as empresas a implantarem um ERP:

1. Movimento de integração mundial das empresas transnacionais, exigindo tratamento único e em tempo real das informações.
2. A tendência de substituição de estruturas funcionais por estrutura ancoradas em processos.
3. A integração, viabilizada por avanços na tecnologia de informação, dos vários sistemas de informação em um sistema único.

Abrangência do ERP

A proposta do ERP é a construção de um sistema de informação que atenda a empresa como um todo, dentro de um conceito de integração total. Obviamente, nem tudo será possível, pois existem especificidades dentro de uma empresa que necessitarão de sistemas de informação complementares. Porém, sob uma apreciação geral, um ERP só pode ser concebido nessa visão de abrangência total. Assim, todos os subsistemas de informação necessários para a gestão do sistema empresa deverão ser cobertos pelo ERP, já que integrarão todas as áreas e necessidades informacionais da produção, comercialização e administração.

Ressalte-se novamente que, como proposta do ERP, todos os subsistemas deverão ser integrados e, portanto, estarão interligados computacionalmente, segundo o conceito de banco de dados e outros conceitos computacionais que permitem a navegabilidade dos dados e a sua reestruturação em termos de informação útil, considerando também sua inserção nos sistemas de apoio à decisão.

O ERP é segmentado em diversos subsistemas especializados para cobrir todos os setores e necessidades informacionais da empresa, normalmente denominados de módulos. Contudo, dependendo da visão e da arquitetura do sistema, alguns subsistemas poderão estar aglutinados, enquanto outros estão divididos. Apresentamos, a seguir, um quadro orientativo buscando evidenciar os principais sistemas que devem compor um ERP.

Fonte: Folheto Oracle
Folheto Microsiga

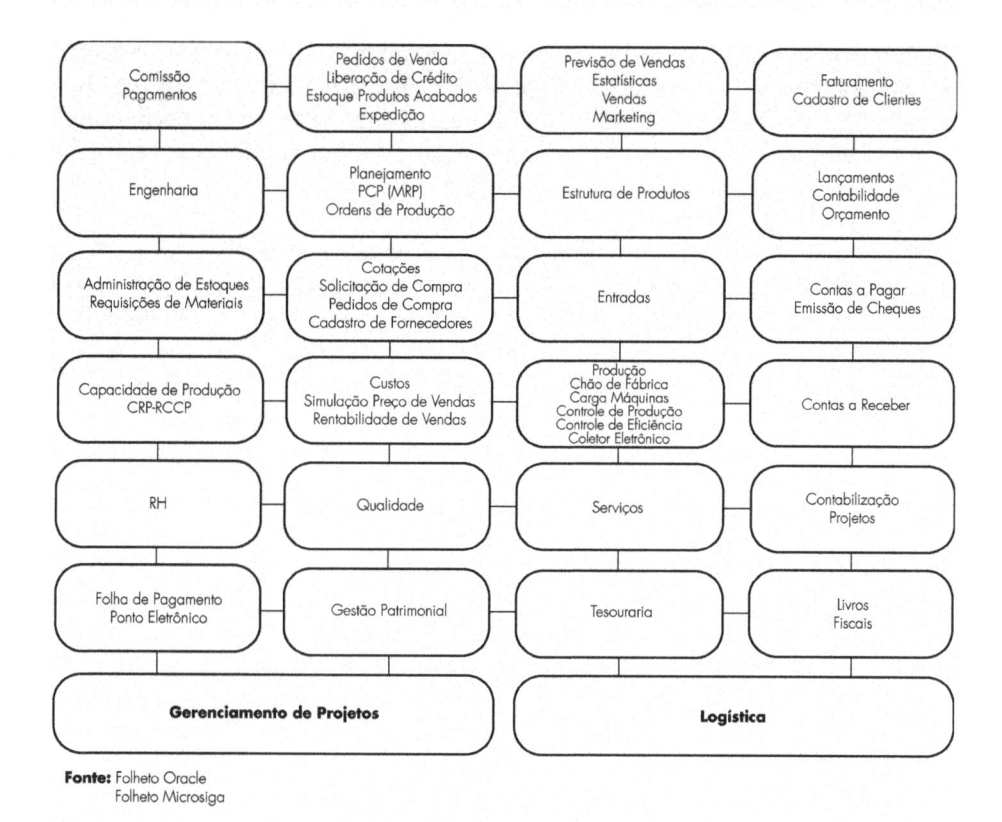

Figura 5.2 – Abrangência e Subsistemas de um ERP.

A Contabilidade Dentro do ERP

A Ciência Contábil traduz-se naturalmente dentro de um sistema de informação. Poderá ser argüido que fazer um Sistema de Informação Contábil com a Ciência da Contabilidade é um vício de linguagem, já que a própria Contabilidade nasceu sob a arquitetura de sistema informacional. O papel da Contabilidade e, por extensão, do Sistema de Informação Contábil dentro de um Sistema Integrado de Gestão Empresarial – ERP – é reforçado pelas próprias características da Ciência Contábil e da função do setor contábil.

Tendo em vista que, para a empresa cumprir sua missão, é necessária a sua continuidade, e para tal é necessária a realização de lucros que satisfaçam plenamente todos os envolvidos com o sistema empresa (acionistas, credores, diretores, funcionários, governo etc.), a parametrização do ERP deve ser feita a partir das necessidades informacionais dos gestores sobre os eventos econômicos realizados pelas diversas áreas e atividades empresariais, considerando as características do negócio e da organização.

Em outras palavras, todas as ações da empresa, nas áreas de produção, comercialização e finanças, devem conduzir a resultados econômicos positivos (lucros). Sendo a Ciência Contábil a única especializada em avaliar economicamente a empresa e seus resultados, todas as ações terminam por convergir para o Sistema de Informação Contábil, que é, essencialmente, um sistema de avaliação de gestão econômica.

Analisando o fluxo de informações da empresa, verifica-se que, em linhas gerais e de alguma forma e em algum momento, todas as informações existentes ou geradas na empresa terminam por convergir para a Contabilidade, para o processo de mensuração dos eventos econômicos a que elas pertencem. A Contabilidade, mediante sua metodologia de registro – o lançamento – mensura os eventos econômicos, classifica-os e incorpora-os ao seu sistema de informação, fazendo seu papel de controle e avaliação econômica do sistema empresa.

Modelação das Informações dos Sistemas Operacionais e a Contabilidade

A parametrização das informações necessárias para os setores, áreas e sistemas operacionais ou de apoio à gestão deve ser feita conforme modelos que incluam a totalidade das necessidades informacionais contábeis. Tanto na sintetização como no detalhamento de informações, na identificação, classificação e acumulação, a parametrização deve respeitar as necessidades contábeis, por serem as necessidades informacionais contábeis a última instância do processo operacional e de gestão.

O ERP é composto por todos os módulos do sistema de informação da empresa, e o Sistema de Informação Contábil é um desses módulos. Essa integração faz que o sistema contábil torne-se dependente dos outros módulos, pois necessita que eles lhe enviem os dados para serem contabilizados. Para que os módulos enviem os dados ao sistema contábil, é necessário o desenvolvimento de uma parametrização em cada um desses módulos, definindo o que deve ser enviado para o módulo contábil.

O Modelo de Parisi

Consideramos que o modelo de estruturação do Sistema de Informação Contábil no ERP, que apresentaremos no próximo tópico, é um complemento ao modelo desenvolvido por Parisi (1995), o qual recebeu a denominação de Miar – Modelo de Identificação e Acumulação de Resultado, criado para dar consistência sistêmica e informacional ao processo de captação, tratamento e acumulação das informações necessárias à gestão econômica do sistema empresa, razão por que foi elaborado sob a ótica do modelo Gecon – Sistema de Gestão Econômica, desenvolvido pela Fipecafi-USP.

Na Figura 5.3, apresentamos um esquema do modelo de Parisi, já indicando a área que será objeto de tratamento complementar no modelo a ser apresentado neste trabalho.

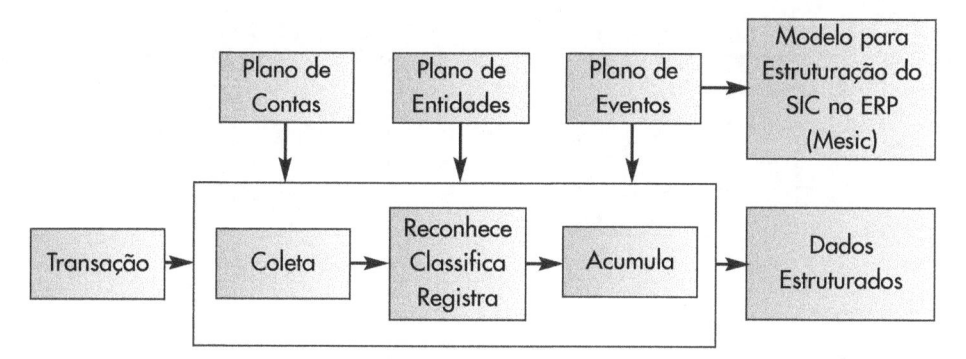

Figura 5.3 – Modelo de Identificação e Acumulação de Resultado – MIAR.

O modelo de Parisi preocupa-se fundamentalmente com o sistema de informação de Controladoria/Contabilidade para atender as necessidades da gestão econômica. O modelo de estruturação do Sistema de Informação Contábil no ERP trabalha com os passos para a identificação das principais variáveis que antecedem à determinação dos três elementos iniciais do modelo de Parisi (Plano de Entidades, Plano de Contas e Plano de Eventos), para, em seguida, proceder à estruturação dos demais módulos do ERP. Estamos denominando o modelo proposto neste trabalho de Mesic.

Modelo Conceitual de Estruturação do Sistema de Informação Contábil no ERP (Mesic)

O modelo conceitual para estruturar um Sistema de Informação Contábil no ERP deve seguir o enfoque sistêmico, ou seja, partir da análise do ambiente externo até a definição das necessidades informacionais, para que as saídas do sistema sejam coerentes com os objetivos do sistema contábil. A ênfase para a estruturação do sistema contábil deve ser o enfoque gerencial. Além disso, o modelo deve buscar a otimização da utilização das demais informações já existentes nos outros sistemas de informação operacionais, tornando-se imperiosa a total integração com os demais módulos do ERP. A Figura 5.4 mostra o desenho do modelo proposto, com a disposição e o fluxo de todas as variáveis, fluxo que deve ser seguido para a estruturação adequada do sistema de informação contábil e a correlata adaptação dos demais módulos do ERP, considerando o enfoque sistêmico adotado.

Em linhas gerais, o modelo apresenta, seqüencialmente, os seguintes passos:

Passo 1 – Estudo da empresa, obtendo-se a visão dos negócios e da organização.
    Essa etapa qualifica-se como estratégica, uma vez que aborda e apreende todos os conhecimentos necessários da organização, e que determinarão a maneira como ela deverá ser suportada pelo Sistema de Informação Contábil gerencial.

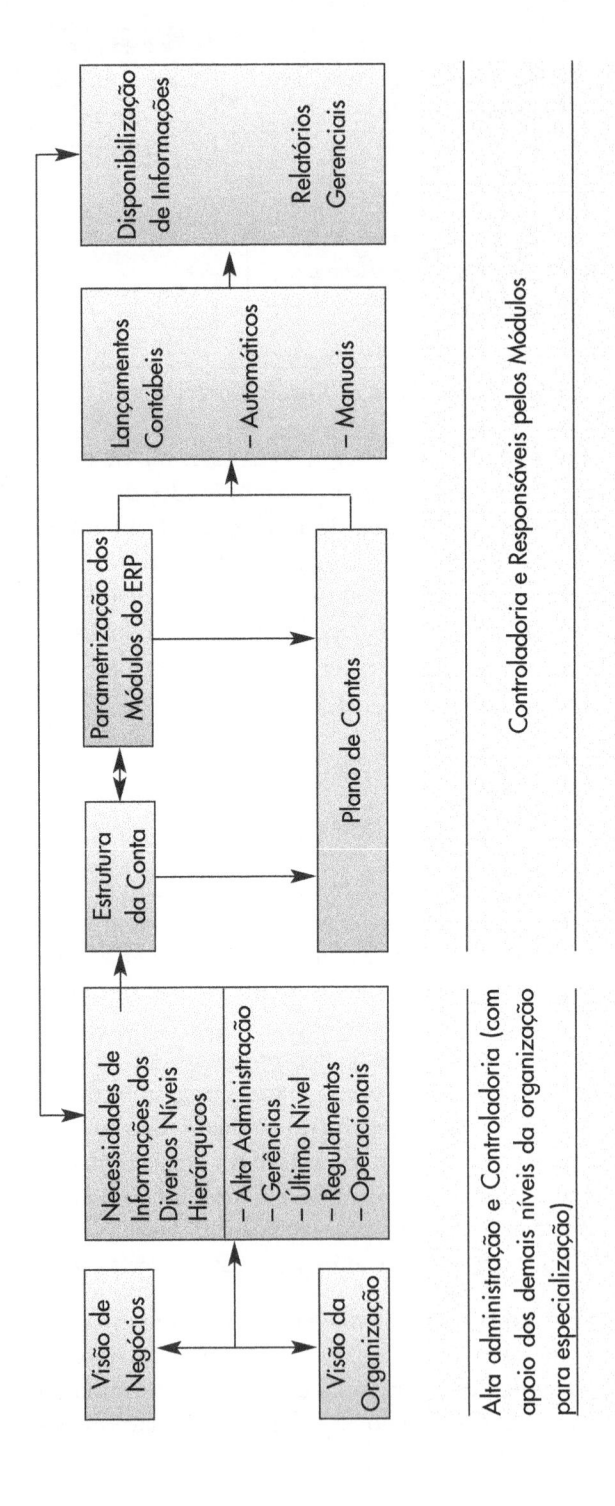

Figura 5.4 – Modelo Conceitual Para Estruturação do Sistema de Informação Contábil no ERP.

Passo 2 – Identificação das necessidades de informações de todos os usuários do Sistema de Informação Contábil.

Obedecendo a todas as premissas obtidas na etapa anterior, esse passo caracteriza-se por detectar todas as informações necessárias e desejáveis, que o Sistema de Informação Contábil deverá modelar e disponibilizar.

A responsabilidade por essas duas primeiras etapas é primariamente da alta administração e do setor de Controladoria, com o apoio dos demais responsáveis dos outros níveis da organização.

Passo 3 – Estruturação da conta contábil.

A análise conjunta das variáveis que conduzem os dois passos anteriores determinará como a conta contábil deve ser estruturada, seus segmentos, níveis e processo de aglutinação.

Passo 4 – Parametrização dos demais módulos do ERP.

Nessa etapa, o contador deverá verificar se cada módulo do ERP está preparado para fornecer as informações necessárias para o Sistema de Informação Contábil, bem como fazer a adequação de cada módulo à estrutura da conta contábil.

Passo 5 – Plano de contas e operacionalização dos lançamentos.

Com os dados dos passos 3 e 4, estrutura-se o plano de contas central e os planos de contas complementares, bem como define-se como os lançamentos serão executados.

Passo 6 – Disponibilização das informações e relatórios gerenciais.

Etapa final, que corresponde às saídas do sistema, aos quais, devem estar coerentes com as necessidades detectadas nos passos 1 e 2.

As etapas 3 a 6 serão coordenadas e executadas pela Controladoria, exceto a etapa 4, que terá a primazia da participação dos responsáveis por cada um dos módulos do ERP integrados, direta ou indiretamente, ao Sistema de Informação Contábil.

Faremos a seguir as observações necessárias para todo o fluxo da estruturação do modelo, incluindo a apresentação dos conceitos que julgamos importantes para sua potencialização.

Passo 1 – Estudo da Empresa, Obtendo-se a Visão dos Negócios e da Organização

O encaminhamento da utilização de tecnologia de informação (TI) alinhado com a estratégia de negócios e da organização foi abordado adequadamente por Walton (1994, p. 60), quando apresentou o conceito de triângulo estratégico. Para esse autor, a política de TI equipara-se, no nível estratégico, com o papel da definição dos negócios e da própria organização, ao mesmo tempo em que cada uma das estratégias influencia as demais, de forma inter-relacionada.

Estratégia de Negócios

Estratégia de TI   Estratégia de Organização

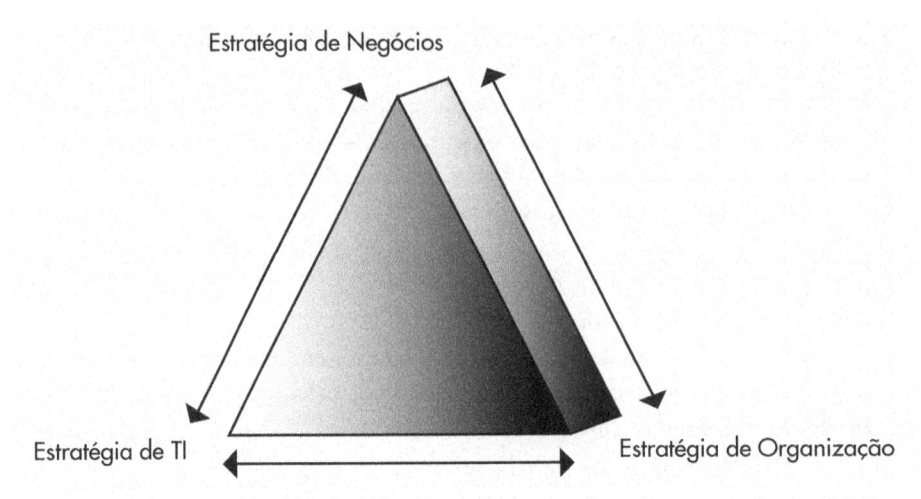

Figura 5.5 – O Triângulo Estratégico.

Esse conceito é fundamental para o modelo proposto e é o seu ponto de partida. Para que um recurso de tecnologia de informação, no caso o Sistema de Informação Contábil, apresente uma relação adequada de custo/benefício e cumpra seus objetivos, é necessário seu completo alinhamento com as principais estratégias empresariais. Assim, nesta etapa emergem os seguintes aspectos principais, a serem captados por responsável pela modelação do Sistema de Informação Contábil:

1. Visão dos negócios

O conhecimento profundo dos negócios é necessário para a definição dos seguintes elementos a serem incorporados no Sistema de Informação Contábil:

- produtos, linhas de produtos e subprodutos das diversas unidades de negócios;
- materiais e principais insumos dos produtos e unidades de negócios;
- processos básicos de produção e comercialização utilizados para os produtos nas unidades de negócio etc.

2. Visão da organização

O conhecimento da estrutura e do funcionamento da organização é o caminho para a definição dos seguintes elementos a serem incorporados ao Sistema de Informação Contábil:

- segmentação da empresa em setores, departamentos, divisões, diretorias e áreas;
- segmentação da empresa em atividades, se for o caso;
- incorporação da hierarquia formal ao Sistema de Informação Contábil;
- definição dos produtos e serviços de cada divisão ou unidade de negócio;

- definição das contas de despesas e receitas;
- definição do grau de responsabilidade sobre os ativos, receitas e despesas etc.

Passo 2 – Identificação das Necessidades de Informações de Todos os Usuários do Sistema de Informação Contábil

O responsável pela Controladoria deve, mediante contato com a alta administração, identificar quais informações a empresa necessita do Sistema de Informação Contábil. A alta administração é quem vai indicar ao contador o grau de detalhamento da informação, a quantidade de departamentos ou centros de custo ou atividades, os tipos e formas de relatórios a serem extraídos do sistema contábil, as formas de agrupamento de informações (centros de lucro, centros de custo, ordem de execução, produtos etc.), os tipos de moeda, os prazos das informações etc.

Deverá isso ser feito por meio de um processo interativo de definição de objetivos pela administração, sob influência do contador, que é o especialista e o conhecedor da Ciência Contábil. Depois de definidas essas informações, o contador deverá procurar o próximo nível gerencial, agindo de maneira idêntica: definir objetivos e necessidades informacionais dos gestores intermediários, auxiliar no processo de decisão de quais informações devem constar no Sistema de Informação Contábil e ser por ele liberadas.

O contador repetirá esse processo até o menor nível decisorial da empresa, desde que se observem as decisões das hierarquias maiores. Finalmente, ele não pode deixar de observar as necessidades externas (bancos, acionistas, governo, legislação, auditorias etc.), assim como os recursos necessários (hardware, comunicações, equipamentos de telefonia, redes, aplicativos específicos etc.) para operacionalização dos subsistemas contábeis (custos, gestão patrimonial, orçamento, escrituração etc.).

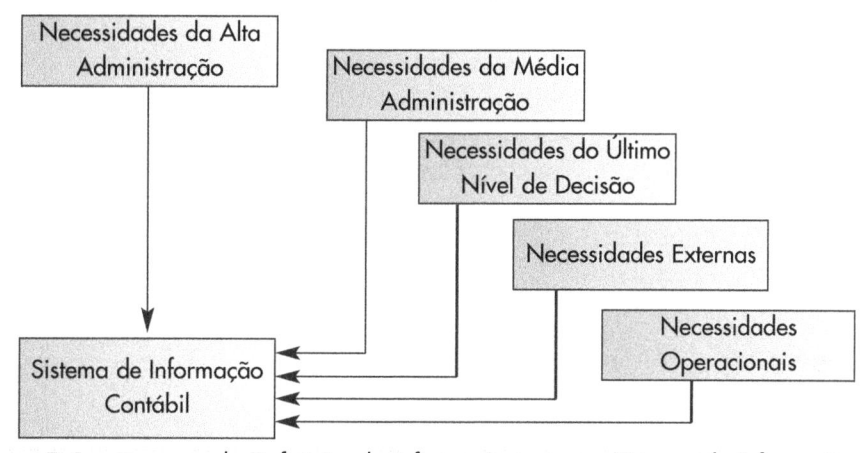

Figura 5.6 – Processo de Definição de Informações para o Sistema de Informação Contábil.

Passo 3 – Estruturação da Conta Contábil

A estrutura da conta contábil tradicional (nome da conta, período, saldo em valor monetário, movimento do período) é insuficiente para absorver todas as necessidades informacionais que fatalmente aparecerão na conclusão das etapas anteriores de análise dos negócios e da organização. Dessa maneira, faz-se necessário um conceito de estrutura de conta mais abrangente e de maior escopo, denominado de *conta gerencial ou ampliada*.

Após o levantamento das necessidades de informações junto à alta administração e também ao menor nível decisorial da empresa e aos usuários externos, o contador inicia a estruturação da conta contábil.

A estrutura da conta contábil ampliada é constituída de segmentos. Cada segmento poderá receber de outros módulos do sistema de informação da empresa uma ou mais modalidades de informações por meio dos registros contábeis. O desenvolvimento da tecnologia de informação possibilitou o alargamento de conteúdo no conceito de estrutura de conta contábil, permitindo que os softwares de contabilidade absorvam o conceito do *lançamento contábil ampliado*.

Podemos criar quantos segmentos da conta forem necessários, visando ampliar ao máximo a capacidade de armazenamento dos dados contábeis, para fins legais e, ao mesmo tempo, gerenciais. Essa estrutura receberá todos os lançamentos contábeis da empresa e os armazenará em bancos de dados que servirão para consultas e emissão de relatórios. Não existe um número-limite de segmentos, nem um número fixo de posições nesses segmentos, mas criam-se quantos forem necessários. Na figura a seguir reproduzimos um exemplo da estrutura da conta contábil ampliada:

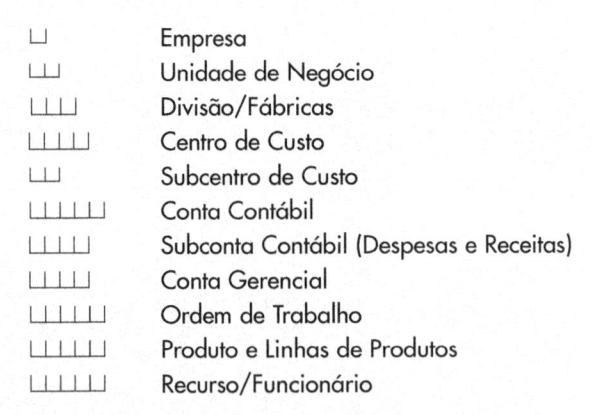

⊔	Empresa
⊔⊔	Unidade de Negócio
⊔⊔⊔	Divisão/Fábricas
⊔⊔⊔⊔	Centro de Custo
⊔⊔	Subcentro de Custo
⊔⊔⊔⊔⊔	Conta Contábil
⊔⊔⊔⊔	Subconta Contábil (Despesas e Receitas)
⊔⊔⊔⊔	Conta Gerencial
⊔⊔⊔⊔⊔	Ordem de Trabalho
⊔⊔⊔⊔⊔	Produto e Linhas de Produtos
⊔⊔⊔⊔⊔	Recurso/Funcionário

Figura 5.7 – Estrutura de Conta Contábil Ampliada.

Conforme a Figura 5.7, a estrutura da conta contábil é formada pela união de vários segmentos e cada segmento tem uma determinada função.

Passo 4 – Parametrização dos demais módulos do ERP

A partir das necessidades informacionais dos gestores sobre as atividades da empresa, deve ser feita a parametrização dos demais módulos do ERP no que concerne às necessidades contábeis, de tal forma que permita o adequado processo de integração, bem como o processo de extração e transferência de dados para o Sistema de Informação Contábil.

O impacto contábil de cada transação processada em cada módulo do ERP deverá ser parametrizado dentro de cada um desses módulos, segundo orientação da Contabilidade, que por sua vez seguirá as orientações definidas nas etapas anteriores. Algumas informações vão diretamente dos setores de onde se originam para a Contabilidade, outras passam por diversas áreas antes de serem processadas pelo sistema contábil.

Apresentamos exemplos de parametrização de alguns módulos do ERP no Quadro 5.2, no qual verificamos que cada módulo gera informações para o módulo contábil, caracterizando o processo de parametrização a partir das necessidades de informações contábeis. Por exemplo: o módulo Faturamento envia dados para as contas contábeis de clientes, contas de receitas e contas de controle dos impostos.

Quadro 5.2 – Exemplos de Parametrização de Alguns Módulos no ERP

Módulo do ERP	Parametrização Contábil
Estrutura do Produto	Código do Produto para Contas de Receitas Conta de Classificação de Consumo de Materiais
Processo de Fabricação	Centros de Custo Definição dos Recursos: a) Mão-de-Obra Direta b) Equipamentos Utilizados (Depreciação) c) Serviços de Terceiros
Faturamento	Contas de Clientes Contas de Receitas por Transação Contas de Controle dos Impostos
Contas a Receber	Contas de Receitas e Despesas Complementares (Juros, Descontos etc.)
Compras e Recebimentos	Contas de Despesas por Centros de Custo e Destino dos Materiais Contas de Estoques Contas de Controle dos Impostos
Folha de Pagamento	Contas de Despesas de Mão-de-Obra Centros de Custo
Contas a Pagar	Contas de Receitas e Despesas Complementares (Juros, Descontos etc.)
Projetos	Contas para Acumulação das Ordens de Trabalho
Custos	Contas para: a) Estoques b) Consumo c) Produtos etc.

Passo 5 – Plano de Contas e Operacionalização dos Lançamentos

O princípio para a elaboração dos planos de contas é o mesmo do lançamento, ou seja, deve ser uma informação que leve à ação. O plano de contas é considerado uma ferramenta básica e indispensável ao atendimento e à implementação de um eficiente sistema de informações para a elaboração de relatórios gerenciais.

Os planos de contas contábeis deverão ser construídos tendo em vista os relatórios futuros que deles se originarão, e a necessidade da integração de todo o Sistema de Informação Contábil, por meio da navegabilidade dos dados. Os planos contábeis normalmente procuram atender às necessidades legais. Contudo, as necessidades gerenciais se sobrepõem às necessidades legais, e para isso deverá ser feita uma estruturação que atenda a todas as necessidades detectadas nos passos anteriores, sempre com o objetivo de atender os usuários finais de cada informação ou relatório contábil.[5]

No entendimento de Martins, Iudícibus e Gelbcke (1990, p. 49), "a elaboração de um bom plano de contas é fundamental no sentido de utilizar todo o potencial da contabilidade em seu valor informativo para os inúmeros usuários. Assim, ao preparar-se um projeto para desenvolver um plano de contas, a empresa deve ter em mente as várias possibilidades de relatórios gerenciais no uso externo e, dessa maneira, prever as contas de acordo com os diversos relatórios a serem produzidos. Se antes isso era de grande importância, atualmente, com os recursos tecnológicos da informática, passou a ser essencial, pois esses relatórios propiciarão tomada de decisão mais ágil e eficaz por parte do usuário".

O enfoque gerencial pode ensejar a construção de diversos planos de contas, além do plano tradicional voltado basicamente às necessidades fiscais e legais, que denominamos de planos contábeis alternativos. A finalidade desses planos é incorporar quaisquer necessidades de informações dos usuários, e não necessariamente estar restritos aos conceitos de valor. Deve coordenar-se com o conceito de lançamento ampliado. Assim, podemos ter planos contábeis exclusivamente de informações quantitativas, qualitativas, de índices e taxas etc.

Algumas informações importantes poderão não estar sendo evidenciadas nos movimentos e saldos das contas fiscais. Faz-se necessária, portanto, a construção de planos de contas alternativos auxiliares, que não precisarão necessariamente ser retratados nos livros contábeis legais, mas que terão utilidade para auxiliar os demais planos de contas e relatórios. Citamos, como exemplo, planos auxiliares para a execução da Contabilidade por responsabilidades, centros de lucros e unidades de negócios, que, eventualmente, acabam por refletir subsistemas contábeis complementares.

---

[5] Cornachione Jr. (2001, p. 96-102) também apresenta vários exemplos de planos de contas e cadastros de dados gerenciais no âmbito desse conceito.

Passo 6 – Disponibilização das informações e Relatórios Gerenciais

A disponibilização de informações contábeis a todos os usuários e os relatórios gerenciais são o fruto do sistema de informação contábil. Sua finalidade é fornecer à administração da empresa dados adequados ao controle global das suas operações e à tomada de decisões.

Portanto, a etapa final do processo de estruturação do Sistema de Informação Contábil centra-se na arquitetura de disponibilização das informações a todos os usuários da empresa. O atual estágio de TI permite que muitas informações contábeis, outrora apresentadas em relatórios, possam ser disponibilizadas *on-line* pela rede de computadores do ERP. Portanto, a disponibilização das informações é tão importante quanto a evidenciação por meio de relatórios.

As saídas de qualquer sistema devem estar coerentes com os seus objetivos. No modelo proposto, as necessidades de informações contábeis são detectadas na etapa 2. Portanto, as informações contábeis disponibilizadas ou relatoriadas, que são as saídas do sistema, deverão estar completamente alinhadas com as necessidades levantadas anteriormente, sob pena de prejudicar a estrutura do modelo.

Cada relatório e informação disponibilizada deve conter os elementos básicos de evidenciação, quais sejam: adequação ao perfil do usuário, periodicidade adequada, inserção de indicadores relativos, elementos gráficos, dados quantitativos e informações focadas quando solicitados ou necessários.

Considerações Finais

O modelo proposto neste estudo, para estruturação do Sistema de Informação Contábil, teve como foco sua inserção no ERP, uma solução de tecnologia de informação para cobrir a maior parte das necessidades de informações operacionais e de gestão do sistema empresa. O modelo apresentado caracteriza-se por ter uma estrutura sistêmica, pois, além de apresentar a relação de fluxo de entradas, processamento e saídas, inclui a necessidade do estudo de todas as etapas do processo de gestão, partindo da visão da estratégia da organização e dos seus negócios, finalizando com a estruturação da disponibilização de informações contábeis, adequada às necessidades de todos os gestores da organização.

Convém ainda ressaltar que o modelo proposto, considerando seus aspectos conceituais, também pode ser utilizado para a estruturação do Sistema de Informação Contábil em ambiente tecnológico alternativo à arquitetura do ERP. Assim, se a empresa opta por desenvolver um software de contabilidade específico para ela, a maior parte dos conceitos apresentados nesse modelo serão de igual utilidade. Os conceitos presentes no modelo proposto serão igualmente válidos caso a empresa opte por uma arquitetura de sistemas de informações especializados para cada uma de suas atividades, unidos pela tecnologia tradicional de interfaceamento.

Bibliografia

BEUREN, Ilse Maria. *Gerenciamento da informação*: um recurso estratégico no processo de gestão empresarial. São Paulo: Atlas, 1998.

BIO, Sérgio Rodrigues. *Sistemas de informação*: um enfoque gerencial. São Paulo: Atlas, 1985.

CATELLI, Armando (Coord.) *Controladoria: uma abordagem da gestão econômica GECON*. Fipecafi. São Paulo: Atlas, 1999.

COLANGELO FILHO, Lucio. *Implantação de sistemas ERP*. São Paulo: Atlas, 2001.

CORNACHIONE JR., Edgard Bruno. *Contribuição ao estudo de arquitetura de sistemas de informações de gestão econômica*. São Paulo, 1999. Tese (Doutorado) – FEA-USP.

_____. *Sistemas integrados de gestão*. São Paulo: Atlas, 2001.

CRUZ, Tadeu. *Sistemas de informações gerenciais*. São Paulo: Atlas, 1998.

FREZATTI, Fábio; TAVARES, Edval da Silva. *Análise da decisão de investimento em sistemas integrados de informações: possíveis modelos e suas influências no processo decisório*. VI Congresso Brasileiro de Custos, São Paulo, USP, 1999.

HABERKORN, Ernesto; OLIVEIRA, Noel Cecílio de. *Teoria do ERP (Enterprise Resource Planning)*. São Paulo: Makron, 1999.

MARTINS, Eliseu; IUDÍCIBUS, Sérgio; GELBCKE, Ernesto Rubens. *Manual de contabilidade das sociedades por ações*. Fipecafi. São Paulo: Atlas, 1990.

MENEZES, Luiz Leite de. *Os novos paradigmas para controladoria em face da economia digital*: uma abordagem como gestor da informação. São Paulo, 2001. Tese (Doutorado) – FEA-USP.

PADOVEZE, Clóvis Luís. *O sistema de informação contábil no sistema de informação de gestão empresarial*. II Encontro Regional de Contadores e Estudantes de Ciências Contábeis de Piracicaba-SP e Região, Unimep – Piracicaba-SP, Seminário, 6/6/1998.

_____. *Sistemas de informações contábeis*. 3. ed. São Paulo: Atlas, 2002.

PANTAROTO, José Carlos. *Modelo conceitual e processo de estruturação do sistema de informação contábil no sistema integrado de gestão empresarial*. São Paulo, 2002. Dissertação (Mestrado) – Centro Universitário Nove de Julho.

PARISI, Cláudio. *Uma contribuição ao estudo de modelos de identificação e acumulação de resultado*. São Paulo, 1995. Dissertação (Mestrado) – FEA-USP.

_____. Modelo de identificação e acumulação de resultados sob a ótica do gecon. *Caderno de Estudos*, Fipecafi/FEA-USP, n. 15, jan./jun. 1997.

PELEIAS, Ivam Ricardo. O controle interno no ambiente de sistemas integrados. *Revista IOB-TC*, n. 15, São Paulo, 2000.

RICCIO, Edson Luiz. *Uma contribuição ao estudo da contabilidade como sistema de informação*. São Paulo, 1989. Tese (Doutorado) – FEA-USP.

STAIR, Ralph M. *Princípios de sistemas de informação – uma abordagem gerencial*. Rio de Janeiro: LTC, 1998.

WALTON, Richard E. *Tecnologia de informação*. São Paulo: Atlas, 1994.

Capítulo 6

Elementos Operacionais e Não Operacionais nas Demonstrações Contábeis

Clóvis Luís Padoveze
Gideon Carvalho de Benedicto

As demonstrações publicadas de acordo com o formato aprovado pelos órgãos regulatórios, tanto da esfera governamental quanto da classe contábil, apresentam as rubricas denominadas de Lucro Operacional e Resultados Não Operacionais. O objetivo dessa evidenciação e classificação é destacar os aspectos ligados aos resultados decorrentes das atividades normais da empresa, ligadas ao seus objetos principais, considerados operacionais, dos demais resultados ocorridos dentro de um período contábil. O presente estudo discute essas questões, considerando o conceito de operacionalidade ligado às atividades empresariais, e o conceito de operacionalidade ligado à análise da rentabilidade do investimento, mostrando que o conceito de operacionalidade pode ser visto de forma diferente, se adotados pontos referenciais diversos.

As demonstrações contábeis publicadas têm o intuito de atender a diversos usuários. A maior parte deles é considerada usuários externos, se bem que sua utilização para os usuários internos também se mostra extremamente útil. O formato de publicação dos demonstrativos contábeis contém uma estrutura relativamente similar nos principais mercados mundiais para as principais peças contábeis, o balanço patrimonial e a demonstração de resultados.

O objetivo deste artigo é discutir o conceito de operacionalidade contido nesses dois relatórios contábeis. A operacionalidade na demonstração de resultados é evidenciada em duas rubricas: a) o conceito de lucro operacional, que apresenta a resultante das receitas das atividades de venda e prestação de serviços normais da empresa, menos os custos e as despesas necessárias para a obtenção dessas receitas; b) os resultados não operacionais, que evidenciam as receitas e os custos decorrentes das atividades não contidas no item anterior, que, normalmente, são atividades de desativação de ativos permanentes, representadas na demonstração de resultados pela receita de venda de itens permanentes e as despesas de baixas de ativos permanentes.

O conceito de operacionalidade no balanço patrimonial não é visível. Em tese, todos os elementos do ativo e do passivo devem ser considerados operacionais, pois os ativos são necessários para a execução das atividades ligadas à produção e comercialização dos produtos e serviços da empresa, enquanto os passivos evidenciam as fontes de recursos obtidos para financiamento desses ativos.

O objetivo deste tópico é mostrar, primeiramente, que a demonstração de resultados apresentada dentro do atual formato não deixa claro o que é operacional e não operacional. Um segundo objetivo está em discutir o aspecto operacional em relação aos referenciais possíveis, quais sejam, os produtos e os serviços produzidos e os ativos necessários para isso, e em relação à estrutura de capital que suporta os investimentos. Um objetivo adicional deste estudo está em verificar que determinadas receitas e despesas têm sido, muitas vezes, classificadas de forma incorreta. Algumas despesas operacionais são consideradas financeiras e algumas receitas financeiras, operacionais. Complementaremos a abordagem com a revisão dos conceitos de operacionalidade para fins de gestão financeira. Para desenvolvermos nossa argumentação, tomaremos como referencial empresas industriais e comerciais.

O Conceito Contábil Tradicional de Operacionalidade

Normalmente, o conceito de operacional adotado pela Contabilidade invoca a classificação como tal das despesas necessárias para produzir e comercializar os produtos e serviços da empresa, constantes de seu objeto social e de sua missão. Por conseguinte, são operacionais as receitas decorrentes da venda desses produtos e serviços. O resultado, lucro ou prejuízo, é denominado resultado operacional. O conceito de operacional liga-se, portanto, ao conjunto das atividades normais da empresa, relacionadas com o fornecimento dos seus produtos e serviços, atividades caracterizadas como rotineiras, e é denominado de conceito operacional corrente de lucro (Hendriksen e Breda, 1999).

Em linhas gerais, a Contabilidade considera como *não operacional* exclusivamente o resultado proveniente da alienação e baixa de ativos permanentes. Ou seja, entende-se que, como regra geral, a empresa não tem como objetivo social a venda de ativos permanentes, mas, sim, apenas sua posse e seu uso. A alienação e baixa de ativos permanentes é uma atividade *não rotineira*, eventual, e o seu resultado não deve ser misturado com os resultados das atividades comuns da empresa de produzir e comercializar seus produtos e serviços.

Dessa maneira, outros resultados empresariais, que não estão exatamente entre essas duas classificações, terminam também por ser considerados operacionais. Enquadram-se nesse caso as despesas financeiras (líquidas das receitas financeiras), e os resultados decorrentes dos investimentos em outras empresas (coligadas, controladas, participação em outras empresas), apresentados normalmente sob a rubrica equivalência patrimonial.

Se aplicarmos a esses dois elementos da demonstração de resultados o conceito de relação com os produtos e serviços produzidos, eles também poderiam ser considerados não operacionais. Em termos de Contabilidade gerencial de análise de rentabilidade de produtos, esta é uma verdade. Em termos de gestão financeira, esses elementos também deveriam ser tratados diferentemente, como discutiremos mais à frente.

O Formato Legal da Demonstração de Resultados

Apresentamos a seguir um exemplo sintético de uma demonstração de resultados da forma como é comumente publicada, decorrente da ordenação discriminada no artigo 187 da Lei n. 6.404/76 (Lei das S/A).

Quadro 6.1 – Demonstração do Resultado do Período – Apresentação Contábil

RECEITA OPERACIONAL BRUTA	50.000
(–) Impostos sobre Vendas	(10.000)
RECEITA OPERACIONAL LÍQUIDA	**40.000**
(–) CUSTO DOS PRODUTOS VENDIDOS	(30.000)
LUCRO BRUTO	**10.000**
(–) DESPESAS OPERACIONAIS	(8.455)
Administrativas	4.000
Comerciais	3.000
Financeiras Líquidas	1.655
Equivalência Patrimonial	200
LUCRO OPERACIONAL	**1.545**
Resultados Não Operacionais	20
LUCRO LÍQUIDO ANTES DOS IMPOSTOS	**1.565**
Imposto de Renda e Contribuição Social	(525)
LUCRO LÍQUIDO	**1.040**

Para fins de análise financeira gerencial, esse formato não é adequado. A aglutinação das despesas financeiras líquidas, mais a equivalência patrimonial, dentro do conceito de lucro operacional, impede uma visão adequada da rentabilidade das atividades de produção e venda dos produtos e serviços. Para que possamos ter uma idéia da rentabilidade operacional dos produtos e serviços, devemos considerar a receita operacional líquida, deduzida apenas do custo dos produtos vendidos e das despesas administrativas e comerciais.

Despesas Financeiras Líquidas

Apresentamos a seguir uma série de elementos de despesas e receitas normalmente classificadas como despesas financeiras líquidas, e faremos uma breve apreciação dos itens que merecem reparo.

Financeiras Líquidas	1.655
Juros sobre Títulos Descontados	400
Juros Pagos a Fornecedores por Atrasos	20
Descontos Concedidos a Clientes	40
CPMF	300
Juros sobre Financiamentos de Curto Prazo	480
Juros sobre Financiamentos de Longo Prazo	600
Despesas Bancárias	30
(–) Receitas Financeiras de Aplicações	(120)
(–) Juros Recebidos de Clientes por Atrasos	(80)
(–) Descontos Obtidos junto a Fornecedores	(16)
PIS/Cofins sobre Receitas Financeiras	1
Despesas de Juros sobre o Capital Próprio	900
(–) Receitas de Juros sobre o Capital Próprio	(900)

Observa-se que há uma série de itens incluídos neste grupo de contas, que não necessariamente devem aí ser classificados. Vejamos as principais considerações:

1. *Despesas bancárias*: muitas empresas classificam os gastos com taxas de cobrança de títulos, taxas de protesto de duplicatas, despesas com comunicações bancárias etc. como despesas financeiras, o que é incorreto. Esses gastos são de natureza de prestação de serviços, operacionais, e devem ser classificados como tal no centro de custo do setor financeiro que cuida dessa atividade. Não são, absolutamente, gastos financeiros.

2. *Descontos obtidos/concedidos, juros em atraso de duplicatas*: decorrentes de recebimentos e pagamentos de duplicatas de clientes e fornecedores, esses elementos de resultado deveriam ser considerados juntamente com a receita operacional bruta e líquida, uma vez que aí se originam. Portanto, sua classificação como resultados financeiros é inadequada. Nessa classificação também devem ser enquadradas as variações cambiais dos créditos e obrigações com o mercado externo, após as datas de embarque ou o recebimento das mercadorias.

3. *CPMF*: apesar de sua base de cálculo ser a movimentação financeira, esse gasto é uma despesa tributária e não financeira. Não se deve confundir a base de cálculo com a natureza do gasto. Portanto, é um gasto operacional tributário.

4. *PIS/Cofins sobre receitas financeiras*: esse elemento deve ter duas classificações: o imposto, cuja base sejam as receitas financeiras de aplicações financeiras, deve ser considerado redutor da receita financeira. O imposto sobre as demais receitas "aparentemente" financeiras, como as relatadas anteriormente (juros e descontos sobre duplicatas), é operacional e deveria ser classificado reduzindo tais receitas.

5. *Juros sobre o capital próprio*: como despesa, esse elemento de resultado é uma distribuição de lucros e, portanto, gerencialmente, não deve ser classificado como despesa financeira, mas, sim, fazer parte da demonstração dos lucros acumulados ou das mutações do patrimônio líquido. Como receita, deve ser considerado dividendo ou equivalência patrimonial, também não se caracterizando financeiro, mas como rentabilidade dos investimentos em outras empresas.

6. *Juros sobre títulos descontados*: talvez seja o item mais polêmico. Nosso entendimento particular é de que a operação de desconto de títulos e duplicatas deve ser uma operação esporádica, para cobrir os vales das oscilações naturais do saldo de tesouraria, objetivando equalização do fluxo de caixa diário. Nesse sentido, esses juros (que já devem estar sendo cobrados embutidos na duplicata, pois ela é decorrente de uma venda a prazo) nada mais são do que redutores da receita operacional bruta e líquida. Caso, porém, o entendimento seja de que as dívidas com títulos descontados devam fazer parte da estrutura de capital, isto é, caracterizá-los como uma fonte permanente de recursos de terceiros, eles deveriam ser considerados despesa financeira do capital de terceiros. Reforçamos, contudo, que nosso entendimento é que essa operação deveria ser característica de aporte de caixa para enfrentar eventual insuficiência temporária de fundos diários de tesouraria.

Equivalência Patrimonial

Esse resultado não está ligado às operações necessárias para os produtos e serviços e, considerando tal referencial, não é operacional. A equivalência é o resultado contábil do período proveniente das aplicações da empresa em títulos de outras companhias. Por outro lado, considerada como o resultado de um investimento, é operacional em relação a esse investimento.

Na realidade, o problema está em juntar dois tipos de retornos sob o mesmo grupo de contas. Enquanto os resultados operacionais clássicos referem-se aos produtos e serviços vendidos por *esta* empresa, a equivalência é o resultado de aplicações em *outras* empresas. A análise gerencial deve separar esses dois tipos de resultados.

Resultados Não Operacionais

Basicamente, referem-se aos resultados decorrentes das alienações e baixas de bens e direitos do ativo permanente. Vejamos as principais contas:

Resultados Não Operacionais	20
Alienação de Bens/Direitos do Ativo Permanente	120
Valor da Baixa de Bens/Direitos do Permanente	(200)
Recuperação de Sinistros do Permanente	100

Essa classificação, em nosso entendimento, pode ser considerada parcialmente incorreta. Os resultados, quando decorrentes dos ativos permanentes ligados às operações da empresa, sejam eles investimentos, imobilizados ou diferidos, deveriam ser considerados como operacionais. O simples fato de sua desativação não ser rotineira não tira sua característica de operacionalidade.

É importante ressaltar que as empresas estão continuamente atualizando seu parque industrial e comercial e os investimentos em direitos e despesas diferidas. Esses investimentos são operacionais e provocam depreciações e amortizações adicionais, consideradas dentro do custo dos produtos vendidos e das despesas administrativas e comerciais.

Portanto, entendemos justo fazer o confronto do resultado das baixas e alienações do ativo permanente operacional com o resultado operacional, em que constam as novas amortizações e depreciações. Em outras palavras, o resultado das baixas e alienações de ativos permanentes operacionais é um elemento redutor das despesas operacionais de amortização e depreciação.

A exceção a este conceito seria o resultado da baixa e alienação de ativos permanentes não ligados à produção e comercialização de seus bens e serviços, como, por exemplo, imóveis ou direitos sem utilização operacional. Com relação ao aspecto da gestão financeira e análise de rentabilidade do investimento, não há nenhuma dúvida. Esses resultados devem ser considerados operacionais.

Juros nas Compras e Vendas a Prazo

Aspecto que tem sido muito pouco discutido e, em nosso conhecimento, muito menos aplicado. Dentro da receita operacional bruta e líquida, as vendas a prazo contêm seguramente um valor adicional, em relação a um preço de venda à vista, para fazer frente à cobertura da espera do recebimento da duplicata. Como, pela legislação fiscal brasileira, os juros adicionados nas vendas a prazo devem fazer parte da tributação dos impostos sobre vendas, o normal tem sido contabilizar a receita da venda da maneira como é expressa nos documentos fiscais (Iudícibus; Martins e Gelbcke, 1985).

Esse é um erro gerencial. Devemos separar o resultado da venda como se fosse à vista, para isolar o fator juro da transação. Os juros devem ser considerados receita financeira de venda e devem ser confrontados, gerencialmente, com custos financeiros de mercado, para verificarmos se o financiamento das operações de venda traz um resultado financeiro positivo ou negativo (Catelli, 1999).

A prática das empresas tem sido ofertar as vendas a prazo de forma rotineira, algumas até com procedimento padrão. Para fazer frente ao capital de giro necessário para essa atividade, as empresas captam recursos das formas tradicionais da estrutura de capital. Conforme essa concepção, nosso entendimento é de que os juros das vendas a prazo não devem ser considerados como receita financeira de aplicação, mas, sim, uma receita financeira operacional, e gerencialmente tratada como tal.

As mesmas considerações devem ser aplicadas sobre as compras a prazo. Os juros dessas transações devem ser considerados despesa financeira operacional, e não despesa financeira de financiamentos.

Formato Gerencial da Demonstração de Resultados

Considerando todos esses aspectos, é necessária uma readequação do formato da demonstração de resultados, apresentando os elementos operacionais, agora com nova interpretação, separando também os valores à vista dos valores adicionados nas transações efetuadas a prazo.

Complementarmente, destacam-se as despesas financeiras líquidas das receitas financeiras, considerando exclusivamente os gastos oriundos dos financiamentos de curto e longo prazos, não incorporando os gastos com títulos descontados. O fato de reduzirmos as despesas financeiras com capital de terceiros das receitas financeiras das aplicações remete-nos a introduzir o conceito de *capital de terceiros líquido* (ou passivo financeiro líquido ou financiamento líquido), qual seja, o total dos financiamentos de curto e de longo prazos deduzido das aplicações financeiras de excedentes de caixa.

Apresentamos a seguir uma proposta do formato gerencial para a demonstração de resultados.

Quadro 6.2 – Demonstração do Resultado do Período – Formato Gerencial

RECEITA OPERACIONAL BRUTA – Valores à Vista	45.000
(–) Impostos sobre Vendas – Valores à Vista	(9.000)
RECEITA OPERACIONAL LÍQUIDA – Valores à Vista	**36.000**
(–) CUSTO DOS PRODUTOS VENDIDOS – Valores à Vista	(27.000)
LUCRO BRUTO – Valores à Vista	**9.000**
(–) DESPESAS OPERACIONAIS	(7.311)

continua

Quadro 6.2 – Demonstração do Resultado do Período – Formato Gerencial (continuação)

Administrativas	4.000
Comerciais	3.000
Outras Despesas e Receitas	331
CPMF	300
Despesas Bancárias	30
PIS/Cofins sobre Receitas Financeiras	1
Resultados Não Operacionais	20
Alienação de Bens/Direitos do Ativo Permanente	120
Valor da Baixa de Bens/Direitos do Permanente	(200)
Recuperação de Sinistros do Permanente	100
LUCRO OPERACIONAL – Valores à Vista	**1.689**
RESULTADOS FINANCEIROS DAS OPERAÇÕES	636
Juros Embutidos nas Vendas a Prazo	5.000
Impostos sobre Vendas sobre Juros Embutidos nas Vendas	(1.000)
Juros Embutidos nas Compras a Prazo	(3.000)
Juros sobre Títulos Descontados	(400)
Juros Pagos a Fornecedores por Atrasos	(20)
Descontos Concedidos a Clientes	(40)
Juros Recebidos de Clientes por Atrasos	80
Descontos Obtidos Junto a Fornecedores	16
LUCRO OPERACIONAL – Valores a Prazo	**2.325**
Despesas Financeiras Líquidas	(960)
Juros sobre Financiamentos de Curto Prazo	480
Juros sobre Financiamentos de Longo Prazo	600
(–) Receitas Financeiras de Aplicações	(120)
Equivalência Patrimonial	200
LUCRO LÍQUIDO ANTES DOS IMPOSTOS	**1.565**
Imposto de Renda e Contribuição Social	(525)
LUCRO LÍQUIDO	**1.040**

Elementos Não Operacionais do Balanço Patrimonial

Apresentamos a seguir um quadro sintético da formatação tradicional do balanço patrimonial.

Quadro 6.3 – Balanço Patrimonial – Apresentação Contábil

ATIVO	Inicial	Final
CIRCULANTE	13.700	14.780
Caixa/Bancos/Aplicações Financeiras	1.200	1.480
Clientes	6.500	6.600
(–) Títulos Descontados	(2.500)	(2.500)
Estoques	8.000	9.000
Outros Realizáveis	500	200
REALIZÁVEL A LONGO PRAZO	500	500
Clientes	300	300
Outros Realizáveis	200	200
PERMANENTE	9.400	9.360
Investimentos	1.000	1.200
Imobilizado	8.000	7.800
Diferido	400	360
ATIVO TOTAL	**23.600**	**24.640**

ATIVO	Inicial	Final
CIRCULANTE	8.600	8.600
Fornecedores	2.400	2.600
Impostos a Recolher	1.200	1.400
Contas a Pagar	1.000	1.100
Financiamentos	4.000	3.500
EXIGÍVEL A LONGO PRAZO		
Financiamentos	6.000	6.000
PATRIMÔNIO LÍQUIDO	9.000	10.040
Capital Social	7.000	7.000
Reservas	2.000	2.000
Lucros Acumulados	0	1.040
PASSIVO TOTAL	**23.600**	**24.640**

Como já introduzimos, os elementos não operacionais no balanço patrimonial não são visíveis. Em linhas gerais, são considerados não operacionais os ativos "que não se destinem à manutenção da atividade da companhia ou da empresa" (Iudícibus; Martins e Gelbcke, 1985). Esses itens normalmente são classificados como investimentos, mas nada impede sua classificação como realizável a longo prazo ou mesmo no circulante, se houver intenção imediata de venda.

Como passivos não operacionais, por conseqüência, deveriam ser assim entendidos os recursos obtidos e a pagar, investimentos supradescritos.

Gestão Contábil e Gestão Financeira

Normalmente, a gestão contábil trabalha com os demonstrativos contábeis no formato tradicional, incluindo o ferramental de análise de balanço e de avaliação da rentabilidade do investimento. Já verificamos que a demonstração de resultados deve ser formatada diferentemente, para fins gerenciais, uma vez que o formato legal tem uma série de inadequações de classificação.

A gestão financeira, outrossim, tem uma visão específica de análise e retorno do investimento, considerando dois conceitos fundamentais:

1. O conceito de *capital circulante líquido*, em que os passivos de funcionamento (fornecedores, impostos e contas a pagar) são considerados elementos redutores dos ativos de funcionamento (contas a receber e estoques), gerando, com isso, o conceito complementar de *ativo operacional*.

2. O conceito de *estrutura de capital*, em que são considerados fontes de financiamento para o ativo operacional apenas os passivos financeiros de cunho de permanência (mesmo que esporadicamente com parcelas de curto prazo), denominados de financiamentos, remunerados por juros, e o capital próprio, representado pelo patrimônio líquido contábil, remunerado pelo lucro líquido da empresa.

Esses conceitos de gestão financeira implicam uma apresentação diferenciada do balanço patrimonial.

Quadro 6.4 – Balanço Patrimonial – Modelo Financeiro

ATIVO	Inicial	Final
CIRCULANTE LÍQUIDO	7.900	8.200
Clientes	6.500	6.600
(–) Títulos Descontados	(2.500)	(2.500)
Estoques	8.000	9.000
Outros Realizáveis	500	200
ATIVO	Inicial	Final
(–) Fornecedores	(2.400)	(2.600)
(–) Impostos a Recolher	(1.200)	(1.400)

continua

Quadro 6.4 – Balanço Patrimonial – Modelo Financeiro (continuação)

(–) Contas a Pagar	(1.000)	(1.100)
REALIZÁVEL A LONGO PRAZO	500	500
Clientes	300	300
Outros Realizáveis	200	200
PERMANENTE	9.400	9.360
Investimentos	1.000	1.200
Imobilizado	8.000	7.800
Diferido	400	360
ATIVO TOTAL	**17.800**	**18.060**
ATIVO	Inicial	Final
CIRCULANTE	2.800	2.020
Financiamentos	4.000	3.500
(–) Caixa/Bancos/Aplicações Financeiras	(1.200)	(1.480)
EXIGÍVEL A LONGO PRAZO		
Financiamentos	6.000	6.000
PATRIMÔNIO LÍQUIDO	9.000	10.040
Capital Social	7.000	7.000
Reservas	2.000	2.000
Lucros Acumulados	0	1.040
PASSIVO TOTAL	**17.800**	**18.060**

A diferença entre o formato contábil tradicional e o modelo financeiro, além da classificação diferenciada, centra-se no valor total do ativo. No formato tradicional, o valor do ativo do balanço final é de $ 24.640, e no modelo gerencial é de $ 18.060.

O que isso implica? Excetuando o aspecto visual, a apresentação diferenciada conduzirá à mensuração diferenciada de vários aspectos normalmente analisados e considerados importantes para o acompanhamento econômico financeiro da empresa, como, por exemplo:

- o grau de endividamento da empresa, no passivo;
- a participação de capital próprio e capital de terceiros;

- a desconsideração, no modelo financeiro, dos índices de liquidez na sua visão clássica;
- o grau de imobilização do ativo;
- o índice de rotação ou giro do ativo;
- a rentabilidade do ativo etc.

Vamos nos deter a seguir, a título de exemplo, no aspecto que julgamos mais importante em nosso trabalho, que é a análise do retorno do investimento e da remuneração das fontes de recursos da estrutura de capital.

Retorno do Investimento e Remuneração das Fontes de Capital

No formato contábil, a rentabilidade operacional do ativo inicial (antes dos impostos sobre o lucro) seria de 6,54%:

$$\frac{\text{Lucro Operacional} \quad \$\ 1.545}{\text{Ativo Total} \quad \$\ 23.600} = 6,54\%$$

No formato gerencial e financeiro, essa mesma rentabilidade seria de 13,06%:

$$\frac{\text{Lucro Operacional} \quad \$\ 2.325}{\text{Ativo Total} \quad \$\ 17.800} = 13,06\%$$

Em nosso entendimento, o último indicador é o mais correto.

A análise da remuneração do capital de terceiros também se mostra mais adequada. No formato contábil, o custo médio de capital de terceiros sobre o saldo inicial dos financiamentos de curto e longo prazos (antes dos impostos sobre o lucro) seria de 16,55%:

$$\frac{\text{Despesas Financeiras Líquidas}}{\text{Total dos Financiamentos}} = \frac{\$\ 1.655}{(\$\ 4.000 + \$\ 6.000) = \$\ 10.000} = 16,55\%$$

No modelo gerencial e financeiro, esse mesmo custo seria de 10,90%:

$$\frac{\text{Despesas Financeiras Líquidas}}{\text{Total dos Financiamentos}} = \frac{\$\ 960}{(\$\ 2.800 + \$\ 6.000) = \$\ 8.800} = 10,90\%$$

Relembramos os dois critérios básicos adotados para o formato gerencial/financeiro: primeiro, um expurgo de todos os itens normalmente denominados de financeiros e que, na realidade, não o são (CPMF, despesas bancárias etc.); segundo, a adoção do conceito de financiamentos líquidos, com a redução do total dos financiamentos do valor das aplicações financeiras.

Considerações Finais

Verificamos que é necessário uma revisão crítica permanente dos contadores sobre a classificação dos elementos de despesas e receitas quanto ao conceito de operacionalidade. É de suma importância essa revisão, uma vez que as conclusões das análises financeiras e de avaliação de desempenho dos investimentos, bem como da rentabilidade do capital, podem se mostrar enviesadas por classificações incorretas, prejudicando sensivelmente os modelos decisórios e a atuação dos gestores responsáveis pelas decisões.

Outro fator que também reputamos importante é que não nos devemos prender excessivamente aos modelos tradicionais, mas buscar sempre novos modelos de informação que sejam os mais adequados para os gestores empresariais. Não implica isso o abandono dos modelos existentes e obrigatórios, mas, sim, a construção de modelos de informação contábeis alternativos, adaptados a cada empresa e às diversas necessidades gerenciais de tomada de decisão.

Bibliografia

CATELLI, Armando. *Controladoria*. São Paulo: Atlas, 1999.

HENDRIKSEN, Eldon S.; BREDA, Michael F. van. *Teoria da contabilidade*. São Paulo: Atlas, 1999.

IUDÍCIBUS, Sérgio de; MARTINS, Eliseu; GELBCKE, Ernesto Rubens. *Manual de contabilidade das sociedades por ações*. 2. ed. São Paulo: Atlas, 1985.

MARION, José Carlos. *Contabilidade empresarial*. São Paulo: Atlas, 1982.

MATARAZZO, Dante C. *Análise financeira de balanços*. 3. ed. São Paulo: Atlas, 1994.

PARTE II
PLANEJAMENTO

Capítulo 7

Determinação da Estrutura do Ativo e Retorno do Investimento

Clóvis Luís Padoveze

Uma das funções básicas da Controladoria é sua atuação como apoio à empresa em todo o conjunto do processo de gestão (Catelli, 1999, p. 376). Basicamente, esse apoio centra-se em auxiliar os processos decisórios dos gestores por meio da sugestão e elaboração de modelos de informação e mensuração adequados às diversas necessidades de tomada de decisão desses gestores, para todos os principais eventos econômicos, considerando todos os níveis de atuação na hierarquia da empresa. Assim, podemos ter modelos tanto para decisões de caráter estratégico como modelos de cunho puramente transacional, os quais visam às necessidades de execução das atividades operacionais.

O processo de gestão caracteriza-se pelo ciclo – planejamento, execução e controle (Mosimann, 1993, p. 38). No ciclo de planejamento, podemos identificar três subprocessos distintos, quais sejam: o planejamento estratégico, o planejamento operacional e a programação. O planejamento estratégico está ligado ao sistema institucional da empresa, sua missão, crenças e valores, e trabalha, portanto, com os planos de horizonte temporal de longo prazo, ligados à continuidade da entidade, no ambiente onde ela se insere e se inter-relaciona. O planejamento estratégico produz as diretrizes estratégicas que nortearão toda a vida da companhia.

O planejamento operacional caracteriza-se por ser decorrente do planejamento estratégico, com horizonte temporal de longo e médio prazos. Trata-se de um detalhamento dos planos e diretrizes estratégicos, objetivando dar substância física aos planos delineados na estratégia. Esse processo caracteriza-se pelo detalhamento das alternativas selecionadas quantificando-se analiticamente os recursos, volumes, preços, prazos, investimentos e demais variáveis planejadas (Catelli, 1999, p. 60). Os instrumentais básicos para o planejamento operacional são a análise econômica dos investimentos e a conseqüente análise das fontes de capital necessárias para esses investimentos.

A programação envolve horizonte de curto prazo (um ano) e caracteriza-se por mensurar os programas existentes e necessários para o próximo exercício, que decorrem dos planos operacionais em andamento. A ferramenta básica da programação é o orçamento.

O objetivo deste tópico é apresentar um modelo de decisão, no formato de árvore de decisão, para suportar metodologicamente uma das decisões mais importantes do planejamento operacional, que é a estruturação do ativo, correspondente a uma operação constante do plano estratégico. Justifica-se esse objetivo porque não têm sido explorados e desenvolvidos modelos de decisão que evidenciem os critérios e conceitos para se chegar ao valor que deverá ser investido. Os modelos apresentados em finanças basicamente partem de valores totais estimados, sem evidenciar os meios, critérios e conceitos para se chegar a tais valores.

Planejamento Operacional

O processo de planejamento operacional caracteriza-se pelo conjunto de decisões e ações para elaboração e operacionalização dos planos de estruturação dos sistemas físico-operacionais necessários à entrada em operação das unidades de negócio.

Basicamente, o planejamento operacional tem dois elementos condutores de seu processo:

1. *Os produtos e serviços* planejados que serão gerados pelas unidades de negócios.
2. *As unidades de negócios* que serão necessárias para elaborar os produtos e serviços planejados.

Portanto, o planejamento operacional caracteriza-se por ser um macroprocesso, bem como um processo de médio e longo prazos. Parte do planejamento estratégico, do qual saem as premissas para o planejamento operacional, e prepara o sistema físico-operacional para os gestores desenvolverem atividades operacionais, no processo de execução das atividades de elaboração dos produtos e serviços planejados.

Dessa maneira, o processo de planejamento operacional está totalmente ligado à estrutura básica do balanço patrimonial, nas suas duas grandes áreas: ativo e passivo. Caracteriza-se, inicialmente, pela determinação da estrutura do ativo das unidades de negócio; em seguida, caracteriza-se pela determinação da estrutura desejada ou ideal de financiamento dos investimentos do ativo.

No processo de planejamento operacional, cabe à Controladoria a criação de modelos de decisão, mensuração e informação ligados à determinação das estruturas de ativos e passivos das unidades de negócio e da empresa, bem como para as decisões posteriores de adaptação das estruturas determinadas. Neste trabalho trataremos exclusivamente da decisão de determinação da estrutura do ativo.

Determinação da Estrutura do Ativo

Determinar a estrutura do ativo significa identificar a quantidade e a qualidade do investimento. Essa combinação objetiva determinar a parcela ideal de investimentos em ativos fixos e capital de giro para o negócio ou empresa a serem constituídos.

> *Conceitua-se determinação da estrutura do ativo como a decisão de investimento que é tomada fundamentada na obtenção da combinação ideal de ativos em relação ao negócio proposto, objetivando a menor estrutura de capital, considerando a rentabilidade desejada.*

Essa talvez seja uma das decisões mais difíceis de se modelar na gestão econômica das empresas. A determinação da estrutura do ativo é conseqüência de uma série de outras decisões anteriores, que decorreram do planejamento estratégico. Da análise do plano estratégico para investir em uma nova empresa, ou em uma nova unidade de negócio, sairão as diretrizes e os pontos referenciais que determinarão a estrutura do ativo do investimento.

Modelo de Decisão para Definição da Estrutura do Ativo

Para desenvolver o tema, tomaremos como referência o processo de investimento em uma nova empresa ou uma nova unidade de negócio.

> *Para se definir a estrutura do ativo, é necessário, antes, definir uma série de outras variáveis, o que se inicia pela definição do produto ou produtos a serem fornecidos no negócio a ser explorado.*

O processo de decisão da definição da estrutura do ativo é complexo e envolve uma série muito grande de variáveis. Variáveis tais como volume, preços de venda, tecnologias, processos, estrutura do produto, atividades a serem internadas etc. devem ser definidas com antecedência, pois a necessidade de investimentos e o tipo de ativo decorrem de opções efetuadas em cada uma das variáveis, cada uma a seu tempo, obedecendo a uma ordenação e dentro de uma estrutura lógica de geração e inter-relacionamento de variáveis.

Para tanto, faz-se necessária a construção de um modelo de decisão, orientativo, que além de possibilitar a determinação da estrutura do ativo para o investimento proposto, também sirva de modelo para a análise dos custos envolvidos. O mesmo modelo servirá para moldar as decisões posteriores, após a implantação do projeto de investimento.

Apresentamos a seguir, na Figura 7.1, um modelo de decisão, em formato de árvore de decisão, que evidencia os principais fundamentos para o processo de investimento e, conseqüentemente, determinação da estrutura do ativo. Baseados nessa figura, faremos o desenvolvimento dos conceitos que estão nela incorporados.

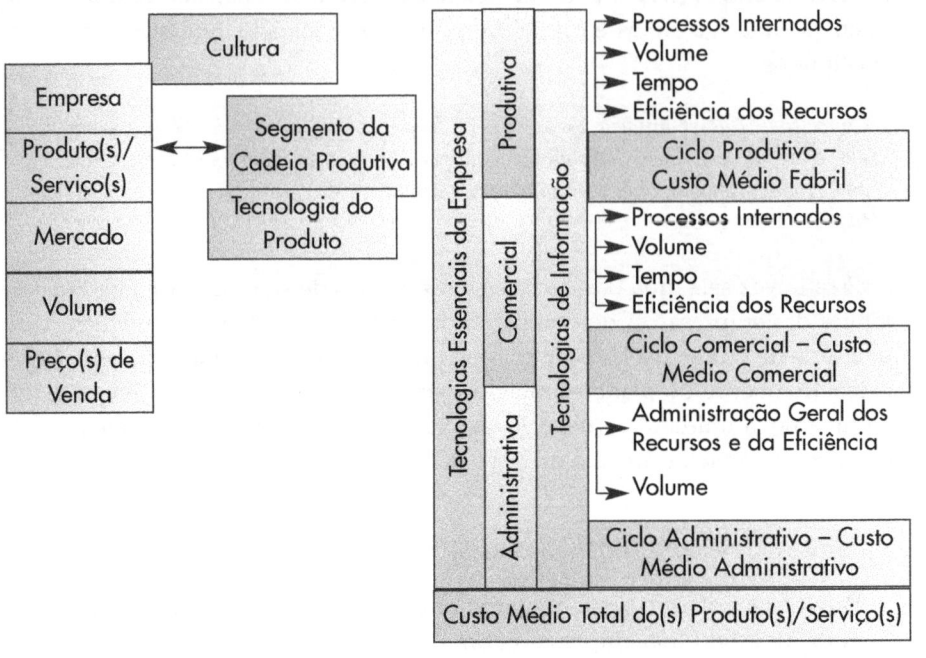

Figura 7.1 – Modelo de Decisão para Determinação da Estrutura do Ativo.

Passo 1 – Definição do Negócio e Missão da Empresa

Um negócio ou setor de atuação é caracterizado pelos produtos similares que eles oferecem ao mercado consumidor. Exemplificando: o negócio de café é caracterizado pelos diversos produtos à base de café oferecidos ao consumidor, tais como café torrado em grão, café torrado e moído a granel, café torrado e moído empacotado, café torrado e moído solúvel etc.

Portanto, a primeira decisão estratégica consiste na definição do negócio ou setor em que a empresa quer atuar, identificando também a faixa de produtos que pretende produzir e/ou vender. Essa decisão é a decisão principal a ser tomada, e deverá estar dentro do perfil, da cultura e missão da empresa.

Passo 2 – Definição do(s) Produto(s) [ou Serviço(s)], Mercado, Volume e Preço(s) de Venda

Após a definição do negócio, a empresa tem de definir qual o produto ou linha de produtos vai produzir e/ou vender e qual é o mercado consumidor que estará disposto a aceitar os produtos, aceitação que decorre das necessidades humanas identificadas pela empresa no seu planejamento estratégico.

Nesse momento, duas decisões são intrínsecas à decisão da escolha dos produtos e devem ser tomadas e consideradas ao mesmo tempo: a definição do preço de venda dos produtos e o volume desejado ou esperado de vendas (e, conseqüentemente, de produção).

Não há como definir um produto sem saber qual o seu preço de venda. Esse preço de venda, por sua vez, está associado à escala de produção, ou seja, ao volume, que determinará o nível de atividade operacional da nova empresa ou nova unidade de negócio.

Convém, nesse momento, relembrar que os conceitos utilizados nessa etapa do processo decorrem dos fundamentos da microeconomia da escala da oferta *versus* a escala da procura, que determinam o preço de equilíbrio em um mercado competitivo. Em ambos os casos, as escalas de oferta e procura projetam as quantidades de interesse do produtor a um determinado preço, contra as quantidades de interesse de consumo a um determinado preço.

Portanto, a definição do preço de venda está intrinsecamente ligada à definição do volume a ser produzido e vendido. Não há como imaginar que se possa primeiro determinar qual o produto a ser vendido e, só depois, se pense no preço de venda a ser oferecido. A definição do produto está ligada a um mercado possível de consumir a um determinado preço de venda, que, por sua vez, está ligado ao volume planejado.

Esse é um ponto capital no entendimento do processo de tomada de decisão para um novo negócio. Não há como desvincular temporalmente a decisão da escolha do produto, do mercado, do volume e do preço de venda do produto. Todas as quatro variáveis devem ser definidas ao mesmo tempo.

Passo 3 – Definição do Segmento da Cadeia Produtiva e da Tecnologia do Produto

Essas duas definições também ocorrem ao mesmo tempo. Após escolher o produto, a empresa tem de fazer uma definição tão vital ou mais do que as anteriores, e que consiste em escolher em que etapa da cadeia produtiva a empresa irá entrar e, também, qual a tecnologia necessária para a fabricação do produto dentro daquele volume predeterminado anteriormente, no segmento da cadeia produtiva escolhido.

Cadeia Produtiva

Podemos definir cadeia produtiva como os processos básicos de transformação que permitem traduzir uma matéria-prima em um produto final pronto para ser consumido. Em outras palavras, são todos os processos necessários para transformar um insumo básico (ou insumos básicos) em um produto para o consumidor final. Em linhas gerais, é comum termos empresas que se especializam em determinados processos – etapas da cadeia produtiva – e ao mesmo tempo empresas que conseguem realizar mais de uma etapa da cadeia produtiva, e até mesmo, mas muito menos comum, empresas que conseguem ser especialistas em todas as etapas da cadeia produtiva de determinado produto final.

> *Cadeia produtiva: processos de transformação necessários para a transformação do insumo básico em produto final para o consumidor.*

Temos o hábito de falar em cadeia produtiva. Contudo, talvez o mais correto fosse denominá-la cadeia operacional, pois a cadeia produtiva engloba também a entrega ao consumidor final. Portanto, o processo de distribuição e venda também faz parte da cadeia produtiva. Assim, podemos dizer que a cadeia operacional é a união da cadeia produtiva e da cadeia comercial.

> *Cadeia Operacional = Cadeia Produtiva + Cadeia Comercial*

Contudo, nesse momento, a decisão básica é a cadeia produtiva, pois é uma decisão que antecede à cadeia comercial. Portanto, a empresa tem de definir em que segmento da cadeia produtiva ela irá trabalhar o produto.

Exemplo de Cadeia Produtiva: Confecção de Jeans

Podemos exemplificar uma cadeia produtiva com um produto conhecido que é uma peça de confecção (calça, camisa). Vamos imaginar uma calça de jeans. A calça de jeans é feita de tecido de algodão tingido. O produto final é uma calça de jeans, e o insumo básico é o algodão.

Podemos identificar os principais processos de transformação na cadeia produtiva e comercial: plantação de algodão, fiação, tecelagem, tinturaria e acabamento, confecção, marca, distribuição e varejo. Os processos são seqüenciais e podem ser ilustrados conforme a Figura 7.2.

Tomando o exemplo como base, uma empresa que queira atuar no negócio de confecção de jeans terá de fazer uma opção quanto ao estágio da cadeira produtiva em que irá atuar. Basicamente, a escolha tem dois extremos:

1. *Atuar em todas as etapas da cadeia produtiva.* Significa que a empresa (ou o grupo corporativo) deverá ter terras para o plantio de algodão que, em seguida, vai transferir para uma unidade própria de fiação, que irá transferir para uma unidade própria de tecelagem etc., ou seja, em resumo, terá unidades próprias para desenvolver todos os processos da cadeia produtiva desse produto final.

2. *Atuar apenas na última etapa da cadeia produtiva*. Significa que a empresa só vai ter o processo de industrialização de afixar a sua etiqueta de marca, como tem sido muito comum hoje nesse segmento de mercado. No caso, a empresa comprará de terceiros a calça de jeans já confeccionada, só assumindo como seu processo fabril a colocação da sua etiqueta de moda.

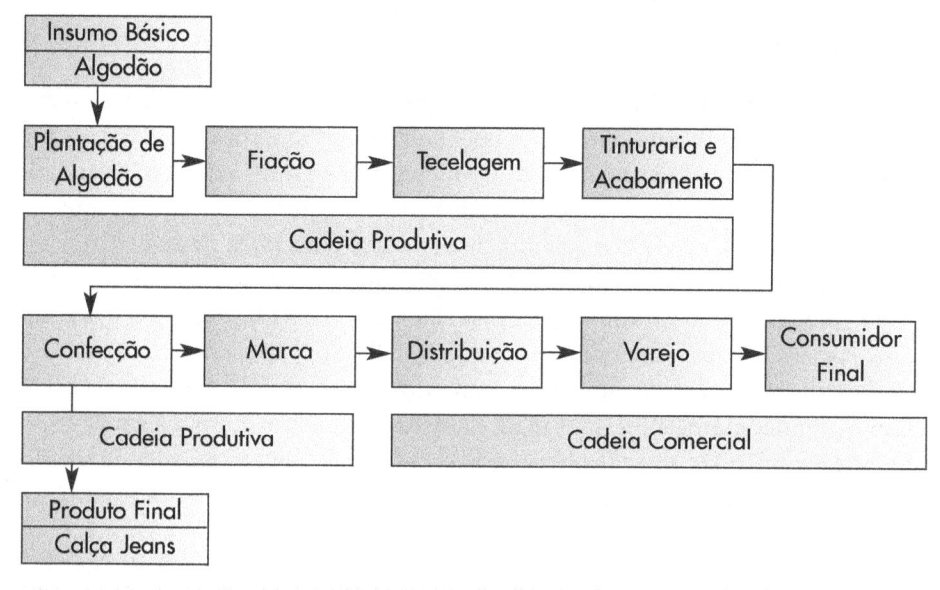

Figura 7.2 – Cadeia Produtiva e Seus Processos de Transformação.

Entre os dois extremos de opção, as empresas podem decidir-se por assumir diversos conjuntos de etapas da cadeia produtiva. Uma empresa pode optar por assumir a partir da fiação; no caso, adquiriria o algodão bruto. Outra empresa optaria por internar todos os processos ou etapas a partir da tecelagem; assim, adquiriria o fio de algodão pronto. Uma terceira pode assumir internar os processos a partir da tinturaria e do acabamento; aqui, adquiriria o tecido de algodão cru. Por fim, uma empresa pode optar por assumir apenas a partir da confecção; nesse caso, teria de adquirir o tecido de algodão já tingido e acabado.

A definição da cadeia produtiva talvez seja o principal fator que levará à determinação do ativo da empresa.

Segmento da Cadeia Produtiva e Seus Processos Internos

Como é natural do enfoque sistêmico, todo sistema tem seus subsistemas. Dessa maneira, cada um dos processos da cadeia produtiva, por sua vez, tem também seus subprocessos. É fácil de visualizar, por exemplo, que a etapa de confecção exige outros processos menores, como corte da quantidade de tecido, corte das peças, preparação para costura, costura, implantação de acessórios, acabamento, embalagem etc.

Os subprocessos de cada etapa serão trabalhados com mais detalhes na etapa seguinte.

Tecnologia do Produto

Juntamente com a definição da cadeia produtiva, a empresa irá decidir qual a tecnologia de produto a ser empregada. Isso quer dizer que é possível haver opções de tecnologias de fabricação de produtos no mesmo segmento da cadeia produtiva. A decisão da tecnologia do produto, dentro do segmento da cadeia produtiva, está intimamente associada à quantidade planejada e decidida na etapa 2.

Tomando ainda como base nosso exemplo de cadeia produtiva, uma empresa que pretende atuar apenas a partir da etapa da confecção, mas com produtos mais personalizados, poderá entender que a melhor opção econômica é executar o processo de costura com máquinas individuais para as costureiras. Uma outra empresa, que opta pela mesma etapa, mas com volume maior e mais massificado, poderá entender que a melhor opção econômica é uma tecnologia de produção do produto mais automatizada, adquirindo máquinas de costura automática e processo contínuo.

É possível também que a tecnologia esteja tão ligada à quantidade que, em alguns segmentos da cadeia produtiva, determinadas tecnologias consideradas mais avançadas (e, provavelmente, mais caras) só sejam economicamente viáveis a partir de determinada quantidade. Nesse caso, com quantidades menores, essas tecnologias avançadas não são economicamente viáveis, e a empresa deverá optar por tecnologias diferenciadas.

Passo 4 – Definição ou Criação das Tecnologias Essenciais da Empresa

Tomadas as decisões e definições fundamentais das variáveis da árvore de decisão, o modelo indica que outras decisões e definições terão de ser tomadas. A próxima etapa está na definição das tecnologias complementares para operacionalizar os processos das funções básicas do sistema empresa: o processo de fabricação ou produção, o processo comercial e o processo administrativo/financeiro.

Obviamente essa etapa está intimamente ligada à etapa anterior, e em alguns aspectos elas se sobrepõem, principalmente na tecnologia produtiva e comercial.

Tecnologia Produtiva

Esta parte da etapa 4 consiste em definir os processos de fabricação necessários para operacionalizar a tecnologia do produto adotada. Quais os equipamentos, processos e modelos de gestão de produção serão adotados, que, conseqüentemente, continuarão o processo de identificação dos ativos necessários para o investimento.

Como exemplo de opção de tecnologia produtiva a ser empregada, podemos citar a opção existente entre o conceito CIM – *Computer Integrated Manufacturing* (Manufatura Integrada por Computador) e o conceito *Lean Production* (Produção Enxuta). Em uma manufatura complexa e de processos diversos (diferentemente do exemplo anterior, de produção contínua e poucos equipamentos), a empresa pode decidir por ser mais automatizada (CIM) ou menos automatizada (*Lean*). Mais automatizada, robotizada, exigirá mais equipamentos; menos automatizada, exigirá mais mão-de-obra; portanto, ambas exigirão estruturas fabris e de equipamentos diferentes.

O mesmo sucede com outras opções. A adoção do conceito de *Just-in-Time*, a Teoria das Restrições e a utilização do conceito de fabricação para estoque (MRP puro) conduzirão à estrutura de ativos diferentes.

Tecnologia Comercial

Similarmente à tecnologia produtiva, é outra definição essencial. A empresa pode adotar um dos vários conceitos de distribuição e venda. Pode, ainda, optar por vender toda a sua produção para revendedores, oferecendo preços menores a eles do que para o consumidor final. Pode optar pela tecnologia de distribuição e venda própria por meio de seus próprios vendedores e filiais de venda. Ou optar pela tecnologia de revendedores residentes e comissionados em todas as regiões do mercado de seus produtos, pela venda de porta em porta etc. e por outras formas de comercialização, venda e distribuição.

A decisão da tecnologia comercial é tão importante quanto a produtiva. Em alguns produtos, normalmente de pequeno porte (ferramentas, materiais de construção civil, livros, revistas etc.), chega a ser mais importante e impactante do que a tecnologia produtiva. A tecnologia do *e-commerce* é um dos exemplos atuais de opções por tecnologia comercial e distributiva.

A decisão tomada envolverá a necessidade de mais ou menos estoques, mais ou menos ativos fixos, mais ou menos ativos de forma geral e investimentos.

Tecnologia Administrativa

A tecnologia administrativa é de cunho mais genérico e, muitas vezes, mais do que definição, consiste em uma criação de tecnologia. Eventualmente alguns negócios exigem a adoção de uma tecnologia administrativa já consagrada (consultorias, auditorias, pequeno varejo, médias indústrias etc.).

Como a tecnologia administrativa congrega também a área financeira, ela tem importância similar às outras tecnologias no processo de criação de valor e, conseqüentemente, exige ativos e investimentos. De qualquer forma, das três tecnologias é a de maior domínio público.

Tecnologia de Informação

No momento atual, a tecnologia informação, caracteristicamente uma tecnologia administrativa, tem ocupado um espaço e uma importância diferenciados. No enfoque do triângulo estratégico (Walton, 1994, p. 60), o impacto da tecnologia da informação pode afetar tanto a organização como o negócio. No nosso modelo, a tecnologia de informação dá suporte às outras três tecnologias essenciais e, por sua vez, também é uma tecnologia essencial, mas de utilização genérica para toda a empresa, pelo conceito de sistemas integrados de gestão.

Sendo uma tecnologia essencial, a definição de uma linha de tecnologia de informação também exige ativos que devem compor o conjunto de investimentos de uma empresa ou novo negócio.

Variáveis Básicas das Tecnologias Essenciais

Cada uma das tecnologias essenciais exige a definição de processos a serem internados, os quais, por sua vez, são decorrentes da tecnologia do produto, definida na etapa 3, e do volume, definido na etapa 2.

Os processos internados exigem tarefas e atividades a serem desenvolvidas, que, por sua vez, necessitam tempo para sua operação e execução. Como todo processo operacional exige planejamento e controle, impõe-se a necessidade da gestão da eficiência de todo o conjunto dessas variáveis básicas.

Assim, as variáveis básicas para gestão detalhada das tecnologias essenciais são:

1. Processos Internados.
2. Volume.
3. Tempo.
4. Eficiência dos Recursos.

Processos Internados

Mesmo tendo definições anteriores de tecnologia de produto e tecnologia de produção, ainda cabe um leque de opções para o processo de fabricação – a definição dos processos que a empresa decide fazer internamente e os processos que a empresa decide fazer externamente.

A empresa sempre decidirá quais atividades e processos quer desenvolver internamente. É claro que essa decisão estará circunscrita pelas duas decisões anteriores de tecnologias fabris e do produto, e não será possível ultrapassar seus limites.

Exemplificando: a) determinados componentes do produto exigem uma cobertura de borracha; a empresa poderá definir se esse processo será feito internamente ou se será feito fora da empresa; b) o processo de costura de uma confecção pode ser tanto executado internamente quanto terceirizado; c) uma empresa de televisores pode decidir fabricar o monitor de vídeo ou pode adquiri-lo de terceiros etc.

Volume

O *volume* talvez seja a variável básica mais importante como principal determinadora dos recursos econômicos necessários. Utilizamos, apenas para introdução, uma declaração recente de uma grande companhia americana, que ilustra bem a questão: "... (uma empresa) da área de telecomunicações deve instalar uma fábrica no Brasil. O projeto está em estágio avançado, *faltando detalhar o volume de produção* (grifo nosso) (...) para determinar os investimentos" (Motorola vai instalar..., 1995).

Tempo

O *tempo* é uma questão também conhecida, citada, porém dificilmente incorporada formalmente nos modelos decisórios. A teoria econômica já incorpora o fator tempo entre os fatores de produção e a obtenção de produtos finais, conforme explica Simonsen (1993, p. 219): "Os economistas austríacos, particularmente Bohm Bawerk, foram os primeiros a observar com acuidade que a essência da produção capitalista residia no lapso de tempo entre a aplicação dos fatores e a obtenção dos produtos finais. Nessas condições, os processos mais capitalizados seriam justamente os que demandassem maior tempo, isto é, os de mais longos períodos de produção".

O tempo, hoje, é tão importante que é uma das medidas de produtividade mais utilizadas. Mede-se em quantas horas ou minutos uma montadora produz um veículo, em quantos minutos uma empresa eletroeletrônica monta um aparelho de televisão, em quantos minutos se entrega um lanche na cadeia de *fast food*, quantos segundos são necessários para se ter uma informação no computador ou para disponibilizar um site ao público etc.

Quanto maior o tempo despendido na execução das tarefas, maior será a necessidade de investimento. Quanto menor o tempo despendido nas tarefas, menor será a necessidade de investimento. A ciência contábil incorporou o conceito de tempo na sua avaliação financeira, por meio do conceito de giro dos negócios (ativo, estoques) e dos conceitos de prazos das atividades (prazos médios de estocagem, pagamento, recebimento).

A Eficiência dos Recursos

Com relação à *eficiência*, sua incorporação ao modelo decisório de determinação do ativo também não tem sido, de modo geral, contemplada formalmente. Contudo, é um elemento essencial para a definição dos ativos. A eficiência pode ser considerada como o elemento que determina o lucro, pois, na realidade, o valor adicionado entre os recursos internados e os produtos e serviços extraídos do sistema empresa é maior ou menor em razão da maior ou menor eficiência empregada e conseguida.

Outrossim, para gerir a eficiência das demais variáveis básicas, há a necessidade de recursos para sua operacionalização, e, portanto, a gestão da eficiência exige investimentos, estrutura e ativos específicos.

Nessa linha de raciocínio, Herrmann Jr. (1978, p. 66) define: "Os fatores de que depende a produção podem ser resumidos nos seguintes elementos ativos:

a) capital;

b) trabalho;

c) *organização* (grifo nosso)".

Entendemos a organização como todo o conjunto de elementos pelo qual se expressa a competência empresarial e, conseqüentemente, a eficiência aplicada aos recursos.

Ciclos e Custo Médio

As variáveis básicas determinam, ao final de seu ciclo, os fatores de custos (de produção, de comercialização e administrativos) necessários para operacionalizar cada tecnologia. Os fatores de custos, decorrentes das estruturas de ativos, determinam o custo médio dos produtos produzidos e comercializados.

Dessa maneira, ao final do modelo decisório, obteremos a visão global dos três ciclos fundamentais das empresas e suas necessidades estruturais e, associados aos volumes planejados e operacionalizados, seus custos médios, quais sejam:

1. Ciclo Produtivo e Custo Médio Fabril.
2. Ciclo Comercial e Custo Médio Comercial.

3. Ciclo Administrativo e Custo Médio Administrativo.
4. Custo Médio Total do(s) Produto(s) ou Serviço(s).

Passo 5 – Detalhamento e Definição das Variáveis Básicas das Tecnologias Essenciais da Empresa

Como etapa final da utilização do modelo para determinação da estrutura do ativo, está o detalhamento das variáveis básicas para cada tecnologia essencial que, finalmente, fornecerão os subsídios para a conclusão da determinação da estrutura dos ativos e a utilização dos fatores ou insumos de produção, comercialização e administração. Apesar de similares, algumas características particulares merecem atenção diferenciada, que exploraremos a seguir.

Variáveis Básicas e Seu Detalhamento na Tecnologia Produtiva

A Figura 7.3 apresenta a continuação do modelo decisório iniciado na Figura 7.1, considerando apenas o segmento da árvore de decisão para determinação da estrutura do ativo da área fabril.

Processo de Fabricação

Independentemente de que processo de fabricação é adotado, ele depende de duas variáveis básicas para qualquer estrutura industrial: a estrutura do produto (BOM – *Bill of Material*) e o processo ou roteiro de fabricação.

Subprocessos Internados e Terceirização

Nessa etapa de definição, a empresa também tem opções de internar ou não diversos subprocessos. Ela pode optar por executar todas as atividades dos subprocessos, ou pode terceirizar uma ou mais etapas. Não há dúvida de que as decisões nesse momento estarão vinculadas à decisão já tomada sobre a tecnologia empregada. Contudo, há, ainda, possibilidade de opção.

Dessa maneira, a empresa, terceirizando um processo, deixa de fazer internamente; em não terceirizando, o processo é internado. Quanto mais terceirização, mais materiais e componentes são adquiridos prontos, exigindo menor estrutura interna. Quanto menos terceirização, e mais atividades internadas, maior a necessidade de atividades e, conseqüentemente, de estruturas internas.

> *Mais terceirização corresponde a menos ativos fixos e mais estoques de materiais. Menos terceirização (maior quantidade de atividades internadas) corresponde a mais ativos fixos e menos estoques de materiais.*

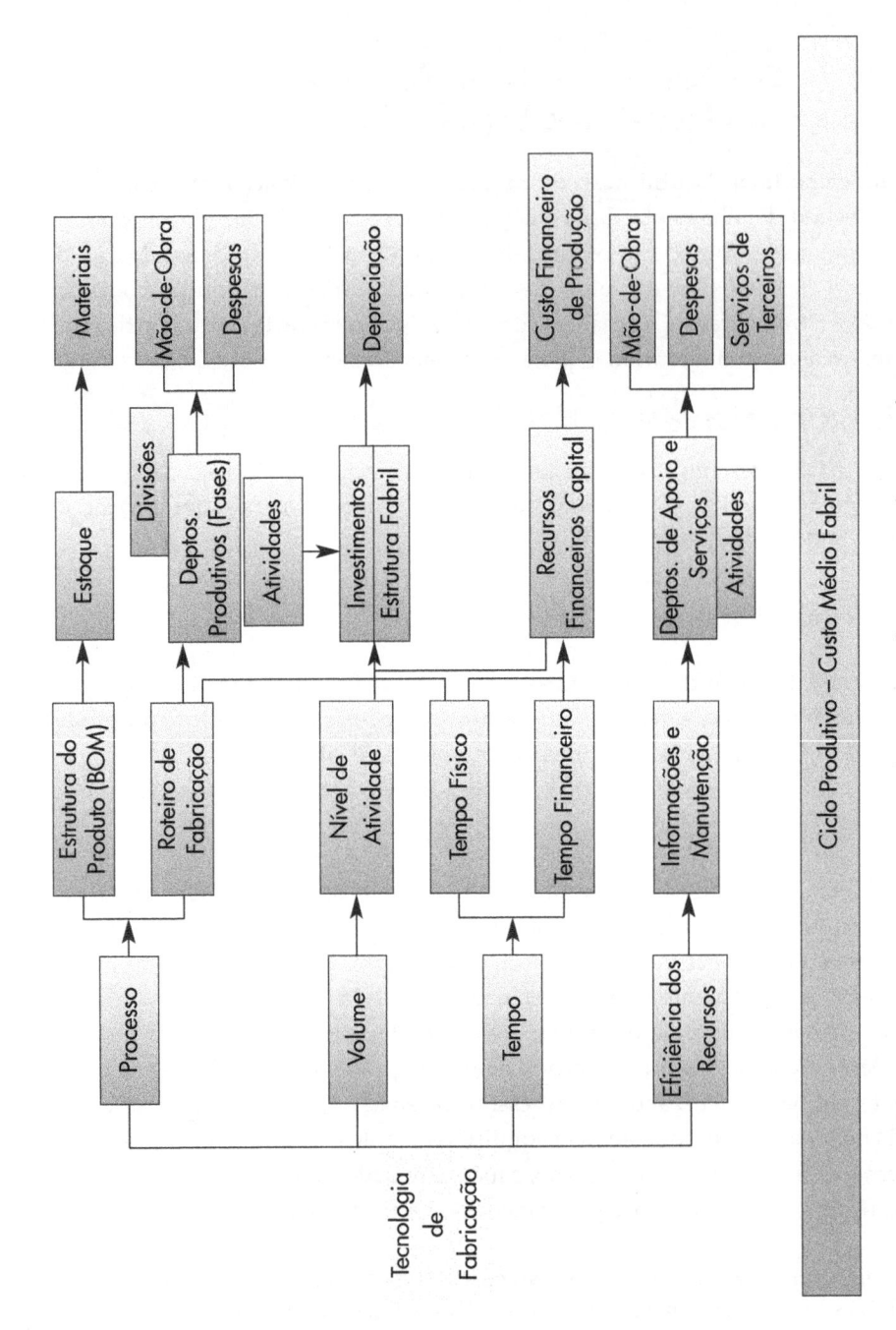

Figura 7.3 – Modelo de Decisão para Determinação da Estrutura do ativo Tecnologia Produtiva.

Estrutura do Produto

Compreende a lista dos materiais necessários e compõem o produto final. É a listagem de todas as matérias-primas, componentes, embalagens e outros materiais que formam o produto final. Não compreende o consumo de materiais indiretos, pois eles, apesar de auxiliares no processo produtivo, não formam fisicamente o produto final.

A estrutura do produto nasce no desenvolvimento do produto, normalmente a cargo do setor de engenharia de produto ou engenharia de desenvolvimento. Além dos itens do produto, a lista de materiais compreende quantidades necessárias dos materiais, especificações técnicas e outros atributos e características necessárias para a continuidade dos processos fabris.

Por exemplo, em uma calça jeans, a estrutura do produto discriminaria o tipo de tecido, sua qualidade, a quantidade necessária, bem como os demais materiais, suas qualidades e quantidades (linha, botões, fixadores, zíperes, embalagens etc.).

Já a definição da estrutura do produto é maior, pois alimenta toda a cadeia operacional da empresa e os sistemas de informações que servem a todas as áreas envolvidas com a cadeia operacional. A estrutura do produto, associada à quantidade do programa de produção, alimenta todo o sistema de planejamento de compras. E também é ponto-chave para o planejamento e controle da produção, normalmente gerida pelo sistema de informação do MRP – *Manufacturing Resource Planning*.

Como conseqüência em termos de ativo, a estrutura do produto, mais as quantidades a serem produzidas, aliadas aos tempos requeridos para os processos, mais a política de estocagem, conduzem a formação do ativo de estoques de matérias-primas, componentes e embalagens. Esses itens se refletem na demonstração de resultados por meio do consumo de materiais.

Roteiro de Fabricação

O roteiro de fabricação é uma discriminação de todas as etapas e todos os processos necessários para, a partir das matérias-primas básicas e acoplando os demais materiais, se construir o produto final, quantificando os tempos necessários para todas as tarefas e os processos das atividades exigidas. Inclui, também, quais equipamentos são necessários para cada etapa ou tarefa.

O roteiro de fabricação compreende uma discriminação detalhada do processo para cada item do produto até o produto final, dentro de uma seqüência lógica, saindo das matérias-primas, formando os subconjuntos, depois os conjuntos, até a montagem do produto final. Em resumo, o roteiro de fabricação diz quais são as tarefas e etapas para se fazer o produto e como elas devem ser feitas.

Utilizando o mesmo produto do exemplo anterior, o roteiro de fabricação incluiria as etapas (e seus tempos) de corte do tecido bruto, corte mediante o modelo da calça, as diversas etapas de costura, acabamento, embalagem etc.

Estrutura do Produto versus Roteiro de Fabricação

Convém ressaltar que a definição da estrutura do produto está intimamente ligada ao roteiro de fabricação. Ou seja, os roteiros de fabricação dependem da estrutura de produto. Adotada uma estrutura de produto, alguns processos não precisam ser executados na empresa, bem como outros devem ser executados internamente. Exemplificando, se a empresa optar por adquirir um subconjunto, automaticamente ela estará optando por eliminar alguns roteiros de fabricação e, portanto, uma estrutura de produto com subconjuntos será totalmente diferente de uma estrutura de produto com os itens separados que formam os subconjuntos.

O inverso é verdadeiro. Uma opção por internar algumas atividades ou processos que a empresa julgue pontos-chave forçará, automaticamente, a uma determinação condizente de estrutura de produto.

Departamentos e Atividades Produtivas Internas

A decisão da estrutura do produto e os processos de fabricação internados serão fundamentais para a determinação da estrutura de ativos da área industrial. Quanto mais processos internados, mais atividades, setores, departamentos e até divisões serão necessários dentro da empresa.

Essas estruturas internas exigirão a contratação de mão-de-obra, que, por sua vez, necessitará de outros recursos para executar seu trabalho. Assim, dois outros fatores de produção, mão-de-obra e despesas, são decorrentes de estruturas exigidas pelas atividades, decorrentes dos processos internados.

> *A partir da definição da estrutura de produto, a empresa determina quais atividades ela quer desenvolver internamente.*

Volume

Questão-chave na determinação da estrutura do ativo, o volume implicará a escolha de um determinado nível de atividade fabril. Normalmente, a escolha do nível de atividade depende do tamanho do mercado que a empresa pretende atingir em um determinado horizonte de tempo. Em geral, o nível de atividade tem como referência uma quantidade máxima a ser produzida.

É comum a empresa escolher e desenvolver um nível de atividade de tal forma que possa utilizar suas instalações industriais com alguma folga, o que se denomina de ociosidade normal (algo ao redor de 10% a 15%). Em situações de grande pressão de demanda, essa folga pode ser utilizada com pequenas adições de recursos (turnos, horas extras etc.), sem necessidade de se alterar a estrutura montada.

O volume, associado ao roteiro de fabricação (que determina as atividades internas a serem desenvolvidas e os respectivos tempos de cada tarefa a ser executada), é que dá o *input* para os investimentos na estrutura fabril (imóveis e equipamentos). Como conseqüência, teremos o custo fabril da depreciação. O volume de atividade e os processos internados geraram um tempo físico necessário para o total do programa de produção almejado.

Tempo

Ao tempo físico também se configura um tempo financeiro. Ou seja, o tempo não só é um fator que consome recursos físicos, mas consome também recursos financeiros. Quanto mais lento é o processo de fabricação, mais recursos financeiros serão necessários para apoiar o processo produtivo. A compra de materiais e os gastos com os demais insumos (mão-de-obra, despesas, investimentos) exigem recursos financeiros até que o produto seja finalmente concluído.

Portanto, os recursos financeiros necessários, tanto para os investimentos fixos e os estoques como para as despesas, geram um custo financeiro, que é o custo de oportunidade aplicado ao tempo em que os recursos financeiros ficam parados no processo produtivo até a conclusão do processo fabril.

Eficiência dos Recursos

Para monitorar e distribuir os recursos fabris, há a necessidade de uma estrutura operacional que apóie, administre e mantenha toda a área industrial. Em outras palavras, para que o produto seja fabricado pelas diversas atividades fabris, há a necessidade de sistemas de informações e de manutenção dos recursos que gerenciem todo o conjunto operacional, em termos de estoques, planejamento e controle de produção, controle de qualidade, engenharias de desenvolvimento e processo, gerência fabril, manutenção civil e industrial, movimentação de materiais, segurança etc.

Essas atividades são desenvolvidas pelos departamentos de apoio e de serviços. Identicamente ao que já exploramos anteriormente, no tópico de roteiro de fabricação, *a empresa escolhe e determina quais atividades de apoio desenvolverá internamente* e que atividades serão desenvolvidas por terceiros. De forma geral, algumas atividades de apoio são também consideradas chave, fazendo parte do *core business* (atividades-fins), enquanto outras atividades podem ser consideradas atividades-meio, que, eventualmente, trazem mais vantagem quando desenvolvidas por terceiros.

Para exercer as atividades dessa variável básica, com atividades internadas ou não, a empresa consumirá mão-de-obra e despesas para os departamentos de apoio e serviços, ou despenderá recursos em serviços de terceiros. Dependendo do grau de internação maior ou menor de atividades, haverá maior necessidade ou não de ativos fixos.

Variáveis Básicas e Seu Detalhamento na Tecnologia Comercial

A Figura 7.4 apresenta a continuação do modelo decisório iniciado na Figura 7.1, considerando apenas o segmento da árvore de decisão para determinar a estrutura do ativo da área comercial. Como o segmento da árvore de decisão para a tecnologia comercial é muito parecido com o da tecnologia fabril, faremos apenas as observações sobre os itens diferentes.

Processo

A estrutura do produto para a área comercial tem apenas um componente, que é o produto final, o qual é transferido da área de manufatura para a área comercial. O processo de comercialização adotado, associado à política de estoque de produtos finais, exigirá mais ou menos estoque de produtos acabados e, portanto, é fator determinante parcial da estrutura do ativo.

Quanto ao roteiro, nesse caso é o processo de comercialização, com todas as suas atividades necessárias. Aqui também cabe possibilidade de opções. Desde um extremo de total terceirização das atividades comerciais até o desenvolvimento de todas as etapas e os processos de venda e distribuição, a empresa tem opção de internar mais ou menos processos.

Demais Variáveis Básicas

As variáveis volume, tempo e eficiência dos recursos devem receber o mesmo enfoque que já apresentamos sobre esses fatores em relação à tecnologia fabril.

CAPÍTULO 7 – DETERMINAÇÃO DA ESTRUTURA DO ATIVO E RETORNO DO INVESTIMENTO   127

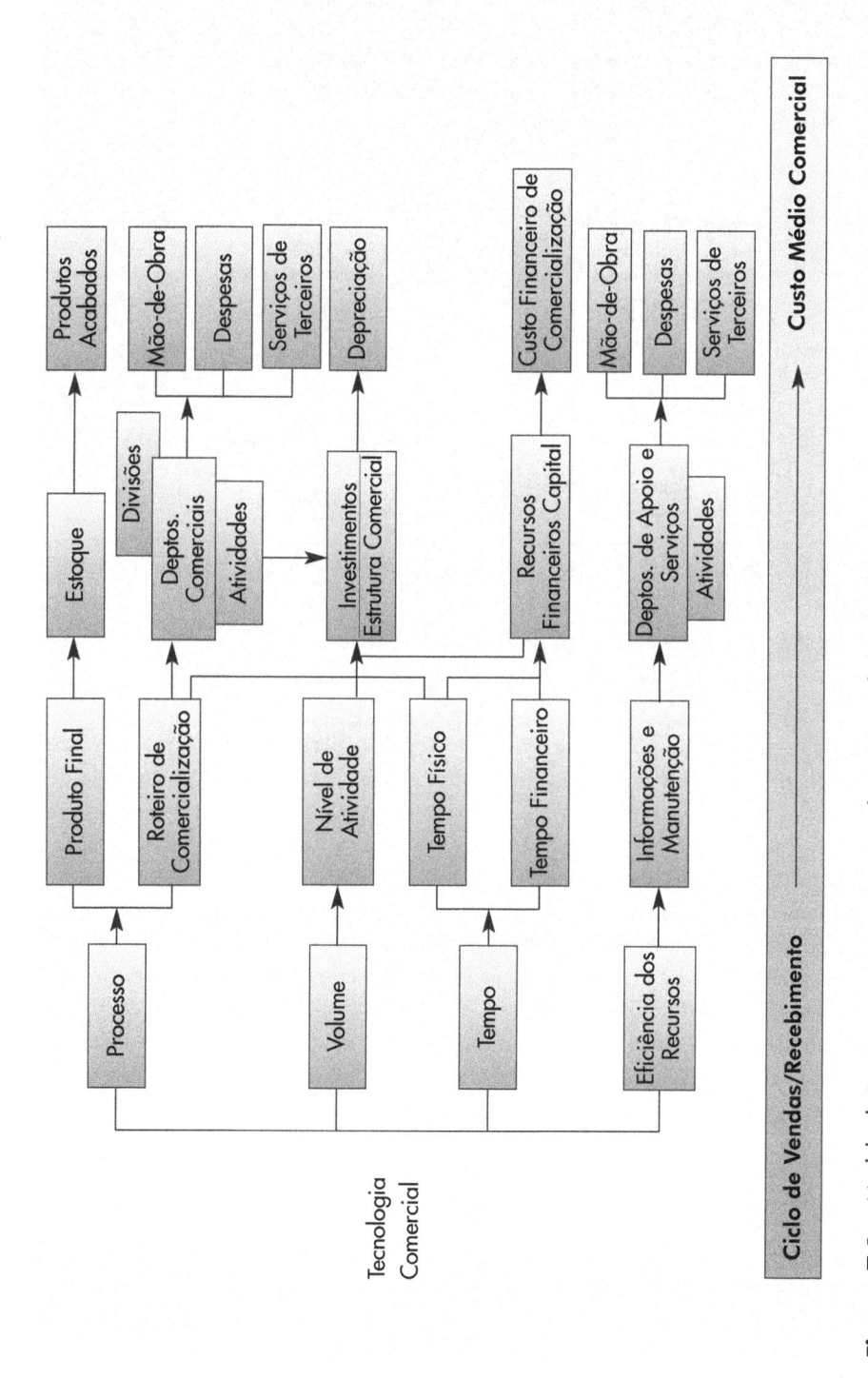

Figura 7.4 – Modelo de Decisão para Determinação da Estrutura do Ativo – Tecnologia Comercial.

Variáveis Básicas e Seu Detalhamento na Tecnologia Administrativa

A Figura 7.5 a seguir apresenta a continuação do modelo decisório iniciado na Figura 7.1, considerando apenas o segmento da árvore de decisão para determinar a estrutura do ativo da área administrativa.

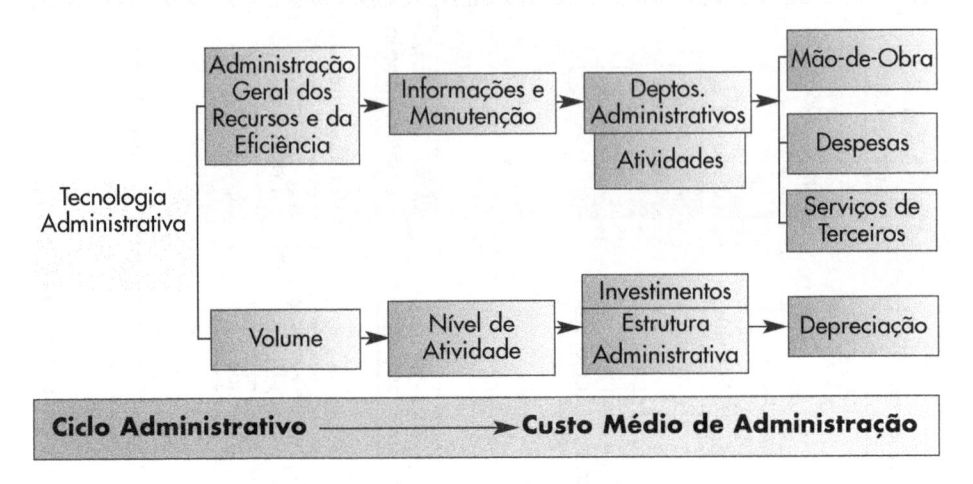

Figura 7.5 – Modelo de Decisão para Determinação da Estrutura do Ativo – Tecnologia Administrativa.

Esse segmento do modelo de árvore de decisão apresenta-se apenas com duas variáveis básicas, que são o volume e a eficiência dos recursos. No caso da eficiência dos recursos, as atividades desenvolvidas podem ser tanto para a própria gestão administrativa e financeira propriamente dita, como em parte destinada a gerir a eficiência geral da empresa.

Ambas as variáveis são fatores determinantes parciais da estrutura do ativo da empresa. Conforme já exploramos anteriormente, também nesse segmento a empresa decide quais atividades quer desenvolver internamente. Quanto mais atividades forem internadas, mais ativos serão necessários. Quanto mais atividades forem desenvolvidas fora (terceirizadas), menos ativos serão necessários. As atividades desenvolvidas externamente são remuneradas por meio do pagamento de serviços de terceiros.

Exemplo Numérico

Desenvolveremos a seguir um pequeno e simples exemplo de como se processa a estruturação do ativo de uma nova empresa ou divisão da empresa, a partir da definição inicial do seu negócio e da sua missão. O exemplo está estruturado sobre o setor de *confecção de vestuário*, já que é um setor conhecido por todos e permite também facilidade de entendimento. O ponto fundamental que conduz o exemplo numérico é deixar claro que cada etapa da decisão do modelo de árvore de decisão conduzirá a uma determinada estrutura de ativo.

Nessa linha de raciocínio, o exemplo apresenta duas opções para o decisor, a partir de uma definição inicial. A empresa pode ser estruturada desenvolvendo o máximo possível de atividades operacionais internamente (Opção 1), como pode entregar a terceiros o desenvolvimento das atividades necessárias para levar o produto ao consumidor final (Opção 2).

Passo 1 – Definição do Negócio

No exemplo, a empresa decide entrar no ramo têxtil, negócio de vestuário.

Passo 2 – Definição do Produto, Mercado, Volume, Preço de Venda

A empresa decide-se pelo negócio de confecção, produto camisa. Para o mercado detectado e escolhido, a empresa tem expectativa de vender um volume mensal de 2.000 camisas, ao preço de venda de $ 20,00 por camisa.

Passo 3 – Definição do Segmento da Cadeia Produtiva e Tecnologia do Produto

A empresa entrará apenas a partir do tecido comprado pronto. Neste exemplo, a empresa estuda duas opções, a partir desse elo da cadeia produtiva:

Opção 1: Internar as atividades desde o recebimento do tecido pronto até o embalamento e a atribuição da marca.

Opção 2: Comprar a camisa pronta, com a etiqueta da marca também adquirida, pelo fornecedor, de outro fornecedor autorizado pela empresa.

Caso adote a Opção 1, a empresa adotará a tecnologia de modelagem por CAD/CAM, tecnologia de corte automatizada, mas os processos de costura e acabamento serão tradicionais. Caso adote a Opção 2, a empresa só fará o recebimento das camisas, o estoque de produtos acabados e a logística de distribuição.

Passo 4 – Definição das Tecnologias Essenciais

Tecnologia Produtiva

Tanto a Opção 1 quanto a Opção 2 seguirão a definição inicial dada na etapa 3, não havendo necessidade de complementos de tecnologias produtivas, em função da simplicidade do produto e das tecnologias existentes já consagradas e de fácil obtenção.

Tecnologia Comercial

Neste caso, é necessária a decisão. As opções estudadas foram as seguintes:

Opção 1: Vender com corpo próprio de vendas, sem pagamento de comissões ou outra remuneração variável para os vendedores, que trabalharão por salário mensal fixo, dentro da empresa.

Opção 2: Trabalhar com vendedores autônomos comissionados, sem ocupar espaço físico da empresa, pagando comissão de 15% sobre cada venda, com as despesas dos vendedores sendo arcadas por eles próprios.

Tecnologia Administrativa

Será a mesma para as duas opções. O negócio não exige uma tecnologia administrativa diferenciada, e as atividades internadas são as indispensáveis para qualquer negócio.

Passo 5 – Detalhamento das Variáveis Básicas das Tecnologias Essenciais

O Quadro 7.1, apresentado a seguir, evidencia as definições tomadas e que quantificam o detalhamento das principais variáveis básicas, em termos de estrutura de produtos, prazos médios de produção, vendas, compras e estoques, representando de uma forma relativamente simples a resultante das decisões que devem ser tomadas nessa etapa.

Quadro 7.1 – Dados para Determinação da Estrutura de Ativo
Empresa: Confecção de Camisas
Opção 1: Produz e Vende com corpo próprio de vendas
Opção 2: Marca e Comissiona vendedores terceirizados

Dados Mensais	Opção 1	Opção 2
VENDAS no período		
Quantidade	2.000	2.000
Preço de Venda Unitário – $	20,00	20,00
Receita Total – $	40.000,00	40.000,00
NECESSIDADES		

continua

Quadro 7.1 – Dados para Determinação da Estrutura de Ativo (continuação)
Empresa: Confecção de Camisas
Opção 1: Produz e Vende com corpo próprio de vendas
Opção 2: Marca e Comissiona vendedores terceirizados

Dados Mensais		Opção 1	Opção 2
Área/Imóveis		$	$
. Estoque de Materiais	Depreciação 10% aa	200,00	0,00
. Fábrica	Depreciação 10% aa	200,00	0,00
. Produtos Acabados	Aluguéis	500,00	500,00
. Vendas/Administração	Aluguéis	500,00	500,00
Soma		1.400,00 A	1.000,00 A
Giro			
. Estoque de Materiais		3 meses	0,00
. Prazo dos Fornecedores		30 dias	20 dias
. Produtos Acabados		2 meses	2 meses
. Financiamento a Clientes		45 dias	45 dias
Equipamentos			
. Fábrica	Depreciação 10% aa	500,00	0,00
. Administração/Vendas	Depreciação 10% aa	200,00	200,00
Soma		700,00 B	200,00 B
GASTOS			
Mão-de-Obra Direta		7.400,00	0,00
Mão-de-Obra Industrial Indireta		2.400,00	0,00
Mão-de-Obra Comercial Direta		5.000,00	0,00
Mão-de-Obra Comercial Indireta		1.200,00	1.200,00
Mão-de-Obra Administrativa		1.600,00	1.600,00
Energia Elétrica Fábrica		1.600,00	0,00
Energia Elétrica Outros		300,00	300,00
Manutenção Fábrica		500,00	0,00
Materiais Auxiliares Fábrica		700,00	0,00
Viagens Comerciais		2.500,00	0,00
Fretes Comerciais		1.600,00	1.600,00
Comunicações		800,00	800,00
Propaganda		1.000,00	1.000,00
. Soma		26.600,00 C	6.500,00 C

continua

Quadro 7.1 – Dados para Determinação da Estrutura de Ativo (continuação)
Empresa: Confecção de Camisas
Opção 1: Produz e Vende com corpo próprio de vendas
Opção 2: Marca e Comissiona vendedores terceirizados

Dados Mensais	Opção 1		Opção 2	
Comissões	0,00		3,00	por unidade
Custo Total de Comissões	0,00		6.000,00	
ESTRUTURA DO PRODUTO – MATERIAIS				
Tecido (Opção 1)	2,00	por unidade	0,00	
Acessórios (Opção 1)	1,00	por unidade	0,00	
Embalagem (Opção 1)	1,00	por unidade	0,00	
Camisa Pronta (Opção 2)	0,00		12,20	por unidade
Custo Unitário Total	4,00		12,20	
Quantidade Produzida	2.000	unidades	2.000	unidades
Consumo Total Materiais	8.000,00		24.400,00	

Comentários

1. *Necessidades*: vemos que na Opção 2 não há necessidade de área e imóveis para o estoque de materiais e para a fábrica, pois não se desenvolverão esses processos de fabricação. As necessidades de imóveis para o estoque de produtos acabados e para os escritórios de venda central e administração são os mesmas para as duas opções. Estima-se a necessidade de investimentos no prédio fabril da ordem de $ 48.000,00.

2. *Giro*: estão definidos os tempos necessários para os principais itens, já que na Opção 2, não existindo estoque de materiais, não há a necessidade de definir o tempo do giro desse estoque.

3. *Equipamentos*: estima-se uma necessidade de investimento de $ 60.000,00 para a aquisição de todos os equipamentos e instalações para o processo produtivo. Esse investimento não será necessário na Opção 2. Os equipamentos e instalações da área administrativa/comercial devem exigir $ 24.000,00 de investimentos.

4. *Gastos*: partindo das decisões anteriores, a Opção 1 deverá ter todos os gastos necessários para desenvolver os processos produtivos e comerciais internados. No Quadro 7.1 estão exemplificados os gastos que serão exclusivos da Opção 1: Mão-de-Obra Direta, Mão-de-Obra Industrial Indireta, Mão-de-Obra Comercial Direta, Energia Elétrica de Fábrica, Manutenção de Fábrica, Materiais Auxiliares, Despesas com Viagens Comerciais. A Opção 2 tem como seu gasto exclusivo apenas os gastos com Comissões sobre Venda.

5. *Estrutura do Produto/Materiais*: a Opção 1 tem uma estrutura de produto completa, partindo do tecido, incorporando os acessórios até a embalagem. A Opção 2 tem um único item, que é a camisa pronta adquirida.

Estruturas de Ativo Determinadas

Apresentamos no Quadro 2 o resultante do processo decisório de determinação da estrutura do ativo, mensurando e classificando em termos de investimentos de capital de giro e investimentos no ativo fixo.

Quadro 7.2 – Estrutura de Ativo (Investimentos)

	Opção 1		Opção 2	
GIRO	$	%	$	%
. Estoque de Materiais	24.000,00	9,56%	0,00	0,00%
. (–) Fornecedores	(8.000,00)	–3,19%	(16.266,67)	–13,96%
. Estoque de Produtos Acabados	43.000,00	17,13%	48.800,00	41,88%
. Clientes	60.000,00	23,90%	60.000,00	51,49%
Soma	119.000,00	47,41%	92.533,33	79,41%
ATIVO FIXO				
. Imóveis – Fábrica	48.000,00	19,12%	0,00	0,00%
. Equipamentos – Fábrica	60.000,00	23,90%	0,00	0,00%
. Equipamentos – Administração/Vendas	24.000,00	9,56%	24.000,00	20,59%
Soma	132.000,00	52,59%	24.000,00	20,59%
TOTAL	251.000,00	100,00	116.533,33	100,00

Fica evidente que o ativo decorrente da escolha pela Opção 1 é muito maior do que se escolhida a Opção 2, basicamente porque, internando-se mais processos, há a necessidade de se ter mais ativos fixos e estoques. A Opção 2 exige menos investimentos.

Outro ponto importante é a estrutura percentual do ativo. A Opção 1 tem 52,59% de ativos fixos e 47,41% de capital de giro. A Opção 2 tem muito mais participação de capital de giro (79,41%), já que, por não ter fábrica, exige menos investimentos em ativos fixos.

Apresentamos a seguir o cálculo do estoque de produtos acabados, por ser o cálculo mais complexo para a Opção 1. Seguimos, para determinar a necessidade de investimento em produtos acabados, o conceito legal e fiscal, que é o custo histórico por absorção.

Quadro 7.3 – Cálculo do Estoque de Produtos Acabados

Gastos Industriais	Opção 1 $	Opção 2 $
Depreciação dos Imóveis do Estoque de Materiais	200,00	0,00
Depreciação dos Imóveis da Fábrica	200,00	0,00
Depreciação dos Equipamentos da Fábrica	500,00	0,00
Mão-de-Obra Direta	7.400,00	0,00
Mão-de-Obra Industrial Indireta	2.400,00	0,00
Energia Elétrica Fábrica	1.600,00	0,00
Manutenção Fábrica	500,00	0,00
Materiais Auxiliares	700,00	0,00
Consumo Total de Materiais	8.000,00	24.400,00
Total	21.500,00	24.400,00
Meses de Estoque de Produtos Acabados	2 meses	2 meses
Valor do Estoque de Produtos Acabados	43.000,00	48.800,00

Lucro Esperado

Cada opção, por sua vez, traz resultados diferentes em termos de lucro ou prejuízo. A estrutura de gastos é diferente, a estrutura de materiais é diferente e a estrutura de ativos é diferente. Portanto, fica claro que o lucro será diferente. No Quadro 7.4 apresentamos em termos de resultado as duas opções, a partir dos dados levantados inicialmente. Nesse momento, não introduziremos as despesas financeiras do financiamento dos investimentos, nem os impostos sobre o lucro, objetivando uma análise operacional mais focada.

A Opção 1 evidencia um lucro operacional mensal de $ 3.300,00, bem maior do que o lucro operacional de $ 1.900,00 da Opção 2. Se atentássemos apenas para o valor absoluto do lucro, poderíamos nos decidir pela Opção 1. Porém, essa análise não é conclusiva. É necessário fazer a análise de rentabilidade, por meio do retorno sobre o ativo, uma vez que cada opção exigiu valores de investimentos diferentes nos ativos.

De qualquer maneira, as diversas etapas do modelo de decisão conduziram a determinadas estruturas de ativos, que, por sua vez, conduziram a determinadas estruturas de resultado e, conseqüentemente, de lucro esperado.

Quadro 7.4 – Demonstração de Resultados

	$	%	$	%
RECEITA TOTAL	40.000,00	100,00	40.000,00	100.00
(–) Custos Variáveis				
. Materiais	8.000,00	20,00%	24.400,00	61,00%
. Comissões	0,00	0,00%	6.000,00	15,00%
Total	8.000,00	20,00%	30.400,00	76,00%
Margem de Contribuição (1)	32.000,00	80,00%	9.600,00	24,00%
(–)Custos/Despesas Fixas (A + B + C)	28.700,00	71,75%	7.700,00	19,25%
Lucro Operacional (2)	3.300,00	8,25%	1.900,00	4,75%
GRAU DE ALAVANCAGEM OPERACIONAL (1:2)	9,70		5,05	

Retorno do Investimento

Essa é a análise final nesta etapa de definição. O retorno do investimento é que deve ser o elemento determinante para se escolher uma alternativa ou outra. O retorno do investimento é a relação entre o lucro operacional e os ativos necessários para se obter esse lucro, pelo processamento das transações e operações necessárias para produzir, administrar e vender o produto escolhido à nova empresa ou unidade de negócio. Essa análise é apresentada no Quadro 7.5 a seguir. A anualização da rentabilidade foi feita de forma simples, multiplicando por 12 a rentabilidade mensal obtida.

Quadro 7.5 – Rentabilidade do Ativo

	Opção 1	Opção 2
Lucro Operacional (A)	3.300,00	1.900,00
Ativo Total (B)	251.000,00	116.533,33
Rentabilidade do Ativo (anualizada) (A:B)	15,78%	19,57%

De posse dessa análise, verificamos que, apesar de o lucro operacional da Opção 2 ser menor, pelo fato de ter exigido menos investimentos de recursos financeiros na sua estrutura de ativos ela apresenta uma rentabilidade maior: 19,57% contra os 15,78% da Opção 1. Essa Opção 1 exigiu mais ativos, à luz dos dados elaborados. Assim, mesmo tendo lucro maior, a rentabilidade final foi menor que a da Opção 2. A decisão seria, nesse momento, pela Opção 2.

Considerações Finais

O modelo de decisão apresentado para o processo decisório de estruturação do ativo dentro do planejamento operacional, sintetizado na Figura 7.1, mostra todas as variáveis que devem ser consideradas para essa decisão. É necessário também ressaltar a importância da integração e do inter-relacionamento desse processo decisório. Qualquer variável que se pretenda alterar, após uma estrutura de ativo existente, implica, necessariamente, alterações nas variáveis correlatas e, conseqüentemente, em termos de valor de ativo, custos médios e retorno do investimento. Por exemplo, caso se decida alterar a estrutura do produto, será necessário verificar as implicações no conjunto de roteiros, estoques, atividades internas, tempo, investimentos etc.

Outro ponto importante a ressaltar é a utilidade do modelo para implantação de uma política de redução de custos. O modelo apresentado mostra claramente que o custo médio dos produtos de uma estrutura do ativo é decorrente de uma série de decisões anteriores. Portanto, a estruturação desse modelo permite sua utilização como instrumento-mestre para gestão de custos nas empresas.

Bibliografia

CATELLI, Armando. *Controladoria*. São Paulo: Atlas, 1999.

HERRMANN JR., Frederico. *Contabilidade superior*. 10. ed. São Paulo: Atlas, 1978.

MOSIMANN, Clara Pellegrinello et al. *Controladoria*: seu papel na administração de empresas. Florianópolis: UFSC, 1993.

MOTOROLA vai instalar fábrica no Brasil. São Paulo, *O Estado de S. Paulo*, 26 jul. 1995, p. B8.

SIMONSEN, Mário Henrique. *Teoria microeconômica*. 11. ed. Rio de Janeiro: FGV, 1993, v. 1.

WALTON, Richard E. *Tecnologia de informação*. São Paulo: Atlas, 1994.

Capítulo 8

A Decisão de Distribuição de Lucros

Clóvis Luís Padoveze
Gideon Carvalho de Benedicto
Fábio Frezatti[1]

A informação do lucro líquido por ação e a informação de lucros remanescentes para distribuição aos sócios são vitais para os proprietários da empresa, mas igualmente fundamentais para a própria empresa. Citando Hendriksen (1977, p. 169), "o ponto de vista mais aceito e tradicional de lucro líquido é que ele representa o retorno aos proprietários dos negócios". Enquanto os sócios, acionistas e investidores esperam o lucro distribuível como remuneração do capital investido, ou um fluxo de renda líquida dos investimentos efetuados, a empresa deve encarar a obtenção desse valor como meta prioritária para sua continuidade, objetivando a manutenção de seu capital.

Para a continuidade da empresa, os gestores traçam planos de lucros e operações visando preservar seu capital e gerar uma rentabilidade mínima para os acionistas e investidores. Essa rentabilidade mínima corresponde ao custo de oportunidade dos investidores e acionistas que deve ser alcançado pelas operações da empresa. Conforme Ramos (1968, p. 29 e 30), "o problema da conservação do capital é contínuo no tempo e cabe à contabilidade o papel de bem refletir as situações para que a administração empresarial possa ter um guia seguro na sua tarefa de conservar o capital obtendo lucros".

Szuster (1985, p. 1) assim se expressa sobre a relação entre capital e lucros: "A manutenção de uma estrutura que permita a obtenção de lucros futuros é considerada necessária". Os autores entendem que o capital a ser mantido é aquele que permite a realização completa das operações a que a empresa se destina, dentro das condições do mercado em que ela atua, e que assegure os rendimentos líquidos mínimos esperados pelos acionistas e investidores, ao final de cada período.

Assim, a importância do lucro distribuível pode ser resumida nos seguintes aspectos principais:

- é uma necessidade da empresa, para manter nela mesma os investimentos já efetuados pelos seus acionistas, sócios e investidores;

---

[1] Universidade de São Paulo – USP.

- é ponto fundamental de planos estratégicos e operacionais, objetivando a continuidade da empresa e atender à necessidade de novas expansões;
- é a informação mais importante para os sócios, acionistas e investidores, para comparação de seus custos de oportunidade.

A seguir, apresentaremos diversos aspectos que julgamos importantes e que envolvem a decisão de distribuição dos lucros empresariais.

A Legislação Brasileira e a Mensuração do Lucro

Um dos principais aspectos da decisão de distribuição de lucros é a própria mensuração desses lucros, segundo os princípios da Ciência Contábil.

Os demonstrativos contábeis publicados em nosso país, de acordo com os princípios fundamentais de Contabilidade, apesar de conterem grandes avanços nos critérios de avaliação patrimonial e mensuração do lucro em relação a critérios existentes até duas décadas atrás, ainda deixam a desejar em determinados aspectos relevantes, como a correção monetária dos estoques e os ajustes a valor presente dos créditos e das obrigações prefixados.

Basicamente, a legislação brasileira permite a adoção do custo histórico corrigido como critério de avaliação para os ativos não monetários, excetuando-se os estoques (para as sociedades anônimas que não se qualifiquem como companhias abertas). Juntamente com essa correção monetária dos ativos não monetários, a legislação autoriza a correção monetária do patrimônio líquido, fazendo com que, por meio dessa correção, apurem-se os efeitos monetários que a inflação provoca sobre os componentes do capital de giro da empresa.[2]

Toda a sistemática de correção monetária da legislação brasileira sobre os ativos e passivos é consolidada em uma conta de apuração e levada para a demonstração de resultados do período. Com isso, o lucro líquido tende a refletir os principais efeitos da inflação sobre o patrimônio empresarial, permitindo que o resultado final – o lucro líquido do exercício – esteja coerente com os dados do balanço patrimonial e reflita com bastante propriedade o resultado das operações da empresa, dentro do critério de custo histórico corrigido.

Outrossim, a não-adoção de conceitos mais avançados de avaliação de ativos, como o custo corrente ou custo corrente corrigido, o valor realizável líquido etc., pode, em muitas circunstâncias, enviesar substancialmente os resultados empresariais, adotando-se o conceito de manutenção do capital físico da empresa.

Nessa linha de pensamento, há, então, possibilidade de termos mensurações de ativos e lucros que não reflitam a totalidade das operações empresariais, bem

---

[2] Estamos deixando de lado alguns outros aspectos mais específicos, procurando ater-nos aos principais conceitos envolvidos.

como dos elementos patrimoniais da empresa. A falta de algumas mensurações adequadas refletir-se-á no lucro líquido passível de distribuição.

Assim, o lucro distribuível, se calculado de acordo com as condições estipuladas pela legislação societária, poderá eventualmente comprometer o fundamento da estratégia empresarial, que é a continuidade da companhia, já que os critérios existentes de avaliação de ativos e mensuração dos lucros podem esconder ineficiências, que levarão a uma eventual distribuição de lucros não condizente com a manutenção da capacidade física e monetária da empresa.

Concluindo, a mensuração do lucro deve ser parametrizada por critérios de avaliação de ativos mais adequados, como o custo corrente corrigido, para, se necessário, fundamentarmos a decisão gerencial de distribuição de lucros que atenda aos preceitos de valor adequado e transparência das informações. Nesse particular, assim se expressa Pimentel (1986, p. 40): "O método do Custo Corrente Corrigido preenche ambos os requisitos necessários à utilidade da informação (interpretabilidade e relevância)".

A adoção desses critérios, em conjunto com os conceitos já existentes da sistemática de correção monetária integral, permitirá o entendimento correto do lucro, fazendo com que interpretações inadequadas de figuras como o saldo credor de correção monetária e o lucro inflacionário sejam afastados como elementos que possam impedir a distribuição de resultados.

A Congruência de Objetivos

Analisando internamente a entidade empresarial, podemos verificar que é possível a existência de objetivos diferentes que direcionam seus principais agentes, quais sejam, os acionistas, os gestores da empresa e seus funcionários.

Devemos, primeiramente, certificarmo-nos de que a empresa tem como objetivo máximo o cumprimento de sua missão. Conforme Mosimann et al. (1993, p. 21), "o objetivo fundamental, isto é, o mais importante e permanente, é a sua missão. A missão se constitui na verdadeira razão da existência, e, no caso da empresa, consiste na linha de atividades que ela pretende seguir". Assim, de acordo com Peleias (1992, p. 2), "a empresa é vista como parte integrante do ambiente no qual está inserida, interagindo com este de modo a satisfazer suas necessidades, através do cumprimento de sua missão". Dentro do objetivo de cumprimento de sua missão, não podemos deixar de destacar a maximização do valor da empresa como elemento de atratividade permanente para os investidores internos e externos e para manutenção de uma boa imagem como entidade empresarial. Objetivos que podem ser considerados mais restritos, como, por exemplo, a maximização dos lucros, têm sido objeto de crítica, basicamente porque nem sempre a maximização do lucro, em períodos de curto prazo, significa a maximização da riqueza da empresa.

Com relação aos acionistas ou aos proprietários da entidade empresarial, entendemos que os seguintes aspectos devem fazer parte da conceituação de seus objetivos:

- desejam um fluxo regular de lucros ou dividendos;
- querem a manutenção da empresa como fonte permanente geradora de lucros futuros;
- desejam que os lucros cubram a média dos custos de oportunidade existentes no mercado.

Os gestores da entidade empresarial, responsáveis pela gestão operacional e outorgados da responsabilidade de cumprimento da missão da empresa e do atingimento dos objetivos dos acionistas, também têm seus próprios objetivos. Assim, conforme alerta Van Horne (1977, p. 6 e 7), é possível que, em determinadas situações, quando o controle da empresa é atomizado e os proprietários ficam muito distantes das esferas do controle da entidade empresarial, os gestores, na tentativa de evitar riscos que afetem o próprio emprego, não procurem a maximização do valor da empresa e o atingimento da sua missão.

Segundo os novos conceitos de filosofia participativa, os funcionários da empresa estarão atentos e poderão ser motivados a aceitar desafios cada vez maiores. Conforme Martin (1987, p. 101): "Os autores administrativos e contábeis enfocam a participação pelo ângulo informacional, demonstrando os benefícios que decorrem para as decisões da empresa em geral quando elas se fazem com a participação dos subordinados". Martin entende que isso pode ser feito mediante a fixação de padrões, no sistema de informação da contabilidade gerencial, quando diz: "Em primeiro lugar, a fixação básica de padrões numa organização é concebida como tendo duas finalidades distintas: ajudar a planejar melhor as operações futuras, estabelecendo objetivos e metas a alcançar, e, simultaneamente, motivar o pessoal a alcançar tais objetivos e metas (ou padrões). Há, em segundo lugar, uma concordância geral que esta participação é importante".

Resumindo, entendemos que os interesses divergentes entre os agentes com relação à empresa podem ser conciliáveis por meio de sistemas participativos com estabelecimento de metas e objetivos, posteriormente avaliados pelo Sistema de Informação Contábil. Conforme Mauro (1991, p. 187) "... ações dispersas, descoordenadas e distanciadas do eixo de esforço estratégico da entidade somente serão possíveis como decorrência de: (1) etapa de planejamento do processo de gestão realizada sem maiores cuidados, (2) transações internas entre atividades da organização não reconhecidas, e (3) avaliação de os gestores adotarem outros padrões, que não seus próprios resultados e contribuições para os resultados globais da organização". A administração da empresa tem o papel de efetivar a convergência das metas e expectativas da própria empresa, dos proprietários, acionistas, investidores e funcionários. Dessa forma, a consecução de lucros será um elemento de avaliação de desempenho dos empregados e dos gestores empresariais e a sua subseqüente distribuição estará sendo feita dentro dos princípios de congruência de objetivos.

A Continuidade da Empresa e a Manutenção de Seu Capital

Hicks (1946, p. 172) conceitua o lucro como "a importância que uma pessoa pode consumir durante um período de tempo e estar tão bem no fim daquele período como ela estava no seu início".

Obviamente, essa conceituação de lucro é aplicável à entidade empresarial. Note-se que esse conceito de lucro objetiva a manutenção da riqueza da empresa ou, em outras palavras, a sua capacidade física e monetária. Está relacionado, então, à continuidade da empresa, a sua perpetuação como unidade geradora de negócios. Sobre o assunto, assim se expressam Catelli e Guerreiro (1993, p. 7): "A empresa é constituída sob o pressuposto da continuidade. A garantia da continuidade da empresa só é obtida quando as atividades realizadas geram um resultado líquido no mínimo suficiente para assegurar a reposição de todos os seus ativos consumidos no processo de realização de tais atividades. Todas as estratégias, planos, metas e ações que a empresa implementa devem orientar, em última instância, a otimização do lucro. *O lucro, portanto, é a melhor e a mais consistente medida da eficácia da organização*" (grifo nosso).

A continuidade da empresa ou a manutenção de sua riqueza podem ser traduzidas pelo conceito de manutenção do seu capital, nos seus aspectos físico e monetário.

A manutenção do capital ligado aos recursos monetários investidos na empresa é denominada de manutenção do capital monetário ou financeiro. Nessa linha de avaliação, a empresa deve procurar sempre manter sua capacidade, medida pelo total dos valores investidos na companhia, corrigidos monetariamente por índices gerais de preços, que objetivam corrigir os capitais investidos na empresa de forma a manter o poder de compra desses capitais. O conceito de capital monetário ou financeiro não especifica ou detalha os bens que a empresa deve ter em seu poder; sua ênfase está na atualização monetária do capital investido, de forma a proteger e manter na empresa os recursos direcionados a ela pelos sócios, acionistas e investidores. O capital monetário ou financeiro é associado basicamente à figura do patrimônio líquido, como fonte de recursos para os negócios empresariais, sem vinculação específica com os elementos do ativo. Assim, a empresa deve ter atualizados monetariamente os investimentos nela feitos pelos seus proprietários e acionistas.

A segunda variante, denominada de manutenção da capacidade física da empresa, ou do seu capital físico, indica que a empresa deve manter sempre a sua capacidade operacional, medida pelo conjunto de bens necessários às suas atividades operacionais. Esse conceito de manutenção de capital, o capital físico ou operacional, está ligado, então, à questão da avaliação monetária de todos os elementos físico-operacionais necessários para manter a capacidade da empresa, ou seja, quais seriam os ativos necessários para se desenvolver a atividade operacional, com sua mensuração no início do período considerado, e sendo mantida essa mesma capacidade no fim do período em questão.

O conceito de manutenção da capacidade física ou operacional da empresa está associado à manutenção dessa capacidade para a condição de geração de lucros.

A manutenção da capacidade de geração do lucro, ou da capacidade de manter condições de gerar lucros mínimos, é um conceito mais ligado à dinâmica da empresa do que vinculado à questão de avaliação patrimonial ou avaliação monetária do valor do investimento. Entendemos que essa concepção é mais abrangente e profunda, pois centra-se na questão da atividade operacional como meio de gerar lucros, de repor lucros continuadamente.

Tais aspectos devem ser necessariamente contemplados no planejamento estratégico, pois são conceitos que fundamentam a continuidade da entidade empresarial.

O Lucro Que Pode Ser Distribuído

O valor do lucro que será objeto de distribuição envolve basicamente dois aspectos principais. Primeiramente, a mensuração do próprio lucro da atividade empresarial, por meio da mensuração correta da resultante das transações do período. Em segundo lugar, a mensuração correta do capital a ser mantido, física e monetariamente.

A mensuração do lucro da entidade empresarial está ligada a critérios de mensuração dos ativos e passivos, que incluem os aspectos de avaliação dos elementos patrimoniais e dos eventos econômicos corrigidos monetariamente. O fato de estarmos em uma economia na qual há um processo de variação de preços faz que a avaliação dos elementos patrimoniais e eventos econômicos inclua a atualização monetária de seus valores originais. Alguns indicadores buscam mensurar a inflação geral que traduz a perda do poder aquisitivo da moeda, assim como há indicadores de inflação de caráter regional, indicadores de setores de atuação de negócios, até chegarmos aos conceitos de inflação específica, ou seja, as variações de preços que acontecem para cada entidade empresarial ou pessoa física.

Para os propósitos de mensuração do lucro e avaliação dos elementos patrimoniais e eventos econômicos, a visão mais aceita pelos estudiosos da Ciência Contábil é que devemos utilizar indicadores de inflação que reflitam a perda do poder aquisitivo da moeda, ou seja, um indicador de inflação de características generalizantes e aplicável ao país como um todo. Essa concepção é, inclusive, recomendada internacionalmente pela Norma Internacional de Contabilidade NIC-15, da Comissão de Normas Internacionais de Contabilidade – Iasc (Ibracon, 1988, p. 508).

Outra questão fundamental que envolve a mensuração do lucro é qual o conceito de lucro deve ser apurado. Basicamente, são duas linhas de pensamento. De acordo com Hendriksen (1977, p. 161), a primeira entende que o lucro a ser mensurado e, por conseqüência, objeto de posterior distribuição, é o lucro operacional corrente. Nesse conceito, os lucros medidos seriam somente os resultados das transações operacionais decorrentes dos principais objetivos negociais da empresa, e eventuais ganhos ou perdas não operacionais, ou até mesmo financeiros, não deveriam fazer parte do lucro.

O outro conceito indica que tudo que aconteceu no período, e que alterou a riqueza da empresa, seja operacional ou não, deve fazer parte do lucro distribuível. Esse conceito é denominado de lucro global (*all-inclusive*) e identifica-se com a mensuração do lucro obtida pela diferença entre os valores dos patrimônios líquidos finais e iniciais.

Entendemos que, para fins de distribuição de lucro, o conceito de lucro global é mais consistente e deve ser empregado. Devemos manter na empresa apenas o necessário para a manutenção da condição física de geração de lucros, não permitindo a retenção de capitais ociosos (Martins e Assaf Neto, 1985, p. 521). Com esse conceito, teremos condições de total evidenciação do lucro passível de distribuição.

Após a mensuração do lucro, para obtermos o valor que pode ser distribuído, temos de avaliar as capacidades física e monetária da empresa para apurarmos a condição mínima necessária de reposição de lucros. Como vimos anteriormente, esse aspecto está ligado à continuidade da atividade empresarial como entidade que tem uma missão dentro da comunidade e que congrega os objetivos dos proprietários, acionistas, gestores e funcionários.

Szuster (1985, p. 1), em seu profundo e exaustivo trabalho, conclui que "...todo o lucro não necessário à manutenção do capital pode ser distribuído". Assim, o lucro que pode ser distribuído será o valor apurado excedente ao valor a ser retido para a manutenção da condição física de reposição de lucro.

Szuster, no trabalho já mencionado, procurou conciliar os dois conceitos de manutenção de capital – o capital monetário e o capital físico ou operacional – como parâmetro para avaliação do lucro distribuível máximo, considerando, como critério básico, a avaliação dos ativos pelo custo corrente corrigido. Em um estudo posterior, Fava (1989, p. 102 e 103) cita que, em determinadas situações, o custo histórico corrigido é o critério adequado para mensuração do valor do capital a ser mantido: "Assim, em economias inflacionárias, a adoção do custo de reposição não consiste em máxima indiscutível para valorização dos insumos e fixação de preços. Quando, em um período, a VARIAÇÃO DO CUSTO DE REPOSIÇÃO *é menor que a* VARIAÇÃO DA INFLAÇÃO deve ser adotado o custo histórico corrigido, de forma a possibilitar que haja manutenção do capital monetário, permitindo não apenas a continuidade no mesmo ramo de atividade, mas também a preservação do patrimônio do mesmo nível existente antes da realização da venda". Conforme Fava: "Outra situação em que a aplicação do custo de reposição é desnecessária, decorrente de características operacionais, da empresa como um todo ou de parte de seus insumos, refere-se ao fluxo de pagamentos e recebimentos. Quando o PRAZO PARA PAGAMENTO DE INSUMOS *é maior que o* PRAZO DE PERMANÊNCIA EM ESTOQUE + PRAZO DE RECEBIMENTO DE CLIENTE, a adoção do custo de reposição como base de cálculo do preço de venda é absolutamente desnecessária. Mesmo que a margem de lucro seja calculada com base no custo corrigido de aquisição e tenha havido um crescimento do valor de reposição, não há para a empresa nenhuma perda de capital físico ou monetário, dado que esta tem a possibilidade de dar continuidade ao ciclo operacional (aquisição, estocagem, produção, venda, recebimento e pagamento), sem nenhum problema de ordem financeira. (...) *O recurso para a geração da primeira operação é totalmente do fornecedor...*".

Expansão da Empresa e Estrutura de Capital

A retenção de lucros, em regra geral, é destinada à manutenção da capacidade física da empresa. Todavia, pode ser argumentado que o mesmo nível de capacidade existente no início do período não é suficiente, por exemplo, para acompanhar o alargamento do mercado. Nesse caso, para a empresa continuar a manter sua participação nesse mercado, é necessário um volume de investimento maior do que ela tinha inicialmente.

O aspecto representa um acréscimo de capacidade. A empresa tem a possibilidade de financiar esse acréscimo de capacidade com recursos próprios e recursos de terceiros. Se a opção for por recursos próprios, poderá haver uma retenção maior de lucros, reduzindo-se a distribuição de dividendos do valor apurado como passível de distribuição, com a aprovação dos acionistas.

A expansão da empresa e a eventual necessidade de capitais adicionais podem, então, obrigar a empresa a reter mais lucros do que a capacidade inicial a ser mantida, caso a empresa decida por capitais próprios. É importante ressaltar também que a expansão da empresa, eventualmente necessária para sua continuidade, está ligada diretamente à condição de reposição de lucros, que deve ser mantida.

Outro aspecto relevante é a manutenção ou não da estrutura inicial de capital. Como uma das preocupações do gestor de finanças é com a liquidez e o endividamento da empresa, em determinadas circunstâncias, pode ser conveniente a redução do volume de capital de terceiros dentro da empresa.

É possível haver o caso de uma necessidade de redução da manutenção da capacidade física da empresa, por redução no volume de negócios, de ocorrência estrutural. Se mantivermos o nível do passivo, a empresa poderá apresentar um grau de endividamento que o mercado entenda exagerado, e com isso prejudicar sua avaliação externa.

Ainda nesse caso pode haver a retenção de volume maior de lucros, caso os acionistas também a aprovem, objetivando a redução no nível de financiamentos.

A questão da estrutura de capital está ligada diretamente ao risco do investimento. A teoria atual de finanças entende que não é importante como se financia o investimento, pois o seu retorno está ligado ao risco (Modigliani e Miller, 1958). Quanto maior a participação de recursos de terceiros e, portanto, com garantia de retorno independente do lucro obtido, menor será a remuneração do acionista, já que sua participação no risco total é menor. A equação que ajusta os diferentes tipos de risco equaliza o retorno em função do risco. A equação inversa é verdadeira.

A deliberada utilização de recursos de terceiros de maneira predominante permite a observação do fenômeno da alavancagem financeira, que consiste na utilização de recursos fixos para alavancar rentabilidade. Significa que o financiamento obtido pode ser remunerado a custos não variáveis, o que possibilita a obtenção de resultado mais do que proporcional à sua variação. Em situações de crescimento, tal estratégia é válida e tão mais adequada quanto menor for a taxa de juros aplicada aos recursos financiados. Entretanto, em situação oposta – decréscimo da atividade operacional – a estratégia trará problemas de liquidez quando os lucros gerados apresentarem dificuldades para cobrir os custos fixos financeiros. Nesse sentido, nos momentos de depressão, torna-se mais adequado o financiamento das atividades por meio de recursos próprios, que serão remunerados exclusivamente quando existir lucro.

Por outro lado, isso pode significar que, embora não existam recursos próprios para cobrir necessidade de manutenção do capital físico, é possível a empresa decidir pela distribuição dos recursos, perseguindo a alavancagem. É dizer que a descapitalização deve propiciar obtenção de recursos fixos (no caso, os juros pagos a instituições financeiras), que deverão também apresentar efeitos em termos de cálculo do imposto de renda. Decidindo pela manutenção dos lucros retidos ou capitalização do lucro acima do nível de reposição do capital físico, a organização estará assumindo que o retorno do acionista (baseado no capital monetário) é percentualmente superior, o que não deixa de ser uma ótica importante para certo tipo de investidor.

Em resumo, o processo de decisão do investidor pode ser o mais variado possível, e ainda assim o modelo de avaliação do lucro distribuível se torna importante, pois permite o entendimento das conseqüências da ação.

Disponibilidade Financeira para Distribuição de Lucros

A questão da condição financeira de pagamento dos dividendos ou distribuição dos lucros está basicamente centrada na interpretação do regime de competência de exercícios adotado pela Contabilidade. Como o lucro é apurado e evidenciado na demonstração de resultados, considerando os momentos das receitas e despesas que motivaram sua geração e desconsiderando os momentos em que essas transações são efetivadas financeiramente, alguns entendimentos inadequados interpretam que o lucro apurado pela Contabilidade não é financeiramente distribuível.

Entretanto, temos de lembrar que o conceito de apuração do lucro contábil está totalmente ligado ao de geração de caixa das transações operacionais. O lucro contábil reflete o confronto do recebimento das receitas e do pagamento das despesas que formam esse lucro. Não há dúvida de que algumas questões de deslocamento de tempo existem, mas isso não quer dizer que o lucro não seja financeiramente distribuível. Todo o lucro é financeiramente distribuível. Aparentemente, alguns entendimentos inadequados dessa questão fundamental estão ligados aos conceitos de avaliação dos ativos. Faremos uma breve revisão dos principais conceitos e sua relação com o fluxo de caixa, extraída de Martins (1990).

À luz do custo histórico puro, tanto o balanço como a demonstração de resultados traduzem a distribuição lógica e racional do fluxo de caixa da empresa ao longo do tempo. Em linhas gerais, todo o balanço representa fluxos futuros de caixa, enquanto a demonstração de resultados representa as receitas recebidas e que serão recebidas, bem como as despesas pagas no período e que foram pagas anteriormente (depreciações) ou serão pagas (provisões).

Alguns itens da demonstração de resultados podem trazer dificuldades de visualização no tocante ao fluxo financeiro, tendo em vista que o tempo de realização às vezes é relativamente grande em relação às transações habituais de compra e venda, tais como a depreciação, as provisões para perdas e a equivalência patrimonial, principalmente. Porém, em algum momento todos serão realizados financeiramente. O custo histórico puro trata as transações pelo seu valor nominal. Em negócios empresariais de ciclo financeiro curto, é evidente e, ao mesmo tempo, adequadamente mensurável a relação entre o lucro e o fluxo de caixa, principalmente se a inflação estiver em níveis tidos como baixos e aceitáveis.

Outrossim, na ocorrência de altas taxas de inflação, juntamente com a possibilidade de ciclos financeiros maiores, há a necessidade de se introduzir o conceito de custo histórico corrigido, bem como o efeito do ajuste a valor presente dos créditos e das obrigações prefixadas para que possamos ajustar, melhor e adequadamente, os conceitos de lucro e fluxo de caixa, que passarão a ter as mesmas características do custo histórico puro. Só que, agora, os dados contábeis deverão ser traduzidos em uma moeda alternativa forte, que reflita o mesmo poder aquisitivo, para possibilitar a real comparabilidade entre as entradas das receitas e as saídas das despesas. Basicamente, esses conceitos estão evidenciados pelo critério de correção monetária integral.

Mesmo adotando-se o conceito de custo corrente ou preços de reposição, existe a ligação com o fluxo de caixa. No critério de avaliação a custo de reposição, as receitas das vendas serão comparadas com o custo de reposição das mercadorias e insumos. Isso significa que estaremos confrontando as receitas de vendas com os gastos futuros a serem efetuados na reposição dos custos e despesas, o que traduz também o conceito de lucro financeiramente realizável.

Concluindo, entendendo que há uma total e estreita ligação entre os demonstrativos contábeis e o fluxo de caixa, temos de assumir o lucro contábil como um parâmetro básico e que pode ser distribuído normalmente, pois ele tem vinculação imediata, mediata, ou mais no longo prazo, com fluxo de caixa.

Entretanto, alguns aspectos temporais imediatos podem fazer com que a empresa não tenha condições de desembolso financeiro para pagamento dos dividendos passíveis de distribuição. Isso poderá ser suprido com empréstimos externos, dentro do horizonte de realização dos itens do lucro contidos no balanço, pois haverá a entrada de numerário, oriundo do lucro, para pagar os empréstimos contraídos para esse fim. Nesse caso, terá de se levar em conta, como elemento redutor do lucro passível de distribuição, os juros reais que serão incorridos para financiar a distribuição de dividendos.

Considerações Finais

A decisão de distribuir resultados é uma resultante do processo de geração de lucro, que, por sua vez, é elemento fundamental para a imagem da empresa no ambiente em que ela se insere, e para todos que se relacionam, interna ou externamente, com a entidade empresarial. Nesse particular, vimos que os aspectos motivacionais dos diversos agentes internos da entidade empresarial na busca da consecução dos planos de lucros podem ter seus interesses conciliados por meio de políticas participativas, avaliadas por adequado sistema de informação contábil.

A obtenção do valor do lucro passível de distribuição é o ponto central no processo de distribuição de resultados e passa, primeiramente, pela própria mensuração do lucro empresarial. A atual legislação brasileira, para a maior parte das empresas, ainda não prevê a adoção de critérios de avaliação considerados mais adequados para determinados elementos patrimoniais, como o critério do custo corrente corrigido. Dessa forma, é possível que o lucro obtido segundo os critérios legais, e que fundamentaria a distribuição de lucros, não deva ser o parâmetro adequado para a obtenção do valor a ser distribuído. Entendemos, dessa maneira, que a decisão gerencial de distribuição de lucros deve ser baseada em critérios mais adequados de avaliação patrimonial.

Como ponto fundamental para a decisão de distribuição de lucros consideramos o conceito de manutenção do capital, e que este deve se constituir em um parâmetro básico para a decisão. Nessa linha de pensamento e conforme Szuster (1985, p. 1): "O valor considerado distribuível consiste na parcela do lucro que não se faz necessário seja retida na empresa para que haja a manutenção do capital".

O conceito de manutenção do capital, físico ou monetário, pode conduzir à necessidade de avaliações patrimoniais e de mensuração do lucro, que apresentem valores diferentes daqueles obtidos pelos critérios da legislação societária. Outrossim, como os agentes legais também são usuários da informação contábil e as demonstrações contábeis oficiais devem ser elaboradas pelos critérios determinados legalmente, há a necessidade de uma avaliação de todas as implicações da legislação societária e fiscal quando da decisão de distribuição de lucros. Assim, é necessário um modelo de informação que concilie os aspectos gerenciais da apuração do lucro passível de distribuição com os aspectos constantes da legislação. Nesse particular, os trabalhos de Szuster, já citado, e de Pimentel (1986) são fontes básicas de referência.

Bibliografia

ARCHER, S. H.; DAMBROSIO, C. A. *Administração financeira*. São Paulo: Atlas 1969.

CATELLI, Armando. *Apontamentos na disciplina Contabilidade de Custos*. São Paulo, 1993. Tese (Mestrado em Contabilidade e Controladoria) – FEA-USP, 1993.

CATELLI, Armando; GUERREIRO, Reinaldo. Mensuração de atividades: comparando "ABC" x "GECON". *Caderno de Estudos*, Fipecafi/FEA-USP, n. 8, abr. 1993.

EDWARDS, Edgar O.; BELL, Philip W. *The Theory and Measurement of Business Income*. 7. ed. Berkeley and Los Angeles, CA: University of California Press, Ltd., 1973.

FAVA, Ivete. *O custo de reposição para fixação de preço de venda*: algumas análises em situação de inflação e em função do fluxo financeiro. São Paulo, 1989. Dissertação (Mestrado) – FEA-USP.

GLAUTIER, M. W. E.; UNDERDOWN, B. *Accounting Theory and Practice*. 1. ed. London: Pitman Publishing Limited, 1976.

HENDRIKSEN, Eldon S. *Accounting Theory*. 3. ed. Homewood: Richard D. Irwin Inc., 1977.

HICKS, James R. *Value and Capital*. 2. ed. London: Oxford University Press, 1946.

IBRACON – INSTITUTO BRASILEIRO DE CONTADORES. *Princípios contábeis, normas e procedimentos de auditoria*. São Paulo: Atlas, 1988.

IOB. Lucro inflacionário e distribuição de lucro. *Temática contábil e balanços, Boletim 11/83*.

_____. Qual o lucro a distribuir sem reduzir a capacidade física da empresa? *Temática contábil e balanços, Boletim 29/85*.

_____. O que é lucro na variação de preços? *Temática contábil e balanços, Boletim 23/90*.

_____. Uma visão do lucro empresarial pela correção integral e a preço de reposição. *Temática contábil e balanços, Boletim 14/91*.

IUDÍCIBUS, Sérgio de. Contribuição à teoria dos ajustamentos contábeis. São Paulo, FEA-USP, *Boletim*, n. 44, 1966.

_____. *Contabilidade gerencial*. 4. ed. São Paulo: Atlas, 1987.

_____. *Teoria da contabilidade*. 1. ed. São Paulo: Atlas, 1980.

JALORETTO, José Gilberto. Lucro distribuível. *Caderno de Estudos*, Fipecafi/FEA-USP, n. 5, jun. 1992.

IUDÍCIBUS, Sérgio de; MARTINS, Eliseu; GELBCKE, Ernesto Rubens. *Manual de contabilidade das sociedades por ações*: aplicável também às demais sociedades. 3. ed. São Paulo: Atlas, 1990.

LEI n. 6.404/76 e DL n. 1.598/77. São Paulo, *Imprensa Oficial do Estado S/A*, 1979.

MARTIN, Nilton Cano. *Dos fundamentos da informação contábil de controle*. São Paulo, 1987. Tese (Doutorado) – FEA-USP, 1987.

MARTINS, Eliseu. *Contribuição à avaliação do ativo intangível*. São Paulo, 1972. Tese (Doutorado) – FEA-USP.

_____. Reposição, inflação própria e inflação geral. São Paulo, *Boletim do Ibracon*, jan. 1989.

_____. Contabilidade vs. fluxo de caixa. *Caderno de Estudos* Fipecafi/FEA-USP, n. 2, abr. 1990.

MARTINS, Eliseu; ASSAF NETO, Alexandre. *Administração financeira*: as finanças das empresas sob condições inflacionárias. 1. ed. São Paulo: Atlas, 1985.

MAURO, Carlos Alberto. *Preço de transferência baseado no custo de oportunidade*: um instrumento para promoção da eficácia empresarial. São Paulo, 1991. Dissertação (Mestrado) – FEA-USP.

MODIGLIANI, Franco; MILLER, M. The Cost of Capital, Corporation Finance and the Theory of Investment. *The American Economic Review*, 1958.

MONTEIRO, Deny da Rocha. *Lucros a se realizarem financeiramente e a informação contábil relevante*. São Paulo, 1989. Tese (Doutorado) – FEA-USP.

MOSIMANN, Clara Pellegrino; ALVES, Osmar de C.; FISCH, Sílvio. *Controladoria*: seu papel na administração de empresas. Florianópolis: UFSC, 1993.

PELEIAS, Ivam Ricardo. *Avaliação de desempenho*: um enfoque de gestão econômica. São Paulo, 1972. Dissertação (Mestrado) – FEA-USP.

PIMENTEL, Joéde da Silva. *Contribuição ao estudo da avaliação contábil do lucro passível de distribuição*. São Paulo, 1986. Tese (Doutorado) – FEA-USP.

RAMOS, Alkindar de Toledo. *O problema da amortização dos bens depreciáveis e as necessidades administrativas das empresas*. São Paulo, 1968. Tese (Doutorado) – FEA-USP.

SOLOMON, Ezra; PRINGLE, John. *Introdução à administração financeira*. São Paulo: Atlas, 1981.

SZUSTER, Natan. *Análise do lucro passível de distribuição*: uma abordagem reconhecendo a manutenção do capital da empresa. São Paulo, 1985. Tese (Doutorado) – FEA-USP.

VAN HORNE, James C. *Financial Management and Policy*. 4. ed. Englewood Cliffs: Prentice-Hall, 1977.

Capítulo 9

Análise da Conjuntura e Previsão da Demanda

Clóvis Luís Padoveze
Geraldo Vitorio Biaggi[1]
Jaime Augusto de Campos[2]

As recentes crises econômicas vivenciadas pelo mundo e pelo nosso país trazem à tona a questão do impacto dessas crises e dos ciclos econômicos no desempenho das empresas, que tem como um dos melhores vetores de expressão o comportamento de suas vendas. Tomando como referência as vendas de uma empresa ao longo do tempo, e confrontando-as com a evolução da economia do país nesse mesmo período, podemos conseguir uma relação de dependência dessas variáveis. Para obter e confirmar tal relação, faz-se necessária a utilização do instrumental de métodos quantitativos, principalmente de análise de tendência, regressão linear e análise de correlação. Esse instrumental deve ser adaptado às necessidades de cada empresa, cabendo à Controladoria a função de criar modelos decisórios específicos que permitam incorporar o estudo das variáveis, para auxílio nas etapas do processo de planejamento empresarial.

Um dos papéis fundamentais da Controladoria é o apoio a todos os gestores da empresa, em todos os aspectos temporais do processo de gestão, processo que se caracteriza pelo ciclo planejamento, execução e controle. No ciclo de planejamento, a informação das vendas futuras destaca-se como um dado básico para todo o processo de planejamento, seja no âmbito estratégico ou no âmbito operacional. As vendas são sempre consideradas como o fator limitante básico para qualquer planejamento.

Da definição dos dados das vendas futuras é que a empresa inicia seu plano orçamentário para o próximo ano, bem como dá os subsídios para os novos planos operacionais, as necessidades de novos investimentos, e aos projetos de desenvolvimento de novos negócios, produtos e mercados e ramos de atuação. Podemos dizer, portanto, que a projeção de demanda não se restringe a uma necessidade de curto prazo, para o próximo período, mas, sim, é necessária para todo o planejamento estratégico da companhia.

[1,2] Centro Universitário Salesiano de São Paulo – Americana-SP.

Obviamente, a previsão da demanda dos produtos da empresa sempre dependerá da conjuntura econômica atual e futura. Mesmo para empresas que, por alguma característica particular, conseguem vender tudo o que produzem e não têm problemas de estoque (portanto, a produção seria o fator limitante do planejamento), a conjuntura econômica é fator de incerteza, já que, mesmo vendendo tudo o que produz, a demanda poderá estar limitada por um possível desaquecimento da economia.

Dessa maneira, e em linhas gerais, a variável fundamental para a previsão da demanda dos produtos da empresa é o comportamento da economia do país, o qual, sob o enfoque sistêmico, depende da economia dos demais países. A intensidade da dependência que a economia de um país tem de outros países é variada, porém é inegável que há um inter-relacionamento entre a conjuntura econômica nacional e a conjuntura econômica internacional. Essa dependência e esse inter-relacionamento entre a empresa, a economia nacional e a economia internacional são variáveis de empresa para empresa, haja vista que a demanda por determinados produtos e serviços, dependendo do tipo de evolução das economias, varia de forma diferente, para mais ou para menos.

Nos últimos anos, o Brasil tem apresentado um desempenho econômico positivo, porém com ciclos de crescimento e desaceleração econômica de curto espaço de tempo. Aparentemente, é grande o potencial de consumo do país em praticamente todos os itens, pela reação rápida e forte que a economia brasileira apresenta após um ciclo de redução de nível de atividade. Contudo, as diversas crises enfrentadas nos últimos anos têm impedido que o potencial de consumo e crescimento desenvolva-se de forma estável. Esses aspectos fazem com que os ciclos econômicos de crescimento e desaceleração mais recentes sejam mais curtos do que os ciclos econômicos anteriores, e trazem complexidade maior à previsão da demanda das vendas das empresas.

Ao final de 2001, o mundo foi abalado pelos ataques terroristas ao território norte-americano e, fato imediato, as economias nacional e internacional apresentaram sinais de maior desaquecimento, evolução que ainda se faz presente. Esse foi claramente um evento de grande impacto em todas as áreas de atividades, seja no aspecto político, social, psicológico etc. e, obrigatoriamente, no aspecto econômico das pessoas e das empresas. Ato seguinte a qualquer evento de proporções significativas, as empresas querem saber qual será o provável comportamento de suas vendas para ajustar as operações. Esse é o tema deste estudo.

O objetivo deste tópico é apresentar um estudo de previsão da demanda dos produtos e serviços de uma empresa, considerando como variável principal a análise da conjuntura política e econômica. A idéia é desenvolver um estudo matemático-estatístico e verificar as relações entre os fatos conjunturais e a demanda dos produtos e serviços de uma empresa já acontecidos, e se essas relações são suficientes ou de utilidade para projeções. Os dados das vendas são reais e foram obtidos de uma empresa de prestação de serviços industriais, que atua no ramo de terceirização.

Tomamos como referência o período de julho de 1994 até dezembro de 2002, ou seja, desde a implantação do Plano Real. O principal motivo para essa escolha é que o período representa o país vivendo uma estabilidade monetária, bem como também inserido no mundo financeiramente globalizado e com abertura de mercado, condições essas pouco encontradas no passado anterior.

Uma das nossas premissas é que as vendas futuras podem incluir produtos novos, mas eles devem substituir os atuais produtos, ou seja, o estudo não está aberto para incorporações, compra de novas empresas etc. Igualmente, não se preveem novos nichos de negócios, apenas a continuidade dos atuais produtos, renováveis, buscando ampliar os mercados existentes.

Evolução da Conjuntura Econômica do País e os Fatos mais Relevantes do Período

A evolução do Produto Interno Bruto (PIB) do Brasil nos últimos anos, como é conhecida, foi marcada por um comportamento cíclico, alternando crescimentos anuais de 5,9% (1994) e de 0,2% (1998). Como se pode verificar no gráfico da Figura 9.1, os nove anos que vão de 1994 a 2002 caracterizaram-se por um comportamento oscilante, sem estabilidade de crescimento.

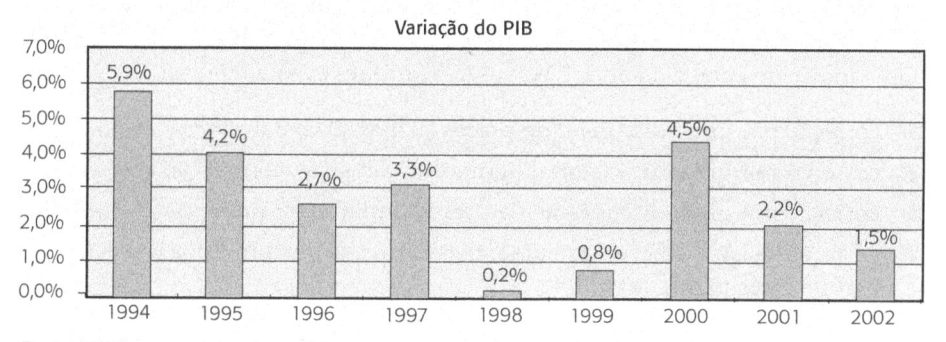

Variação do PIB

Ano	Variação
1994	5,9%
1995	4,2%
1996	2,7%
1997	3,3%
1998	0,2%
1999	0,8%
2000	4,5%
2001	2,2%
2002	1,5%

Fonte: IBGE.

Figura 9.1 – Variação do PIB.

A variação do crescimento do PIB brasileiro é atribuída basicamente aos reflexos das crises internacionais, uma vez que nosso país é fortemente dependente de capitais externos e de produtos do exterior. No período segregado e escolhido para esse estudo, identificamos 11 eventos/crises, que, de modo geral, têm sido considerados pelos analistas econômicos. Os eventos e as crises detectados foram os seguintes:

1. Junho/94: implantação do Plano Real.
2. Janeiro/95: crise mexicana.
3. Outubro/97: crise asiática.
4. Junho/98: crise da Rússia.
5. Janeiro/99: desvalorização do real – I.
6. Abril/00: queda da bolsa da Nasdaq (EUA).
7. Janeiro/01: início da desaceleração da economia dos Estados Unidos.
8. Maio/01: desvalorização do real – II.
9. Setembro/01: ataque terrorista aos Estados Unidos.
10. Janeiro/02: crise argentina.
11. Junho/02: elevação do risco Brasil – eleições.

Logo, a seguir, faremos a associação desses eventos com as vendas da empresa.

Análise da Evolução das Vendas e Vendas Corrigidas Monetariamente

Para verificar o comportamento das vendas da empresa em relação à conjuntura, levantamos os dados das vendas mensais do período considerado. Todos os dados e cálculos principais estão no Quadro 9.3 apresentado na página 167.

Mesmo considerando que, tecnicamente, o país está em um ambiente estável monetariamente, a análise de vendas mensais em um período longo como esse de nove anos exige uma correção monetária dos dados, sob pena de inviabilizar a comparabilidade. A questão da correção das vendas envolve alguns cuidados. Qual índice de correção adotar? Vemos as seguintes possibilidades:

- correção por um índice geral de preços (IGPM, IPC, IGP etc.);
- correção por um índice setorial (indústria, comércio, construção civil etc.);
- correção por um índice interno de preços (inflação da empresa);
- correção pelas variações de aumentos de preços dos produtos e serviços da empresa nos períodos.

Cada empresa deve escolher o indicador que mais se adapte à sua análise. Em outras palavras, o índice a ser adotado é aquele que mais representa a evolução de preços da variável analisada, que, no nosso estudo, é a variável vendas, e que permita a melhor equalização ao longo do tempo.

Apresentamos a seguir a evolução das vendas mensais corrigidas ao longo do tempo, em um formato gráfico seqüencial, para avaliar a oscilação e a sua provável tendência. Verifica-se, pela evolução gráfica, que as vendas da empresa têm uma oscilação mensal muito forte, alternando grandes quantidades com baixos volumes de venda. Contudo, é possível detectar, mesmo graficamente, que há uma tendência de crescimento ao longo do tempo.

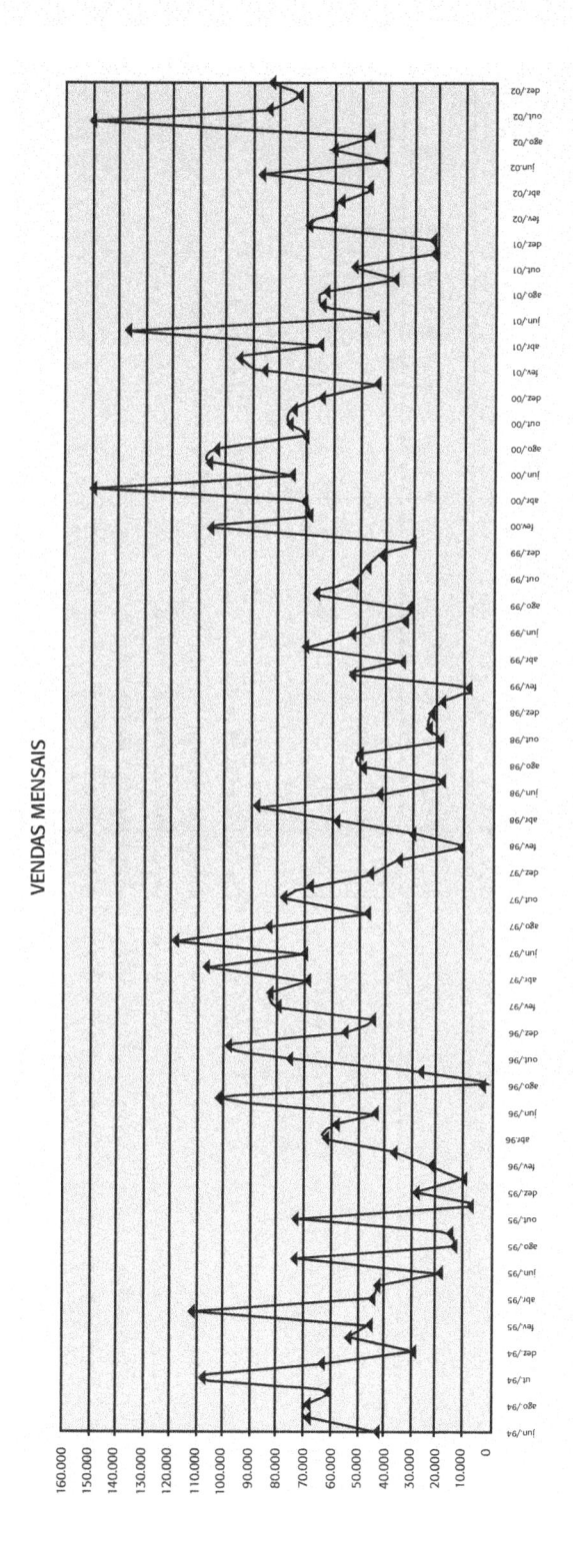

Figura 9.2 – Vendas Mensais.

VENDAS – MÉDIA 3 ÚLTIMOS MESES

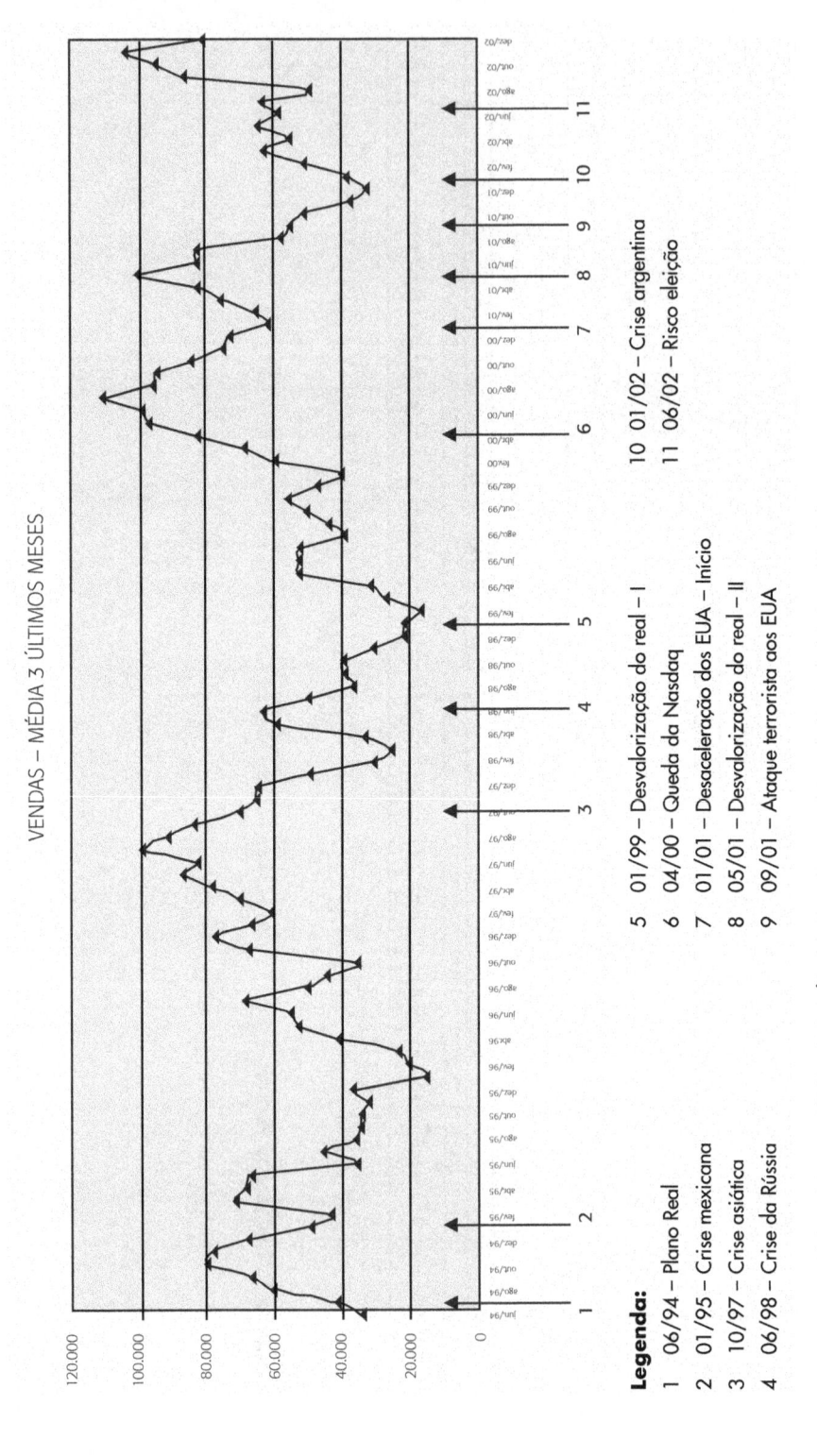

Legenda:
1 06/94 – Plano Real
2 01/95 – Crise mexicana
3 10/97 – Crise asiática
4 06/98 – Crise da Rússia
5 01/99 – Desvalorização do real – I
6 04/00 – Queda da Nasdaq
7 01/01 – Desaceleração dos EUA – Início
8 05/01 – Desvalorização do real – II
9 09/01 – Ataque terrorista aos EUA
10 01/02 – Crise argentina
11 06/02 – Risco eleição

Figura 9.3 – Vendas – Média dos 3 Últimos Meses.

Suavização da Curva de Tendência

Dependendo do produto ou serviço, é possível que as vendas mensais apresentem-se com muita variação, mas em um período maior tenham um comportamento mais equalizado. Dessa maneira, um procedimento para melhorar a visualização gráfica é a adoção do conceito de média móvel.

No nosso exemplo, para fins de demonstração, utilizamos o conceito de média móvel dos últimos três meses. A idéia é mostrar que as oscilações a serem consideradas de fato devem levar em conta um período maior do que um mês, por alguma característica do comportamento da demanda, ou mesmo da capacidade da empresa de entregar seus produtos e serviços. Esses cálculos também constam do Quadro 9.3.

Tendência das Vendas e os Eventos Econômicos Conjunturais

Para verificar o impacto dos eventos e das crises conjunturais nas vendas da empresa, indicamos, ao longo do gráfico apresentado a seguir, as datas desses eventos e crises. O objetivo da inserção dessas datas é verificar o comportamento das vendas após os eventos e as crises, bem como a extensão, em quantidade de meses, das tendências verificadas na seqüência aos fatos.

Faremos breves comentários sobre os eventos e suas conseqüências na demanda da empresa. Primeiramente, convém lembrar que, pela análise gráfica, basicamente os meses de janeiro e fevereiro de todos os anos apresentam vendas menores, o que indica um comportamento sazonal da empresa, o qual, em linhas gerais, não deve ser atribuído a crises e eventos.

1. Plano Real: foi um fator de crescimento das vendas, interrompido pela crise mexicana.
2. Crise mexicana: provocou queda das vendas até março de 1996, quando se iniciou uma forte retomada da demanda. Portanto, a crise mexicana influenciou praticamente 12 meses.
3. Crise asiática: após mais de um ano de crescimento, houve a interrupção por uma crise internacional, que provocou declínio da demanda por aproximadamente cinco meses.
4. Crise da Rússia: mais uma vez, outra interrupção de variação positiva. O reflexo foi uma desaceleração que durou cerca de oito meses.
5. Desvalorização do real (I): apesar de ser um evento que pode ser considerado negativo, para setores industriais ligados à exportação foi um evento positivo, razão por que não necessariamente, naquele momento, tenha sido desestimulante para as vendas.

6. Queda da Nasdaq: um evento importante, porém de reflexo não imediato na economia e para a empresa analisada. Na realidade, foi um evento importante para a próxima crise, a desaceleração da economia norte-americana.
7. Desaceleração da economia dos EUA: após a desvalorização do real no início de 1999, as vendas da empresa aumentaram junto com o crescimento do país, até sentir os reflexos da crise norte-americana.
8. Desvalorização do real (II): consideramos o mês de maio/2001 como representante da nova desvalorização da moeda brasileira. Diferentemente da primeira desvalorização, que era necessária, esta já trouxe elementos nocivos às vendas da empresa, que já vinha sentindo a retração norte-americana.
9. Ataque terrorista: adicionou mais um elemento desacelerador aos dois últimos eventos do ano.
10. Crise argentina: começou a ficar evidente em 2001, cristalizando-se com a renúncia do presidente De La Rua, a substituição da conversibilidade do peso com o dólar em janeiro de 2002 e Duhalde como novo presidente. A crise argentina deu indícios de novo ciclo de desaceleração, que se configurou muito pequeno.
11. Elevação do Risco Brasil: com a possibilidade cada vez mais clara da vitória da oposição, a percepção internacional do Risco Brasil se exacerbou, atingindo níveis alarmantes, com necessidade de retorno do país ao FMI e disparada da cotação da taxa do dólar. Após a eleição, a percepção negativa não se confirmou, e o país voltou à normalidade econômica. A elevação do Risco Brasil também não foi suficiente para reduzir a demanda, provavelmente porque a economia brasileira já demonstrava melhores fundamentos.

Análise Estatística de Tendência

Os dados das vendas mensais plotados permitem elaborar uma análise de tendência, linearizando os dados que se apresentam de forma dispersiva. Apesar dessa dispersão, é possível visualizar que, mesmo recebendo os diversos choques da conjuntura, *o comportamento das vendas da empresa tem uma tendência crescente*.

Podemos utilizar o instrumental estatístico de linearização, por meio da análise de tendência, objetivando determinar os pontos máximos e mínimos (linearizados) das vendas do período, bem como o acréscimo mensal das vendas, oriundo da inclinação obtida pela reta de linearização. Essa informação pode ser útil na análise da projeção das vendas esperadas, bem como no tamanho do mercado que a empresa ocupa.

A análise estatística de tendência ajusta os pontos dispersos para uma única reta que representa a tendência obtida, simplificando a análise gráfica e dando números para projeções. A análise de tendência de crescimento ou decréscimo de longo prazo pode ser utilizada quando essas evoluções parecem seguir uma tendência linear. Com a variável X representando o mês e a variável Y representando as vendas do mês, a equação é:

$$Y = a + bX$$

A seguir, as fórmulas para se obter as incógnitas a e b.

$$b = \frac{\Sigma XY - n\overline{X}\overline{Y}}{\Sigma X^2 - n\overline{X}^2}$$

Efetuando os cálculos, temos:

$$a = \overline{Y} - b\overline{X}$$

a = $ 48.127 e b = $ 207.

O valor de $ 48.127 representa o menor valor médio de vendas da reta, que encontra o eixo Y. Aplicando-se as 103 observações de vendas (103 meses), teremos o valor médio máximo obtido pela linearização dos dados, que é de $ 69.448. Em outras palavras, durante esse período, o menor valor médio de vendas foi de $ 48.127 e o maior valor de vendas foi de $ 69.448, com um crescimento de $ 207 por mês.

A seguir apresentamos o quadro das vendas mensais (Figura 9.4), já incluindo a linearização dos dados pela análise de tendência.

O Que se Seguirá à Última Crise? Qual a Demanda Possível a Ser Esperada?

Se utilizarmos os dados obtidos da análise de tendência e projetarmos os próximos 12 meses de venda da empresa, devemos acrescentar $ 207 por mês à última observação da reta, que é de $ 69.448. Damos a seguir um quadro projetando os próximos 12 meses.

O realizado nos últimos 12 meses foi de $ 871.430; portanto, o valor esperado, obtido pela análise de tendência para os próximos 12 meses, é de $ 849.522, indicando uma redução, para o próximo período, de 2,5%, relativamente consistente com o futuro, ou seja, uma crise tende a provocar uma demanda menor no futuro.

Outrossim, pode-se pensar que o último evento tenha características semelhantes a algum outro evento ocorrido antes, e que há possibilidade de a demanda seguir uma curva já desenvolvida anteriormente, o que vem a ser um ponto muito importante. Nesse momento, há que se desvincular do formato matemático-estatístico e utilizar o bom senso e a experiência empresarial, aliada ao máximo possível de intuição e leitura do ambiente e dos cenários.

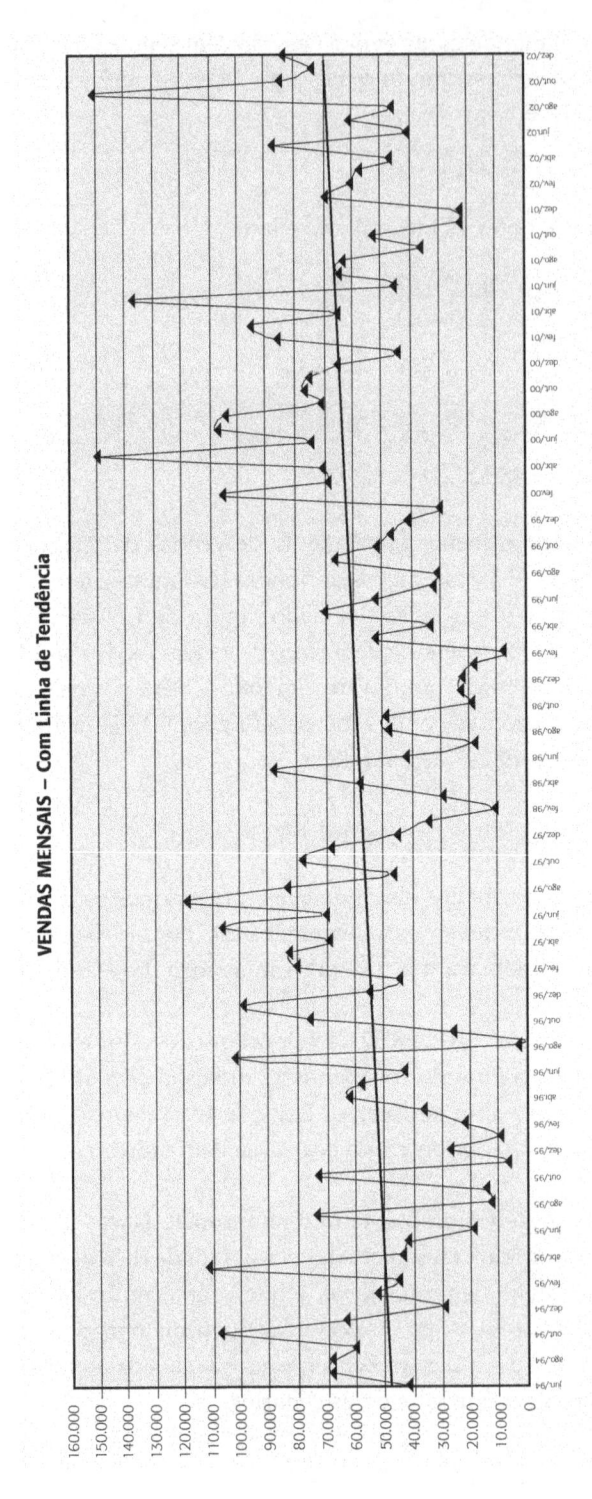

Figura 9.4 – Vendas Mensais – Com Linha de Tendência.

Quadro 9.1

Próximo Mês	Número Observado	Valor do Mês Anterior	Acréscimo Mensal	Vendas Esperadas
1	104	69.448	207	69.655
2	105	69.655	207	69.862
3	106	69.862	207	70.069
4	107	70.069	207	70.276
5	108	70.276	207	70.483
6	109	70.483	207	70.690
7	110	70.690	207	70.897
8	111	70.897	207	71.104
9	112	71.104	207	71.311
10	113	71.311	207	71.518
11	114	71.518	207	71.725
12	115	71.725	207	71.932
				849.522

Por exemplo, se imaginarmos que os próximos 12 meses apresentarão uma tendência declinante similar à apresentada após a crise da Nasdaq, poderemos tomar como referencial das vendas futuras os 12 meses que se seguiram a esse evento. No caso, o valor das vendas esperadas seria de $ 1.021.145. Tomando outro referencial, por exemplo, 12 meses que se seguiram à crise argentina, repetiríamos um faturamento esperado nos próximos 12 meses de $ 871.430, que foi o valor obtido em 2002.

Outra possibilidade é apurarmos o valor das vendas de todos os períodos de 12 meses que se sucederam a um evento significativo o qual julgamos o cenário mais provável, que comportam anos com e sem crise. Por exemplo, quando estávamos na eminência de uma guerra dos Estados Unidos com o Iraque, poderíamos imaginar que o desempenho da economia teria comportamento semelhante ao que aconteceu após setembro de 2001. Utilizando esse procedimento, teríamos as seguintes observações, com uma média de $ 697.571, dentro de um intervalo de um mínimo de $ 438.237 a um máximo de $ 940.641, conforme mostra o Quadro 2.

Quadro 9.2

Períodos de 12 Meses que se Seguem ao Mês de Setembro	Valor – $
out./94 a set./95	625.359
out./95 a set./96	479.013
out./96 a set./97	940.641
out./97 a set./98	579.095
out./98 a set./99	438.237
out./99 a set./00	930.524
out./00 a set./01	860.875
out./01 a set./02	726.827
Média	**697.571**

Não há dúvida de que os números apresentados não fornecem convicção para uma decisão. Contudo, o mais importante é o processo de raciocínio sobre eles, e as possibilidades que os diversos números oferecem para os tomadores de decisão. Em outras palavras, todo o arsenal estatístico apresentado, em conjunto com uma análise de conjuntura, seguramente dará subsídios importantes para os tomadores de decisões estratégicas e operacionais. De posse desses dados, o tomador de decisão (ou tomadores das decisões) terá um conjunto de dados e informações que lhe permitirá fazer julgamentos mais abalizados.

Potencial de Mercado

Uma importante conclusão que pode ser tirada da análise de tendência é a possibilidade de a empresa avaliar o potencial de mercado de seus produtos e serviços. Se a tendência é de crescimento, provavelmente o mercado dos produtos e serviços em que a empresa atua irá crescer em alguma proporção. Portanto, caberão à empresa as estratégias, diretrizes e os objetivos para se manter em um mercado em crescimento ou, eventualmente, ações para ampliar ou diminuir sua participação.

O potencial de mercado na equação linearizada pela análise de tendência parte do valor máximo obtido no último dado linearizado, que no nosso exemplo é $ 69.448 mensais, representando a participação de mercado mínima da empresa, por ano, de $ 833.376.

Taxa de Crescimento das Vendas

Utilizando os dados máximos e mínimos obtidos pela reta de linearização, temos $ 69.448 como o valor máximo (o último mês de 2002) e $ 48.127 como o valor mínimo (o primeiro mês de 1994).

A variação acumulada das vendas nesses nove anos foi de 44,3% ($ 69.448 divididos por $ 48.127), o que significa um crescimento médio anual de 4,16%.

Correlação da Demanda da Empresa com o PIB

Outra análise complementar para projeção da demanda, tendo como pano de fundo a conjuntura econômica, é buscar verificar qual a relação da variação das vendas da empresa com as variações do PIB.

A variação do PIB é medida pelo IBGE trimestralmente. Portanto, temos de adaptar as vendas da empresa a esse período de tempo. Assim, construímos um novo quadro de valores, partindo dos valores das vendas corrigidos, mensurando as vendas por trimestre.

Com os dados do índice de variação do PIB, obtivemos as variações percentuais trimestrais de crescimento ou decréscimo do PIB. Com os dados das vendas trimestrais, obtivemos as variações percentuais de crescimento ou decréscimo das vendas. Os dados e cálculos que utilizaremos subseqüentemente estão apresentados no Quadro 9.4 (página 170).

Elaboramos a seguir dois gráficos para evidenciar a tendência e a relação entre as duas variáveis. O primeiro gráfico (Figura 9.5) relaciona a variação percentual do PIB por trimestre com a variação percentual das vendas por trimestre. Para uma melhor visualização, utilizamos dois eixos com convergência, à esquerda para o PIB e à direita para as vendas.

O segundo gráfico (Figura 9.6) mostra o valor das vendas trimestrais com o índice de medição do PIB.

Os dois gráficos são similares, já que são duas maneiras de apresentar a mesma questão. É possível verificar que há certa relação entre as variáveis, com tendências parecidas. Em alguns trimestres, contudo, há variação positiva do PIB, mesmo não sendo expressiva, mas há variação negativa das vendas da empresa, mostrando relação negativa.

Calculamos as correlações dos dois gráficos para as duas variáveis utilizando o Excel. Os dois conjuntos evidenciaram correlação positiva por volta de 50%, que, em linhas gerais, podemos interpretar como uma correlação média. Uma boa correlação é aquela que se aproxima de 100%, enquanto uma correlação fraca se aproxima de zero. Em nosso caso, situa-se na média.

Correlação com Ajuste

A empresa tem conhecimento de eventos no andamento de suas operações que podem ser considerados atípicos. Dessa maneira, é possível fazer alguns ajustes arbitrários para se buscar uma melhor correlação entre as variáveis observadas.

A título de exemplo, observando os principais pontos não correlacionados, fizemos dois ajustes dos períodos trimestrais de vendas. No segundo trimestre

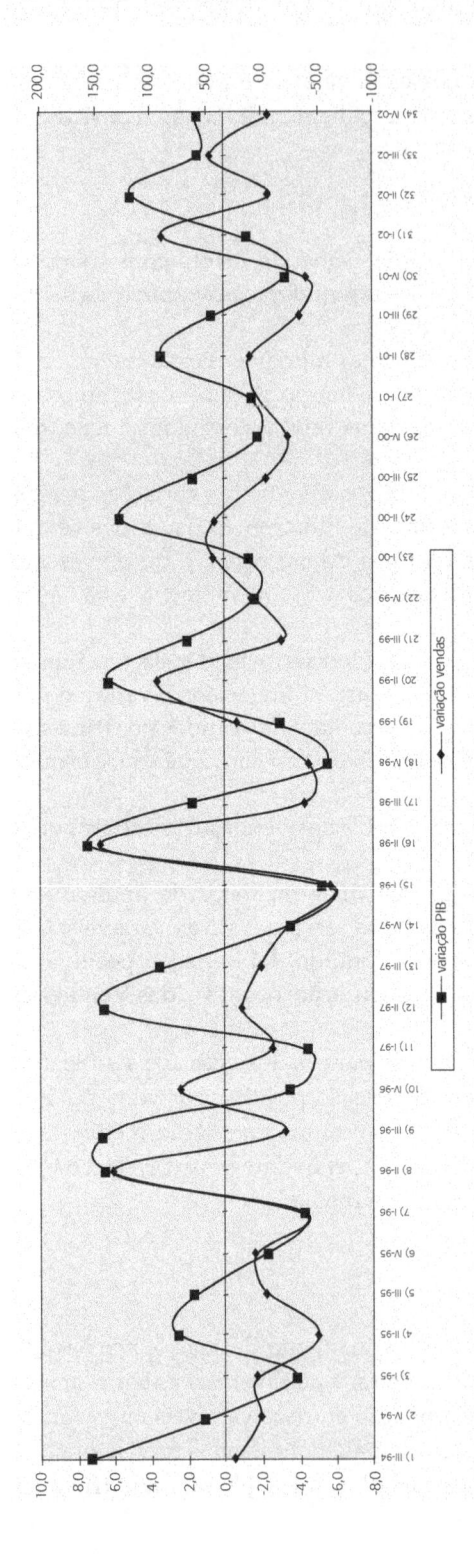

Figura 9.5 – Variação do PIB versus Variação de Vendas.

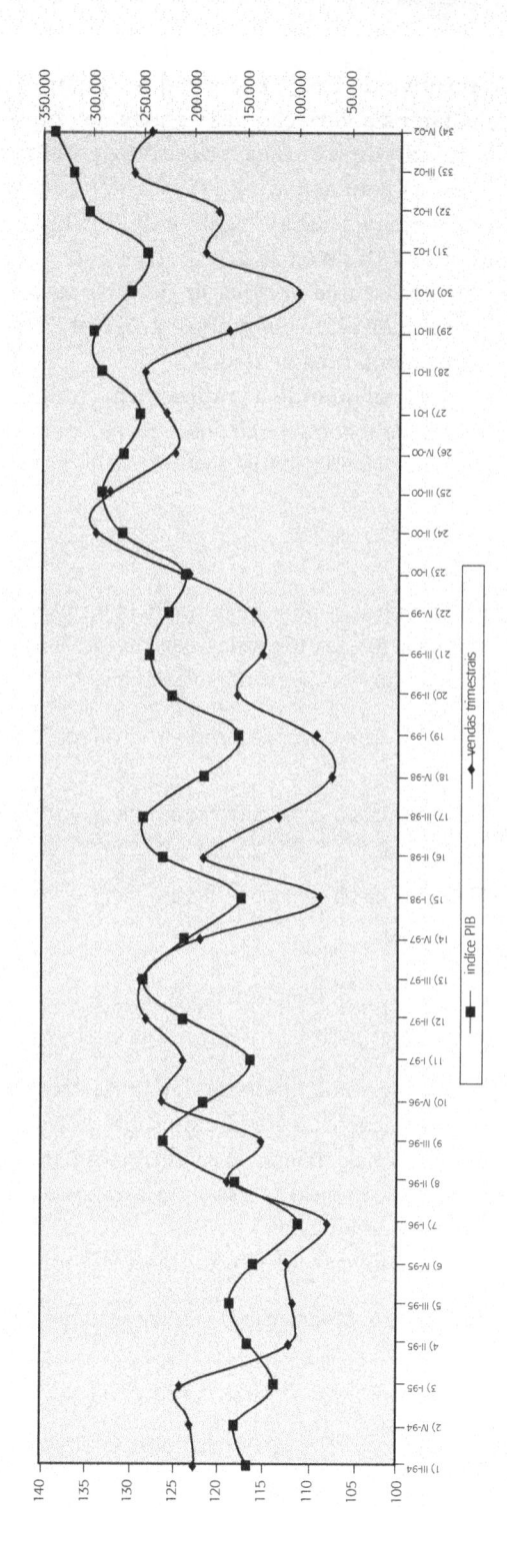

Figura 9.6 – Índice do PIB versus Vendas Trimestrais.

de 1995, quando o PIB tem variação positiva de 2,62% e as vendas da empresa uma variação negativa de 49,49%, ajustamos a variação das vendas da empresa para um valor de $ 235.000, conseguindo uma variação positiva de 10,77%. No terceiro trimestre de 1996, ajustamos as vendas para $ 170.000, dando uma variação positiva de 2,73%, substituindo uma variação negativa de 19,53% que confrontava com uma variação positiva do PIB de 6,62%.

Com apenas esses dois ajustes obtivemos uma correlação de 57% para as variáveis percentuais do PIB e das vendas, deixando claro que é possível entender que há uma boa variação entre os dois conjuntos de dados.

É importante ressaltar que isso só é possível quando a empresa tem consciência e certeza de que houve eventos atípicos, bem como os dados reais não evidenciaram, por algum motivo, características de sazonalidade da empresa.

Elasticidade da Demanda

Utilizando a mesma metodologia para avaliar a análise de tendência apresentada no início deste trabalho, fizemos a aplicação das fórmulas para evidenciar os elementos a e b da reta regredida e linearizada, nas seguintes variáveis:

1. A variação percentual trimestral do PIB, que consideramos a variável independente X.
2. A variação percentual trimestral das vendas, que consideramos a variável dependente Y.

O resultado mostra a seguinte equação montada:

$$Y = a + bX$$

Sendo $a = 6,31$ e $b = 5,50$

$$Y = 6,31 + 5,50\ X$$

A interpretação dessa equação pode ser a elasticidade da demanda dos produtos e serviços da empresa, dada uma variação do PIB. Já vimos que a correlação está por volta de 50%, considerada apenas média. Essa correlação média implica, necessariamente, a mesma consideração para as variáveis a e b; os dados devem ser utilizados com a devida reserva e avaliação.

Usando a equação, teríamos as seguintes observações, a título de exemplo:

- se a variação do PIB no trimestre fosse zero, a variação das vendas da empresa no trimestre seria de 6,31%;
- se a variação do PIB fosse de 1%, a variação das vendas da empresa seria de 11,81%;
- se a variação do PIB fosse de – 1%, portanto, negativa, a variação das vendas seria positiva em 0,81%;

- se a variação do PIB fosse de 4%, a variação das vendas poderia ser 28,31%. Esse caso mostra a grande elasticidade desses produtos, já que a variação das vendas é muito superior à variação do PIB;
- se a variação do PIB fosse de − 4% (negativa), a variação das vendas poderia também ser negativa de 15,69%, mostrando mais uma vez a grande elasticidade das vendas da empresa em relação ao PIB.

Quadros Utilizados

Quadro 9.3 − Vendas Mensais − Valores Históricos e Corrigidos

Período	Vendas Valores Históricos	Valores Corrigidos (Y)	Média Últimos Três Meses	Cálculos Vendas − Valores Corrigidos		
				X	X2	XY
jun./94	20.907	42.861	34.206	1	1	42.861
jul./94	33.321	69.112	41.490	2	4	138.224
ago./94	33.303	69.075	60.349	3	9	207.224
set./94	30.387	61.149	66.445	4	16	244.597
out./94	53.874	108.413	79.546	5	25	542.067
nov./94	37.701	64.300	77.954	6	36	385.800
dez./94	17.469	29.794	67.502	7	49	208.557
jan./95	31.458	53.652	49.249	8	64	429.220
fev./95	27.123	46.157	43.201	9	81	415.417
mar./95	67.752	112.334	70.714	10	100	1.123.336
abr./95	27.237	44.944	67.812	11	121	494.379
maio/95	25.836	42.632	66.636	12	144	511.581
jun./95	12.096	19.582	35.719	13	169	254.560
jul./95	45.960	74.402	45.539	14	196	1.041.631
ago./95	8.607	13.933	35.972	15	225	209.001
set./95	9.399	15.216	34.517	16	256	243.449
out./95	43.878	73.891	34.347	17	289	1.256.153
nov./95	4.131	7.695	32.267	18	324	138.503
dez./95	15.186	28.286	36.624	19	361	537.437
jan./96	5.118	10.313	15.431	20	400	206.253
fev./96	11.397	22.965	20.521	21	441	482.259
mar./96	18.474	37.225	23.501	22	484	818.944
abr./96	31.563	62.807	40.999	23	529	1.444.570
maio/96	28.596	58.597	52.876	24	576	1.406.323

continua

Quadro 9.3 – Vendas Mensais – Valores Históricos e Corrigidos (continuação)

Período	Vendas Valores Históricos	Valores Corrigidos (Y)	Média Últimos Três Meses	Cálculos Vendas – Valores Corrigidos X	X2	XY
jun./96	21.507	44.071	55.158	25	625	1.101.764
jul./96	50.034	102.526	68.398	26	676	2.665.674
ago./96	1.950	3.908	50.168	27	729	105.512
set./96	13.338	26.730	44.388	28	784	748.435
out./96	36.765	76.676	35.771	29	841	2.223.615
nov./96	47.478	99.019	67.475	30	900	2.970.576
dez./96	26.751	55.708	77.134	31	961	1.726.942
jan./97	21.735	45.262	66.663	32	1.024	1.448.391
fev./97	40.338	81.177	60.716	33	1.089	2.678.847
mar./97	41.586	83.689	70.043	34	1.156	2.845.416
abr./97	34.887	69.733	78.200	35	1.225	2.440.665
maio/97	54.330	107.150	86.857	36	1.296	3.857.402
jun./97	36.024	71.047	82.643	37	1.369	2.628.732
jul./97	62.271	119.583	99.260	38	1.444	4.544.140
ago./97	43.887	84.279	91.636	39	1.521	3.286.872
set./97	24.672	47.318	83.726	40	1.600	1.892.703
out./97	41.175	78.968	70.188	41	1.681	3.237.692
nov./97	36.801	68.905	65.064	42	1.764	2.894.008
dez./97	24.519	45.909	64.594	43	1.849	1.974.068
jan./98	18.777	35.157	49.990	44	1.936	1.546.927
fev./98	6.288	11.773	30.946	45	2.025	529.805
mar./98	16.413	30.289	25.740	46	2.116	1.393.291
abr./98	31.923	58.911	33.658	47	2.209	2.768.838
maio/98	45.762	88.652	59.284	48	2.304	4.255.315
jun./98	22.056	42.728	63.431	49	2.401	2.093.670
jul./98	9.519	18.931	50.104	50	2.500	946.549
ago./98	24.687	49.096	36.918	51	2.601	2.503.920
set./98	22.863	49.774	39.267	52	2.704	2.588.272
out./98	9.147	19.914	39.595	53	2.809	1.055.426
nov./98	10.911	23.754	31.147	54	2.916	1.282.719
dez./98	10.956	23.097	22.255	55	3.025	1.270.322

continua

Quadro 9.3 – Vendas Mensais – Valores Históricos e Corrigidos (continuação)

Período	Vendas Valores Históricos	Valores Corrigidos (Y)	Média Últimos Três Meses	Cálculos Vendas – Valores Corrigidos		
				X	X2	XY
jan./99	10.005	19.117	21.989	56	3.136	1.070.559
fev./99	4.995	8.807	17.007	57	3.249	502.004
mar./99	31.968	53.311	27.078	58	3.364	3.092.016
abr./99	20.520	34.220	32.112	59	3.481	2.018.959
maio/99	40.947	70.812	52.781	60	3.600	4.248.733
jun./99	30.759	53.193	52.742	61	3.721	3.244.801
jul./99	20.007	33.387	52.464	62	3.844	2.070.019
ago./99	18.996	31.700	39.427	63	3.969	1.997.116
set./99	40.104	66.925	44.004	64	4.096	4.283.199
out./99	32.415	52.878	50.501	65	4.225	3.437.038
nov./99	29.184	47.607	55.803	66	4.356	3.142.054
dez./99	25.827	42.131	47.538	67	4.489	2.822.758
jan./00	18.810	30.684	40.141	68	4.624	2.086.520
fev./00	65.145	106.269	59.695	69	4.761	7.332.551
mar./00	42.072	69.521	68.824	70	4.900	4.866.436
abr./00	43.290	71.533	82.441	71	5.041	5.078.854
maio/00	90.801	150.462	97.172	72	5.184	10.833.297
jun./00	47.322	75.501	99.166	73	5.329	5.511.568
jul./00	67.338	107.436	111.133	74	5.476	7.950.256
ago./00	65.706	104.832	95.923	75	5.625	7.862.407
set./00	45.582	71.671	94.646	76	5.776	5.447.014
out./00	49.128	77.247	84.583	77	5.929	5.948.005
nov./00	49.578	75.924	74.947	78	6.084	5.922.072
dez./00	44.667	65.364	72.845	79	6.241	5.163.744
jan./01	30.516	44.656	61.981	80	6.400	3.572.469
fev./01	59.355	86.858	65.626	81	6.561	7.035.471
mar./01	65.379	95.673	75.729	82	6.724	7.845.181
abr./01	46.422	65.521	82.684	83	6.889	5.438.233
maio/01	101.589	137.645	99.613	84	7.056	11.562.165
jun./01	33.819	45.822	82.996	85	7.225	3.894.869
jul./01	48.177	65.276	82.914	86	7.396	5.613.728

continua

Quadro 9.3 – Vendas Mensais – Valores Históricos e Corrigidos (continuação)

Período	Vendas Valores Históricos	Valores Corrigidos (Y)	Média Últimos Três Meses	Cálculos Vendas - Valores Corrigidos X	X2	XY
ago./01	48.834	63.898	58.332	87	7.569	5.559.102
set./01	28.272	36.993	55.389	88	7.744	3.255.385
out./01	43.956	53.225	51.372	89	7.921	4.737.032
nov./01	19.317	23.390	37.869	90	8.100	2.105.137
dez./01	19.308	23.380	33.332	91	8.281	2.127.535
jan./02	57.624	69.775	38.848	92	8.464	6.419.325
fev./02	50.316	60.926	51.360	93	8.649	5.666.138
mar./02	48.177	58.336	63.013	94	8.836	5.483.600
abr./02	39.483	47.809	55.690	95	9.025	4.541.840
maio/02	71.073	87.969	64.705	96	9.216	8.445.045
jun./02	33.597	41.584	59.121	97	9.409	4.033.651
jul./02	50.280	61.434	63.663	98	9.604	6.020.575
ago./02	39.633	47.244	50.088	99	9.801	4.677.189
set./02	132.117	151.753	86.811	100	10.000	15.175.318
out./02	77.232	85.678	94.892	101	10.201	8.653.456
nov./02	72.033	74.266	103.899	102	10.404	7.575.134
dez./02	84.654	84.654	81.533	103	10.609	8.719.362
Soma	3.766.452	6.067.366		5.356	369.564	334.377.774
Média		58.906,46		52,00		

Quadro 9.4 – Vendas Trimestrais Corrigidas – Crescimento Trimestral do PIB

Trimestre	Crescimento do PIB Base – média de 90 = 100		Vendas		Cálculos	
	Índice	Variação % do Trimestre X	Valor – $	Variação % do Trimestre Y	XY	X2
II-94	108,85					
1) III-94	116,77	7,28	199.336	25,00	181,90	52,94
2) IV-94	118,14	1,17	202.507	1,59	1,87	1,38
3) I-95	113,71	-3,75	212.143	4,76	-17,84	14,06
4) II-95	116,69	2,62	107.157	-49,49	-129,69	6,87

continua

Quadro 9.4 – Vendas Trimestrais Corrigidas – Crescimento Trimestral do PIB
(continuação)

Trimestre	Crescimento do PIB Base – média de 90 = 100		Vendas		Cálculos	
	Índice	Variação % do Trimestre X	Valor – $	Variação % do Trimestre Y	XY	X2
5) III-95	118,77	1,78	103.551	-3,36	-6,00	3,18
6) IV-95	116,09	-2,26	109.872	6,10	-13,77	5,09
7) I-96	111,19	-4,22	70.502	-35,83	151,24	17,82
8) II-96	118,37	6,46	165.475	134,71	869,87	41,70
9) III-96	126,21	6,62	133.164	-19,53	-129,33	43,87
10) IV-96	121,86	-3,45	231.403	73,77	-254,27	11,88
11) I-97	116,5	-4,40	210.128	-9,19	40,44	19,35
12) II-97	124,14	6,56	247.930	17,99	117,98	43,01
13) III-97	128,56	3,56	251.179	1,31	4,67	12,68
14) IV-97	124,06	-3,50	193.782	-22,85	79,99	12,25
15) I-98	117,66	-5,16	77.220	-60,15	310,31	26,61
16) II-98	126,37	7,40	190.292	146,43	1.083,97	54,80
17) III-98	128,67	1,82	117.802	-38,09	-69,33	3,31
18) IV-98	121,65	-5,46	66.765	-43,32	236,37	29,77
19) I-99	117,97	-3,03	81.235	21,67	-65,56	9,15
20) II-99	125,47	6,36	158.225	94,78	602,54	40,42
21) III-99	127,92	1,95	132.013	-16,57	-32,35	3,81
22) IV-99	125,67	-1,76	142.615	8,03	-14,13	3,09
23) I-00	124,02	-1,31	206.473	44,78	-58,79	1,72
24) II-00	131,02	5,64	297.497	44,08	248,82	31,86
25) III-00	133,40	1,82	283.939	-4,56	-8,28	3,30
26) IV-00	130,95	-1,84	218.535	-23,03	42,31	3,37
27) I-01	129,06	-1,44	227.186	3,96	-5,71	2,08
28) II-01	133,46	3,41	248.988	9,60	32,72	11,62
29) III-01	134,40	0,70	166.167	-33,26	-23,43	0,50
30) IV-01	129,92	-3,33	99.995	-39,82	132,74	11,11
31) I-02	128,27	-1,27	189.038	89,05	-113,09	1,61
32) II-02	134,80	5,09	177.362	-6,18	-31,44	25,92
33) III-02	136,70	1,41	260.432	46,84	66,02	1,99
34) IV-02	138,75	1,50	244.598	-6,08	-9,12	2,25
Soma		26,992	6.024.505	363,118	3.221,60	554,36
Média		0,793870487		10,67993517	10,67993517	

Considerações Finais

O objetivo do tema foi mostrar um tipo de estudo que pode ser feito pela Controladoria, na sua função de apoio à estratégia e ao delineamento das operações, nos ciclos do processo de gestão de médio e longo prazos. Cabe à Controladoria elaborar modelos decisórios para todos os gestores, em todos os níveis, para todo o processo de gestão.

Este estudo mostra um modelo geral de informação, mensuração e decisão associado ao médio e ao longo prazos e, portanto, deve ser considerado como uma função da Controladoria estratégica. Não é função da Controladoria a tomada de decisão nesse aspecto; cabe-lhe apenas o municiamento de informações. É nosso entendimento que seria natural as empresas que tivessem esse tipo de informação oriunda da Controladoria possibilitarem ao *controller* a participação na elaboração do planejamento estratégico, mesmo sabendo que a estratégia e a palavra final sobre esse processo é da alta administração da companhia.

Bibliografia

CATELLI, Armando. *Controladoria*. São Paulo: Atlas, 1999.

IUDÍCIBUS, Sérgio de. *Análise de custos*. São Paulo: Atlas, 1988.

KASMIER, Leonard J. *Estatística aplicada a economia e administração*. São Paulo: McGraw-Hill, 1982.

LAPPONI, Juan Carlos. *Estatística usando Excel*. São Paulo: Lapponi Treinamento e Editora Ltda., 2000.

Capítulo 10

Plano Orçamentário: Estrutura e Análise Crítica

Clóvis Luís Padoveze

O plano orçamentário tem sido considerado, pelos autores de Contabilidade Gerencial e Controladoria, como um dos instrumentos fundamentais para que o *controller* consiga cumprir seu papel no processo de gestão, uma vez que envolve todos os gestores responsáveis por alguma área da empresa e liga essas atividades, e seus gestores, ao processo de gestão econômica, possibilitando a avaliação dos resultados planejados e também do desempenho individual.

O orçamento também é o instrumento por excelência que permite uma atuação de controle no seu mais amplo sentido, ou seja, o controle antecedente, o controle concomitante e o controle subseqüente. O controle antecedente dá-se pela sua própria estrutura de mensurar os resultados planejados; o controle concomitante acontece, após a inserção do plano orçamentário no Sistema de Informação Contábil, na possibilidade de que cada gestor, na decisão de um evento, faça o confronto com os dados programados; e o controle subseqüente dá-se naturalmente pela análise das variações orçamentárias em relação aos dados reais.

Diante dessas considerações preliminares, não haveria por que existir questionamentos sobre esse instrumento gerencial. Contudo, mais recentemente, temos visto críticas, algumas até violentas, ao processo orçamentário, questionando a relação custo/benefício desse sistema de informação, ou vendo-o como um possível instrumento de geração e indução de mau comportamento organizacional.

Este tópico pretende apresentar a estrutura básica do plano orçamentário, fazendo, preliminarmente, um estudo das críticas atualmente colocadas contra esse instrumental, extraindo, então, as vantagens e desvantagens da implantação do sistema de orçamento.

O Que é Orçamento

Podemos definir orçamento como a expressão formal e quantitativa de planos de curto prazo. O orçamento caracteriza-se pela quantificação e mensuração econômica das atividades planejadas e programadas para o próximo exercício. Algumas empresas adotam o procedimento orçamentário para mais de um ano futuro de atividades (dois a cinco anos); porém, em nosso entendimento, é um procedimento dispendioso e desnecessário. Para períodos superiores a um ano futuro, a técnica mais recomendada, pela relação custo/benefício da informação, é a de projeção dos demonstrativos financeiros, cuja característica é a maior sintetização dos dados.

Caracterizamos o plano orçamentário nos principais pontos apresentados a seguir:

- é formal, pois precisa atingir toda a hierarquia da empresa, desde a cúpula até o menor nível de comando hierárquico;
- reproduz as estruturas atualmente existentes e as planejadas que afetarão o período orçamentário;
- deve obedecer rigidamente à estrutura contábil, de planos de contas e centros de custos, despesas e receitas;
- deve ser incorporado ao Sistema de Informação Contábil, por meio dos lançamentos orçamentários;
- o período anual tem de ser segmentado em seus 12 meses, não devendo existir orçamentos trimestrais, já que a apuração de resultados empresariais tem de ser, no mínimo, mensal;
- deve ser consolidado e finalizado em um orçamento das Demonstrações Financeiras Básicas (Demonstração de Resultados, do Balanço Patrimonial, Fluxo de Caixa), complementado por análise financeira e de rentabilidade.

Orçamento: Plano Operacional e Instrumento Incorporador de Objetivos

Naturalmente, o plano orçamentário é veículo para incorporação dos objetivos empresariais. Nesse caso, os objetivos estratégicos ou de médio prazo serão contemplados nos diversos orçamentos por meio das estruturas existentes e planejadas, que já estão de posse das metas decorrentes desses objetivos. Quando alguma meta se encontra no orçamento é porque os objetivos e planos de onde elas saíram estão sendo postos em ação. Portanto, o orçamento caracteriza-se por estar no processo operacional de gestão. Em outras palavras, o orçamento não se encontra mais na etapa de planejamento estratégico; já está na etapa de programação, portanto, é operacional.

Dessa maneira, os objetivos que serão contemplados no plano orçamentário são objetivos que devem e podem ser alcançados com as estruturas existentes ou já preparadas para serem criadas. Nessa linha de raciocínio, não é recomendável que o plano orçamentário contenha objetivos caracterizados como padrões. Portanto, o orçamento não é um sistema de padrões. Algumas empresas têm colocado em prática esse procedimento e, com isso, desvirtuam o processo orçamentário, tornando-o um instrumento de busca de objetivos padronizados.

O sistema de padrões é um sistema de avaliação de desempenho tipicamente destinado para dar objetivos e metas que a empresa gostaria de alcançar. O sistema de padrões tem como referência o que *deveria acontecer*, o desejado. Já o sistema orçamentário prima por criar um sistema de informação que busca evidenciar o que *deve acontecer*, mensurar a realidade que provavelmente aconteça, seja boa ou má.

É óbvio que os dois sistemas podem e devem trabalhar em conjunto. O sistema de padrões coloca metas e desejabilidades; o sistema orçamentário mensura o que deve acontecer, qual a realidade provável que acontecerá. O padrão tem como centro um sistema de melhoria, busca de eficiência e produtividade; o orçamento tem como centro antecipar a realidade, para sinalizar desvios e informações para o processo de tomada de decisão na fase da execução das atividades empresariais.

Críticas

Recentemente, temos visto críticas ao processo orçamentário, centradas basicamente nos seguintes pontos:

- ferramental ineficiente para o processo de gestão e frustração com os resultados obtidos no processo;
- o orçamento engessa em demasia a empresa (o plano tem de ser seguido a qualquer custo!), impedindo a criatividade e o empreendimento dos gestores setoriais, provocando conformismo, medo e/ou insatisfação;
- impossibilidade de utilização desse ferramental em situações de crônica variação de preços;
- extrema dificuldade de obtenção dos dados quantitativos para as previsões e volatilidade do futuro;
- altamente consumidor de tempo e recursos e criador em excesso de rotinas contábeis;
- falta de cultura orçamentária;
- utilização de tecnologias de informação inadequadas etc.

As críticas atuais mais contundentes ao processo orçamentário têm partido de uma instituição criada exatamente para isso, denominada de *Beyond Budgeting Round Table*–BBRT, um consórcio britânico de vinte grandes empresas que investigam a vida empresarial sem o plano orçamentário (Fraser e Hope, 2001).[1] Os autores utilizam várias pesquisas que apontam insatisfação com o orçamento, tais como:

---

[1] BBRT – a tradução literal seria: "Mesa redonda para além do orçamento". O nome do grupo é uma analogia com os Cavaleiros da Távola Redonda, da saga inglesa do mago Merlin e do rei Artur, ou seja, um grupo de pessoas lutando contra o orçamento.

1. Em 1998, 88% dos diretores financeiros das principais empresas européias disseram que estavam insatisfeitos com o modelo orçamentário.
2. Muitas empresas gastam mais com orçamento e menos com estratégia: 78% não mudam seus orçamentos no ciclo fiscal; 60% não vinculam estratégia com o plano orçamentário; 85% das equipes gerenciais gastam menos de uma hora por mês discutindo estratégia.
3. Estudos da KPMG mostraram que orçamentos ineficientes roubam 20% a 30% do tempo dos executivos seniores e administradores financeiros; 20% do tempo dos administradores são tomados pelo processo orçamentário e relatórios de variações.

Segundo esses autores, o valor do plano orçamentário é muito menor do que o esperado, e esse valor tem diminuído em função das seguintes razões:

- os mecanismos do processo orçamentário são ineficientes;
- os orçamentos são preparados de forma isolada, não alinhada com metas e objetivos estratégicos;
- o foco é exclusivamente financeiro, não incorporando outras medidas de avaliação de desempenho não financeiras;
- o horizonte de tempo do orçamento não é vinculado ao ritmo dos negócios – longos horizontes em setores que mudam rapidamente e horizontes curtos em setores relativamente estáveis;
- as informações do desempenho corrente não são acessíveis facilmente;
- os administradores tendem a jogar com os planos e manejá-los;
- as metas dos funcionários e o processo de avaliação de desempenho não são vinculados aos objetivos do negócio.

Para esses mesmos autores (Fraser e Hope, 1999), as empresas deveriam aprender a viver sem orçamento. Quando as empresas aprenderem isso, boas coisas acontecerão. As políticas, os jogos e as trincheiras endêmicas ao processo desaparecerão da noite para o dia. Controles orçamentários burocráticos e inchados são inimigos das idéias e inovações, sufocam a criatividade e recompensam bons guarda-livros (contadores burocráticos), mas falham no reconhecimento da criatividade e da inovação, bem como falham em fornecer um clima gerencial que encoraja a criatividade do pessoal a prosperar e ter sucesso. A proposta dos autores é adotar modelos alternativos de gestão, e eles apresentam 12 princípios para isso:

1. *Governança*: utilizar fronteiras e valores claramente definidos como uma base para a ação, em vez de planos e relatórios de missão.
2. *Responsabilidade pelo desempenho*: fazer os administradores responsabilizarem-se por resultados competitivos, não somente para atingir seus orçamentos.

3. *Delegação*: dar aos funcionários liberdade e habilidade para agir, não os controlando e constrangendo.
4. *Estrutura*: organizar a empresa ao redor dos processos e não em torno das funções e dos departamentos.
5. *Coordenação*: coordenar as interações dos processos da companhia mediante o planejamento de sistemas de informações que fluam com rapidez, não detalhando ações por meio de orçamentos.
6. *Liderança*: desafiar e treinar o pessoal, não o comandar e controlar.
7. *Atribuição de metas*: dar metas competitivas, não orçamentos.
8. *Processo estratégico*: fazer do processo da estratégia um ato contínuo e compartilhado, não um evento anual de cima para baixo.
9. *Administração antecipatória*: utilizar sistemas antecipatórios para administração da estratégia, não para fazer correções de curto prazo.
10. *Administração dos recursos*: prover disponibilidade de recursos para as operações, quando requeridos e a um custo justo, não os alocar arbitrariamente a partir da cúpula administrativa.
11. *Mensuração e controle*: utilizar uns poucos indicadores-chave de desempenho para controlar os negócios, não um detalhado e massificante conjunto de relatórios de variações.
12. *Motivação e recompensas*: estruturar recompensas com base em um desempenho competitivo da empresa e da unidade específica do gestor, não em metas predeterminadas.

Outro trabalho recente apresenta também uma série de críticas aos orçamentos (Bourne e Neely, 2002). São elas:

- são consumidores de recursos e tempo;
- são a maior barreira para a responsabilidade, flexibilidade e mudança;
- raramente estão focados na estratégia e freqüentemente desalinhados em relação a ela;
- adicionam pouco valor, dado o montante de tempo requerido para prepará-los;
- são focados mais em custos do que na criação de valor;
- fortalecem o comando e o controle verticais;
- não refletem as novas estruturas de redes de trabalho (processos) que estão sendo adotadas pelas empresas;
- encorajam os "jogos" entre os superiores e subordinados durante a elaboração das metas;

- são desenvolvidos e reajustados com pouca freqüência;
- são baseados mais em desejos e em assunções não suportadas do que em dados bem estruturados;
- reforçam as barreiras departamentais em vez de encorajar o compartilhamento do conhecimento;
- fazem o pessoal se sentir subavaliado.

Também recentemente outro trabalho discute as falhas orçamentárias, procurando corrigi-las e apresentando as seguintes observações para evitar problemas no processo orçamentário (Leahy, 2002). As maiores falhas na condução do processo orçamentário seriam:

1. *Conduzir o processo de trás para diante*: nunca faça o orçamento sem antes fazer o planejamento estratégico.
2. *Estimar os custos no escuro*: cada tipo de custo deve ser cuidadosamente estudado, sem utilização de estimativas ou dados médios sem consistência. Também, todos os custos devem ser analisados de forma conjunta, já que são inter-relacionados.
3. *Começar de cima para baixo*: é preciso evitar o orçamento ditatorial, sem participação dos gestores dos demais níveis hierárquicos. O orçamento deve ser exercício de mão dupla.
4. *Atingir as metas a qualquer custo*: não vincular as recompensas exclusivamente ao cumprimento das metas orçamentárias. Oportunidades de investimentos lucrativas não previstas precisam ser abrigadas, dando flexibilidade ao processo orçamentário.
5. *Tratar o orçamento como um mandamento gravado em pedra*: quando os negócios mudarem significativamente ao longo do período orçamentário, este tem de ser ajustado; o orçamento não pode ser inflexível.
6. *Apegar-se a planilhas*: a tecnologia de informação tem soluções hoje que permitem um orçamento mais analítico do que o tradicional uso de Excel.
7. *Tentar colocar um cilindro em um orifício quadrado*: a utilização de modelos ou sistemas de informações que não se adaptam à empresa só pode atrapalhar.
8. *Usar o orçamento como um plano de negócios*: o orçamento precisa ser realista e complementar o plano de negócios. Contudo, esse plano de negócios deve ser mais otimista, pela sua própria natureza de riscos e oportunidades.
9. *Minimizar a importância das variações*: há certo menosprezo pela análise das variações, feita de forma muito superficial. É muito importante investigar as razões que levaram às variações.
10. *Passar automaticamente para a previsão móvel*: há uma corrente que propõe substituir o orçamento pelo *rolling forecast* (previsão móvel). Mesmo sendo um

conceito interessante, isso descaracteriza o processo orçamentário e pode simplesmente fazer a empresa acabar tendo um modelo de gestão apenas baseado nos dados reais, sem uma mensuração do planejamento para o próximo período, o que pode ser muito pior.

Outro artigo recente começa com um texto bastante sugestivo focando os comportamentos organizacionais induzidos pelo orçamento (Jensen, 2002): "O processo de elaboração dos orçamentos corporativos é uma piada, e todos sabem disso. Consome um tempo absurdo dos executivos, forçando-os a passar por intermináveis e enfadonhas reuniões e tensas negociações. *Encoraja os gerentes a mentir e a enganar* (grifo nosso) – depreciando objetivos e supervalorizando resultados – e os penaliza quando dizem a verdade. Converte decisões comerciais em elaborados exercícios na arte de jogar. Transforma colegas de trabalho em concorrentes, criando desconfiança e má vontade. E deturpa incentivos, motivando pessoas a agir de forma contrária aos interesses da empresa em que trabalham".

Um texto como esse realmente deve fazer qualquer *controller* pensar sobre o processo orçamentário. Pelo menos já garante que o *controller* deve ter um conhecimento mínimo de psicologia e sociologia para enfrentar seus colegas de trabalho. O autor desse artigo enfatiza os seguintes pontos:

- o comportamento enganador subjacente ao processo orçamentário não necessariamente deve existir, mesmo que haja essa possibilidade. O processo orçamentário não é, por si só, a raiz de ações contraproducentes;
- essas ações são causadas, mais exatamente, pelo uso das metas que determinam as recompensas. Quando os gerentes ficam sabendo que ganharão bônus se atingirem determinados objetivos, há dois fatos inevitáveis: primeiro, eles tentam definir metas baixas, para que as cumpram facilmente; segundo, quando os objetivos forem predeterminados, fazem o que for preciso para alcançá-los, mesmo que a empresa sofra com o resultado;
- a proposta do autor é desvincular o orçamento do processo de recompensa com bônus. Os prêmios devem ser conquistados apenas em razão dos feitos e não pela habilidade de atingir metas.

Como recomendações básicas, os estudos indicam que é possível, para a empresa, criar valor para os acionistas com planejamento e orçamento que incluam:

- melhores previsões;
- melhor formulação de estratégias;
- processos de planejamento e de orçamento que priorizem a eficiência na gestão de custos; e
- subordinação de planos e orçamentos às estratégias acima de tudo.

Vantagens do Processo Orçamentário

Apesar dessas pesadas críticas, não há dúvida de que o plano orçamentário é vital para a atividade de Controladoria e para a gestão econômica do sistema empresa. As críticas devem ser levadas para o aspecto positivo e para a melhoria do processo orçamentário. Há uma série positiva de vantagens e utilizações do processo orçamentário, que devem ser exploradas para viabilização desse instrumento. Exemplos de propósitos gerais que precisam estar contidos no plano orçamentário podem ser:

1. *Orçamento como sistema de autorização*: o orçamento aprovado não deixa de ser um meio de liberação de recursos para todos os setores da empresa, minimizando o processo de controle.

2. *Um meio para projeções e planejamento*: o conjunto das peças orçamentárias será utilizado para o processo de projeções e planejamento, permitindo, inclusive, estudos para períodos posteriores.

3. *Um canal de comunicação e coordenação*: incorporando os dados do cenário aprovado e das premissas orçamentárias, é instrumento para comunicar e coordenar os objetivos corporativos e setoriais.

4. *Um instrumento de motivação*: dentro da linha de que o orçamento é um sistema de autorização, ele permite um grau de liberdade de atuação nas linhas aprovadas, sendo instrumento importante para o processo motivacional dos gestores operacionais.

5. *Um instrumento de avaliação e controle*: considerando também os aspectos de motivação e de autorização, é lógica a utilização do orçamento como instrumento de avaliação de desempenho dos gestores e controle dos objetivos setoriais e *corporativos*.

6. *Uma fonte de informação para tomada de decisão*: contendo os dados previstos e esperados, bem como os objetivos setoriais e corporativos, é uma ferramenta fundamental para decisões diárias sobre os eventos econômicos de responsabilidade dos gestores operacionais.

Os objetivos da corporação, genéricos, direcionam aqueles das diversas áreas ou funções, que são os objetivos específicos. Dessa maneira, estabelecer objetivos deve ser um processo interativo, que coordena os objetivos gerais com os objetivos específicos. Nessa linha de atuação, o processo orçamentário permite a participação de toda a estrutura hierárquica com responsabilidade orçamentária, não devendo ser um processo ditatorial com uma única direção, de cima para baixo. Não há dúvida de que, em última instância e em caso de incertezas, prevalecerão os critérios da corporação.

Todos os envolvidos no processo orçamentário têm de ser ouvidos. Esse envolvimento permitirá uma gestão participativa, consistente com a estrutura de delegação de responsabilidades, e o comprometimento de todos os gestores dos setores específicos. Só assim será possível a gestão adequada da etapa final do plano orçamentário, que é o controle orçamentário, com a análise dos resultados planejados e o desempenho individual dos gestores.

Os orçamentos permitem identificar as partes discrepantes dos negócios. Compartilhando abertamente informações cruciais e baseando decisões em um conjunto comum de números, o procedimento flui e garantem-se interações harmoniosas entre as unidades, o que leva a processos eficientes, produtos de alta qualidade, baixos inventários e clientes satisfeitos. O processo orçamentário tem, como uma de suas reais funções, de fornecer bases para boas decisões comerciais e possibilitar a efetiva coordenação de unidades distintas. Diante dessas colocações, podemos elencar alguns princípios gerais para a estruturação do plano orçamentário:

1. *Orientação para objetivos*: o orçamento deve-se direcionar para que os objetivos da empresa e dos setores específicos sejam atingidos eficiente e eficazmente.
2. *Envolvimento dos gestores*: todos os gestores responsáveis por um orçamento específico devem participar ativamente dos processos de planejamento e controle, para obtermos o seu comprometimento.
3. *Comunicação integral*: compatibilização entre o sistema de informações, o processo de tomada de decisões e a estrutura organizacional.
4. *Expectativas realísticas*: para que o sistema seja motivador, ele tem de apresentar objetivos gerais e específicos que sejam desafiadores, dentro da melhor visão da empresa, mas passíveis de serem cumpridos.
5. *Aplicação flexível*: o sistema orçamentário não é um instrumento de dominação. O valor do sistema está no processo de produzir os planos, e não nos planos em si. Assim, o sistema tem de permitir correções, ajustes, revisões de valores e planos.
6. *Reconhecimento dos esforços individuais e de grupos*: o sistema orçamentário pode ser um instrumento componente do sistema de avaliação de desempenho etc.

Orçamento Participativo versus Ditatorial

O orçamento deve, necessariamente, ter o envolvimento dos gestores com responsabilidade sobre peças orçamentárias. Portanto, um processo de orçamento de cima para baixo (*top down*), de forma impositiva, sem nenhuma participação dos gestores que levarão a cabo os objetivos e cumprirão as metas operacionais, tende a produzir resultados inferiores do que sob outra proposta de condução do sistema orçamentário.

De outro lado, o processo orçamentário conduzido de forma totalmente democrática (*bottom up*) traz também os problemas inerentes a essa política de condução de negócios. Existe a possibilidade de que os desejos, necessidades e objetivos setoriais não estejam, em um primeiro momento, coerentes com os objetivos maiores da organização. Não é incomum também, nesse procedimento, que alguns gestores, menos pragmáticos, estipulem metas e objetivos exagerados, tanto no lado de incremento como no de redução do volume de atividades etc.

Em termos de tempo de execução do plano orçamentário, o modelo ditatorial é muito mais rápido, pois poucas pessoas fazem parte do processo de planejamento e mensuração dos programas. O orçamento totalmente democrático, no entanto, despende muito mais tempo, pois envolve um número razoável de idas e vindas dos papéis de cálculo dos pré-orçamentos. Ambas as posturas, de forma extremada, fatalmente levarão a problemas de comprometimento, motivação, coordenação de objetivos e até, talvez, incorreção na mensuração dos planos setoriais e gerais.

Como já salientamos, em algum momento poderá haver a necessidade de se tomar uma decisão. E em uma organização, o processo de decisão segue a estrutura hierárquica e sempre conduzirá a que algum gestor, no subir da pirâmide organizacional, tenha de tomar uma decisão que eventualmente pode estar em desacordo com o subordinado imediatamente inferior.

Dessa forma, o sistema orçamentário oscilará entre esses dois extremos: democracia participativa e processo impositivo. Contudo, nosso entendimento é o de que ele deve conter o máximo possível de democracia e participação, para o comprometimento dos gestores setoriais, porém reservar aos responsáveis dos escalões mais altos a possibilidade de ajustes dos objetivos setoriais aos objetivos maiores do empreendimento, por meio de procedimentos algo mandatórios.

O ponto fundamental é que o orçamento tem de estar totalmente integrado com a cultura *empresarial*. As organizações desenvolvem um conjunto de valores, princípios, regras e procedimentos ambientais que formam sua cultura específica, segundo a qual os gestores, desde a sua entrada na organização, devem parametrizar seu comportamento profissional, sob pena de terem seu desempenho comprometido. Nesse sentido, o orçamento precisa conter as doses adequadas de participação e/ou determinação, decorrentes de tal cultura, sem prejuízo do comprometimento dessa ferramenta de Controladoria.

Validade do Orçamento

Entendemos que os pontos levantados são importantes para os responsáveis pela conduta do sistema e do processo orçamentário, mas não invalidam, de maneira alguma, esse ferramental de Controladoria. A teoria contábil, a teoria da decisão, os métodos quantitativos já desenvolvidos, a tecnologia existente etc. desde há muito têm dado as soluções para a maioria dessas questões.

O plano orçamentário, como qualquer outro ferramental de Controladoria, é um exercício de aprendizado permanente, que só pode se desenvolver e atingir um grau de utilização eficaz se praticado. Os problemas ou dificuldades que surgem do processo devem ser analisados e, em seguida, encontradas as soluções, nem que não sejam as ideais para o momento.

O orçamento, que contém a mensuração econômica dos planos operacionais da empresa, sempre é necessário para o processo de planejamento, execução e controle. As frustrações que acontecem são frutos de planos orçamentários não desenvolvidos corretamente, com falta de objetivos determinados, de uma clara definição de responsabilidades, da competência para obtenção dos dados e dos procedimentos de mensuração etc.

Podemos, com isso, resumir as maiores vantagens do orçamento:

1. A orçamentação compele os administradores a pensar à frente pela formalização de suas responsabilidades para planejamento, tornando-se um conjunto de métricas importantes dos planos operacionais do grupo corporativo.
2. A orçamentação fornece expectativas definidas que representam a melhor estrutura para julgamento de desempenho subseqüente.
3. A orçamentação ajuda os administradores na coordenação de seus esforços, de tal forma que os objetivos da organização como um todo sejam confrontados com os objetivos de suas partes.

Cultura Orçamentária

Para que o sistema de orçamento sempre tenha sucesso, é necessária a criação de uma cultura orçamentária, dentro da cultura maior da empresa. Em algumas organizações, onde o sistema de orçamento já está consolidado, poucas dúvidas existem, os objetivos, o plano e o controle orçamentário são aceitos normalmente, e o resultado é eficaz para a entidade.

Em outras empresas, onde é necessário fazer a implantação do sistema orçamentário, por ser um novo empreendimento ou porque a empresa não tem um sistema orçamentário já desenvolvido, o sucesso do sistema orçamentário dependerá de como o processo será conduzido, bem como do tempo transcorrido e da prática orçamentária.

É esperado que, no primeiro ano da implantação de um sistema orçamentário, surjam muitos problemas e dificuldades, tanto de ordem técnica de valores etc. como de ordem de motivação e desempenho dos gestores setoriais. Cada um dos problemas e das dificuldades deve ser analisado, para que haja sua eliminação ou minimização para o próximo exercício.

No segundo ano, novas dificuldades ou problemas ainda surgirão, se bem que em menor quantidade. Provavelmente, no terceiro ano o sistema orçamentário deverá estar praticamente consolidado, e passando a fazer parte concretamente da cultura da empresa. Estará, então, criada a cultura orçamentária. Nessa ocasião, os quesitos que eventualmente poderiam invalidar o orçamento já estarão sob controle e o sistema orçamentário será, como deve ser, um dos grandes instrumentos da gestão do processo de administração empresarial.

Aplicabilidade

Como qualquer instrumental de Controladoria, o orçamento é aplicável a todo tipo de entidade, seja ou não com fins lucrativos, bem como de qualquer tamanho e arquitetura organizacional. O orçamento para um grupo corporativo é indispensável por sua própria estrutura organizacional. Só é possível consolidar um processo de planejamento operacional para o próximo exercício, com um sistema que consolide todas as métricas das divisões e empresas de um grupo corporativo, dentro de uma estrutura sistêmica e íntegra que é o método contábil, modelo-base do plano orçamentário.

Para pequenos empreendimentos, a utilização do orçamento é vital e, provavelmente, deve ser o instrumento mais importante para a gestão dos negócios, uma vez que obriga os empreendedores a trabalharem constantemente em perspectiva. Para entidades sem fins lucrativos, e que normalmente dependem de receitas não vinculadas a produtos e serviços, o orçamento é o modelo básico de gestão. Na realidade, cada período de atividade só pode iniciar-se após a feitura de um orçamento com adequado horizonte de perspectiva, sob pena de a entidade não conseguir cumprir suas missões.

Não existem, portanto, entidades que prescindam do conceito de orçamento. Sua aplicabilidade é para qualquer uma, indistintamente. Cabem apenas o treinamento adequado dos gestores e uma adequada adaptação do Sistema de Informação Contábil e orçamentário às especificações de cada entidade.

Estrutura do Plano Orçamentário

O plano orçamentário contempla três grandes segmentos:

- o orçamento operacional;
- o orçamento de investimentos e financiamentos;
- a projeção dos demonstrativos contábeis (também chamada de orçamento de caixa).

Orçamento Operacional

É o que contém a maior parte das peças orçamentárias, pois abarca todos os orçamentos específicos que atingem a estrutura hierárquica da empresa, englobando as áreas administrativa, comercial e de produção. O orçamento operacional equivale, na demonstração de resultados da empresa, às informações que evidenciam o lucro operacional, ou seja, vendas, custo dos produtos, despesas administrativas e comerciais. Ele compreende as seguintes peças orçamentárias:

- orçamento de vendas;
- orçamento de produção;
- orçamento de compras de materiais e estoques;
- orçamento de despesas departamentais.

O orçamento de *despesas departamentais* ou por centro de custo inclui as despesas de cada setor com um responsável dentro da empresa por gastos controláveis e abrange:

- consumo de materiais indiretos pelo centro de custo;
- despesas com mão-de-obra direta;
- despesas com mão-de-obra indireta;
- gastos gerais do centro de custo;
- depreciações do centro de custo.

Orçamento de Investimentos e Financiamentos

Esse segmento do plano orçamentário contém as seguintes peças orçamentárias:

- orçamento de investimentos (aquisições de investimentos, imobilizados e diferidos);
- orçamento de financiamentos e amortizações;
- orçamento de despesas financeiras.

Normalmente, esse segmento fica restrito a algumas pessoas, em geral da direção, o responsável pela tesouraria e o *controller*.

Projeção dos Demonstrativos Contábeis

É o segmento do plano orçamentário que consolida todos os orçamentos. Parte do balanço patrimonial inicial, incorpora o orçamento operacional e o orçamento de investimentos e financiamentos, projeta as demais contas e conclui com um balanço patrimonial final. Compreende as seguintes peças orçamentárias:

- projeção de outras receitas operacionais e não operacionais e despesas não operacionais;
- projeção das receitas financeiras;
- projeção da Demonstração de Resultados do período orçamentário;

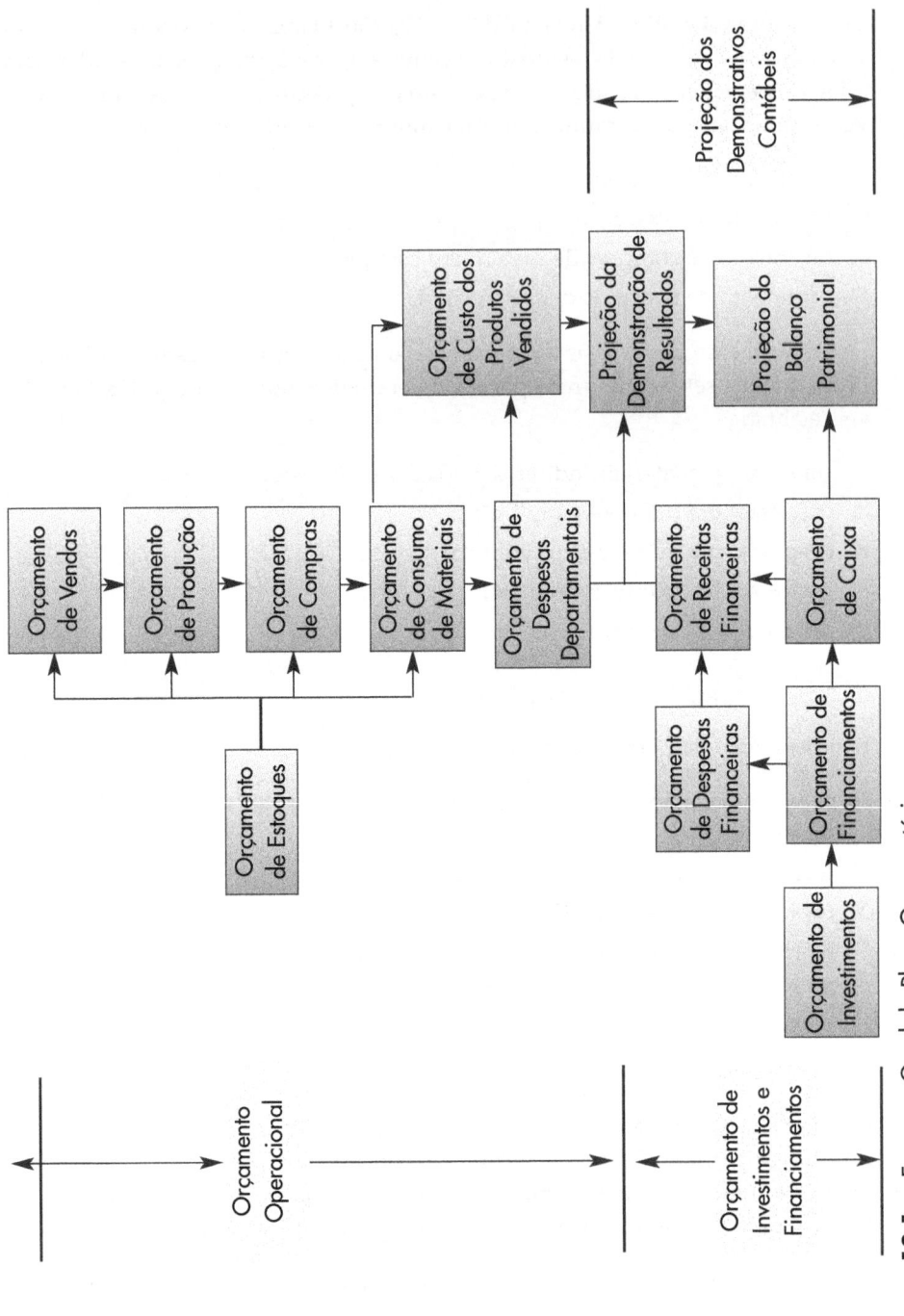

Figura 10.1 – Esquema Geral do Plano Orçamentário.

- projeção do Balanço Patrimonial ao fim do período orçamentário;
- projeção do Fluxo de Caixa;
- projeção da Demonstração das Origens e Aplicações dos Recursos;
- análise financeira dos demonstrativos projetados.

Identicamente ao orçamento de investimentos e financiamentos, esse segmento do plano orçamentário fica restrito à cúpula diretiva e ao *controller*. A Figura 10.1 mostra um resumo do esquema geral de um plano orçamentário e suas peças principais.

Considerações Finais

As recentes críticas ao orçamento são válidas, em nosso entendimento, apenas no intuito de melhorar esse ferramental de Controladoria. A supressão pura e simplesmente desse instrumento de controle em nada auxiliará os gestores no seu processo decisório. Não há como conduzir um processo de planejamento operacional, seja ele de curto ou de médio prazos, sem a utilização de algum instrumento que permita mensurar e avaliar os fluxos futuros, decorrentes das decisões de investimentos e financiamentos.

Se a nomenclatura a ser usada para a mensuração econômica dos planos operacionais e de investimentos deve ser ou não orçamento, não é uma questão relevante. Desde que se utilize um ferramental para cálculo, informação e controle para os resultados das operações futuras e os impactos patrimoniais, o uso de terminologias similares como projeção, previsão ou planejamento financeiro é perfeitamente justificável e coerente com o processo de planejamento, execução e controle.

Bibliografia

BOURNE, Mike; NEELY, Andy. Lore Reform. *Finanacial Management*. Londres, jan. 2002.

FRASER, Robin; HOPE, Jeremy. Rethinking: Life Without Budgets. *Business Review Weekly*. Austrália, jun. 1999.

_____. Figures of Hate. *Financial Management*. Londres, fev. 2001.

JENSEN, Michael. O orçamento não funciona. Vamos consertá-lo. *Harvard Business Review*, 2002. Caderno Especial Exame.

LEAHY, Tod. As 10 maiores armadilhas do orçamento. *HSM Management*, maio/jun. 2002.

PARTE III
CONTROLE

Capítulo 11

Custeio Variável *versus* Custeio por Absorção

Clóvis Luís Padoveze

Uma obra que é considerada um marco na análise crítica da Ciência Contábil, como resposta às críticas ao papel que a Contabilidade vinha desenvolvendo nas empresas, é o trabalho de Johnson e Kaplan (1987), intitulado *Relevance Lost*. As grandes críticas foram à Contabilidade de Custos. O ambiente empresarial manufatureiro estava totalmente modificado e em contínua transformação, e os conceitos e sistemas de Contabilidade de Custos ainda tratavam as operações industriais como se elas estivessem sendo executadas como no passado. Assim, esses autores proclamaram a obsolescência da Contabilidade de Custos atualmente em prática. Essa crítica foi acompanhada logo em seguida por um grande número de especialistas, cientistas contábeis e de outras áreas interessados nos sistemas de informações contábeis gerenciais. Nakagawa (1991, p. 34) cita: "Tendo-se *constatado* (grifo nosso) que os sistemas tradicionais de custeio já não vinham atendendo adequadamente às necessidades atuais de administração e controle de custos...". Ostrenga (1993, p. 18-19) coloca assim a questão: "Essas velhas técnicas (de custos) foram desenvolvidas em uma época na qual o ambiente de negócios diferia dramaticamente daquele hoje enfrentado pelas empresas". Shank e Govindarajan (1993, Prólogo) citam em sua obra a afirmação de Ford S. Worthy publicada na revista *Fortune,* 1987: "A maior parte das companhias parece reconhecer que seus sistemas de custos não respondem ao ambiente competitivo atual (...) os métodos que eles usam para alocar custos entre seus muitos produtos são desesperadamente obsoletos...".

Dessas críticas surgiram alguns conceitos novos de gestão de custos, a partir dos quais nasceu uma proposta de sistema de informação e gerenciamento de custos, denominada originalmente de ABC (*Activity Based Costing*) ou Custeio Baseado em Atividades (Custeio ABC), que talvez tenha sido a resposta mais evidente e prática, procurando resolver a questão da retomada da relevância perdida a que se referia Johnson e Kaplan.

O Custeio Baseado em Atividades evoluiu para os conceitos de ABM (*Activity Based Management*) ou Administração Baseada em Atividades, e, mais recentemente, para o conceito de Contabilidade Estratégica. Nakagawa coloca a seguinte questão: "É a Contabilidade Estratégica ou é o Contador que deve assumir uma Postura Estratégica?". Alguns autores, tais como Nakagawa (1994, p. 4-5), Shank e Govindarajan resumem esses objetivos denominando esses temas de *Gestão Estratégica de Custos.* Após quase uma década, algumas pesquisas indicam que muitas empresas passaram a adotar esse sistema de custeamento e gerenciamento de custos (Custeio ABC) e que esses conceitos, em linhas gerais, têm sido entendidos como eficazes e atendendo às necessidades informacionais dos gestores nessa área. Swenson e Flesher (1996, p. 49-53), em recente pesquisa, concluíram que, "para as 25 empresas que implementaram ABC, os administradores financeiros reportaram altos níveis de satisfação tanto para com seus sistemas de custeamento de produtos como para mensuração de desempenho...". Citam também que, "devido à implementação dos sistemas ABC, os gerentes operacionais tornaram-se mais satisfeitos com as informações fornecidas pelos contadores gerenciais".

Contudo, a unanimidade ainda não foi alcançada. Alguns estudiosos entendem que nem sempre o Custeio ABC é a solução final ou definitiva para o problema de superar a relevância contábil perdida. Há cientistas e estudiosos que, ou não concordam com os conceitos e premissas do Custeio ABC, ou pelo menos propõem uma solução mediadora. Catelli e Guerreiro (1993, p. 1) entendem que o modelo de Custeio ABC parte de algumas premissas não consistentes, quando citam: "Neste trabalho procuramos evi192denciar a fraqueza conceitual que observamos no modelo ABC". Johnson (1994, p. 133) diz: "O ABC está sendo utilizado como arma para enfatizar que as informações contábeis são importantes, o que é discutível". MacArthur (1996, p. 30-38) afirma: "ABC pode não ser a melhor solução em todos os casos...".

Mais recentemente, contudo, algumas outras teorias têm sido apresentadas, objetivando manter a Contabilidade em linha com o estado atual tecnológico empresarial e os conceitos gerenciais em andamento. Da nossa pesquisa, selecionamos duas que julgamos principais, por já conterem um corpo mais completo de conceitos, teorias, técnicas e sistemas. A primeira, de abrangência internacional, está sendo denominada de *Throughput Accounting*, que traduziremos por Contabilidade de Resultados. A segunda, de geração nacional, na Faculdade de Economia, Administração e Contabilidade da Universidade de São Paulo (FEA-USP), em conjunto com a Fundação Instituto de Pesquisas Contábeis, Atuariais e Financeiras (Fipecafi), denominada de Sistema de Informação de Gestão Econômica (Gecon).

A Contabilidade de Resultados tem como arcabouço teórico uma filosofia de administração de produção desenvolvida por Eliyahu M. Goldratt e Jeff Cox (1986), denominada de *Theory of Constraints* (Toc) ou *Teoria das Restrições*. Os autores desses conceitos de gerenciamento industrial entenderam que não é possível uma administração fabril desvinculada dos conceitos econômicos e, portanto, de custos. Assim, propuseram uma visão geral de gestão de custos conjuntamente com os procedimentos operacionais fabris.

O Gecon, na nossa avaliação, assumindo premissas particulares, não tem uma ligação específica com uma ou outra corrente contábil, econômica ou administrativa. O Gecon, assim como a Contabilidade de Resultados, fundamenta-se nos resultados da empresa. Conforme Catelli e Guerreiro, "*acreditamos que o melhor modelo de decisão é aquele que contempla não só os custos mas também as receitas e portanto resultados*" (Catelli e Guerreiro, 1992, p. 11).

Com essa apresentação introdutória, queremos ressaltar dois aspectos fundamentais, que conduzirão a linha mestra deste estudo:

1. Têm havido movimentos críticos em relação à Ciência Contábil, notadamente ao ramo da Contabilidade denominada de Contabilidade Gerencial ou de Custos.
2. Os movimentos críticos, mesmo os mais recentes e objetos de extenso estudo e bibliografia, não têm, contudo, permitido identificar uma nova homogeneidade de pensamento, sempre esperada no processo científico circular de tese, antítese, síntese.

O cerne da questão da Contabilidade de Custos está na adoção do método de custeio, ou método de custeamento dos produtos e serviços. As críticas à Contabilidade de Custos, que foram enfatizadas na introdução, centram-se nessa questão, como demonstraremos no transcorrer deste Capítulo. Assim, a apresentação do tema tem como objetivos:

- rever a questão do método de custeio, identificando e classificando suas variantes;
- rever a discussão e a polêmica da adoção dos métodos de custeio, as vantagens e desvantagens desses métodos;
- identificar o paradoxo da utilização dos métodos de custeio;
- buscar uma explicação plausível para o paradoxo que apontamos.

Método de Custeio

Método de custeio é o fundamento da Contabilidade de Custos ligado à mensuração do custo dos produtos. Portanto, método de custeio é método de mensuração. Conforme Martins, falando de Custeio Variável: "Nasceu assim o *Custeio Variável* (Custeio significa forma de apropriação de Custos)". Falando sobre Custeio por Absorção, o mesmo autor diz: "Resume-se este no critério fartamente analisado por nós em que se *apropriam* (grifo nosso) todos os custos de produção, quer fixos, quer variáveis, quer diretos ou indiretos, e tão-somente os custos de produção, aos produtos elaborados" (Martins, 1996, p. 214-215). Em outras palavras, método de custeio é como deve ser feito o custeio dos produtos. Pela adoção do método de custeio é que definimos quais os custos devem fazer parte do custeio dos produtos, ou, como diz Martins, quais os custos devem ser apropriados aos produtos elaborados.

É importante não confundir *método* de custeio com *sistema* de custeio e *sistema de acumulação* de custos. O método de custeio indica quais custos devem fazer parte da apuração do custo dos produtos; o sistema de custeio, ou forma de custeio, está ligado à dimensão da unidade de mensuração, e indica quais as opções de mensuração, após adotado um método de custeio (baseado em custo real, custos esperados, padronizados etc.); o sistema de acumulação indica os caminhos para coleta, processamento e saída das informações dentro do Sistema de Informação Contábil, e está ligado fundamentalmente ao tipo de produto e ao processo de fabricação adotado.

A mensuração da receita dos produtos e serviços, recursos e atividades da empresa tem como fundamento o *preço de mercado*. Como é necessário apurar o resultado, o ponto crucial torna-se o método de mensuração dos custos dos recursos e produtos, ou o método de custeio. O método de mensuração do custo está fundamentalmente ligado a duas questões:

- quais os custos que devem fazer parte da apuração do custo dos recursos, produtos, serviços, atividades ou departamentos e, por conseqüência,
- quais os custos de um recurso, bem, produto ou serviço final que devem ser ativados enquanto esses bens estão em estoque (ou seja, não vendidos).

A questão dos custos que devem fazer parte da apuração do custo dos bens, produtos, serviços ou atividades está relacionada com a questão dos custos diretos (ou variáveis) e indiretos (ou fixos) (Moore e Jaedicke, 1967, p. 409). Sabemos que nem todos os custos diretos são variáveis e nem todos os custos indiretos são fixos ou completamente fixos. Porém, em um volume de atividade normal da empresa, os custos classificados como diretos e indiretos e o comportamento dos custos em relação ao volume, como custos fixos e variáveis, permitem a identidade de aproximação que sugerimos.

Os custos diretos ou variáveis têm uma identificação clara e podem ser atribuídos diretamente a uma unidade de produto, serviço ou atividade, enquanto os custos indiretos ou fixos não têm essa mesma possibilidade, e só podem ser atribuídos ao custo dos produtos, serviços ou atividades por critérios de distribuição ou alocação de custos (chamados de critérios de rateio ou absorção de custos indiretos).

Dessa maneira, podemos classificar duas opções gerais de método de custeio:

- método de custeio direto ou variável;
- método de custeio por absorção.

Conforme já vimos na introdução deste tópico, o método de custeio por absorção é aquele que utiliza todos os custos, sejam eles fixos ou variáveis, diretos ou indiretos, para a apuração do custo dos produtos. Ainda conforme Martins

(1996, p. 215-216), o método de custeamento variável (ou direto como é também chamado) "significa apropriação de todos os Custos Variáveis, quer diretos quer indiretos, e tão-somente dos variáveis (Custeio Direto pode dar a impressão de que só se apropriariam os custos diretos, mas isso não é verdade; aliás, fica agora clara a distinção entre Custo Direto e Custeio Direto)".

Utilizando ainda Martins (1996, p. 41-42), "custeio por absorção é o método derivado da aplicação dos princípios de contabilidade geralmente (...) consiste na apropriação de todos os custos de produção aos bens elaborados, e só os de produção; todos os gastos relativos ao esforço de fabricação são distribuídos para todos os produtos feitos". Vê-se que um aspecto importante do custeio por absorção é a questão da valorização dos estoques industriais, e está ligado às questões regulatórias, que por sua vez estão ligadas à questão dos princípios contábeis, e basicamente ao princípio do custo como base de valor. Convém, entretanto, ressaltar que, caso se adotem outros critérios de mensuração dos ativos, como valorização dos estoques a preços de saídas ou de realização, e não a preços de custos, como constante da abordagem do Lucro Econômico, a adoção de qualquer método de custeio será prejudicada e desnecessária. Contudo, não é objetivo deste trabalho discutir outros critérios de valorização que não o de custo.

Objetivo do Método de Custeio e Custeamento do Produto

O objetivo fundamental do método de custeio é apurar o custo de *uma unidade* do produto fabricado. Em outras palavras, pelo método de custeio buscamos determinar o *custo unitário do produto* fabricado.

Este é o ponto básico do nosso trabalho. Conforme Garrison (1991, p. 65), "no estudo de custeamento de produtos, nós inicialmente focaremos no *custo unitário de produção* um item de dado de custo que é geralmente reconhecido como altamente útil para os administradores. Os administradores necessitam dos dados unitários de custo por uma variedade de razões. Primeiro, custos unitários são necessários para custear inventários para demonstrativos financeiros e para determinar o lucro líquido periódico (...) Segundo, custos unitários são necessários para assistir a gerência no planejamento e controle das operações (...) Finalmente, custos unitários são necessários para assistir a gerência numa larga faixa de situações de tomada de decisão (...) tais como formação de preços de venda, manter ou eliminar linhas de produtos, fabricar ou comprar componentes, expandir ou contrair operações, aceitar ordens de pedidos especiais a preços especiais etc".

A questão do custo unitário do produto, ou dos produtos fabricados pela empresa, contrapõe-se, então, ao conceito de custo total. Ele é a somatória de todos os custos da empresa, sem fazer qualquer tentativa de apropriá-lo aos diversos produtos fabricados (dificilmente uma empresa fabrica um único produto, em uma só versão ou tamanho etc.). A informação do custo total é facilmente obtida no sistema de acumulação da Contabilidade Financeira, a Contabilidade tradicional, por meio de seu plano de contas de custos e despesas, e é decorrente da contabilização de todas as transações dos eventos econômicos.

O *custeamento do produto* é o processo de identificar o custo unitário de cada produto produzido pela empresa, nas suas diferentes versões ou variações, partindo da informação do custo total obtido na Contabilidade Financeira. É o que caracteriza, essencialmente, o ramo da Contabilidade de Custos. O conceito de custeamento do produto é o mais comum. Porém, o processo de custeamento não precisa necessariamente estar ligado a uma unidade de produto; deve também ser expandido para todos os objetos ou entidades de custos em que haja necessidade de tomada de decisão. Conforme Horngren; Foster e Datar (1994, p. 26): "Para guiar as decisões, os administradores querem saber o custo de alguma coisa. Nós denominamos essas coisas como um *objeto de custo*, e definimos isto como algo para o qual uma mensuração separada de custo é desejada. Exemplos de objetos de custos incluem *um produto* (grifo nosso), um serviço, um projeto, um cliente, uma categoria de marca, uma atividade, um departamento e um programa".

Classificação dos Conceitos e Correntes de Contabilidade de Custos nos Métodos de Custeio

Conforme apresentamos na introdução, as críticas à Contabilidade de Custos, enfatizadas no fim da década de 1980, conduziram basicamente aos conceitos de Gestão Estratégica de Custos, que tem como referencial básico o método de Custeio ABC – *Activity Based Costing* (Custeio Baseado em Atividades). Juntamente com o Custeio ABC, a Gestão Estratégica de Custos advoga a utilização do conceito de Custo Meta (*Target Costing*), um custo que deve ser alcançado (Nakagawa, 1991, p. 37 e 81-83).

A Contabilidade de Resultados, decorrente da adoção dos conceitos da Teoria das Restrições, é clara ao não adotar o Custeio por Absorção, empregando de forma irrestrita o método do Custeio Variável e considerando como tal apenas o custo dos materiais e serviços para os produtos. A Teoria das Restrições considera horizontes de tempo de curto prazo e assume que os demais custos operacionais correntes são custos fixos (Horngren; Foster e Datar, 1994, p. 817). Conforme Kee (1995, p. 50), "sob a TOC o material direto é tratado como um custo variável, enquanto a mão-de-obra direta e todos os outros custos são tratados como fixos". Dessa maneira, a TOC adota como método de custeamento uma visão extremada de Custeio Variável, considerando como tal apenas o custo de material direto dos produtos.

O Sistema de Informação de Gestão Econômica (Gecon), desenvolvido pela Fipecafi e pelo Departamento de Contabilidade da FEA-USP, incorpora apenas o método do Custeio Variável ao seu modelo de mensuração, conforme diz Guerreiro (1996): "Entre os diversos conceitos de mensuração que o sistema Gecon utiliza, destacam-se: competência de períodos, reconhecimento de receitas das atividades pela produção dos bens e serviços e não apenas no momento da venda, preços de transferências departamentais, custo de oportunidade dos recursos operacionais ativados, *método de custeio variável, margem de contribuição...* (grifo nosso)".

Dentro das abordagens tradicionais de custeamento dos produtos, podemos, ainda, incorporar o método de Custeio Integral (*Full Costing*) e o RKW. O Custeio Integral é o método que apropria aos produtos, além dos custos de fabricação, o total das despesas administrativas e comerciais (Horngren, Sundem e Stratton, 1996, p. 188). Conforme Martins (1996, p. 236), "... RKW (abreviação de Reichskuratorium fur Wirtschaftlichkeit) (...) consiste no rateio não só dos custos de produção como também de todas as despesas da empresa, inclusive financeiras, a todos os produtos".

Os métodos de Custeio Integral (*Full Costing*), RKW e Custeio por Atividades (Custeio ABC), em nosso entendimento, enquadram-se na opção de Custeio por Absorção, tendo em vista que possuem como base conceitual a alocação de todos os custos e despesas aos bens, produtos e serviços finais, mesmo que, no caso do Custeio ABC, permita-se antes o custeio unitário das atividades requeridas pelos bens, produtos e serviços finais.

Em resumo, podemos fazer a seguinte classificação das correntes e dos conceitos de custeamento dos produtos, em relação aos métodos de Custeio Variável e por Absorção.

Custeio Variável/Direto	Custeio por Absorção
Teoria das Restrições	Custeio ABC
Gecon	Custo Meta
	Custeio Integral
	RKW

Figura 11.1 – Classificação dos Conceitos e Correntes de Custos pelo Método de Custeio.

A Polêmica: Custeio Direto (Variável) ou por Absorção?

Por dezenas de anos, os teóricos contábeis têm-se debruçado sobre essa dúvida crucial. "Debates sobre a desejabilidade do custeamento por absorção *versus* custeamento variável têm havido há décadas. Para a maior parte, as diferenças de opinião centram-se na procura por um método 'conceitualmente superior' de avaliação de estoques e mensuração do lucro em relatórios financeiros" (Maher, 1994, p. 332). Como exemplos adicionais, podemos citar Staubus no artigo "Custeio Direto ou Custeio por Absorção?" e Fremgen no artigo "A Controvérsia a Respeito do Custeio Direto – Uma Definição de Problemas" (1973, capítulos 7 e 8).

Garrison (1991, p. 267) também retoma a polêmica: "Provavelmente nenhum assunto em toda a contabilidade gerencial tem criado tanta controvérsia entre os contadores como o custeamento direto. A controvérsia não é sobre se os custos devem ser separados entre fixos e variáveis nos assuntos relacionados com planejamento e controle. Mais do que isso, a controvérsia é sobre a justificação teórica para excluir os custos fixos indiretos do custo das unidades produzidas e, portanto, do inventário. Os advogados do custeamento direto argumentam que os custos fixos indiretos são relacionados com a capacidade de produzir, mais do que com a produção real das unidades de produto de um determinado ano. Isto é, eles argumentam que os custos para facilidades e equipamentos, seguros, salários dos supervisores, e outros similares, representam custos de *estar pronto* para produzir e, portanto, serão incorridos a despeito de qualquer produção real que aconteça no ano. Por essa razão, os defensores do custeamento direto dizem que tais custos devem ser lançados como despesas do período e não nos produtos. Os defensores do custeamento por absorção argumentam, por outro lado, que para o custeamento dos produtos não faz diferença se o custo é fixo ou variável. Eles argumentam que os custos fixos indiretos, tais como depreciação e seguros, são tão necessários como essenciais para o processo de produção como os custos variáveis e, portanto, não podem ser ignorados no custeamento das unidades do produto. Eles argumentam que, para o custeamento completo, cada unidade de produto deve carregar uma porção eqüitativa de todos custos de manufatura".

Bem recentemente a polêmica continua, agora já dentro das novas correntes de Contabilidade Gerencial e de Custos. Defensores do Gecon (método do custeio variável) assim se expressam sobre o Custeio ABC (método do Custeio por Absorção): "...somos da opinião de que o sistema ABC não é adequado e eficaz sob a ótica do atendimento das necessidades informativas dos gestores no contexto da dinâmica empresarial do mundo moderno" (Catelli e Guerreiro, 1995, p. 19).

Os autores, adequadamente, centram suas posições na questão fundamental que é o custo unitário dos produtos. Falando também sobre o conceito de *target cost* (Custo Meta), os autores expõem no mesmo artigo: "Este conceito é operacionalizado deduzindo-se do preço de mercado o lucro objetivado para o produto. A questão central que se consubstancia no foco do problema de viabilização é que simplesmente não existe *lucro por unidade de produto* (grifo nosso); assim, como conseqüência, não existe o *target cost* do produto. Apurar o lucro por unidade de produto é possível somente sob a base conceitual do *full cost*, ou seja, partindo do preço de venda e diminuindo o custo (por absorção) unitário do produto. Consideramos que é tão subjetivo e inadequado, sob a ótica da tomada de decisão, o cálculo do lucro por unidade do produto, como é o cálculo do custo total por unidade de produto (...) Consideramos que não existe nenhum sentido conceitual e prático na fixação do lucro unitário do produto. Em nível da unidade individual do produto é possível a identificação do preço de venda, do custo direto e da margem de contribuição".

A apresentação que efetuamos mostra que, em resumo, a polêmica, mesmo que bem antiga, continua sem síntese aparentemente.

Vantagens e Desvantagens dos Métodos de Custeio

Alguns autores centram a diferença entre os métodos na questão dos inventários e, conseqüentemente, na definição do que é um ativo.

> Essencialmente, a diferença entre o método de custeamento por absorção e o custeamento direto/variável centra-se na questão do tempo. Os defensores do custeamento direto dizem que os custos fixos de manufatura devem ser confrontados pelo seu total imediatamente contra as receitas, enquanto os defensores do custeamento por absorção entendem que eles deveriam ser confrontados contra as receitas parte por parte na seqüência exata das unidades de produtos que são vendidos. Qualquer unidade não vendida, sob o custeamento por absorção, resulta em custos fixos, sendo inventariados e carregados para o futuro, como ativos para os próximos períodos. A solução, portanto, para definir qual o método correto, ficaria dentro da definição do que é um ativo para a teoria contábil. *O que é um ativo*: um custo é normalmente visto como sendo um ativo se ele pode ser mostrado que tem poder de produzir receitas, ou se ele pode ser conceituado que irá beneficiar de alguma forma as operações para períodos futuros. Em outras palavras, um custo é um ativo se ele pode ser mostrado que tem *potencial de serviço futuro* que pode ser identificado. (Garrison, 1991, p. 269, grifo nosso)

Entretanto, conforme já salientamos neste trabalho, caso se utilizassem critérios de avaliação de ativos baseados em valores líquidos de realização, a polêmica poderia não existir. Fremgen (1973, p. 131) já se expressa sobre isso: "*Avaliação de Estoques pelo Valor Líquido Realizável*. É possível que a controvérsia a respeito do custeio variável possa ser abandonada e não solucionada. A literatura contábil atual está dando alguma atenção à proposta de avaliar os estoques pelo valor líquido realizável. Caso isso se torne prática generalizada, tanto o custeio variável como o integral (absorção) tornar-se-iam irrelevantes e ambos poderiam ser sepultados".

De modo geral, as vantagens teóricas do Custeio Variável/Direto parecem mais claras e evidentes, pois tendem a não enviesar a apropriação dos custos dos produtos com rateios dos custos indiretos sem bases científicas.

Para iniciar nosso posicionamento crítico, extraímos de Moore e Jaedicke (1967, p. 409) e Garrison (1991, p. 276-277) um painel das vantagens e desvantagens sobre os dois métodos de custeio, ambos tendo como base a sumarização feita pela *National Association of Accountants* (Associação Nacional de Contadores – EUA) no *relatório Research Series n. 23, Direct Costing,* Nova York, 1953.

Vantagens do Custeamento Direto

1. Custos dos produtos são mensuráveis objetivamente, pois não sofrerão processos arbitrários ou subjetivos de distribuição dos custos comuns.
2. Lucro líquido não é afetado por mudanças de aumento ou diminuição de inventários.
3. Os dados necessários para a análise das relações custo-volume-lucro são rapidamente obtidos do Sistema de Informação Contábil.
4. É mais fácil para os gerentes industriais entenderem o custeamento dos produtos sob o Custeio Direto, pois os dados são próximos da fábrica e de sua responsabilidade, possibilitando a correta avaliação de desempenho setorial.
5. Custeamento Direto é totalmente integrado com o custo padrão e o orçamento flexível, possibilitando o correto controle de custos.
6. Custeamento Direto constitui um conceito de custeamento de inventário que corresponde diretamente aos dispêndios necessários para manufaturar os produtos.
7. Custeamento Direto possibilita mais clareza no planejamento do lucro e na tomada de decisões.

Desvantagens do Custeamento Direto

1. A exclusão dos custos fixos indiretos para valoração dos estoques causa a sua subavaliação, fere os princípios contábeis e altera o resultado do período.
2. Na prática, a separação de custos fixos e variáveis não é tão clara como parece, pois existem custos semivariáveis e semifixos, podendo o custeamento direto incorrer em problemas semelhantes de identificação dos elementos de custeio.
3. Custeamento Direto é um conceito de custeamento e análise de custos para decisões de curto prazo, mas subestima os custos fixos, que são ligados à capacidade de produção e de planejamento de longo prazo, podendo trazer problemas de continuidade para a empresa.

Benedicto (1997, p. 142), após citar vários autores e analisar as vantagens do custeamento variável ou direto por eles apresentadas, assim se expressa: "Em linhas gerais, pode-se inferir que o custeio direto/variável oferece mais informações úteis e relevantes para a tomada de decisão do que as demais abordagens do método de custeio, principalmente por evidenciar, de forma clara e objetiva, a margem de contribuição que a instituição precisa ter para suportar determinado volume de atividade, de modo a absorver os seus custos fixos e gerar resultados favoráveis. Em síntese, o método do custeio variável oferece condições para os gestores:

- avaliarem os impactos de redução ou o aumento de custos nos resultados da entidade, tornando-se um instrumento relevante ao planejamento e controle das atividades;
- avaliarem o desempenho de forma mais significativa dos centros de resultados do que aquela proporcionada pelo custeio por absorção, uma vez que os centros de resultados absorvem custos fixos e sua rentabilidade fica prejudicada com os rateios efetuados, tornando às vezes um centro de resultado produtivo em não produtivo ou vice-versa".

Reforçamos os seguintes pontos, considerados vantagens:

- custos unitários de produtos mensuráveis objetivamente;
- permite a análise custo-volume-lucro;
- é o único que identifica a margem de contribuição unitária e global;
- permite a possibilidade da obtenção do ponto de equilíbrio;
- totalmente integrado com custo padrão e orçamento flexível;
- permite clareza no planejamento e na tomada de decisão.

De Maher e Deakin (1994, p. 332-334) extraímos também o seguinte apanhado sobre as vantagens e desvantagens dos métodos de custeio:

Vantagens do Custeamento Variável; Desvantagens do Custeamento por Absorção

- Custeamento Variável requer a identificação dos custos de manufatura em componentes fixos e variáveis: muitas decisões gerenciais requerem a explosão dos custos em componentes fixos e variáveis. O método de custeamento variável é consistente com essa necessidade. O método de custeamento por absorção não: ele trata os custos fixos de manufatura como se fossem custos unitários (isto é, variáveis). Também, note-se que mais dados são apresentados com o custeamento variável do que sob o método do custeamento por absorção. O custeamento variável apresenta os custos fixos e variáveis separados e as margens de contribuição.
- Crítica ao Custo Fixo Unitário no Custeamento por Absorção: o tratamento dos custos fixos como custos unitários pode levar a erros. Um custo fixo unitário é uma função não apenas do montante dos custos fixos mas também do volume de atividade. Qualquer custo fixo unitário dado é válido apenas quando a produção iguala o número de unidades utilizadas para calcular o custo fixo unitário.

■ **Custeamento Variável remove os efeitos das mudanças do inventário da mensuração do lucro:** uma outra vantagem do custeamento variável é que ele remove os efeitos das mudanças do inventário da mensuração do lucro periódico. Por exemplo, no custeamento por absorção, uma empresa aumenta seus lucros reportados pelo incremento do inventário ou diminui seus lucros pela redução do inventário.

Vantagens do Custeamento por Absorção; Desvantagens do Custeamento Variável

A mais óbvia vantagem do custeamento por absorção é que ele está de acordo com os princípios contábeis geralmente aceitos e as leis tributárias. Os proponentes do custeamento por absorção argumentam que esse método reconhece a importância dos custos fixos de manufatura. Eles sustentam que todos os custos de manufatura são custos do produto. Além do mais, argumentam, as empresas que produzem inventários em antecipação para posteriores aumentos nas vendas são penalizadas sob o custeamento variável – a elas seria permitido diferir os custos fixos industriais até as mercadorias serem vendidas, exatamente como elas diferem os custos variáveis de manufatura.

Uma outra vantagem do custeamento por absorção é que ele pode ser menos custoso de implementar, desde que ele não requer a separação dos custos de manufatura nos componentes fixos e variáveis. Enquanto alguns custos de manufatura podem claramente ser distinguidos entre as categorias de fixos e variáveis, outros não. Supervisão, mão-de-obra indireta, e utilidades, por exemplo, raramente são inteiramente fixas ou inteiramente variáveis. Assim, o custeamento variável pode ser mais custoso de implementar do que o custeamento por absorção.

Exceto se levarmos em conta a questão dos estoques industriais e o conceito de valor dos ativos para fins regulatórios, fica claro que o método do Custeio Variável ou Direto é o indicado para ser adotado em fins gerenciais. Esse aspecto é corroborado por Francia et al. (1992, p. 292), quando dizem: "Para propósitos de relatórios contábeis externos, o conceito de custeamento por absorção está bem firmado e representa os 'princípios contábeis geralmente aceitos' como sendo o método formalmente aceito como requerido pela legislação de Imposto de Renda para propósitos de lucro para determinação do imposto. Tem havido muitos defensores do custeamento variável para relatórios externos, mas os argumentos para aceitação têm obtido pouco sucesso até o momento. Os princípios contábeis geralmente aceitos e mais, se não todas instituições regulatórias, requerem o custeamento por absorção para apuração do lucro para fins de relatórios externos. Para planejamento, controle, avaliação de desempenho, tomada de decisão, internamente, o enfoque do custeamento variável tem obtido aceitação gerencial expressiva. Para uso interno, o conceito de custeamento variável é ajustado para atender necessidades de informações particulares da empresa".

Revisão dos Modelos Gerais

Apresentaremos a seguir um exemplo numérico, no qual, partindo de uma única base de dados e informações, construiremos os dois principais modelos de decisão para avaliação de resultados de uma empresa: um modelo baseado em custo unitário de produto e outro baseado nos resultados totais da empresa.

O exemplo contempla dois produtos, Produto A e Produto B, dentro de um período. Os dados iniciais permitirão elaborar dois modelos de decisão para cada um dos métodos de custeio: dois modelos para o custeio direto/variável, o clássico e o da Teoria das Restrições/Contabilidade de Resultados; e dois modelos para o Custeio por Absorção, o clássico e o do Custeio ABC.

Para a elaboração do Custeio por Absorção tradicional, utilizaremos o total da mão-de-obra direta do período como base de apropriação dos custos fixos/indiretos aos produtos.

Para elaborar os demonstrativos pelo Custeio ABC, identificamos para os custos fixos quatro direcionadores representativos das atividades dos departamentos indiretos (horas de máquinas, ordens de produção, quantidades de recebimentos e transportes). Por meio deles construímos primeiramente o custo das atividades, e na seqüência fizemos a distribuição pelos dois produtos considerados no nosso exemplo.

Quadro 11.1 – Informações e Dados do Período

	Produto A		Produto B		Total
	Quantidade	Valor - $	Quantidade	Valor - $	$
Preço de Venda		60,00		200,00	
Volume Corrente	1.300 unidades		120 unidades		
Custos Unitários					
. Materiais Diretos		25,00		78,00	
. Mão-de-Obra Direta		18,00		35,00	
. Comissões sobre Venda		9,00		20,00	
Custos Totais					
. Mão-de-Obra Direta		23.400		4.200	27.600
Custos Fixos					
. Depreciação	500 hs. máquinas		1.600 Hs. máquinas		6.300
. Controle de Produção	240 Ordens		2.600 Ordens		4.260
. Controle de Materiais	10.000 Recebimentos		2.000 Recebimentos		2.700
. Expedição	450 Transportes		100 Transportes		3.300
. Soma					16.560

Quadro 11.2 – Custeio por Absorção

Base adotada para absorção dos custos fixos: total da Mão-de-Obra Direta do período.

Índice de Absorção

Custos Fixos (A)	16.560
Mão-de-Obra Direta total (B)	27.600
=Índice de Absorção	0,6

CUSTO UNITÁRIO DOS PRODUTOS

	Produto A		Produto B	
Materiais Diretos		25,00		78,00
Mão-de-Obra Direta		18,00		35,00
Comissões		9,00		20,00
Custos Fixos	(0,6 x 18,00)	10,80	(0,6 x 35,00)	21,00
Total		62,80		154,00

MODELO DE DEMONSTRAÇÃO DE RESULTADOS

	Produto A			Produto B			Total
	Qtde.	Pr. Unitário	Total	Qtde.	Pr. Unitário	Total	$
RECEITA DE VENDAS	1.300	60,00	78.000	120	200,00	24.000	102.000
CUSTO DAS VENDAS	1.300	62,80	81.640	120	154,00	18.480	100.120
RESULTADO OPERACIONAL		(2,80)	(3.640)		46,00	5.520	1.880
Margem Operacional %		(4,7)	(4,7)		23,0	23,0	1,8

Quadro 11.3 – Custeio Baseado em Atividades

CUSTO DAS ATIVIDADES (DOS CUSTOS FIXOS)

	Direcionador	Quantidade	Gasto Total	Custo por Atividade – $
Depreciação	Hs. máquinas	2.100	6.300	3,00
Controle de Produção	Ordens	2.840	4.260	1,50
Controle de Materiais	Recebimentos	12.000	2.700	0,225
Expedição	Transportes	550	3.300	6,00

continua

Quadro 11.3 – Custeio Baseado em Atividades (continuação)

CUSTO DAS ATIVIDADES POR PRODUTO

	Produto A			Produto B		
	Qtde. de Direcionadores	Custo por Atividade	Total por Produto	Qtde. de Direcionadores	Custo por Atividade	Total por Produto
Horas de Máquinas Trabalhadas	500	3,00	1.500	1.600	3,00	4.800
Ordens de Produção	240	1,50	360	2.600	1,50	3.900
Recebimentos de Materiais	10.000	0,225	2.250	2.000	0,225	450
Transporte de Produtos	450	6,00	2.700	100	6,00	600
			6.810			9.750
Quantidade de Produto Produzida			1.300			120
Custo Unitário das Atividades/Produto			5,24			81,25

CUSTO UNITÁRIO DOS PRODUTOS

	Produto A	Produto B
Materiais Diretos	25,00	78,00
Mão-de-Obra Direta	18,00	35,00
Comissões	9,00	20,00
Custos das Atividades	5,24	81,25
Total	57,24	214,25

MODELO DE DEMONSTRAÇÃO DE RESULTADOS

	Produto A			Produto B			Total
	Qtde.	Pr. Unitário	Total	Qtde.	Pr. Unitário	Total	$
RECEITA DE VENDAS	1.300	60,00	78.000	120	200,00	24.000	102.000
CUSTO DAS VENDAS	1.300	57,24	74.410	120	214,25	25.710	100.120
RESULTADO OPERACIONAL		2,76	3.590		(14,25)	(1.710)	1.880
Margem Operacional %		4,6	4,6		(7,1)	(7,1)	1,8

Para a elaboração dos modelos de decisão e informação do Custeio Variável tradicional, consideramos como custo variável o valor da mão-de-obra direta. Os gastos com a mão-de-obra direta são custos diretos, pois podem ser identificados com facilidade para os diversos produtos fabricados pela empresa, por meio do sistema de informação dos processos de fabricação, utilizado pelo planejamento e controle da produção e no qual constam os tempos necessários para os diversos processos fabris requeridos para cada componente, transformação de matéria-prima e elaboração do produto final acabado.

Quadro 11.4 – Custeio Variável

CUSTO UNITÁRIO DOS PRODUTOS

	Produto A	Produto B
Materiais Diretos	25,00	78,00
Mão-de-Obra Direta	18,00	35,00
Comissões	9,00	20,00
Total	52,00	133,00

MODELO DE DEMONSTRAÇÃO DE RESULTADOS

		Produto A			Produto B		Total
	Qtde.	Pr. Unitário	Total	Qtde.	Pr. Unitário	Total	$
RECEITA DE VENDAS	1.300	60,00	78.000	120	200,00	24.000	102.000
CUSTO DAS VENDAS	1.300	52,00	67.600	120	133,00	15.960	83.560
MARGEM DE CONTRIBUIÇÃO		8,00	10.400		67,00	8.040	18.440
CUSTOS FIXOS						→	16.560
RESULTADO OPERACIONAL							1.880
Margem %		13,3	13,3		33,5	33,5	1,8

Quadro 11.5 – Contabilidade de Resultados (Teoria das Restrições)

CUSTO UNITÁRIO DOS PRODUTOS

	Produto A	Produto B
Materiais Diretos	25,00	78,00
Comissões	9,00	20,00
Total	34,00	98,00

	Qtde.	Pr. Unitário	Total	Qtde.	Pr. Unitário	Total	$
RECEITA DE VENDAS	1.300	60,00	78.000	120	200,00	24.000	102.000
CUSTO DAS VENDAS	1.300	34,00	44.200	120	98,00	11.760	55.960
CONTRIBUIÇÃO DA PRODUÇÃO		26,00	33.800		102,00	12.240	46.040
MÃO-DE-OBRA DIRETA						→	27.600
CUSTOS FIXOS						→	16.560
RESULTADO OPERACIONAL							1.880
Margem %		43,3	43,3		51,0	51,0	1,8

Contudo, apesar de ser um custo direto, é questionável a aplicação do conceito de custo variável para a mão-de-obra direta. Em essência, depois de feita a contratação de pessoal necessária para um determinado volume de produção, a mão-de-obra direta adquire a característica temporária de custo fixo. Porém, as empresas decidem o quadro de funcionários de mão-de-obra direta em relação aos volumes de produção esperados e programados, ajustando-o para mais quando o volume de produção aumenta, e ajustando-o para menos, tão logo possível, quando o volume de produção tem de ser reduzido significativamente. Conforme essa visão e essas considerações, é perfeitamente plausível aceitar o enquadramento da mão-de-obra direta como custo variável, já que, em condições normais, há totais condições de assumir tal comportamento para esse custo.

A Contabilidade de Resultados, dentro da Teoria das Restrições, assume explicitamente o conceito de Custeio Variável, considerando como variável apenas os materiais e serviços recebidos de terceiros, e a mão-de-obra direta é considerada uma despesa fixa do período. Nesse método, surge o conceito de *Contribuição da Produção*, que é o valor das vendas (unitário e total) menos o custo dos materiais e serviços empregados, em substituição ao conceito de *Margem de Contribuição*, do método tradicional de Custeio Variável.

Para avaliar a possibilidade de utilização adequada dos modelos apresentados, é importante observar como se faz a *integração* entre os dois modelos de decisão e informação, o modelo de custo unitário dos produtos com o modelo de demonstração de resultados. A integração é feita para se obter, *a partir de preços e custos unitários*, associados a volume de produção ou vendas, *o resultado total da empresa*.

Para integrar os dois modelos, no caso do Custeio por Absorção e Custeio ABC, temos de multiplicar pelo volume de produção/vendas todos os itens do custo unitário dos produtos, sejam diretos, indiretos, fixos ou variáveis. No caso do método de Custeio Variável/Direto e da Teoria das Restrições, só se multiplicam pelo volume os itens que são a eles associados, ou seja, os custos variáveis/diretos unitários e o preço de venda, que sempre é unitário.

Assim, *caso aconteça uma variação de volume, os modelos baseados em Custeio por Absorção tornam-se inválidos*. Os defensores do Custeio ABC poderiam argumentar que o método ABC não é especificamente para o custeamento dos produtos, mas, sim, para o custeio unitário das atividades. Mesmo essa argumentação é difícil de aceitar, tendo em vista que, em um modelo de demonstração de resultados total da empresa, partindo de quantidades e preços unitários, o volume de produção específico das atividades (expresso pela quantidade dos direcionadores de custos) não terá necessariamente, e no mais das vezes, quase nunca, correlação com o volume de atividade dos produtos finais. Portanto, a avaliação do resultado total da empresa, partindo dos modelos de Custeio por Atividades, fica prejudicada.

Custeio Variável/Direto: o Melhor

O objetivo de qualquer informação contábil é sua utilização gerencial e o processo de tomada de decisão. Conforme Garrison (1991, p. 65), "...temos que ter em mente claramente que *o propósito essencial de qualquer sistema de custo é acumular custos para utilização gerencial*. Um sistema de custo não é um fim em si mesmo. Em outras palavras, ele é uma ferramenta gerencial, que existe para fornecer ao administrador dados de custos necessários para dirigir os assuntos de uma organização" (grifo nosso).

Assim, diante do exposto até o momento, seja no tópico que alinhávamos as vantagens e desvantagens dos métodos de custeio, seja no tópico que apresentamos uma revisão dos modelos gerais de decisão e informação, concluímos que o método de Custeio Variável/Direto é o método conceitualmente adequado para a gestão econômica do sistema empresa, no âmbito da Contabilidade de Custos, enquanto o método de Custeio por Absorção não é adequado para tomada de decisão.

Podemos finalizar este tópico com Martins (1996, p. 214-215), que também reafirma essa questão quando diz: "Como vimos, *não há* (grifo nosso), normalmente, grande utilidade para fins gerenciais no uso de um valor em que existam custos fixos apropriados". Este autor apresenta os três grandes problemas que, para ele, concorrem para a pouca utilidade do Custeio por Absorção para fins gerenciais, os quais resumimos a seguir:

Primeiro: os custos fixos existem independentemente da fabricação ou não desta ou daquela unidade, e acabam presentes no mesmo montante, ainda que oscilações (dentro de certos limites) ocorram no volume de produção; *segundo*: por não se relacionarem com este ou aquele produto ou a esta ou aquela unidade, os custos são quase sempre distribuídos à base de critérios de rateio, quase sempre com grandes graus de arbitrariedade; *terceiro*: o custo fixo por unidade depende, ainda, do volume de produção; pior do que tudo isso, o custo de um produto pode variar em função da alteração de volume de outro produto, o que se traduz em um modelo totalmente inadequado para fins de tomada de decisão.

Custo Unitário do Produto ou Serviço e Formação de Preço de Venda

Essa utilização é, de modo provável, o que se espera fundamentalmente da Ciência Contábil na sua abordagem dos custos empresariais: deduzir, de todos os gastos em que a empresa incorre, qual a parte de lucro que cabe, unitariamente, a cada produto produzido e vendido.

Como já vimos, o custo unitário de um produto é um conceito de custo *médio* unitário, considerando que os custos fixos são custos de capacidade, e só se pode atribuí-los unitariamente, tendo-se em mãos a informação de uma determinada quantidade de produto final, que normalmente não é constante.

Dessa maneira, para apurar o custo unitário de um produto, fatalmente será necessária a adoção dos métodos de Custeio por Absorção, custeio integral (*full-costing*) ou custo baseado em atividades. A adoção do método de Custeio Variável não se coaduna com a visão de se obter um custo unitário do produto ou serviço, pois ele apenas assume como custo de um produto os custos variáveis associados, não fazendo a distribuição (alocação, apropriação ou rateio) dos custos fixos ou indiretos.

Assim, a apuração do custo unitário é que fornecerá o insumo para formação de preço de venda, adicionando ao custo uma margem desejada para rentabilidade do investimento. Contudo, sabe-se que, na maior parte das possibilidades, o mercado determina o preço de venda dos produtos. Com isso, essa utilização, a mais buscada, é comprometida pela teoria mais aceita, que é a teoria econômica de mercado, da oferta e procura. Sobre isso já se expressava Herrmann Jr. (1972, p. 32-34), um dos primeiros e grandes cientistas contábeis brasileiros: "O valor que os produtos têm no mercado não é, entretanto, determinado somente pelo custo de produção. Há o conceito de utilidade que determina o grau de interesse que os consumidores podem manifestar em relação aos produtos (...) em tais condições, o fenômeno do valor é uma função da utilidade marginal, que coincide com a última unidade ainda em condições de produzir uma satisfação absoluta ou relativa (...) conhecidas as condições que regulam a formação do custo de produção de que dependem a 'oferta' e firmados alguns princípios gerais que regem a 'procura' (vejamos como) *se processa no mercado a formação dos preços* (grifo nosso) pela oposição dessas duas forças".

A necessidade informacional subjacente à formação de preço de venda, que é um conceito de preço e custo unitário, é a análise de rentabilidade do produto. Quando se fala em rentabilidade de produto, procura-se saber, dentro de um leque, *mix* ou linha de produtos, qual o mais rentável ou os mais rentáveis. Isso conduz, também, à questão do custo unitário e, conseqüentemente, à questão do método de custeio. Outra necessidade informacional a que mais ultimamente também se tem dado ênfase é a questão do custo do ciclo de vida do produto (Beuren e Schaffer, 1997). Considerando sempre que dificilmente uma empresa trabalha com apenas um único produto, o custo do ciclo de vida dos produtos também se insere no conceito de Custeio por Absorção.

A Utilização dos Métodos de Custeio: o Paradoxo

O Custeio Variável/Direto, como vimos, é o único método de custeamento de produto cientificamente recomendável, à luz das raízes da Ciência Contábil, quais sejam, as teorias da decisão, mensuração e informação, para o processo de gestão do sistema empresa. Contudo, há um *paradoxo* instalado na comunidade contábil e empresarial: *o Custeio por Absorção (e suas variantes) tem sido o mais utilizado*. Academicamente, isso pode ser até condenável, ou pelo menos questionável; contudo, a realidade do mundo dos negócios é essa.

Horngren; Sundem e Stratton (1996, p. 603), em seu mais recente trabalho, reafirmam: "O custeamento por absorção é mais largamente utilizado do que o custeamento variável. Contudo, o crescimento do uso do enfoque de margem de contribuição na mensuração de desempenho e análise de custos tem levado ao incremento do custeamento variável para propósitos de relatórios internos".

Em nosso entendimento, duas pesquisas feitas nos Estados Unidos, por cientistas contábeis, são conclusivas para ilustrar o paradoxo, pois trabalharam exatamente esse assunto. Na primeira, publicada na revista *Management Accounting* (Estados Unidos) em julho de 1983, Govindarajan e Anthony apresentaram uma pesquisa sobre a base de formação de preços de venda nas empresas. Foram consultadas mais de 500 companhias, dentre as 1.000 maiores citadas pela revista norte-americana *Fortune*. A conclusão foi: "*No mundo real, a maior parte das grandes companhias usam o custeio integral* (full-costs) *mais do que custos variáveis*".

Os mesmos autores concluíram: "Há dois mitos – 'verdades ou assunções' seriam termos polidos – que são largamente mantidos pelos economistas e largamente disseminados em textos econômicos e em cursos de economia. Um é o mito que os custos totais (*full-costs*), e especialmente custos alocados, são irrelevantes como uma base para decisões de preços, e um outro é o mito que custos históricos, em contraste com os custos de reposição, são igualmente irrelevantes. Textos não dão evidência que suportem essas 'verdades'. Espera-se que os estudantes simplesmente os aceitem".

A segunda pesquisa foi publicada em fevereiro de 1995, também na *Management Accounting*. Seus autores, Shim e Sudit (1995), referiram-se àquela primeira pesquisa de 12 anos antes, de Govindarajan e Anthony, e pesquisaram 141 empresas. A conclusão foi: "*As companhias continuam a praticar o método de formação de preços de venda do custo total (full-cost), mas há uma mudança em direção ao custo meta (target costing)*".

Essas colocações são evidências claras de que o custeio unitário dos produtos e serviços é um aspecto fundamental da Contabilidade de Custos e, também, ligado à formação de preços de venda. Evidenciam, ainda, que os empresários têm uma tendência forte para adoção do conceito de custo unitário médio para fins de formação de preços de venda e de entendimento do custo de um produto ou serviço.

McLean (1988, p. 46), inclusive, chega a sugerir novas pesquisas sobre o Custeio por Absorção, pois, apesar das vantagens teóricas claras do Custeio Direto/Variável, é inexplicável até o porquê da continuidade do uso do Custeio por Absorção.

Em resumo, apesar de todas as evidências científicas que apontam para o método de Custeamento Direto/Variável, os empresários sentem-se mais à vontade com a utilização do Custeamento por Absorção, principalmente para os principais objetivos do método, que são a formação do preço de venda e a análise de rentabilidade de produtos.

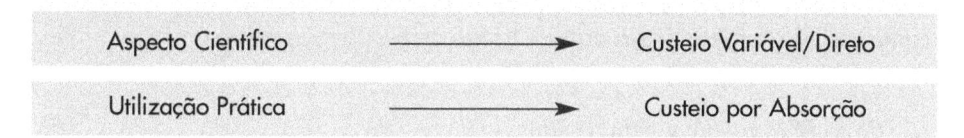

Aspecto Científico	⟶	Custeio Variável/Direto
Utilização Prática	⟶	Custeio por Absorção

Figura 11.2 – O paradoxo.

Leitmotiv:[1] O Que Leva a Maioria dos Empresários a Adotarem o Custeamento por Absorção

Vários motivos podem conduzir à utilização maciça do Custeamento por Absorção, e suas variantes (Custeio ABC, RKW, Custeio Integral). Reforçando a citação anterior de McLean, seria interessante termos pesquisas sobre o assunto, já que as vantagens teóricas do Custeio Direto/Variável são claras.

Nesse sentido, nossas pesquisas e nosso entendimento sobre esse paradoxo encaminham nossas explicações considerando o conhecimento de outras ciências humanas e sociais. Se a teoria e o tecnicismo da Ciência Contábil são insuficientes para explicar o paradoxo apontado, devemos buscar as explicações e os motivos em outras áreas da natureza e do conhecimento humanos. Isso, contudo, não deve tirar, necessariamente, o caráter de racionalidade da explicação dos motivos. Não é porque não há uma explicação teórica e técnica à luz da gestão econômica que o procedimento da maioria dos empresários não seja racional.

Em nosso entendimento, *os motivos que levam à utilização do método de Custeamento por Absorção estão ligados fundamentalmente às características psicológicas, sociais, sociopsicológicas, culturais e antropológicas do ser humano.*

Nesse contexto, os principais motivos possíveis para explicar a utilização ainda maciça do Custeamento por Absorção são os seguintes:

I – O mais fácil de usar

Uma explicação simples para o motivo condutor da utilização do Custeio por Absorção. Sobre isso, dizem Kaplan e Atkinson (1989, p. 187): "Dados esses pro-

---
[1] Motivo condutor; tema ou idéia sobre a qual se insiste com freqüência.

blemas com o custeamento pelo custeio integral, por que tem esse método sido mantido há tanto tempo na prática comum? Nós já mencionamos uma razão para sua popularidade. O método é simples e fácil de usar. Ele não requer estudos e cálculos extensivos requeridos para computar as curvas de receita e custos marginais".

De fato, tendo-se como referência os preços de venda e sua gestão, esta, para ser desenvolvida adequadamente utilizando-se o Custeamento Direto/Variável, necessita de um acompanhamento mais detalhado, considerando, além da margem de contribuição e dos custos marginais, modelos de decisão que levem em conta todo o conjunto de produtos e linhas de produtos, provavelmente também com a utilização de modelos matemáticos de simulação.

II – Conservadorismo e Estabilidade

O Custeamento por Absorção, ao incorporar todos os custos fixos (no caso de *full-cost*, também as despesas fixas), deixa claro para o empresário que todos os custos foram considerados na análise de rentabilidade e formação de preços de venda. Com isso ele fica mais tranqüilo, seguro de que os preços de venda conseguirão repassar todos os custos e despesas e garantir a rentabilidade esperada.

Igualmente conforme Kaplan e Atkinson (1989, p. 187), "políticas de preço sobre o custo também fornecem uma estabilidade para decisões de preço. Quando custos indiretos são absorvidos de forma padronizada, melhor do que o nível de atividade da realidade projetada, os preços não flutuarão rapidamente com mudanças da demanda. Tal estabilidade pode ser desejada pelos administradores (e talvez clientes)...".

III – Forças de Marketing

Uma das explicações sobre o *leitmotiv* da utilização do Custeamento por Absorção está ligada à mídia. A maciça propagação de determinadas técnicas contábeis pode conduzir a uma aceitação sem uma maior reflexão, até de forma passiva e sem questionamentos profundos, significando uma aceitação externa e um movimento de rebanho.

Nesse sentido, Catelli e Guerreiro (1995, p. 18) assim se expressam: "Conjuntamente com esse clima psicossocial, observamos que uma variável atua fortemente na modelagem do perfil da sociedade moderna, qual seja: a poderosa influência dos instrumentos de *marketing* propiciada pelos meios de comunicação extremamente avançados de que a sociedade moderna dispõe. O ser humano, em nossa sociedade moderna, tem tido pouca oportunidade para reflexão, uma vez que praticamente todo o seu tempo é gasto em digerir o gigantesco volume de informações com o qual se defronta nas suas mais diversas ocupações. É inegável a utilidade social dos modernos meios de comunicação e das técnicas de *marketing*, porém é facilmente observável que esses mecanismos exercem um elevado nível de influência sobre as pessoas, a qual, conjugada com a referida ausência de reflexão, conduz a um determinado grau de condicionamento sobre conceitos e idéias veiculadas nas mídias especializadas".

IV – Obsessão pelo custo unitário

O Custeamento por Absorção é o método que conduz à apuração do custo de uma unidade do produto. O Custeio Direto/Variável acusa como custo apenas os custos unitários variáveis, uma vez que os custos e as despesas fixas não são atribuídos unitariamente, apresentando, dessa maneira e em contraposição com o Custeamento por Absorção, um custo unitário incompleto, provavelmente também uma razão de sua pouca aceitação junto aos empresários.

É justificável a busca do ser humano, em termos econômicos, de um custo unitário dos produtos e serviços. Isso é explicado facilmente pela existência do preço de venda dos produtos e serviços, que é, necessariamente, unitário. Em uma transação, há o vendedor e o comprador. O vendedor oferece um produto ou serviços, a um determinado preço unitário de venda, que é aceito pelo comprador, representando para ele, naquele momento, um custo unitário do produto ou serviços recebidos, conforme demonstrado na Figura 11.3.

Contudo, nós sabemos que o custo unitário de compra dos bens e serviços transforma-se, dentro da empresa, em custo dos fatores ou insumos de produção. Não é porque se consegue pagar um custo unitário para os diversos fatores de produção, nas suas diversas quantidades, que o produto final, fruto da transformação dos materiais, por meio de outros custos ou insumos de produção, terá necessariamente um custo unitário único.

Visão do Vendedor	Visão do Comprador
Preço de Venda Unitário	Custo Unitário de Compra

Figura 11.3 – Valor Unitário dos Produtos e Serviços nas Transações.

Entendemos que é nesse contexto que se origina a obsessão pelo custo unitário. *Se temos custos unitários na aquisição de produtos e serviços, deveríamos ter, necessariamente, custo unitário exato do produto final.*

Contudo, sabemos que o custo unitário dos diversos produtos finais produzidos pelas empresas decorre de diversos fatores, como volume dos diversos produtos, *mix* de produtos, tecnologias de produção aplicada, administração de produção e vendas, grau de eficiência na utilização dos fatores de produção, ociosidade permitida etc.

Em nosso entendimento, a obsessão pelo custo unitário é da natureza humana, um componente antropológico, já que, na visão laica das pessoas, todos os produtos devem ter um custo unitário único, da mesma forma que se imagina que esse custo único, considerando agora apenas um produto, seja o mesmo apesar de produzido em diversas empresas diferentes.

Exemplificando, para o leigo, uma tonelada de calcário deveria ter o mesmo custo unitário de fabricação para qualquer empresa do ramo. Um sorvete de limão deveria ter o mesmo custo unitário de fabricação, mesmo que fabricado por empresas diferentes e portes diferentes etc., o que não é a realidade. Cada empresa apresenta custos *médios* unitários diferentes para produtos iguais ou similares.

V – O custo unitário como um dos arquétipos da humanidade

A obsessão pelo custo unitário nos leva a imaginar que tal fenômeno tenha um enraizamento tão significativo que possamos classificá-lo como um **arquétipo** da humanidade.[2]

> **Arquétipo.** Modelo de seres criados, padrão, exemplar, modelo, protótipo. Segundo C. J. Jung, imagens psíquicas do inconsciente coletivo, que são patrimônio comum a toda humanidade: o paraíso perdido, o dragão, o círculo são exemplos de arquétipos que se encontram nas mais diversas civilizações.[3]

Entendemos que a idéia de custo unitário para qualquer produto ou serviço é tão antiga que remonta aos primórdios da civilização, e que provavelmente foi enfatizada/aumentada com o advento da moeda, surgida nos meados do século VII a.C.

Nesse sentido, a preocupação das pessoas e dos empresários com a obtenção de um custo unitário passa a ter uma explicação plausível e, considerando a natureza humana, racional. A idéia de que deve haver necessariamente um custo unitário para qualquer produto ou serviço sendo transacionado é tão antiga que é extremamente difícil de ser mudada, mesmo com fundamentos e teorias que provêm cientificamente a desnecessidade de tal informação.

É tão forte essa necessidade informacional que, inconscientemente, as pessoas comuns e os empresários caminham na direção de sistemas informacionais que permitam a obtenção do custo unitário, o qual, na metodologia contábil de custos, só é possível pelo Custeamento por Absorção.

---

[2] Conceito proferido pelo prof. dr. Reinaldo Guerreiro (aceito por nós), sugerindo também pesquisas adicionais sobre a questão do paradoxo que discutimos neste trabalho, nessa linha psicossocial. Notas de debate de defesa de tese de doutorado em Controladoria e Contabilidade. FEA-USP, 12/8/1998.

[3] NOVO DICIONÁRIO DA LÍNGUA PORTUGUESA. Aurélio Buarque de Holanda Ferreira. 2. ed. Rio de Janeiro: Nova Fronteira, 1986.

Considerações Finais

Neste estudo apresentamos as duas variantes de metodologia de obtenção do custo unitário dos produtos e serviços, o Custeamento Direto/Variável e o Custeamento por Absorção. Verificamos que o Custeamento por Absorção não apresenta as condições científicas suficientes para ser considerado como adequado para o processo de gestão do sistema empresa, à luz da Ciência Contábil. Dessa maneira, o método do Custeio Direto/Variável, conforme demonstramos por meio de inúmeros autores, é o método correto que deve ser utilizado para o processo de gestão empresarial.

Contudo, na revisão da polêmica ainda existente, constatamos o paradoxo: apesar de cientificamente adequado, o método do Custeio Direto/Variável tem sido preterido pela maior parte dos empresários, principalmente para a análise de rentabilidade de produtos e gestão de preços de venda, que utilizam, em sua maioria, o Custeio por Absorção.

A explicação para tal paradoxo, em nosso entendimento, só pode ser obtida considerando-se outros ramos do conhecimento humano. Concluímos que a utilização maciça de um método não recomendado cientificamente está fundamentada em questões que fogem ao rigor da Ciência Contábil. As explicações para o paradoxo estão calcadas na análise do comportamento humano, na sua psicologia, psicossociologia, nos aspectos sociais e culturais, chegando, no nosso entendimento, ao nível antropológico de se colocar a obsessão pelo custo unitário dos produtos e serviços como um arquétipo da humanidade.

Bibliografia

BENEDICTO, Gideon Carvalho de. *Contribuição ao estudo de um sistema de contabilidade gerencial para uma gestão eficaz das instituições de ensino.* São Paulo, 1997. Tese (Doutorado) – FEA-USP.

BEUREN, Ilse Maria; SCHAFFER, Viviany. Custo do ciclo de vida do produto: uma abordagem teórica com ênfase na obtenção de vantagem competitiva. *Revista Brasileira de Contabilidade,* n. 106, jul./ago. 1997.

CATELLI, Armando; GUERREIRO, Reinaldo. Mensuração de atividades: comparando ABC x GECON. *Caderno de Estudos,* Fipecafi/FEA-USP, n. 8, abr. 1993.

_____. Gecon – Sistema de informação de gestão econômica: uma proposta para mensuração contábil do resultado das atividades empresariais. *Boletim do CRC-SP,* set. 1992.

_____. Uma análise crítica do sistema "ABC – Activity Based Costing". *Revista Brasileira de Contabilidade,* n. 91, jan./fev. 1995.

FRANCIA, Arthur et al. *Managerial Accounting.* 9. ed. Houston, TX: Dame Publications, Inc., 1992.

GARRISON, Ray H. *Managerial Accounting*. 6. ed. Homewood, IL: Richard D. Irwin Inc., 1991.

GOLDRATT, Eliyahu; COX, Jeff. *A meta*. São Paulo: Imam, 1986.

GOVINDARAJAN, Vijay; ANTHONY, Robert N. How Firms Use Cost Data in Price Decisions. *Management Accounting*, Estados Unidos, jul. 1983.

GUERREIRO, Reinaldo. *A meta da empresa*. São Paulo: Atlas, 1996.

HERRMANN JR., Frederico. *Custo de produção e racionalização econômica*. 3. ed. São Paulo: Atlas, 1972.

HORNGREN, Charles T.; FOSTER, George; DATAR, Srikant. *Cost Accounting – A Managerial Emphasis*. 8. ed. Englewood Cliffs, NJ: Prentice-Hall, 1994.

HORNGREN, Charles T.; SUNDEM, Gary L.; STRATTON, William O. *Introduction to Management Accounting*. 10. ed. Upper Saddle River, NJ: Prentice-Hall, 1996.

JOHNSON, H. Thomas. *Relevância recuperada*. São Paulo: Pioneira, 1994.

JOHNSON, H. as; KAPLAN, Robert S. *Relevance Lost*. Boston: Harvard Business School, 1987.

KAPLAN, Robert S.; ATKINSON, Anthony A. *Advanced Management Accounting*. 2. ed. Englewood Cliffs, NJ: Prentice-Hall, 1989.

KEE, Robert. Integrating Activity-Based Costing with the Theory of Constraints to Enhance Production-Related Decision-Making. *Accounting Horizons*, v. 9, n. 4, dez. 1995.

MacARTHUR, John V. From Activity-Based Costin to Throughput Accounting. *Management Accounting*, Estados Unidos, abr. 1996.

MAHER, Michael W.; DEAKIN, Edward B. *Cost Accounting*. 4. ed. Burr Ridge, Illinois: Richard D. Irwin Inc., 1994.

MARTINS, Eliseu. *Contabilidade de custos*. 5. ed. São Paulo: Atlas, 1996.

McLEAN, Tom. Management Accounting Education: Is Theory Related to Practice? *Management Accounting*, Londres, jun. 1988.

MOORE, Carl L.; JAEDICKE, Robert K. *Managerial Accounting*. Cincinatti: South Western, 1967.

_____. *Gestão estratégica de custos*. São Paulo: Atlas, 1991.

NAKAGAWA, Masayuki. É a contabilidade estratégica ou é o contador que deve assumir uma postura estratégica? *Boletim IOB – Temática Contábil e Balanços*, São Paulo, n. 37, set. 1994.

OSTRENGA, Michael R. et al. *Guia da Ernst & Young para gestão total de custos*. Rio de Janeiro: Record, 1993.

QUILICI, Frediano (Coord.). *Leituras em administração contábil e financeira*. Rio de Janeiro: FGV, 1973.

SHANK, John K.; GOVINDARAJAN, Vijay. *Strategic Cost Management*. Nova York: The Free Press, 1993.

SHIM, Eunsup; SUDIT, Ephraim F. How Manufacturers Price Products. *Management Accounting*, Estados Unidos, fev. 1995.

STAUBUS, George J.; FREMGEN, James M. In: QUILICI, Frediano (Coord.). *Leituras em administração contábil e financeira*. Rio de Janeiro: FGV, 1973. Capítulos 7 e 8.

SWENSON, Dan W.; FLESHER, Dale L. Are You Satisfied with Your Cost Management System? *Management Accounting*, Estados Unidos, mar. 1996.

Capítulo 12

Política de Redução de Custos

Clóvis Luís Padoveze

O processo de criação de valor para o acionista decorre, obviamente, da rentabilidade advinda do lucro das operações. Aritmeticamente, o lucro das operações é simplesmente a resultante de duas variáveis: o valor da receita das vendas dos produtos e serviços, menos o custo dos recursos empregados e necessários para a obtenção dessas receitas. Mais resumida e simplesmente, é o valor das vendas menos os custos (Lucro = Vendas – Custos).

Portanto, são duas grandes vertentes operacionais para se buscar o maior lucro e maior valor para os acionistas: aumentar as vendas e reduzir os custos. Reduzir custos pode ser tanto a) reduzindo o seu valor ou, b) em caso de aumento de vendas, conseguir-se aumentos de custos inferiores aos aumentos verificados nas vendas.

Dentro de condições absolutamente teóricas, não haveria necessidade de um processo de busca por reduzir custos. Se as empresas são estruturadas adequadamente para oferecer produtos e serviços à comunidade, com um preço de venda que ela aceita, e havendo viabilidade econômica para gerar os produtos e serviços, os procedimentos de redução de custos seriam, teoricamente, desnecessários.

Contudo, o ambiente onde se encontra o sistema empresa, além de imperfeito, contém um sem-número de variáveis, cuja grande parte ou até a maior parte não é de domínio completo dos gestores empresariais. Algumas variáveis exógenas podem até permitir certo controle pela empresa; outras ficam absolutamente sem qualquer possibilidade de controle.

Na equação do lucro, a variável *vendas*, fundamentalmente, tem suas origens no *ambiente externo* da empresa e, portanto, é a variável da lucratividade de que a empresa tem a menor possibilidade de domínio. Sabemos que, excepcionalmente, em alguns momentos ou em algumas situações específicas (produtos raros, demanda maior que possibilidade de produção, monopólios etc.) há a possibilidade de controle, pela empresa, do volume e valor das vendas, mas essas situações são, como já dissemos, excepcionais e não relacionadas com a maior parte dos empreendimentos empresariais.

A empresa, dessa maneira, volta-se naturalmente para a variável da lucratividade em que ela tem maior condição de controle e domínio, que são os *custos*, e que, de modo geral, são elementos e entidades do *ambiente interno* da empresa. Assim, a redução de custos busca o maior controle possível sobre esses elementos internos, objetivando reduzir as imperfeições existentes no processo interno de geração de produtos e serviços para a venda.

O objetivo deste tópico é apresentar uma proposta para estruturação de uma política de redução de custos que atenda aos princípios de visão sistêmica e coordenação com o processo de gestão.

Por que Política de Redução de Custos?

Fala-se a todo momento em redução de custos, busca-se a todo instante redução de custos, escrevem-se artigos e livros sobre redução de custos. Porém, poucas metodologias de redução de custos têm-se mostrado realmente eficazes. Em nosso entendimento, para que tal redução seja eficaz, ela deve ter um caráter de permanência e generalidade, ou seja, a redução de custos não pode ser episódica, temporária ou parcial.

Conforme essa visão, entendemos que, para que haja eficácia na redução de custos, de caráter geral e permanente, a empresa, por meio da Controladoria, deve ter uma *política* de redução de custos. Sempre que se traduz uma ação como política, busca-se uma ação definitiva e abrangente. Portanto, redução de custos não pode ser simplesmente reduzir uma despesa, um custo, um volume, um equipamento. Toda redução de custos deve ter uma visão global e de longo prazo.

Os atributos de uma política de redução de custos, então, são:

1. Deve ser ampla, genérica, abrangendo todos os aspectos da empresa.
2. Deve ser integrada, já que uma empresa traduz-se em uma sucessão de processos com objetivos finais, ou seja, um enfoque sistêmico com visão das saídas do sistema.
3. Deve ser contínua, sob pena de se perder ganhos já conquistados.
4. Deve ter o comprometimento dos gestores com o processo de criação de valor para os acionistas.
5. Deve acompanhar todos os componentes do processo de gestão.

Definição e Visão Geral

Podemos definir política de redução de custos como o conjunto de diretrizes coordenadas pela alta administração da empresa objetivando a redução permanente e geral de seus custos e despesas, mediante diversos enfoques coordenados e integrados, medidas e procedimentos específicos, para obtenção de ganhos gerais de eficiência e produtividade.

O objetivo básico da política de redução de custos é o aumento do valor da empresa para os donos ou acionistas, por meio do lucro, cujos componentes –

receitas e custos e despesas – devem ser trabalhados conjuntamente para a obtenção da maior eficácia da política de redução de custos.

Esquema Geral para Condução da Política de Redução de Custos

Os principais fundamentos da política de redução de custos (PRC) são a generalidade, a integração e a permanência. Para tanto, os aspectos estratégicos e sistêmicos sobressaem como pilares para a estruturação da PRC. A Figura 12.1 evidencia os fundamentos para a PRC.

Foco do Processo de Gestão		
Planejamento Estratégico	Planejamento Operacional	Execução e Controle
Entradas / Recursos	Processamento / Processos Internos	Saídas / Produtos e Serviços
Foco Sistêmico		

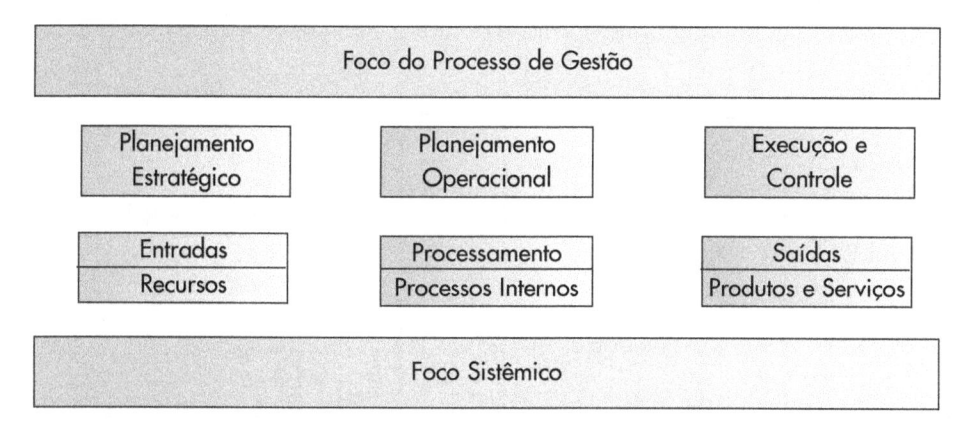

Figura 12.1 – Esquema Geral de Política de Redução de Custos.

Primeiramente, a PRC deve estar em linha com as fases do processo de gestão, e, para que ela seja abrangente, permanente e contínua, suas diretrizes devem partir dos elementos de custos determinados por questões da estratégia. A partir daí, outras diretrizes de cunho operacional devem ser elaboradas, e, finalmente, atingindo procedimentos e diretrizes para as etapas da execução e do controle.

Da mesma forma, a PRC deve ser conduzida em termos sistêmicos. As diretrizes não podem ser colocadas de forma não integrada, já que a empresa é um sistema e seus componentes estão em total interação. Além do mais, para o sistema caracterizar-se como um processo, a eficácia de uma PRC só é obtida pela saída do processo. Em outras palavras, de nada adiantam reduções de custos em determinado processo, se essas reduções não forem capitalizadas e mantidas nos processos subseqüentes, até a saída final.

Desenvolveremos, partindo desses conceitos primordiais, os principais enfoques, diretrizes, procedimentos, critérios, modelos e instrumentos que devem fazer parte do conjunto maior denominado de *Política de Redução de Custos (PRC)*.

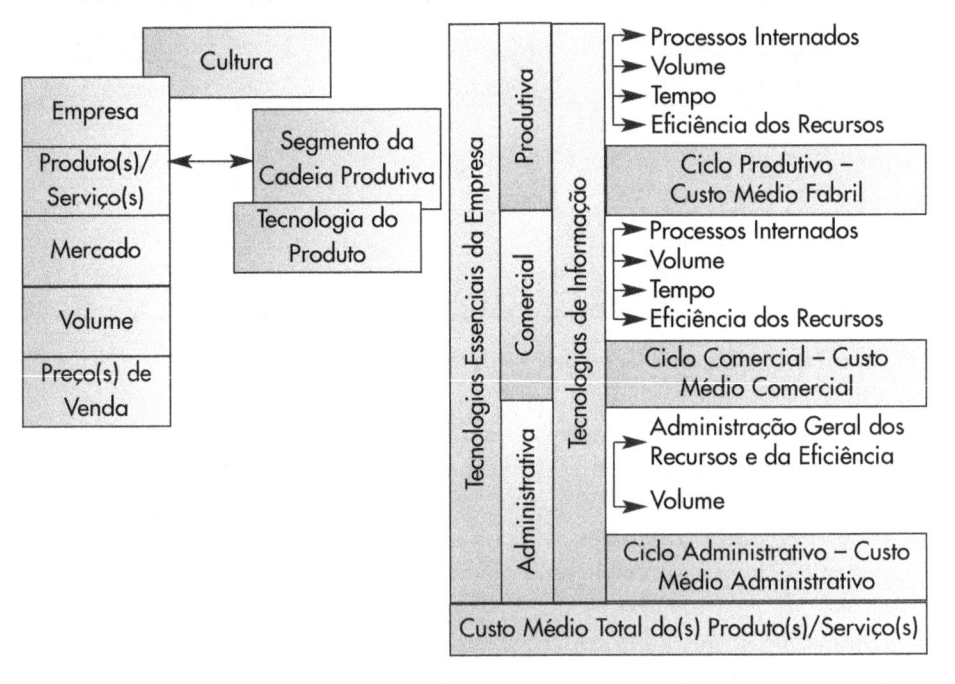

Modelo de Decisão Geral para Política de Redução de Custos

O ponto fundamental para a modelagem de uma política de redução de custos encontra-se na seguinte constatação: *a determinação da estrutura do ativo determina a estrutura de custos de uma empresa*. Ou seja, os custos de uma empresa são decorrentes do processo decisório anterior de determinar a estrutura do ativo de suas unidades de negócio, para produção de seus produtos e serviços.[1]

Segundo esse conceito, uma política de redução de custos de forma sistêmica e considerando todo o processo de gestão deve seguir o mesmo modelo de decisão. Em resumo, o mesmo modelo de decisão para estrutura do ativo é utilizado como modelo para política de redução de custos. Reproduzimos a seguir o modelo apresentado no artigo citado, considerando-o como referencial para a política de redução de custos.

Figura 12.2 – Modelo de Decisão para Política de Redução de Custos.

Este modelo é sistêmico, pois parte da definição do produto ou serviço gerado (as saídas do sistema) e dos recursos necessários para a sua produção (recursos e processos internos). Nessa visão, a política de redução de custos deve ser tomada

---

[1] Modelo desenvolvido pelo autor no artigo "A controladoria no planejamento operacional: modelo para determinação da estrutura do ativo" (2002).

a partir de uma seqüência de definição, seqüência essa que parte da definição do produto ou serviço, a um determinado preço, segundo um determinado volume e mercado, considerando uma tecnologia definida para o produto.

Qualquer tentativa de redução de custos sem se atentar para esse fundamento estratégico não tem durabilidade, pois essas variáveis indissociáveis (produto, volume, preço, tecnologia do produto) é que determinam a sucessão de outros componentes da estrutura de custos da empresa.

Estruturação Hierárquica da Política de Redução de Custos (PRC)

Tendo como referencial o modelo decisório em formato de árvore de decisão apresentado na Figura 12.2, podemos construir uma política de redução de custos considerando os níveis seqüenciais do processo de gestão, quais sejam: planejamento estratégico, planejamento operacional, execução e controle.

Dessa maneira, uma política de redução de custos pode ser apresentada em três camadas ou níveis:

1. Política de redução de custos no nível estratégico.
2. Política de redução de custos no nível operacional.
3. Política de redução de custos no nível de execução e controle.

Os procedimentos e métodos da PRC no nível estratégico são os fundamentais, e os demais níveis da PRC devem seguir essa seqüência lógica. Assim, uma PRC operacional não deve nem pode confrontar-se com diretrizes da PRC estratégica. Por sua vez, uma PRC de execução e controle não pode confrontar-se com a PRC operacional.

Em cada nível ou camada da PRC há uma série de conceitos, técnicas, procedimentos e diretrizes que são trabalhados de forma coordenada, geral ou específica. Apresentaremos a seguir as principais possibilidades de PRC em cada nível, tendo como referência nosso modelo de árvore de decisão.

PRC no Nível Estratégico

No nível estratégico, os elementos condutores de toda a PRC são o volume (escala de produção) e a tecnologia do produto.

Escala de Produção

O volume de atividade esperado, desejado ou alcançado é o principal elemento que conduz a um patamar estável de custos. Em linhas gerais, o aumento do nível de produção, ou seja, o alargamento da escala de produção é o fator que mais contribui para reduzir o custo médio unitário de fabricação dos produtos e serviços.

Tal consideração é bastante conhecida, e fundamenta-se na otimização do uso dos custos fixos. Uma vez que os custos fixos tendem a ser os mesmos dentro de um volume de produção ou vendas, quanto mais se produzir naquela faixa de existência de custos fixos, menor será o custo médio unitário. O Quadro 12.1 apresenta um exemplo do efeito da escala nos custos totais da empresa.

Quadro 12.1 – Custos Fixos e Variáveis e Escala de Produção

Volume de Produção	Total de Custos Fixos $	Custo Variável Unitário $	Custos Totais $	Custo Médio Unitário $
1.000	560.000	200,00	760.000	760,00
1.500	560.000	200,00	860.000	573,33
1.600	650.000	200,00	970.000	606,25
2.000	650.000	200,00	1.050.000	525,00

Em uma escala de produção de 1.000 unidades, o custo médio unitário seria de $ 760,00. Se a estrutura montada com os custos fixos permite uma escala de produção de até 1.500 unidades, nesse momento teremos o menor custo unitário desse intervalo relevante, que no exemplo seria de $ 573,33, uma redução de custos de 24,56%.

Sabemos, contudo, que os custos fixos são fixos em um intervalo relevante de produção. No exemplo dado, para se produzir 1.600 unidades, teremos de reestruturar a empresa, o que ocasionará um aumento de $ 90.000 de custos fixos. Nesse ponto da escala de produção, o custo médio unitário volta a subir. No nosso exemplo, vai para $ 606,25, um aumento de 5,74% em relação ao custo médio anterior. Otimizando os custos fixos desse novo intervalo relevante, poderemos obter um custo médio unitário menor até o limite do novo intervalo relevante de produção, aumentando a escala de produção para 2.000 unidades.

Tecnologia do Produto

O outro grande fator de PRC na camada estratégica está na adoção das tecnologias essenciais e tecnologia do produto. O fator tecnologia está ligado totalmente ao fator escala de produção. Dificilmente será possível dissociar uma decisão de outra. Decide-se uma escala de produção conjuntamente com a decisão de tecnologia de produto.

Essa decisão é relacionada completamente com a decisão do preço de venda e do mercado a ser atendido, e será o fator primordial para a escolha das demais tecnologias essenciais.

Tecnologias Essenciais

As tecnologias essenciais decorrem da decisão de escala e tecnologia do produto e conduzem a quatro elementos estratégicos:
1. Definição dos processos a serem internados.
2. Volume de produção.
3. Tempo dos processos.
4. Grau de eficiência de recursos.

Isso quer dizer que a PRC, na camada estratégica, deve explorar a definição das tecnologias, que, por sua vez, estão ligadas a uma definição anterior, que é a escala de produção.

Reengenharia

A reengenharia, como conceito de PRC, centra-se no item *processos internados*, razão por que foi denominada de reengenharia dos processos. Contudo, a análise de reengenharia de processos descolada da tecnologia do produto e da escala de produção, ou seja, feita apenas focando os processos, sem se preocupar com a decisão anterior de volume e tecnologia do produto, pode alterar, cortar processos ou neles interferir, o que comprometerá a estrutura básica operacional da companhia.

Tempo

A variável tempo talvez seja a que mais possibilita uma ação estratégica de PRC. Toda atividade empresarial baseia-se em executar os processos e tarefas no menor tempo possível. Portanto, uma PRC deve ser conduzida tendo como foco, além do volume, a busca do menor tempo para a execução de todas as atividades e todos os processos da empresa.

Tempo e Teoria das Restrições

Os processos demandam tempo para sua execução e, por serem processos, são desenvolvidos de forma seqüencial. Portanto, a redução do tempo dos processos tem de ser no conjunto da cadeia dos processos. Assim, ganhos de tempos em qualquer processo não podem ser desperdiçados com interrupção do fluxo em processos posteriores. O corolário da Teoria das Restrições em relação ao tempo é claro:
1. Uma redução da quantidade de tempo obtida em um gargalo é um tempo ganho no processo inteiro.

2. Uma redução da quantidade de tempo obtida em um processo ocioso é uma miragem.

Tempo e Ciclo de Vida de Desenvolvimento do Produto

A redução do tempo do ciclo de desenvolvimento do produto é uma ação de PRC no nível estratégico. Está diretamente associada com volume, escala de produção e desenvolvimento das tecnologias do produto e tecnologias de produção e comercialização.

Eficiência dos Recursos

São gastos necessários para se conseguir a maior eficiência de todo o conjunto de ações, atividades e recursos do processo operacional. É um aparente paradoxo, pois se gasta buscando-se redução de custos. Contudo, os setores de planejamento, sistemas de informações e manutenção são vitais para se buscar a máxima eficiência dos demais recursos.

Como todo recurso utilizado, os gastos com a busca da maior eficiência dos recursos também devem ser, por sua vez, eficientes.

PRC no Nível Operacional

Esse nível da PRC centra-se nas etapas subseqüentes às definições estratégicas. Compreende a estrutura do produto, a gestão do roteiro de fabricação, a gestão do tempo físico e, conseqüentemente, do aspecto financeiro.

A PRC no nível operacional trabalha com decisões dos tipos:

1. Comprar *versus* fabricar.
2. Definição das atividades a serem internadas para os roteiros de produção.
3. Definição das atividades para eficiência dos recursos.
4. Gestão dos recursos financeiros necessários para os estoques e as atividades.

Comprar *versus* Fabricar: Terceirização

Um modelo de decisão de comprar *versus* fabricar pode ser aplicado tanto a componentes quanto a produtos finais. Muitas empresas hoje têm terceirizado por completo a manufatura de produtos. A decisão mais comum, contudo, tem sido aplicada a componentes. No nosso modelo de árvore de decisão, ela envolveria todas as variáveis básicas da tecnologia produtiva. As principais informações que devem ser consideradas para o modelo econômico desse tipo de decisão são:

- levantamento dos custos envolvidos nas alternativas;
- manutenção, eliminação parcial ou eliminação total dos custos fixos absorvidos;
- utilização ou não da capacidade ociosa gerada pela terceirização;
- custos adicionais por adquirir de terceiros;
- quantidades envolvidas: lotes de fabricação *versus* quantidade de compras;
- qualidade, tempo e fornecedores alternativos.

Gestão do Custo das Atividades Internadas

As atividades mantidas pela empresa devem ser permanentemente monitoradas em termos de resultado econômico, para constatação da razão de sua manutenção, tendo como referencial básico o preço de mercado do mesmo serviço oferecido por terceiros. O processo decisório para internar ou não uma atividade deve considerar os seguintes critérios principais:

- o custo interno *versus* o custo externo;
- a qualidade do serviço oferecido;
- a condição estratégica ou não da atividade;
- o grau de ocupação intelectual que a gestão da atividade exige dos gestores da empresa;
- o conhecimento da perda do lucro potencial da atividade se transferida a terceiros.

O modelo econômico para apoiar o processo decisório de internar ou não a atividade deve considerar os seguintes dados:

- o custo de mão-de-obra diretamente envolvida na atividade, com seus benefícios e encargos sociais;
- materiais diretos e indiretos consumidos na atividade;
- equipamentos necessários para a atividade e seus custos de depreciação;
- gastos de manutenção operacional da atividade;
- gastos de suporte (administração, informática, recursos humanos etc.);
- o valor econômico do serviço realizado pela atividade, ou seja, a sua receita, medida por preços de mercado da atividade desenvolvida por terceiros.

Logística

A busca da logística de melhor relação econômica é uma metodologia de cunho operacional, pois envolve as diversas atividades de movimentação e transporte de materiais, produtos e serviços.

Qualidade

Consideramos a política de qualidade como um instrumento operacional de PRC, pois aplica-se ao conjunto empresarial após as definições básicas da estratégia.

Modelagem de Custos para Gestão de Compras[2]

Este instrumento de PRC é caracterizado por se incluir no planejamento operacional e ao mesmo tempo permitir instrumentos para a redução de custos no nível de execução e controle, já que faz parte de uma visão geral das compras da empresa, chegando até aos itens específicos.

Podemos conceituar modelagem de custos como a construção de um modelo geral de gestão de compras, objetivando redução de custos. São cinco os princípios chave para a modelagem de custos:

1. *Encontrar os fatores determinantes dos custos*
   Além de considerar os elementos tradicionais de formação dos custos (materiais, mão-de-obra e custos indiretos), o modelo deve levar em consideração outros fatores determinantes, tais como produtividade da mão-de-obra, tamanhos de lotes de produção ou comercialização, correlação com outros materiais, impacto da quantidade de fornecedores, logística empregada, estoque necessário etc.
2. *Elaborar modelos específicos para cada tipo de mercadoria*
   Os fatores determinantes de custos variam para cada tipo de mercadoria, pois as estruturas de fabricação e comercialização são diferentes, bem como as características de cada mercado das mercadorias.
3. *Considerar o impacto do custo total de ser detentor de um produto ou serviço (custo total de propriedade)*
   Poucas decisões deveriam basear-se apenas no preço do produto adquirido. Elas devem incluir fatores que vão além do mero preço, como despesas de remessas, custos de qualidade e estoque etc.
4. *Começar com um modelo simples e acrescentar aspectos mais complexos conforme a necessidade*
   Por maior que seja a sofisticação conceitual do modelo, ele depende da qualidade das informações nele inseridas (a qualidade do resultado depende da qualidade dos insumos). Os modelos mais eficazes acabam chegando à simplicidade que há por trás da complexidade.

---

[2] Extraído de Ask e Laseter (2000).

5. *Fazer uma triangulação dos dados para aumentar a precisão e a confiabilidade*
   Por serem modelos genéricos, é importante e necessário efetuar comparações entre as mercadorias e os fornecedores, obtendo-se relações de custo, função e valor, que ajudarão no processo de negociação e redução de custos.

   A base da modelagem de custos é a construção de modelos de compra que permitam um painel geral e específico, objetivando a redução de compras, tanto no detalhe de cada item como no geral dos gastos para a empresa. A metodologia para a construção dos modelos parte do geral para o particular, como segue:

| Segmentação dos Gastos | → | Quantificação dos Elementos Significativos dos Custos | → | Criar Modelos de Custos para Itens Homogêneos | → | Construir Modelos no Nível do Fornecedor | → | Montar Tabelas de Custos no Nível Individual |

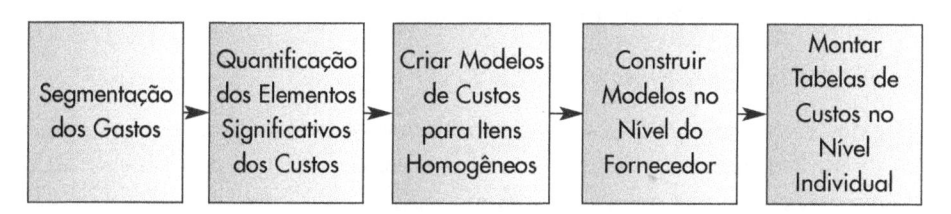

Figura 12.3 – Fluxo da Metodologia para Modelagem de Custos em Compras.

Segmentação dos Gastos

Consiste em agrupar as mercadorias a serem compradas dentro de uma lógica que permita modelação dos custos e, a partir daí, uma negociação geral. Por exemplo, não se deve fazer uma segmentação de materiais por produto, mas, sim, de materiais com características genéricas para todos os produtos. Como exemplo em uma indústria automobilística podemos citar: materiais fundidos, aços, materiais eletrônicos, materiais plásticos, materiais mecânicos etc.

Dentro da segmentação dos gastos, é importante a participação de cada gasto no total de compras. Um aspecto normalmente pouco observado é que o total das compras deve compreender também serviços, os mais variados, como de consultoria, publicidade, *marketing*, assessoria, auditoria etc., de tal forma que se tenha uma visão geral dos gastos da empresa.

Quantificação dos Elementos Significativos do Custo de Propriedade

O modelo precisa estar preparado para a introdução de todos os elementos que compõem o custo total. Além dos insumos normais, deve permitir a visão do custo financeiro dos estoques gerados pelas compras, os custos das paradas de produção, os custos pela não-conformidade com a qualidade, os custos efetivos dos transportes até a sua utilização, os custos de devolução etc.

Criação de Modelos para Itens Homogêneos

O objetivo é estimular a visão global para a obtenção de determinado item, levando em conta todos os fornecedores qualificados existentes, considerando as características dos determinantes de custos de cada um, e obtendo uma visão de conjunto dos itens homogêneos, já que se considera o volume total de compra desses itens.

Criação de Modelos no Nível de Fornecedor

Conseqüência natural da etapa anterior, o modelo geral deve ser detalhado por fornecedor. A soma dos modelos de custos de cada fornecedor não pode nunca exceder à soma do modelo dos itens homogêneos. Os fornecedores estão localizados em diversas regiões do país e do mundo, e cada um apresenta um custo total de propriedade específico.

Criação de Modelo para o Item Específico

Por fim, cada item deve ter um modelo de custo específico, para se determinar um padrão geral para o item. Nesse momento, os conceitos de *análise de valor*, apresentados resumidamente no próximo tópico, deverão ser utilizados para dar uma visão geral do custo do item de forma isolada, levando-se em conta suas funções e utilidade.

PRC no Nível de Execução e Controle

Nessa camada, política de redução de custos significa buscar o menor custo de cada recurso e as transações de cada recurso. A PRC no nível de execução e controle situa-se nos últimos itens da árvore de decisão para redução de custos e estrutura do ativo, e trabalha diretamente com os itens dos insumos de produção, já definidos pelas PRC anteriores, a PRC estratégica e a PRC operacional. No nível de execução e controle, só se pode discutir sobre elementos de custos já definidos e utilizáveis. Não se discute mais se o processo é o ideal ou não, ou se deve ser terceirizado ou não; discute-se o menor custo do recurso já definido.

Vemos duas políticas essenciais:

1. A estrutura básica do custo de cada recurso (e, conseqüentemente, de cada transação), que denominamos de fórmula do custo.
2. Análise de valor.

Fórmula do Custo

A fórmula de qualquer custo pode ser expressa por:

> Custo = Preço Unitário do Recurso *versus* Quantidade Empregada do Recurso

Como vemos, o custo é uma relação multiplicativa do custo unitário e da quantidade empregada. A busca do menor custo de cada recurso deve ser feita tentando-se reduzir a quantidade empregada do recurso e, ao mesmo tempo, o preço unitário de cada unidade de recurso empregada. Isso vale para qualquer recurso, seja ele mão-de-obra, materiais, despesas, serviços, depreciação.

Análise de Valor[3]

A análise de valor é uma metodologia de redução de custos que vai além da fórmula Custo = Preço Unitário *versus* Quantidade, porque discute as funções do produto, ou seja, a essência do produto à luz de sua utilidade.

Pode-se definir engenharia ou análise de valor como uma abordagem sistemática que identifica a função de um produto, estabelece o valor monetário para a função e provém o atendimento dessa função com a qualidade necessária e com o menor custo global, mediante o uso da criatividade. Significa a formação (ou redução) do custo do produto ou serviço, sem alterar sua qualidade ou funcionalidade.

Enquanto a abordagem convencional para verificação do custo dos produtos e serviços centra-se em verificar a participação dos custos de materiais, mão-de-obra e custos de fabricação, a abordagem da análise de valor centra-se em discutir as funções do produto ou serviço, separando-as em função básica, funções secundárias e funções desnecessárias, objetivando que o produto ou serviço tenha apenas os custos necessários para sua função básica.

Programas e Equipes de Trabalho

Uma política de redução de custos só é possível de ser implantada e operacionalizada com o comprometimento de toda a estrutura empresarial, por meio de programas formais e equipes de trabalho. Dependendo do tipo de PRC, há a necessidade de programas ou projetos estruturados dentro da hierarquia. Outros componentes da PRC devem ser levados a cabo por equipes, normalmente interdepartamentais.

Programas e Equipes de PRC Estratégica

Enquadram-se nesse nível os seguintes programas ou equipes de trabalho:

1. *Desenvolvimento de novos produtos e redução do ciclo de criação de produtos*
   Equipes normalmente formadas por especialistas das áreas de *marketing*, engenharia de produto e engenharia de processo, compras e Controladoria.

---

[3] Extraído de Basso (1991) e Csilagg (1995).

2. *Introdução ou eliminação de produtos*
   Equipes normalmente formadas por especialistas da área de *marketing* e Controladoria.
3. *Redução de desperdícios*
   Esse tipo de PRC geralmente reveste-se de um programa oficial da empresa, permeando toda a organização.
4. *Just-in-time e Teoria das Restrições*
   Mais do que um programa, são filosofias de administração de produção. Sua utilização deve partir da cúpula da empresa, pois são aderentes à cultura organizacional.

Programas e Equipes de PRC Operacional

Enquadram-se nesse nível os seguintes programas ou equipes de trabalho:

1. *Qualidade – ISO 9000 – TQC (qualidade total) – 6 sigmas*
   Seguramente devem ser programas formais, normalmente com um responsável hierárquico, mas que exigem a participação de toda a empresa.
2. *Programa 5 S (ordenação e limpeza) – TPM (manutenção preventiva)*
   Também se enquadram como programas gerais da empresa, objetivando aspectos abrangentes como manutenção, limpeza, organização etc.
3. *Comitês de redução de custos*
   Equipes interdepartamentais, com objetivos de redução do custo de produtos específicos ou projetos, normalmente formadas por especialistas da área de engenharia de produto, engenharia de fábrica, *marketing*, compras e Controladoria, lideradas pelo gerente responsável pelo produto ou divisão.
4. *Programa de desenvolvimento de fornecedores* (outsourcing)
   Equipes de trabalho com objetivos específicos de identificar e desenvolver novos fornecedores de materiais e serviços. Objetiva tanto identificar fornecedores para componentes e serviços novos, como para o processo de substituição de componentes fabricados para transformar em comprados, normalmente chamado de terceirização.

As equipes são formadas basicamente por especialistas da engenharia de fábrica, de produto, lideradas por pessoal do setor de compras.

Programas e Equipes de PRC de Execução e Controle

Nesse nível estão os seguintes programas ou equipes de trabalho:

1. *Círculos de qualidade/Kaizen*
   Normalmente, também são programas formais da empresa, complementando os programas de qualidade total (TQC) e ISO 9000. Contudo, revestem-se de

característica de execução e controle, pois a atuação das equipes, geralmente de um único setor, concentram-se em atividades de redução de custos de produtos e processos de sua própria área.
2. *Análise de valor*
Criam-se equipes de trabalho para atuação em alguns programas ou quando necessário. É similar aos círculos de qualidade.

Considerações Finais

Das duas variáveis econômicas básicas da mensuração do lucro empresarial, vendas e custos, a variável custos é que permite maior possibilidade de controle econômico pela empresa. Para tanto, faz-se necessário o desenvolvimento de um modelo decisório para a busca da maior eficácia dos gastos gerados pela empresa, que tenha caráter de generalidade e permita aplicação permanente.

Consideramos a implantação de uma política de redução de custos como o instrumento gerencial adequado para esse segmento do processo de gestão econômica. Para tanto, é necessário que a política tenha como referência todo o processo de gestão, considerando, além dos aspectos operacionais de execução e controle, também os fatores estratégicos, e que seja estruturada de forma sistêmica e integrada.

A política de redução de custos deverá ser desenvolvida pela cúpula da empresa – já que parte da estratégia em desenvolvimento – conduzida por todos os gestores operacionais, monitorada e mensurada pelo setor de Controladoria.

Bibliografia

ASK, Julie A; LASETER, Timothy M. Modelagem de custos. *HSM Management*, n. 19, mar./abr. 2000.

BASSO, José Luiz. *Engenharia e análise de valor*. São Paulo: Imam, 1991.

CSILAGG, João Mário. *Análise de valor*. 4. ed. São Paulo: Atlas, 1995.

GUERREIRO, Reinaldo. *A meta da empresa*: seu alcance sem mistérios. São Paulo: Atlas, 1996.

MARTIN, Nilton Cano. Redução estratégica de custos. *Revista de Contabilidade do CRC-SP*, mar./abr. 2000.

McNAIR, C. J. *Maximizando o lucro final*. São Paulo: Makron Books, 2000.

PADOVEZE, Clóvis Luís. "A controladoria no planejamento operacional: modelo para determinação da estrutura do ativo". *Revista de Contabilidade do CRC-SP*, ano VI, n. 20, jun. 2002.

Capítulo 13

Gestão de Preços de Venda

Clóvis Luís Padoveze

A obtenção ou determinação do preço de venda dos produtos e serviços talvez seja uma das decisões mais importantes em todo o processo de gestão empresarial. A importância do preço de venda é fundamental, por pelo menos dois aspectos que dele se originam:

1. É o fator mais objetivo que liga a empresa a seus clientes, razão de ser de toda a empresa, mediante o fornecimento de produtos e serviços à comunidade, sendo elemento direto de propagação de sua imagem.
2. É a variável mais importante para a obtenção da rentabilidade desejada, elemento básico pelo qual a empresa justifica os investimentos de seus acionistas e proprietários e que permite a manutenção da continuidade empresarial.

O preço de venda é um atributo de valor, ou como dizem os economistas, da utilidade que os produtos e serviços prestam ao consumidor. A questão do preço de venda, portanto, não se restringe à Ciência Contábil. É um tema necessariamente tratado na Ciência Econômica, bem como é um dos assuntos mais importantes da Administração de Marketing e de Finanças. Para seu entendimento, é necessário também considerar aspectos psicológicos, sociais, éticos etc., pois envolve sempre o consumidor final como um ser humano. Dada a enorme extensão do assunto, trataremos neste tópico apenas de alguns dos principais conceitos de formação e gestão de preços de venda diretamente ligados à atuação de Controladoria.

Principais Modelos de Obtenção de Preços de Venda

São três os modelos básicos que consideramos:

1. Modelo de indução pelo valor percebido.
2. Modelo de formação pelo custo unitário.
3. Modelo de aceitação pelo valor de mercado.

Não necessariamente as empresas utilizam apenas um modelo – na realidade, elas tendem a utilizar os três modelos conjuntamente, ao mesmo tempo ou não, ainda que, aparentemente, pensem estar usando apenas um ou outro.

O que importa, em termos de gestão econômica, é a maximização do preço de venda para a obtenção da rentabilidade desejada, sem ofender os clientes com preços maiores que eles possam perceber.

Valor Percebido pelo Consumidor[1]

O conceito de fixação de preços pelo valor percebido é um conceito de preço orientado pelo mercado, uma vez que a fonte básica de referência é identificar, antecipadamente, o grau de utilidade ou valor que um produto ou serviço traz à mente do consumidor.

Em termos práticos dentro desse conceito, a empresa deve tentar definir o *maior preço* de venda para o seu produto, sabendo que seu cliente está disposto a pagar por esse preço, pois a utilidade do produto para o cliente é suficiente para deixá-lo tranqüilo no ato da compra. Dessa maneira, a fixação do preço de venda por meio do valor percebido pelo consumidor é a *criação do valor de mercado* do produto ou serviço.

Esse conceito de formação de preço de venda é também denominado de preço-alvo de mercado ou *target pricing*, pois considera as forças de competitividade de mercado, assumindo o que os clientes estarão dispostos a pagar pelos produtos, segundo os volumes estimados de demanda.

Com isso, podemos caracterizar esse tipo de obtenção de preço de venda como um modelo de indução, pois leva o cliente a aceitar um preço sugerido pela empresa; ele tem três aspectos principais:

1. Criação do valor percebido pelos consumidores.
2. O objetivo é criar e aumentar a lucratividade do negócio.
3. Não cometer o equívoco de separar o preço do restante do composto de marketing.

Para tanto, o estrategista de preços precisa considerar:

1. Ter em mente a consciência da importância do papel dos preços da lucratividade.
2. Registro dos fatos capazes de orientar a administração de preços.
3. Analisar os fatos e escolher ou criar as ferramentas necessárias.
4. Determinação para implementar a estratégia desenvolvida.

A estratégia de definição de preços sob o conceito de valor percebido não aceita a formação de preços partindo do custo, apesar de sua popularidade na

---

[1] Baseado em Dolan e Simon (1998).

prática, porque ignora o valor percebido pelo consumidor. Os casos em que seria possível utilizar esta metodologia estariam ligados a:

1. Validar *pisos* de preços.
2. Validar pisos de preços para o curto prazo, por meio do conceito de margem de contribuição e aproveitamento de oportunidades temporárias.
3. Validar pisos de preços no longo prazo, mediante o conceito de custo unitário pelo total do ciclo de vida esperado do produto.

Apresentamos a seguir a Figura 13.1, que evidencia o esquema básico para a definição de preço de venda considerando o valor percebido pelo consumidor.

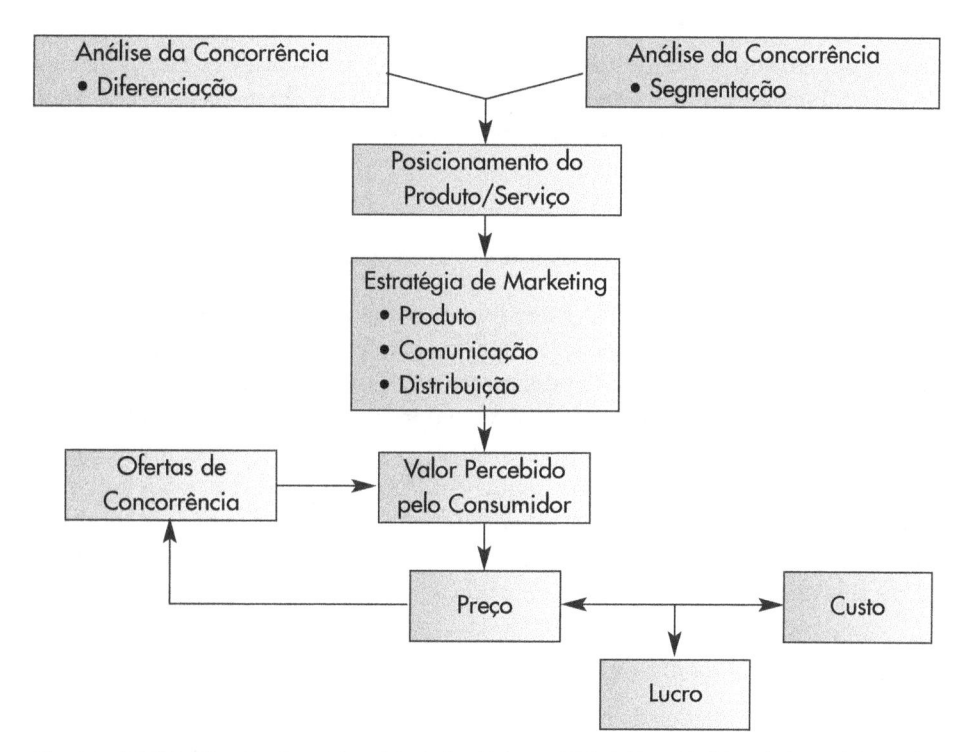

Figura 13.1 – Gestão de Preços de Venda – Esquema do Processo de Preços e Valores.

Como já abordamos, o modelo de valor percebido é um modelo baseado no mercado. O processo de definição de preços começa pela análise da concorrência e o posicionamento da empresa e do produto ou serviço frente a ela, definindo as camadas de atuação da segmentação e diferenciação desejada. Nesse momento, a quantidade a ser produzida será a variável-chave a ser considerada.

Em seguida, desenha-se a estratégia de marketing para o produto ou serviço em questão, com pesquisas de mercado e análises correlatas para se obter informações necessárias que permitam identificar a utilidade ou o valor que o consumidor vê no produto ou serviço. Sobre essa noção de percepção de valor é que se determina o preço de venda, isto é, preço que o consumidor deverá estar disposto a pagar.

Com o preço de venda determinado, e os dados de custos específicos do produto ou serviço, faz-se a apuração da projeção do lucro possível com a quantidade esperada, que deverá satisfazer o quesito de rentabilidade mínima desejada. O modelo remete à análise posterior das ofertas da concorrência, para aferição e ajuste eventual do preço de venda determinado, em um processo cíclico.

Aplicabilidade aos Diversos Tipos de Produtos e Mercados

De modo geral, fica claro que o modelo de indução de valor percebido é totalmente aplicável a produtos inéditos e criadores de mercados. Contudo, a técnica pode também ser utilizada para produtos já existentes e em mercados concorrenciais, pois há sempre uma possibilidade, mínima que seja, de diferenciação e segmentação.

Formação de Preços de Venda a Partir do Custo

O pressuposto básico para essa metodologia é que o mercado estaria disposto a absorver os preços de venda determinados pela empresa, preços que, por sua vez, são calculados em cima de seus custos e dos investimentos realizados.

Sabemos que, na verdade, isso nem sempre pode acontecer, ficando, então, eventualmente, invalidado tal procedimento. De qualquer forma, é necessário um cálculo em cima dos custos, tendo em vista que, com ele, podemos pelo menos ter um parâmetro inicial ou padrão de referência para análises comparativas. Além disso, diversas outras situações podem exigir a utilização dos procedimentos de formação de preços de venda a partir do custo, por exemplo:

- estudos de engenharia e mercadológicos para a introdução de novos produtos;
- acompanhamento dos preços e custos dos produtos atuais;
- novas oportunidades de negócios;
- negócios ou pedidos especiais;
- faturamento de produtos por encomenda;
- análise de preços de produtos de concorrentes etc.

Outra área de aplicação da metodologia de formação de preços de venda a partir do custo está ligada a necessidades institucionais. Informações para órgãos governamentais, necessidades de as autarquias prestarem conta de seus serviços e taxas, prestação de contas de empresas públicas e autarquias etc. Normalmente, essas necessidades são caracterizadas mais popularmente pela geração de planilhas de custo dos produtos e serviços.

A validade gerencial da formação de preços a partir do custo está basicamente centrada na necessidade de se avaliar a rentabilidade dos investimentos em relação aos custos e despesas decorrentes da estrutura empresarial montada para produzir e vender os produtos e serviços. Objetiva-se com isso determinar que contribuição ao resultado seria obtida considerando a composição do preço baseada nas estruturas de custos e despesas e dos investimentos realizados.

Formação de Preços de Vendas e Métodos de Custeio

A formação de preços de venda a partir do custo pode ser feita considerando qualquer método de custeio. Basicamente, a metodologia trabalha com o conceito tradicional de custos, que separa os custos e as despesas associados aos produtos dos custos e despesas associados ao período, da seguinte maneira geral:

1. Custos e despesas associados unitariamente aos produtos e serviços: tratamento como custo unitário do produto.
2. Custos e despesas associados ao período: tratamento como percentual multiplicador sobre o custo unitário do produto (*mark-up*).

Portanto, quanto mais gastos forem atribuídos unitariamente aos produtos (por meio de rateios, alocações, direcionadores de custos), menor será o multiplicador para se obter o preço de venda. Quanto menos gastos forem atribuídos unitariamente aos produtos, maior será o multiplicador ou *mark-up* para se obter o preço de venda. O método mais utilizado ainda tem sido o custeamento por absorção, pela facilidade de integração com a demonstração de resultados exigida pela legislação.

Formação de Preços de Venda e Formas de Custeio

A formação de preços de venda a partir do custo deve obedecer a um método de custeio, o mesmo acontece em relação à forma de mensuração dos elementos de custos. O estudo e a formação de preços de venda para fins de se analisar a contribuição planejada deverão ser o *custo real*.

Contudo, para fins de fixação de preços de venda utilizando-se os custos, a opção mais recomendada tem sido a adoção do *custo padrão*, ou, eventualmente, o custo orçado. A adoção do custo padrão como base para a formação de preços de venda fundamenta-se em não alocar ineficiências aos preços, bem como permitir uma condição de maior estabilidade dos preços junto aos clientes.

Multiplicador sobre os Custos (Mark-up)

A concepção de *mark-up*, que traduzimos como multiplicador sobre os custos, é uma metodologia para se calcular preços de venda de forma rápida a partir do custo unitário de cada produto. O conceito de *mark-up*, amplamente utilizado pelas empresas, tanto as de grande porte como as microempresas, parte do pressuposto de que a base para diferenciação de preços de venda dos diversos produtos produzidos pela empresa é o custo por absorção.

Evidencia-se aqui como ainda está arraigado em nossa cultura contábil-financeira o conceito de custo por absorção como o mais adequado para se obter o custo dos produtos. A partir do custo por absorção de cada produto, aplica-se um multiplicador de tal forma que os demais elementos formadores do preço de venda sejam adicionados ao custo, a partir desse multiplicador.

É importante ressaltar que, apesar de o *mark-up* ser um multiplicador aplicado sobre o custo dos produtos, a sua construção está ligada a determinados percentuais sobre o preço de venda. Todos os componentes do *mark-up* são determinados por meio de relações percentuais médias sobre preços de vendas e, a seguir, aplicados sobre o custo dos produtos. A utilização do *mark-up* pode ser tanto genérica (para todos os produtos, divisões ou mercados) como específica, e dependerá do modelo de apuração de custo unitário dos produtos e serviços. Os elementos constantes do *mark-up* são os seguintes:

Mark-up I – Despesas e margem de lucro:

- despesas administrativas;
- despesas comerciais;
- outras despesas operacionais (assistência técnica, engenharia);
- custo financeiro de produção e vendas;[2]
- margem de lucro desejada.

Mark-up II – Impostos sobre venda:

- ICMS;
- PIS;
- Cofins.

Margem de Lucro Desejada

Um dos pontos mais polêmicos é com relação à margem de lucro que deve ser alocada ao *mark-up*. Fundamentalmente, a margem de lucro desejada está ligada ao conceito de rentabilidade do investimento. Como a rentabilidade do investimento está ligada à sua eficiência de geração de vendas (o giro do ativo), a margem a

---

[2] Neste caso, representa o custo de capital de terceiros de financiamento dos investimentos. Não confundir com custo de financiamento das vendas, para fazer face a prazo de recebimento dado aos clientes. A formação de preços a partir do custo parte da premissa de se formar preços na condição de pagamento à vista.

ser incorporada no preço de venda dos produtos tem de estar relacionada com esses dois elementos.

Outrossim, a rentabilidade do investimento é um conceito de custo de oportunidade de capital. Dessa maneira, além de elementos componentes do giro e rentabilidade dos investimentos, o outro componente-chave é o custo de capital dos proprietários do capital empresarial, genericamente denominados de acionistas. Portanto, a base para a margem de lucro desejada fundamenta-se em três componentes: vendas, investimentos (ativos) e custo de oportunidade.

> **Parâmetros básicos para cálculo da margem de lucro desejada**
> Vendas
> Lucro Operacional
> Investimentos (Ativos)
> Custo de Oportunidade do Capital

Entendemos que alguns parâmetros externos podem ajudar a se atingir uma margem de lucro satisfatória. Uma empresa industrial, comercial ou de serviços é constituída basicamente para atingir ganhos superiores aos recebidos em aplicações no mercado financeiro, basicamente em aplicações de renda fixa.

Um parâmetro básico é a remuneração da poupança governamental em nosso país, que paga 0,5% ao mês, ou 6,17% ao ano. Outro parâmetro básico são as taxas de juros cobradas no mercado internacional, por meio das taxas interbancárias dos Estados Unidos e de Londres, o *prime rate* e o *Libor*, respectivamente. No Brasil, as margens devem ser superiores seguramente às da poupança governamental, pois os negócios empresariais têm muito mais risco que a poupança e, por isso, necessitam maior remuneração. Internacionalmente, também devem ser superiores às taxas interbancárias, pois elas representam o patamar mínimo de rentabilidade. Como parâmetro geral, rentabilidade entre 12% e 15% ao ano, após os impostos sobre o lucro, é considerada normal.

A margem a ser considerada na formação de preços de venda tanto pode ser genérica (uma única margem para todos os produtos e serviços) como específica para cada produto ou grupo de produtos e serviços.

Determinação da Margem Desejada para o Mark-up

Margem ou lucratividade é um conceito de lucro sobre as vendas. Rentabilidade é um conceito de rendimento do capital investido. Assim, a margem desejada a ser aplicada aos preços de venda formados pelo custo deve ser resultante da rentabilidade desejada sobre o capital investido. Esse conceito é expresso pela fórmula de análise da rentabilidade denominada de *Método Dupont*, que converge os elementos de lucratividade das vendas com o giro do ativo (ou patrimônio líquido).

O conceito de giro está associado com o de produtividade do capital empregado nas operações. Quanto maior o giro, maior a produtividade e maior o potencial de geração de lucros para os acionistas. O método Dupont pode ser aplicado tanto para o lucro operacional quanto para o lucro líquido. Estaremos utilizando a variável lucro líquido.

$$\text{Rentabilidade do Patrimônio Líquido} = \frac{\text{Vendas}}{\text{Patrimônio Líquido}} \times \frac{\text{Lucro Líquido}}{\text{Vendas}}$$

Faturamento Normativo

A formação de preços de venda normalmente é elaborada com base em *custos padrões, ou em custos estimados ou orçados*, buscando-se conseguir preços formados a partir de condições operacionais normais da empresa. Assim, o conceito de faturamento padronizado ou faturamento normativo vem a ser um elemento importante para a construção do *mark-up*, bem como da margem de lucro desejada.

O faturamento normativo deverá ser revisto periodicamente, e recomendamos que isso seja feito juntamente com a revisão anual do padrão. Como já introduzimos, os percentuais constantes do *mark-up* são determinados em uma relação percentual sobre preços de venda, o que nos leva novamente ao conceito de faturamento normativo ou faturamento padrão.

Como o processo de formação de preços de venda busca um preço de venda calculado tendo em conta situações de normalidade, a base para o cálculo dos percentuais de margem, despesas operacionais, custo financeiro etc. deve ser um volume de vendas que represente uma condição normal de produção e de vendas da empresa.

A formação de preços de venda não deve, de modo geral, ficar atrelada a situações conjunturais, de modo que, em períodos de alta demanda, se busquem rentabilidades exageradas, bem como, em períodos de baixa demanda, se busque adicionar percentuais de despesas decorrentes de ociosidades estruturais.

O faturamento normativo da empresa será calculado com base em projeções orçamentárias para um ou mais períodos, calcado nas estruturas existentes e planejadas de capacidade de produção, buscando-se sempre condições normais e estáveis de operação e visão de padronização.

Margem de Lucro Desejada Líquida dos Impostos Sobre o Lucro

A margem a ser incorporada no *mark-up* sempre é um conceito de margem bruta, já que a formação de preços de venda a partir de custos unitários não considera, no formato do cálculo, os impostos sobre o lucro. Portanto, a margem a ser utilizada deve ser aquela que permita à empresa pagar os impostos a serem gerados pelo lucro e conseguir a rentabilidade líquida para a companhia e os acionistas. Apresentamos a seguir um exemplo de obtenção de margem desejada para incorporação no *mark-up*. Os dados são os seguintes:

BALANÇO PATRIMONIAL
Empréstimos (Capital de Terceiros)   6.500.000
Patrimônio Líquido (Capital Próprio)   5.500.000
ATIVO TOTAL/VALOR DA EMPRESA   12.000.000

FATURAMENTO NORMATIVO   22.000.000

Consideraremos, nesse exemplo, que a margem mínima desejada pelos acionistas é de 13% ao ano, líquida dos impostos sobre o lucro.

Quadro 13.1 – Determinação da Margem para os Acionistas Desejada para o *Mark-up*

1.	PATRIMÔNIO LÍQUIDO	5.500.000
2.	RENTABILIDADE DESEJADA	13%
3.	Valor de Lucro a Ser Obtido para os Acionistas (1 x 2)	715.000
4.	Alíquota Efetiva de Impostos sobre o Lucro	30%
5.	Valor de Lucro para os Acionistas a Ser Obtido Antes dos Impostos sobre o Lucro [3:(100%–30%)]	1.021.429
6.	FATURAMENTO NORMATIVO	22.000.000
7.	Margem de Lucro para os Acionistas a Ser Utilizada no Mark-up (5:6)	4,6%

Obtenção dos Percentuais de Despesas Operacionais e Custo Financeiro

Já evidenciamos como obter a margem de lucro desejada. A obtenção dos outros percentuais sobre vendas líquidas para construir o *mark-up* deve seguir os conceitos de faturamento normativo ou padrão. Devemos ter estimativas das despesas administrativas e comerciais, bem como dos custos dos financiamentos, sempre considerando um nível de atividade normal e padrão, para associarmos ao faturamento normativo. Em resumo, precisamos elaborar uma demonstração de resultados com conceito de padrão, para obtermos percentuais padrões dessas despesas. O Quadro 13.2 apresenta esses dados, que devem ser considerados como padrões e, associados ao faturamento normativo, fornecem médias percentuais de despesas operacionais e financeiras sobre as vendas líquidas dos impostos.

Quadro 13.2 – Determinação dos Percentuais Médios de Despesas Operacionais e Custo Financeiro para o *Mark-up*

FATURAMENTO NORMATIVO (VENDAS LÍQUIDAS)	22.000.000	100,00%
Custos dos Produtos Vendidos	(17.600.000)	
LUCRO BRUTO	4.400.000	
Despesas Comerciais	(1.610.000)	7,3%
Despesas Administrativas	(1.190.000)	5,4%
LUCRO OPERACIONAL	1.600.000	
Despesas Financeiras	(632.000)	2,9%
LUCRO LÍQUIDO ANTES DOS IMPOSTOS	968.000	
Impostos sobre o Lucro – 30%	(290.400)	
LUCRO LÍQUIDO	677.600	

Nesse exemplo numérico verificamos que, em média, as despesas comerciais, considerando uma atividade normal da empresa, representam 7,3% das vendas; as despesas administrativas representam 5,4% das vendas líquidas e as despesas financeiras com os financiamentos (fontes de capital de terceiros) representam, em média, 2,9% do faturamento normativo.

Preço de Venda Calculado

A formação de preços de venda a partir do custo sempre nos conduz ao que denominamos Preço de Venda Calculado (PVC). É o valor que a empresa deseja obter, de tal forma que atinja suas metas de rentabilidade e satisfaça seus proprietários. Como já havíamos introduzido no conceito de *mark-up*, calculamos o preço de venda de cada produto em duas etapas. Em primeiro lugar, calcularemos o preço de venda desejado, líquido dos impostos sobre venda, o qual denominamos Preço de Venda Calculado 1 – PVC1.

Em seguida, aplicamos a segunda parte do *mark-up*, de tal forma que possamos embutir os impostos sobre venda, que serão cobrados do consumidor. Com isso, temos um outro preço de venda formado, bruto, que denominamos Preço de Venda Calculado 2 – PVC2.

Construção do Mark-up

Primeiro passo: somatória dos percentuais padrões de despesas operacionais, custo financeiro e margem de lucro desejada sobre as vendas líquidas dos impostos.

	Percentual sobre Vendas
Despesas comerciais	7,3%
Despesas administrativas	5,4%
Custo financeiro	2,9%
Margem de lucro desejada	4,6%
Total	20,2%

Segundo passo: obter a participação do custo industrial (estamos utilizando o critério de custeio por absorção) sobre as vendas sem impostos. Para executar essa passagem, basta tirar de 100,0% o total das despesas operacionais, custo financeiro e margem de lucro desejada obtidos anteriormente. Assim:

Preço de venda sem impostos	100,0%
(–) Despesas operacionais, custo financeiro e margem desejada	20,2%
= Participação média do custo industrial	79,8%

Terceiro passo: obtenção do *mark-up* I, o multiplicador sobre o custo industrial para se chegar ao preço de venda sem impostos.

Preço de venda sem impostos (a)	100,0%
Custo industrial de um produto (b)	79,8%
= Mark-up I (a : b)	1,25313

Quarto passo: identificar os percentuais dos impostos sobre as vendas, para a obtenção do *mark-up* II, o multiplicador para obtenção do preço de venda com impostos.

	Percentual sobre Vendas
ICMS – Imposto sobre Circulação de Mercadorias e Serviços	18,00%
PIS – Programa de Integração Social	0,65%
Cofins – Contribuição Social sobre Faturamento	3,00%
Total	21,65%

Quinto passo: obter o quanto deve ser a venda líquida dos impostos, em relação à venda tributada com os impostos sobre venda.

Preço de venda com impostos (a)	100,00%
Impostos sobre a venda (b)	21,65%
= Preço de venda líquido dos impostos (a – b)	78,35%

Sexto passo: obter o *mark-up* II, para construirmos um preço de venda com impostos, pronto para emissão de listas de preços de venda e documentação fiscal.

Preço de venda com impostos (a)	100,00%
Preço de venda sem impostos (b)	78,35%
= Mark-up II (a : b)	1,27632

Formação dos Preços de Venda dos Produtos

Os preços de venda dos produtos de nosso exemplo numérico serão formados a partir do custo por absorção padrão de cada produto. Vejamos, a seguir, no Quadro 13.3 um exemplo.

Quadro 13.3 – Formação de Preço de Venda sobre Custo por Absorção Utilizando o Conceito de *Mark-up*

		Produto A	Produto B
A	Custo Unitário – Método de Custeio por Absorção – $	1.157,36	2.118,60
B	*Mark-up* I	1.253,13	1.253,13
C	Preço de Venda Líquido dos Impostos (A x B) – $	1.450,32	2.654,88
D	*Mark-up* II	1.276,32	1.276,32
E	Preço de Venda Bruto com Impostos (C x D) – $	1.851,08	3.388,48

Formação de Preços de Venda a Partir do Mercado e Teoria Econômica

A teoria econômica indica que quem faz o preço de venda dos produtos é o mercado, basicamente por meio da oferta e da procura, fazendo as devidas considerações para situações de monopólio, oligopólio, mercados cativos e situações similares.

Assumindo essa condição, praticamente seria desnecessário o cálculo dos custos e a subseqüente formação de preços de venda a partir dele. O que a empresa teria de fazer seria abalizar corretamente o preço de mercado do produto mediante os preços dos concorrentes existentes, ou por meio de pesquisas de mercado (no caso de produtos inéditos), e fazer considerações específicas de gastos de comissões, canais de distribuição, publicidade, localização da fábrica etc.

Custo Meta

O preço de mercado, outrossim, possibilita na realidade a situação inversa da formação de preços de venda. Assumindo a condição de que o preço que o mercado está pagando é o máximo que a empresa pode atribuir ao seu produto, o preço de mercado passa a ser o elemento fundamental para a *formação dos custos* e *despesas*.

Diante disso, parte-se do preço de venda, deduz-se a margem mínima que a empresa quer obter, bem como os custos financeiros de financiamento da produção e os efeitos monetários sobre o capital de giro, e obtém-se o valor máximo que pode custar internamente tal produto para a empresa.

A partir da obtenção desse dado, se a empresa se vê em condições de produzir e vender o produto com o lucro desejado, o custo obtido passa a ser o custo padrão ideal, ou o *custo meta*.

Em linhas gerais, o custo meta é expresso pela seguinte fórmula, considerando dados hipotéticos:

CUSTO META	
Preço de Venda de Mercado	= $ 100,00
(–) Margem de Lucro Desejada ou Necessária (10%)	(10,00)
Custo Meta	90,00

Para a obtenção do custo meta, é necessário um modelo decisório baseado em método de custeio que contemple todos os custos e as despesas. Nesse sentido, o custo meta só é possível de se obter por meio do método de custeio integral ou pelo método de Custeio ABC. Pela abordagem conceitual de custeio direto/variável, não existe a possibilidade de custo meta, pois, nessa linha de pensamento, que já demonstramos ser a científica, o custo unitário só pode existir em termos de custos médios, nunca no âmbito de unidade individual de produto, e, portanto, não existiria custo meta.

Fundamento Econômico para Gestão de Preços de Venda: o Modelo da Margem de Contribuição

A formação ou a definição do preço de venda por meio do valor percebido, mercado ou em cima do custo dos produtos não prescinde de um modelo de gestão contínuo para monitoramento dos preços de venda e da lucratividade total da companhia. Dessa maneira, o acompanhamento sistemático dos preços de venda de todos os produtos e o processo de redefinição dos seus preços de venda devem ser feitos utilizando-se o modelo da margem de contribuição. O fundamento do modelo da margem de contribuição é a associação completa das variáveis-chave da geração operacional de lucro:

1. Preço de venda unitário dos produtos e serviços.
2. Custos unitários variáveis dos produtos e serviços.
3. Margem de contribuição unitária dos produtos e serviços.
4. Volume de produção e vendas.
5. Margem de contribuição total de cada produto e serviço no total do lucro da empresa.
6. Custos e despesas fixas diretas aos produtos e serviços.

7. Custos e despesas fixas da empresa indiretas aos produtos e serviços.
8. Lucro operacional total.

O Quadro 13.4 apresenta o modelo básico para gestão de preços de venda. Nele deverão ser inseridos os preços de venda definidos por qualquer critério, para avaliação do resultado e da contribuição de cada produto ou serviço no total. Esse modelo respeita a natureza comportamental dos custos e, portanto, não dá viés ao resultado total da empresa.

Quadro 13.4 – Modelo Econômico para Gestão de Preços de Venda
Preços – Custos – Lucros – Volume

	Produto A			Produto B			Produto N			Total Geral
	Volume	Unitário – $	Total – $	Volume	Unitário – $	Total – $	Volume	Unitário – $	Total – $	
Vendas	625	1.700,00	1.062.500	250	3.750,00	937.500	xxx	yy,yy	zzz,zz	2.000.000
Custo Variável	625	(900,00)	(562.500)	250	(1.962,00)	(490.500)	xxx	yy,yy	zzz,zz	(1.053.000)
Margem de Contribuição I	625	800,00	500.000	250	1.788,00	447.000	xxx	yy,yy	zzz,zz	947.000
Custos e Despesas Fixas Diretas aos Produtos			(40.000)			(110.000)			zzz,zz	(150.000)
Contribuição Total do Produto			460.000			337.000			zzz,zz	797.000
Custos e Despesas Fixas Gerais da Empresa (ou Divisão)										(410.000)
LUCRO OPERACIONAL TOTAL										387.000

Utilizando Sistemas de Simulação

O modelo econômico de gestão de preços de venda deve ser construído em ambiente computacional que permita a simulação. Esta é a sua grande vantagem e o seu grande potencial no processo decisório de gestão de preços. Empresas que têm poucos produtos na linha de produtos poderão facilmente utilizar esse modelo em aplicativos denominados de planilhas eletrônicas.

Empresas que possuem milhares de produtos e algumas características e variáveis adicionais que devam ser incorporados ao modelo poderão necessitar de recursos computacionais de maior grau de resolução. De qualquer forma, a essência do modelo não pode ser violentada, havendo sempre respeito aos fundamentos de preços, custos e lucros unitários, volume de produção ou venda de cada produto e serviço, e a incorporação das despesas e dos custos fixos diretos aos produtos quando forem claramente identificados.

Comparação de Preços de Venda

O preço de venda calculado é o idealizado pela empresa. Nada impede, porém, que esta desenvolva uma lista com preços diferentes dos calculados, já que o mercado é quem dá a palavra final em preços de venda. Mesmo com uma lista de preços que são ofertados ao mercado, os preços realmente obtidos podem também ser diferentes da lista. Assim, é necessário um acompanhamento constante dos três preços de venda, quais sejam:

1. Preço de Venda Calculado.
2. Preço de Venda de Lista.
3. Preço de Venda Obtido ou Praticado.

Apresentamos a seguir um exemplo explicativo. Os preços de venda de lista são aleatórios, apenas para efeito de evidenciação comparativa.

Quadro 13.5 – Comparação de Preços de Venda

	Preço de Venda Calculado $	%	Preço de Venda de Lista $	%	Preço de Venda Praticado $	%
Produto A	1.851,08	100,00	1.780,00	96,16%	1.700,00	91,84%
Produto B	3.388,48	100,00	3.950,00	116,57%	3.750,00	110,67%

Alterações nos Preços de Venda Calculados

A formação de preços de venda deve ser sempre revista. As principais alterações que podem ser processadas são relacionadas com mudanças nas estruturas de custos e despesas, decorrentes de eficiência ou deficiência dos processos de produção e da estrutura do produto, bem como das alterações nos preços desses insumos.

Alterações pela Inflação da Empresa

As alterações pela inflação da empresa devem ser calculadas mês a mês, partindo-se do cálculo da inflação mensal da empresa. É simplesmente aplicar aos preços de venda a média dos aumentos acontecidos na estrutura de custos e despesas. É claro que a inflação da empresa é um parâmetro básico a ser aplicado sobre os custos padrões e preços de venda formados a partir deles. E outros fatores têm de ser considerados, pois nem sempre o mercado aceita facilmente alterações de preços, nas diversas situações possíveis de demanda.

Alterações por Mudanças Estruturais nos Custos e Despesas

Alterações na formação dos preços de venda deverão acontecer nas revisões dos custos padrões, quando serão captadas todas as alterações ocorridas nas estruturas dos produtos e os ganhos ou perdas de eficiência no processo produtivo que provocarão alterações nos custos reais e, conseqüentemente, na elaboração dos padrões.

Considerações Finais

A formação ou aceitação do preço de venda dos produtos e serviços é uma decisão de vital importância para a empresa. Ela não se fundamenta apenas em variáveis econômicas ou de custos. Caracteriza-se por ser uma decisão de cúpula, dada a necessidade de analisar todas as variáveis envolvidas, inclusive ambientais. Assim, a decisão da fixação dos preços de vendas pode-se caracterizar como uma decisão no nível estratégico.

Verificamos em nosso estudo que cabe à Controladoria não só a preparação das informações econômico-financeiras que embasam essa decisão, como os custos dos produtos e serviços, impostos, rentabilidade desejada e margem necessária, mas também a preparação e a análise de outras informações, como preços praticados, preços concorrentes, preços possíveis, estudos de preços compartilhando os demais produtos e serviços da empresa, bem como a utilização de ferramental de simulação dentro de um modelo decisório de margem de contribuição. É fundamental também, nesse processo decisório, a incorporação do conceito de utilidade da Ciência Econômica, e do conceito de valor percebido, objetivando adequar o preço de venda ao conceito de valor que o produto ou serviço traz para o cliente.

Bibliografia

DOLAN, J.; SIMON, H. *O poder dos preços*. São Paulo: Futura, 1998.

PARTE IV
AVALIAÇÃO DE DESEMPENHO

Capítulo 14

Índice de Liquidez e Avaliação Econômica da Empresa

Clóvis Luís Padoveze

O conceito de avaliação econômica da empresa tem como fundamento que o valor da empresa decorre do fluxo de benefícios futuros. Conforme Iudícibus, "no âmago de todas as teorias para a mensuração dos ativos se encontra a vontade de que a avaliação represente a melhor quantificação possível dos potenciais de serviços que o ativo apresenta para a entidade" (Iudícibus, 1980, p. 107). Em outras palavras, uma empresa vale economicamente o que se espera que ela receba no futuro em termos de fluxos financeiros. Ou ainda, os fluxos financeiros a serem recebidos no futuro é que justificam ou não o investimento nas empresas. Portanto, essa é a informação de maior relevância que pode ser dada pela Ciência Contábil e sua importância está hoje consagrada internacionalmente sob o conceito de criação de valor.

A primazia da função-objetivo da Ciência Contábil no processo de criação de valor está explicitada no Relatório Revisado de Março de 1998, emitido pelo Comitê de Contabilidade Financeira e Gerencial da Federação Internacional de Contadores (International Federation of Accountants – Ifac), quando diz: "O atual estágio da contabilidade, que abarca todos os estágios evolutivos anteriores, centra-se no processo de criação de valor através do uso efetivo dos recursos empresariais" (Ifac, 1998, p. 4-5). Cabe à Contabilidade, portanto, o processo de mensuração do valor econômico da empresa.

A análise da capacidade de pagamento da empresa, por meio dos índices de liquidez, é considerada um dos itens mais importantes no processo de avaliação do seu desempenho, juntamente com a análise da relação do capital de terceiros sobre o capital próprio, mediante o índice de endividamento, e a análise da rentabilidade do investimento, por meio do Método Dupont (Matarazzo, 1994, p. 432). Contudo, praticamente todas as obras que tratam do assunto, principalmente no âmbito da Contabilidade, inclusive a Gerencial, exploram a avaliação da liquidez dentro do balanço patrimonial elaborado sob os conceitos da Contabilidade Financeira, ou seja, a liquidez é calculada e analisada com demonstrativos contábeis elaborados à luz dos princípios contábeis geralmente aceitos.

O objetivo deste estudo é analisar a validade e a utilidade dos indicadores de liquidez, com enfoque conceitual e teórico, sob as diversas abordagens que podem ser dadas ao balanço patrimonial, seja no âmbito da sua mensuração, de sua apresentação, ou como fonte de dados para gestão do capital de giro, tendo como foco central o valor da empresa como investimento, que deve ser avaliado sob o conceito de valor econômico.

Valor Contábil e Valor Econômico da Empresa

O valor da empresa é a informação mais importante para o investidor, seja ele o dono ou um acionista. O valor da empresa é o valor que será obtido por ocasião de sua venda.

O *valor contábil* da empresa é o valor mensurado pela Contabilidade Financeira sob os princípios fundamentais de Contabilidade, ou princípios contábeis geralmente aceitos como são denominados em outros países. O valor contábil da empresa é expresso pelo valor total do patrimônio líquido.

O *valor econômico* é expresso pelo valor presente dos fluxos futuros de benefícios, descontado a uma determinada taxa de juros, que representa o custo de capital de oportunidade dos acionistas ou investidores. Para esse fim, pode-se utilizar o fluxo futuro de dividendos, o fluxo futuro de lucros ou fluxo futuro de caixa (método também denominado de fluxo de caixa descontado).

A mensuração do valor econômico da empresa, considerando o fluxo esperado de dividendos para os próximos anos, não tem sido muito adotada, uma vez que grande parte das empresas retém parte do lucro líquido para futuros investimentos, buscando o autofinanciamento. Nesse sentido, pode-se ter uma avaliação inadequada do potencial completo de geração de lucros ou de caixa da empresa.

Com relação a considerar fluxos de caixa ou fluxos de lucro líquido, podemos dizer que é irrelevante. Tendo em conta que a mensuração por fluxos futuros leva a entender que devemos projetar a quantidade máxima de períodos de lucros ou caixa, sabemos que, ao longo do tempo, todos os fluxos de lucros, em princípio, transformam-se ou devem-se transformar em fluxos de caixa, conforme sabiamente afirma Iudícibus: "Assim, podemos ter modelos baseados em fluxos de renda ou de caixa, conforme o usuário. Mas, a longo prazo, tanto os fluxos de renda (competência) podem ser transformados em fluxos de caixa, como estes são, em última análise, os insumos informacionais mais relevantes" (Iudícibus, 1995, p. 6).

Muitos estudiosos não se esforçam para incorporar esse conceito de mensuração como fundamental para a Contabilidade, entendendo que é uma mensuração que serve apenas para fins gerenciais. A quantidade maior de argumentos contra esse conceito centra-se na questão da subjetividade dos elementos que necessariamente devem fazer parte do critério de cálculo: a taxa de juros a ser adotada, a quantidade de períodos a ser definida, a projeção dos fluxos futuros, o eventual valor residual do investimento. Realmente, esses elementos incorporam dificuldades de obtenção, pela questão básica da dificuldade de previsibilidade do mundo real, fazendo com que esse método de cálculo acabe por reter boa dose de subjetividade. Contudo, toda a análise de investimento tem essa característica de probabilidade, que caracteriza o risco inerente a qualquer investimento. Portanto, o contador deve executar o melhor de sua ciência no sentido de obter o valor que reflita o melhor do seu desempenho de profissional de mensuração econômica. Não é porque há dificuldades de mensuração, que, na realidade, é comum a qualquer atividade de atribuição de valor, que não se deve fazê-la.

A mensuração do valor da empresa sob o conceito de valor econômico traz também uma outra informação de extrema importância, que é a correta mensuração do lucro. Enquanto na Contabilidade Financeira o lucro é visto como a diferença entre receitas realizadas, menos as despesas ao valor de custo (Lucro = Receita − Despesas), o valor econômico da empresa permite obter o lucro como diferença de patrimônios líquidos (Guerreiro apud Catelli, 1999, p. 88). Assim, a equação do lucro passa a ser:

$$\text{Lucro} = \text{Patrimônio Líquido Final} - \text{Patrimônio Líquido Inicial}$$
$$L = PLf - PLi$$

Essa concepção de lucro, em nosso entender a mais correta, é totalmente integrada com o conceito de criação de valor. Incorporando ao Patrimônio Líquido Inicial o custo de oportunidade do capital do acionista, têm-se o lucro sob o conceito de adição de valor, hoje em dia mais conhecido com o nome de Valor Econômico Adicionado.

Apesar de esse critério de avaliação da empresa não estar em consonância com os princípios contábeis geralmente aceitos para fins legais e fiscais, a contabilização do valor da empresa com o conceito de valor econômico não fica em desacordo com o postulado da continuidade, como tem sido colocado por alguns autores. A informação de quanto se pode obter pela venda de um investimento – neste caso, o valor da empresa – em momento algum induz seus gestores a tomar decisões no sentido de que ela esteja realmente em liquidação e, portanto, não afronta o postulado da continuidade. Ao contrário, a informação de que o lucro é o que adiciona valor ao patrimônio líquido empresarial é a motivação maior de manter o investimento em continuidade, pois os lucros obtidos, e distribuídos, a princípio, nunca afetarão o futuro do empreendimento.

Índices de Liquidez

Os indicadores de liquidez, extraídos do balanço patrimonial, têm por finalidade analisar a capacidade de pagamento das dívidas da empresa. A utilização de dados extraídos unicamente do balanço patrimonial dá um caráter estático aos indicadores. Em outras palavras, os indicadores só refletem a capacidade de pagamento na data do balanço. Para imprimir alguma visão da dinâmica a esses indicadores, é necessário reanalisá-los sob um conceito de tendência e à luz de fluxos futuros de lucros ou de caixa.

São quatro os indicadores de liquidez mais utilizados:

1) Liquidez Corrente.
2) Liquidez Seca.
3) Liquidez Imediata.
4) Liquidez Geral.

Quadro 14.1 – Balanço Patrimonial – Situação Inicial

ATIVO CIRCULANTE	$	PASSIVO CIRCULANTE	$
Caixa/Bancos/Aplic. Financeiras	10.000	Dupls. Pagar – Fornecedores	8.000
Dupls. Receber – Clientes	20.000	Salários/Contas a Pagar	4.000
Estoques	25.000	Impostos a Recolher	6.000
Outros Realizáveis	2.000	Empréstimos	30.000
Soma	57.000	Soma	48.000
REALIZÁVEL LONGO PRAZO		EXIGÍVEL LONGO PRAZO	
Incentivos Fiscais	1.000	Empréstimos	22.000
PERMANENTE		PATRIMÔNIO LÍQUIDO	
Investimentos	12.000	Capital Social	30.000
Imobilizados	45.000	Reservas e Lucros Retidos	15.000
Soma	57.000	Soma	45.000
TOTAL	115.000	TOTAL	115.000
Liquidez Corrente	1,19		
Liquidez Seca	0,67		
Liquidez Imediata	0,21		
Liquidez Geral	0,83		

O índice de *liquidez corrente* é considerado o melhor. Por se limitar aos dados circulantes, portanto, de curto prazo, indica a capacidade de pagamento da empresa mais próxima do atual desempenho das operações. Qualquer indicador acima de 1,00 é considerado bom, pois mostra capacidade de pagamento de todas as dívidas de curto prazo. Há certa admissão genérica de que um indicador na ordem de 1,50 é bom, e de que acima é excelente, podendo até ser considerado excessivo por indicar imobilização exagerada de capital no giro.

O índice de *liquidez seca* é considerado um teste mais ácido para a liquidez de curto prazo. Dentro dos componentes do ativo circulante, o estoque é o que demanda mais tempo de realização, mais demora e trabalho para transformar-se em caixa, portanto, em liquidez. Assim, julga-se que, tirando do total de giro de curto prazo os estoques, cria-se um indicador mais duro para a liquidez e, portanto, mais conservador que a liquidez corrente. Alguns parâmetros são aceitos pelos analistas de créditos, como até 0,50 para empresas comerciais e de serviços e 0,70 para empresas industriais.

O índice de *liquidez imediata* trata apenas da capacidade de pagamento do total das dívidas de curto prazo com os recursos em disponibilidade. Portanto, utiliza somente os dados de caixa, bancos e aplicações financeiras disponíveis para fazer face ao total do passivo circulante. Não há um parâmetro claro para avaliar qual o mínimo aceitável. Quanto maior, melhor.

O índice de *liquidez geral* tenta evidenciar a capacidade de pagamento de todo o giro e, portanto, soma os dados de curto e longo prazos. De todos os indicadores de liquidez, este é o que menos possibilita análise significativa, pois não há como entender curto e longo prazos de forma aglutinada. Para dar alguma qualidade a esse indicador, haveria de se fazer antes uma análise do perfil dos elementos de longo prazo, dos próximos dois ou três anos, ou se estendem por mais períodos, até 10, 15 anos, por exemplo. Além da análise do perfil do longo prazo, deve-se também fazer a análise da natureza do realizável no longo prazo, pois pode conter dados de realização tendendo a zero, perto da condição de permanência.

Utilização Gerencial dos Indicadores de Liquidez

Como salientamos no tópico anterior, a característica dos indicadores de liquidez e o seu aspecto restritivo como informação efetiva para tomada de decisão é a sua condição de estaticidade. Eles refletem uma condição de visualização da capacidade de pagamento somente na data do balanço patrimonial. Qualquer evento posterior, no momento seguinte, pode alterar completamente a condição de capacidade de pagamento da empresa, invalidando até uma avaliação positiva feita anteriormente.

Como exemplo significativo, podemo-nos remeter ao episódio da recente desvalorização cambial ocorrida em nosso país em janeiro de 1999. De um dia para o outro, os ativos e passivos realizáveis em moeda estrangeira tiveram um grande aumento decorrente da desvalorização da moeda brasileira, aumentando a expressão monetária, em reais, dos créditos e débitos vinculados a moedas estrangeiras.

Podemos refletir esse aspecto em nosso exemplo numérico inicial. Considerando que houve uma desvalorização de 50%, aplicaremos essa inflação cambial no valor dos empréstimos, como se todos eles fossem atrelados à moeda estrangeira. Tal evento produziria um prejuízo financeiro imediato de $ 26.000, redundando em um prejuízo acumulado de $ 11.000. Os passivos de empréstimos teriam seu valor em reais aumentados pela desvalorização de 50% do real, aumentando o endividamento de curto e longo prazos.

Quadro 14.2 – Balanço Patrimonial – Situação Final

ATIVO CIRCULANTE	$	PASSIVO CIRCULANTE	$
Caixa/Bancos/Aplic. Financeiras	10.000	Dupls. Pagar – Fornecedores	8.000
Dupls. Receber – Clientes	20.000	Salários/Contas a Pagar	4.000
Estoques	25.000	Impostos a Recolher	6.000
Outros Realizáveis	2.000	Empréstimos	45.000
Soma	57.000	Soma	63.000
REALIZÁVEL LONGO PRAZO		EXIGÍVEL LONGO PRAZO	
Incentivos Fiscais	1.000	Empréstimos	33.000
PERMANENTE		PATRIMÔNIO LÍQUIDO	
Investimentos	12.000	Capital Social	30.000
Imobilizados	45.000	Reservas e Lucros Retidos	–11.000
Soma	57.000	Soma	19.000
TOTAL	115.000	TOTAL	115.000
Liquidez Corrente	0,90		
Liquidez Seca	0,51		
Liquidez Imediata	0,16		
Liquidez Geral	0,60		

Observa-se que todos os índices caíram, principalmente os índices corrente e seco. O índice de liquidez corrente, que na situação anterior era positivo e até considerado normal, de 1,19, passou a ser menor do que 1, chegando a 0,90, indicando tecnicamente, à luz do significado do indicador, problemas estáticos de solvência.

Para uma correta utilização gerencial dos indicadores de liquidez, faz-se mister considerar pelo menos dois aspectos metodológicos na sua estruturação e utilização. São eles:

- avaliação mensal dos indicadores de liquidez de forma gráfico-estatística, de tal forma que permita indicar uma tendência e sugerir ou inferir pontos para tomada de decisão e eventuais correções;
- incorporação dos dados projetados ou orçados para o próximo ou próximos períodos.

A utilização dessas duas metodologias permitirá tirar o caráter estático e unilateral dos indicadores, transformando-os ou adicionando-lhes a condição de análise dinâmica, extremamente necessária para avaliar o desempenho de qualquer elemento da estrutura patrimonial da empresa. A seguir, apresentamos um modelo teórico de como poderia ser feita essa análise gerencial dos índices de liquidez.

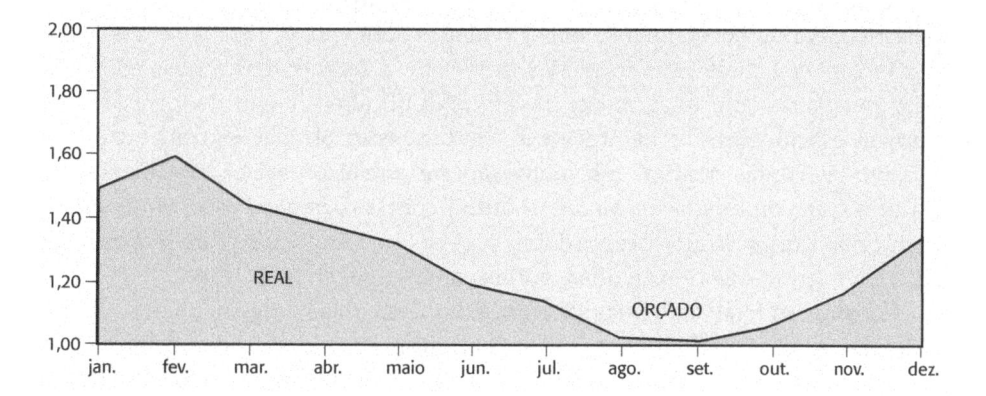

Figura 14.1 – Liquidez Corrente.

A Visão da Liquidez sob o Modelo Fleuriet

Michel Fleuriet et al. (1978) desenvolveram um modelo de administração do capital de giro, denominado de Análise Financeira Dinâmica, que retoma o tema da liquidez e seus indicadores, sugerindo uma abordagem nova e diferente da abordagem da análise de balanço tradicional. Seu modelo foi desenvolvido com algumas adaptações por Olinquevith e De Santi (1987).

Fleuriet ressalta que a inadequação da visão tradicional da liquidez decorre de sua condição de indicador estático: "Assim, os conceitos de liquidez, utilizados na análise contábil tradicional, pressupõem uma visão estática da empresa, podendo muitas vezes traduzir uma falsa imagem da situação de solvência de curto prazo, principalmente porque desconsideram, na dinâmica operacional, a convivência de contas de naturezas bastante distintas, tanto no Ativo Circulante quanto no Passivo Circulante. Isso significa que ao terem seus resultados determinados pela divisão entre totais de Ativos e Passivos Circulantes, tanto o numerador da fórmula quanto o denominador refletem um conjunto de contas que reagem de forma bastante distinta ao ritmo de operações da empresa" (Fioravanti, 1999, p. 14).

Para desenvolver seu modelo, Fleuriet separa os elementos do giro, classificando-os em dois tipos em relação ao seu comportamento com o ciclo operacional:

- contas *cíclicas*, ou seja, contas de natureza operacional;
- contas *erráticas*, ou seja, as demais contas do circulante.

As contas cíclicas "são as que se relacionam diretamente com o ritmo operacional, refletindo, em seus saldos, o nível de operações fins da empresa (...) as contas erráticas são aquelas cujos saldos evoluem sem qualquer relação com o ritmo das operações podendo, portanto, ser zerados quando a empresa estiver desempenhando normalmente suas atividades" (ibidem, p. 15).

As contas cíclicas relevantes são: duplicatas a receber de clientes, estoques, despesas pagas antecipadamente, no ativo; duplicatas a pagar de fornecedores, obrigações tributárias incidentes sobre o faturamento, obrigações trabalhistas, no passivo. As contas erráticas relevantes são: caixa, bancos, aplicações financeiras, mútuos com controladas e coligadas, outras contas correntes, no ativo; financiamentos bancários, títulos descontados, provisões de impostos sobre o lucro, mútuos com controladas e coligadas, outras contas a pagar, no passivo.

Considerando as naturezas diferenciadas das contas do giro, há uma reclassificação do capital circulante: as contas cíclicas são classificadas como giro e, conseqüentemente, o total dos ativos cíclicos menos o total dos passivos cíclicos indica a *Necessidade Líquida de Capital de Giro (NLCG)*. As demais contas, de caráter financeiro e não vinculadas às operações, são denominadas de contas de *Tesouraria*, e só com essas é que se deveria calcular a liquidez empresarial e a capacidade de solvência da empresa no curto prazo. Com os dados do exemplo inicial, apresentamos uma reclassificação conforme a abordagem dinâmica do Modelo Fleuriet.

Quadro 14.3 – Balanço Patrimonial – Modelo Fleuriet

ATIVO CIRCULANTE	$	PASSIVO CIRCULANTE	$
Contas Cíclicas		Contas Cíclicas	
		Dupls. Pagar – Fornecedores	8.000
Dupls. Receber – Clientes	20.000	Salários/Contas a Pagar	4.000
Estoques	25.000	Impostos a Recolher	6.000
Soma	45.000	Soma	18.000
Contas Erráticas		Contas Erráticas	
Caixa/Bancos/Aplic. Financeiras	10.000		
Outros Realizáveis	2.000	Empréstimos	30.000
Soma	12.000	Soma	30.000
Total Circulante	57.000	Total Circulante	48.000

continua

Quadro 14.3 – Balanço Patrimonial – Modelo Fleuriet (continuação)

ATIVO CIRCULANTE	$	PASSIVO CIRCULANTE	$
REALIZÁVEL LONGO PRAZO		EXIGÍVEL LONGO PRAZO	
Incentivos Fiscais	1.000	Empréstimos	22.000
PERMANENTE		PATRIMÔNIO LÍQUIDO	
Investimentos	12.000	Capital Social	30.000
Imobilizados	45.000	Reservas e Lucros Retidos	15.000
Soma	57.000	Soma	45.000
TOTAL	115.000	TOTAL	115.000
NLCG – $	27.000		
TESOURARIA – $	(18.000)		
Liquidez Corrente*	0,40		
Liquidez Seca*	0,40		
Liquidez Imediata*	0,40		
Liquidez Geral	0,25		

* Sob a abordagem dinâmica, passam a ser consideradas Liquidez de Tesouraria.

O aspecto fundamental dessa abordagem, que tem como objetivo oferecer um modelo de decisão completo para a administração do capital de giro (Braga, 1991), centra-se no conceito de que as contas cíclicas são necessárias para o ritmo das operações e, portanto, não podem ser realizadas sob pena de comprometer a continuidade da empresa. Além de não poderem ser realizadas e, conseqüentemente, serem utilizadas para a quitação de obrigações financeiras (passivos erráticos), o saldo das contas cíclicas tende a variar com o nível de atividade da empresa. Em outras palavras, sempre que existir um aumento no volume de produção ou vendas, haverá a necessidade de ampliar os investimentos e a retenção de giro para fazer face a esse novo nível de atividade (o inverso também é válido – sempre que houver redução de nível de atividade, deverá haver redução da necessidade de giro).[1]

Nessa abordagem, *a necessidade líquida de capital de giro equipara-se a um conceito de permanente*, mesmo que, à luz dos princípios contábeis geralmente aceitos, não o seja. Porém, em uma abordagem puramente gerencial, não há possibilidade de dispor dos elementos do giro (clientes, estoques) porque são necessários e imprescindíveis para manter o nível de atividade da companhia. No exemplo

---

[1] Estamos desconsiderando as alterações nas políticas ou ganhos de produtividade nos créditos e estoques.

apresentado, a NLCG é de $ 27.000 e esse valor não deve ser disponibilizado para pagamento de obrigações, pois é necessário para a manutenção das operações.

Como conseqüência desse conceito, as contas cíclicas, ativas ou passivas, não devem fazer parte da liquidez da empresa visto que é exclusivamente decorrente do seu saldo de tesouraria, representado pelas contas erráticas. Essa é uma conclusão fundamental e de extrema importância. Passa-se a entender a capacidade de pagamento da empresa sob um aspecto mais profundo e realístico, não enviesando os fundamentos de liquidez e da necessidade de investimentos no giro. No exemplo dado, o saldo da tesouraria é de $ 18.000, ou seja, a tesouraria é negativa.

Dessa maneira, os indicadores de liquidez corrente, seca e imediata passam a ser iguais, restando, portanto, dois indicadores de liquidez: liquidez de tesouraria e liquidez geral.

A *liquidez de tesouraria* relaciona os ativos circulantes erráticos com os passivos circulantes erráticos. No nosso exemplo numérico, as contas ativas de tesouraria são as contas de disponibilidades (caixa, bancos, aplicações financeiras) mais os outros valores realizáveis de curto prazo. As contas passivas de tesouraria são representadas, no nosso exemplo, pelos empréstimos de curto prazo. Assim, a liquidez de curto prazo da empresa é de apenas 0,40. Enfatizando, a liquidez de tesouraria não compreende os valores a receber de clientes nem os estoques e não utiliza no passivo circulante as obrigações decorrentes do giro das operações.

A liquidez geral compreende os elementos erráticos do circulante mais os dados de longo prazo. Também não incorpora as contas cíclicas. Identicamente à abordagem tradicional, a liquidez geral, na abordagem Fleuriet, não tem muito significado.

A Liquidez sob a Administração Financeira Tradicional

A teoria ortodoxa de finanças entende que as funções principais do administrador financeiro são:

- política de investimentos ou determinação da estrutura do ativo;
- política de financiamentos ou determinação da estrutura do passivo;
- política de dividendos ou política de manutenção do capital (Van Horne, 1998, p. 3-8).

Para exercício dessas funções, o ativo é visto como os investimentos da empresa, e o passivo, como as fontes de financiamentos. Na abordagem ortodoxa, o passivo é classificado pelas suas duas origens básicas de fornecimento de capital:

- capital de terceiros (empréstimos, financiamentos, debêntures);
- capital próprio (entradas e aumento de capital pelos acionistas e lucros retidos).

O ativo é classificado, basicamente, em:

- investimentos no capital de giro;
- investimentos no ativo fixo (ativo permanente).

Para estruturar o balanço para fins da gestão financeira ortodoxa, os itens do passivo circulante relacionados com o giro dos negócios devem ser reclassificados para o ativo como elementos redutores do capital de giro positivo. Vamos reapresentar nosso exemplo inicial segundo essa abordagem.

Quadro 14.4 – Balanço Patrimonial – Modelo Financeiro

CAPITAL DE GIRO	$	CAPITAL DE TERCEIROS	$
Caixa/Bancos/Aplic. Financeiras	10.000		
Dupls. Receber – Clientes	20.000		
Estoques	25.000		
Outros Realizáveis	2.000	Empréstimos – Curto Prazo	30.000
(–)Dupls. Pagar – Fornecedores	(8.000)	Empréstimos – Longo Prazo	22.000
(–)Salários/Contas a Pagar	(4.000)		
(–)Impostos a Recolher	(6.000)		
Realizável a Longo Prazo	1.000		
Soma	40.000	Soma	52.000
ATIVO FIXO		CAPITAL PRÓPRIO	
Investimentos	12.000	Capital Social	30.000
Imobilizados	45.000	Reservas e Lucros Retidos	15.000
Soma	57.000	Soma	45.000
TOTAL	97.000	TOTAL	97.000
Liquidez Corrente	1,30		
Liquidez Seca	0,47		
Liquidez Imediata	0,33		
Liquidez Geral	0,77		

Os dados dos indicadores de liquidez também se alteram. Porém, na abordagem financeira ortodoxa, a gestão da liquidez da empresa é uma função primordial, pois o dilema *liquidez* versus *rentabilidade* é um dos focos da gestão tradicional de finanças. O pressuposto para a gestão da liquidez está no sentido de que o capital de terceiros é de fora da empresa, e *não* é da empresa – conseqüentemente, deve ser pago. Portanto, os indicadores de liquidez são necessários e devem ser utilizados da melhor forma gerencial possível.

O capital de terceiros, além disso, é instrumento para alavancagem financeira, além de fonte de financiamento. Ele é utilizado para gerar mais lucros para os detentores do capital próprio, os acionistas, estes, sim, da empresa. Portanto, no conceito ortodoxo, a empresa tem donos, e os supridores de capital de terceiros são tratados como entidades exógenas à empresa. A função financeira de liquidez deve sempre verificar se haverá capacidade de pagamento aos emprestadores de capital, sob pena de que a empresa possa incorrer em inadimplência financeira. Os juros pagos aos emprestadores são considerados custos fixos que devem ser otimizados objetivando maior rentabilidade dos acionistas ou donos do capital próprio e, portanto, criando maior valor da empresa.

Em nosso entendimento, a incorporação dos conceitos do Modelo Fleuriet à abordagem ortodoxa é plenamente viável e totalmente recomendável.

A Liquidez na Abordagem MM (Modigliani e Miller)

A abordagem MM sobre a estrutura de capital da empresa difere significativamente da abordagem ortodoxa. Ela parte do pressuposto de que, em mercados perfeitos, é irrelevante a estrutura de capital e, conseqüentemente, a política de dividendos. Conforme Brealey e Myers, "Modigliani e Miller mostraram que a política de dividendos não é relevante nos mercados de capitais perfeitos. Sua famosa 'proposição I' estabelece que uma empresa não pode alterar o valor total dos seus títulos, através da simples repartição dos seus fluxos de tesouraria em diferentes correntes: o valor da empresa é determinado pelos seus ativos reais e não pelos títulos que emite. Deste modo, *a estrutura de capital é irrelevante*, desde que as decisões de investimento da empresa sejam consideradas como dados. O valor de mercado de qualquer empresa é independente da estrutura do seu capital" (Brealey e Myers, 1992, p. 395 e 400 – grifo nosso).

Em condições de mercados de capitais perfeitos, haveria abundância de capital. Portanto, os investidores estariam dispostos a correr os mesmos riscos dos tradicionais proprietários. Nessa linha, alguns pontos podem ser levantados, como premissas da abordagem MM:

1. Não há donos na empresa.
2. Não é relevante a fonte de capital; todas têm uma remuneração, cuja diferença é apenas de nome (juros, prêmio, dividendos).
3. Não há risco financeiro (todos são identicamente fornecedores de capital).
4. Portanto, não há alavancagem financeira que possa maximizar o valor da empresa.
5. Há apenas o risco do negócio (risco não sistemático).

Nessa abordagem, não havendo risco financeiro, não há, portanto, problemas de liquidez, já que todos os investidores estão dispostos ao mesmo risco da empresa. Inexiste diferença entre capital de terceiros e capital próprio, já que todos são considerados investidores.

Em resumo, na abordagem MM não há por que calcular índices de liquidez.

MM provam matematicamente em seus trabalhos suas teses, e não há como refutá-las em uma abordagem teórica. Contudo, o mundo real não é perfeito, nem os mercados de capitais. As empresas são analisadas e avaliadas na sua relação de capital próprio *versus* capital de terceiros, e o objetivo tem sido a maximização do valor da empresa, sob a ótica do patrimônio líquido contábil (ou do capital próprio) que é de propriedade de seus acionistas ou donos.

A Contabilidade sob o Conceito de Lucro e Valor Econômico da Empresa e a Liquidez

Sob o conceito de valor econômico, os ativos e passivos serão avaliados pela Contabilidade pelo seu potencial de resultados futuros. Como é necessária a avaliação individual de cada ativo ou grupo de ativo relevante, há de se fazer uma avaliação individualizada de cada ativo, à luz dos resultados futuros que cada um deles pode render para a entidade.

Outrossim, a empresa é considerada um sistema, e dentro do enfoque sistêmico o todo pode ser maior que a soma das partes. Conforme Bio, "por si mesma, uma empresa excede a 'soma' de atividades isoladas..." (Bio, 1991, p. 17). Dessa maneira, a avaliação individual dos diversos ativos e passivos, de forma isolada, pode não refletir o potencial todo de geração de benefícios futuros do conjunto do sistema empresa.

Conseqüentemente, sob o conceito de valor econômico, há a emergência do *Goodwill*. A figura contábil do *Goodwill*, um ativo intangível, reflete a diferença entre o valor total da empresa, sob o conceito de fluxos de benefícios futuros descontado a um custo de oportunidade, menos a avaliação individual dos elementos patrimoniais também segundo o mesmo conceito.

> Valor Total da empresa pelo método de fluxos futuros de benefícios descontados
> (–) Valor dos ativos individuais da empresa pelo método de fluxo futuro de benefícios de cada um = *Goodwill* (A – B)

Já vimos também que fluxos futuros podem incorporar tanto o conceito de lucro como o de caixa. Portanto, os fluxos futuros representam necessariamente fluxos de caixa. Nessa concepção, sempre que a empresa for avaliada pelo potencial de benefícios futuros, fica claro que ela tem, no seu horizonte de tempo, fluxos de caixa suficientes para gerar o valor da empresa.

Dessa maneira, *o valor da empresa sob conceitos econômicos já traz dentro de si a avaliação positiva da sua liquidez*, pois, em princípio, ela só terá valor econômico positivo se tiver fluxos futuros de caixa e, conseqüentemente, de capacidade de pagamento.

Obviamente, estamos pressupondo que haverá valor positivo. Se, contudo, a avaliação econômica evidenciar valor econômico negativo, também esse critério evidenciará a liquidez, no caso, mais adequadamente, falta de liquidez. Esse aspecto apenas reforça que o conceito de fluxos de benefícios futuros descontado ressalta a liquidez da empresa no longo prazo ou, inversamente, sua iliquidez.

Segundo essa visão, fica claro, então, que o indicador base para avaliar uma empresa é a análise da rentabilidade. Essa análise da rentabilidade, sob os conceitos de valor da empresa, e de lucro como diferença de patrimônios líquidos, incorpora uma avaliação positiva tanto do índice de endividamento como dos indicadores de liquidez.

Considerações Finais

Pudemos explorar, no desenvolvimento do tema, vários aspectos que se relacionam com a liquidez, valor da empresa e conceitos de gestão financeira, principalmente do capital de giro. As abordagens mais teóricas, a de Modigliani e Miller e a liquidez sob conceitos de avaliação econômica, eventualmente poderão ser entendidas como irrealistas. Contudo, elas trazem diversos aspectos importantes que merecem nossa reflexão.

Primeiro, que o fundamental para o empreendimento é o monitoramento de sua rentabilidade. A possibilidade de a empresa entrar em problemas de liquidez está totalmente ligada à sua capacidade de geração de lucros. Tendo capacidade de geração de lucros (e, portanto, de caixa), a empresa terá, naturalmente, capacidade de solver seus compromissos, isso porque os ganhos serão maiores que os gastos.

Ainda assim, poderá ser argüido que, se os ganhos forem imobilizados, tanto como ativos fixos como em ativos de giro, poderá haver a falta de liquidez. Óbvio que isso é possível de acontecer no mundo real; porém, também decorre de uma incorreta avaliação dos ativos. Partindo do pressuposto de que só deveremos avaliar os ativos individualmente pelo método de fluxo futuro de benefícios, o valor a ser aceito como ativo é o valor de rendimentos que dele se pode esperar.

Assim, mesmo que haja um investimento em um imobilizado, digamos, pelo valor de $ 10.000, mas já se saiba que o potencial de rendimento dos seus serviços não ultrapassa, digamos, $ 6.000, imediatamente a Contabilidade deveria registrar a perda no ato da aquisição. Conforme esse critério, já estaríamos alertando a gestão da entidade de que há uma perda e, portanto, possibilidades de prejudicar fluxos futuros e, obviamente, a liquidez.

Sabemos, todavia, que os indicadores de liquidez e, paralelamente, os de endividamento são dados de importância para os analistas das demonstrações contábeis, principalmente quando para análise da situação de clientes, fornecedores e concorrentes para fins de análise de crédito e verificação da situação dos empreendimentos do setor.

Contudo, reforçamos nosso entendimento de que os indicadores de liquidez devem ser analisados sob o conceito de avaliação dinâmica. E, para nós, o conceito de avaliação dinâmica da liquidez está alinhado com o conceito de fluxos futuros. Analisando a empresa sob fluxos futuros de resultados, automaticamente estaremos incorporando a avaliação da liquidez em um horizonte temporal de longo prazo e, portanto, em linha com a estratégia da empresa e o processo de criação de valor.

Não há dúvida de que a liquidez de curto prazo deve ter o monitoramento constante dos gestores econômicos da empresa. Porém, o mais importante para qualquer entidade é o foco de longo prazo e, nesse sentido, a incorporação dos conceitos de lucro econômico e valor da empresa decorrente de fluxos futuros traz vantagens adicionais à análise da liquidez.

Das diversas abordagens da liquidez apresentadas considerando uma visão evolutiva, podemos fazer algumas observações conclusivas:

1. A análise da liquidez por meio dos demonstrativos contábeis tradicionais, estruturados pelos princípios fundamentais de Contabilidade, caracteriza-se por ser uma análise estática e, portanto, deve ser feita com extremo cuidado, sob pena de comprometer o futuro da empresa em avaliação.

2. Para ser utilizada gerencialmente, a análise da liquidez deve incorporar análise de tendência e projeções de indicadores da liquidez futura.

3. Na análise tradicional, o Modelo Fleuriet constitui-se em um avanço extremamente importante, pois deixa bem claro que as contas cíclicas do circulante ligadas ao ritmo das operações da empresa (clientes, estoques etc.) não são, de fato, realizáveis no sentido de liquidez, pois elas são imprescindíveis para o processo operacional e não podem ser utilizadas para pagamento de obrigações.

4. Nas teorias financeiras em mercados de capitais perfeitos, onde os emprestadores de capital à empresa, além dos acionistas, aceitariam correr os mesmos riscos que os donos da empresa, não há, tecnicamente, nem liquidez nem iliquidez, pois, não havendo risco financeiro, tecnicamente não haveria possibilidade de inadimplência.

5. Considerando a avaliação da empresa pelos fluxos futuros de benefícios e, conseqüentemente, adotando o conceito de lucro econômico (lucro como diferença de patrimônios líquidos iniciais e finais), estaremos, além de incorporar os objetivos atuais da Contabilidade Financeira e Gerencial, dando a

relevância para o melhor indicador da análise de balanço, que é a análise da rentabilidade, pois valor da empresa positivo significa que a empresa está em condição permanente de liquidez no horizonte de longo prazo.

6. Outrossim, entendemos que, mesmo à luz dos atuais demonstrativos contábeis, é válida a análise da liquidez, desde que se tenha em mente as constatações apresentadas neste estudo.

Bibliografia

BIO, Sérgio Rodrigues. *Sistemas de informação*: um enfoque gerencial. São Paulo: Atlas, 1991.

BRAGA, Roberto. Análise avançada do capital de giro. *Caderno de Estudos*, Fipecafi/FEA-USP, n. 3, set. 1991.

BREALEY, Richard A.; MYERS, Stewart C. *Princípios de finanças empresariais*. Portugal: Mc-Graw Hill, 1992.

FIORAVANTI, Maria Antonia. *Análise da dinâmica financeira das empresas*: uma abordagem didática do "Modelo Fleuriet". São Paulo, 1999. Dissertação (Mestrado) – Universidade Metodista de São Paulo.

FLEURIET, Michel; KEHDY, R.; BLANC, G. *A dinâmica financeira das empresas brasileiras*. Belo Horizonte: Fundação Dom Cabral, 1978.

GUERREIRO, Reinaldo. In: CATELLI, Armando. *Controladoria*. São Paulo: Atlas, 1999.

INTERNATIONAL FEDERATION OF ACCOUNTANTS – Ifac/International Management Accounting Practice Statement. *Management Accounting Concepts*. Relatório Revisado de Março de 1998.

IUDÍCIBUS, Sérgio de. Por uma teoria abrangente de contabilidade. *Boletim do Ibracon*, ano XVII, n. 200, jan. 1995.

_____. *Teoria da contabilidade*. 1. ed. São Paulo: Atlas, 1980.

MATARAZZO, Dante C. *Análise financeira de balanços*. 3. ed. São Paulo: Atlas, 1994.

OLINQUEVITH, José Leônicas; DE SANTI FILHO, Armando. *Análise de balanços para controle gerencial*. 2. ed. São Paulo: Atlas, 1987.

VAN HORNE, James C. *Financial Management and Policy*. 11. ed. Upper Saddle River, NJ: Prentice-Hall, 1998.

Capítulo 15

Teoria das Restrições e Avaliação do Desempenho Empresarial

Clóvis Luís Padoveze

O objetivo deste estudo é apresentar um exemplo numérico das medidas de alcance da meta da empresa, dentro da abordagem da Teoria das Restrições, com o intuito de complementar as análises econômicas já existentes sobre esse enfoque de Contabilidade Gerencial. O trabalho não pretende fazer críticas a essa abordagem de Contabilidade Gerencial, ou seja, avaliar se as medidas são ou não coerentes, mas procurará evidenciar quais os fundamentos que conduziram à criação das medidas de avaliação de desempenho empresarial conforme a Teoria das Restrições. Para fins de comparabilidade e análise, desenvolveremos o exemplo também sob os princípios fundamentais de Contabilidade, de modo a ressaltar as diferenças entre os dois conceitos.

Parte I – Revisão dos Conceitos

Teoria das Restrições – Um Resumo[1]

Eliyahu Goldratt é considerado o autor dos conceitos disseminados hoje sob o nome genérico da Teoria das Restrições. Na segunda metade da década de 1980, Goldratt desenvolveu a Teoria das Restrições (*TOC – Theory of Constraints*), ampliação de uma série de seus princípios anteriores, denominados no seu conjunto de OPT – *Optimized Production Technology* (Tecnologia da Produção Otimizada).

A Teoria das Restrições é basicamente uma teoria de administração de produção. Junto com o MRP (I, II e III) (*Manufacturing Resource Planning*) e o JIT (*Just-in-Time*), forma o principal conjunto de conceitos de gestão produtiva e dos estoques.

Contudo, a Teoria das Restrições foi além do sistema produtivo, e generaliza, para a empresa como um todo, o pensamento da otimização, contemplando, assim, o conjunto de restrições globais (financeiras, mercadológicas, produtivas etc.). Se na OPT a palavra-chave é gargalo, na TOC essa palavra-chave passa a ser restrição, que é definida como qualquer coisa que limite o alcance do objetivo da empresa.

---

[1] Extraído de Guerreiro (1996, p. 14-16, 35 e 55).

Restrições ou Gargalos no Processo Produtivo

Goldratt faz analogia do fluxo operacional com uma corrente. Segundo ele, o que determina a resistência, "a força" de uma corrente (um processo fabril, por exemplo), é seu elo fraco. Só existe um elo fraco em uma corrente, o qual restringe o melhor desempenho de toda a corrente (de todo o processo). Essa *restrição* ou gargalo é que deve ser imediatamente trabalhada. Eliminada a primeira restrição, outras restrições – outros elos fracos da corrente – irão aparecer, e assim sucessivamente, em um contínuo aperfeiçoamento e fortalecimento do processo produtivo e empresarial.

Para colocar a teoria em prática, segundo Goldratt, cinco passos são necessários:

- identificar a restrição do sistema, que é justamente o elo mais fraco;
- explorar a restrição, ou seja, eliminar as perdas e aumentar o ganho;
- subordinar tudo à decisão anterior;
- ultrapassar a restrição;
- voltar ao primeiro passo e identificar a nova restrição (Goldratt, 1991, p. 69).

Na filosofia OPT/TOC, um inventário é deliberadamente mantido apenas para impedir que os pontos de restrições ou gargalos impeçam o desenvolvimento contínuo do fluxo de produção e, conseqüentemente, as vendas. Exceto nesses casos, mantém-se a filosofia JIT de meta de estoque inexistente. Ainda sobre JIT e TOC, esclarece Plantullo (1994, p. 39): "A filosofia gerencial *Just-in-Time* procura a otimização da produção e do ambiente, considerando que todas as variáveis envolvidas possuem a mesma ponderação. A Teoria das Restrições procura tratar o ambiente envolvendo as variáveis de forma diferenciada e localizar os gargalos (*bottlenecks*) em se tratando da produção".

A Meta da Empresa

Para enquadrar a Teoria das Restrições no âmbito de uma visão sistêmica empresarial, Goldratt e Cox (1986, p. 43) reduzem a meta de uma organização à questão de obtenção de resultados financeiros, quando dizem: "*A meta de uma empresa de manufatura é ganhar dinheiro*". Em seguida, apresentam os três elementos que devem ser continuamente medidos para se atingir a meta empresarial. Conforme esses autores, "a meta é a mesma, mas podemos expô-la de maneiras diferentes, maneiras que significam a mesma coisa que essas duas palavras: 'ganhar dinheiro'". As três medições são: volume de vendas, inventário e despesa operacional. E explicam as três medições:

- volume de vendas é o índice pelo qual o sistema gera dinheiro por meio das vendas;
- o inventário é todo o dinheiro que o sistema investiu na compra de coisas que ele pretende vender;
- despesa operacional é todo o dinheiro que o sistema gasta a fim de transformar o inventário em volume de vendas (ibidem, p. 59).

A Teoria das Restrições e a Contabilidade de Custos

A Contabilidade de Resultados (*Throughput Accounting* ou *Accounting for Throughput* – TA) é o enfoque de Contabilidade de Custos decorrente da Teoria das Restrições.

A abordagem da Teoria das Restrições à questão da Contabilidade e, mais especificamente, à Contabilidade de Custos tem provocado polêmica entre os acadêmicos. Utilizando as colocações de Dugdale e Jones (1996) quando abordando a questão da TOC e a Contabilidade, "Goldratt tem causado muita consternação pela argumentação em um número de ocasiões, de que a *contabilidade de custos é 'o inimigo número um da produtividade'*" (grifo nosso). Kaplan e Atkinson (1989, p. 419) também citam a mesma frase quando comentam: "Goldratt tem encontrado muita notoriedade nos círculos contábeis, por declarar, em inúmeras ocasiões e lugares, que 'a contabilidade de custos é o inimigo número um da produtividade'".

Uma outra colocação freqüente e crítica à Contabilidade de Custos, citada de Goldratt, é que os empresários devem sair do "mundo dos custos e entrar no mundo dos ganhos (*throughput*)" (Plantullo, 1994, p. 35). Em entrevista à *Revista Exame*, o próprio Goldratt (1991) fala: "A Teoria das Restrições é simples porque se baseia no bom senso. Sua implantação, porém, nem sempre é fácil, devido às resistências das pessoas a passar do que chamamos de mundo dos custos para o mundo dos ganhos. A intuição de todos está no mundo dos ganhos, mas com freqüência não ouvimos nossa intuição. Somos guiados pelo treinamento que recebemos para viver no mundo dos custos".

Goldratt (ibidem) explica sua abordagem sobre a questão da invalidade da Contabilidade de Custos, quando diz: "No começo do século, quando foi desenvolvida, a contabilidade de custos foi extremamente válida. Ela respondia a uma pergunta crucial: como julgar o impacto de determinada decisão no resultado final da empresa? A premissa básica da contabilidade de custos era que os custos fixos eram irrelevantes, representando menos de 10% das despesas totais. Essa abordagem era correta no início do século. Na época, a parte preponderante do custo era constituída de material e mão-de-obra. O custo de material é, hoje em dia, totalmente variável. Se você decide produzir uma unidade a menos, você paga menos aos fornecedores. A mão-de-obra, no entanto, deixou de ser custo variável. No começo do século, pagava-se ao trabalhador por peça produzida. Uma peça a menos significava pagamento menor. Na década de 1940, com a mudança para o pagamento por hora, imediatamente uma grande parte dos custos com mão-de-obra tornou-se fixa. A premissa básica da contabilidade de custos ruiu".

Sobre o impacto do "pensamento do ganho (*throughput*)", Dugdale e Jones (1996, p. 29) assim se expressam: "Nós pensamos que Goldratt tem feito uma importante contribuição. Sua análise da TOC, JIT e TQM enfatizando o ganho (*throughput*) mais do que controle de custos é convincente e pode ser um importante conselho para muitos administradores".

Nosso entendimento também é similar. A Teoria das Restrições, mesmo carecendo ainda de maior análise crítica, é uma abordagem diferente, importante e moderna para a Contabilidade de Custos. Atrás de sua extrema simplicidade (o bom senso que diz Goldratt) estão conceitos importantes para a gestão empresarial e de custos.

Medidas de Desempenho da Meta

Segundo Horngren; Foster e Datar (1994, p. 817), "a teoria das restrições (TOC) focaliza as receitas e a administração de custos quando faceada com gargalos. Ela define três mensurações:

1. *Contribuição da Produção (Throughput Contribution)*, igual às vendas em dólares menos os custos de materiais diretos.
2. *Investimentos (inventários)*, igual à soma dos custos de materiais diretos do inventário de materiais diretos, inventário de produção em processo e inventário de produtos acabados; custos de pesquisa e desenvolvimento; e custos dos equipamentos e edifícios.
3. *Outros custos/despesas operacionais*, iguais a todos os custos operacionais (outros que não materiais diretos, incorridos para ganhar a contribuição da produção). Os outros custos operacionais incluem salários e encargos, aluguéis, materiais de expediente e depreciação.

O objetivo da TOC é incrementar a contribuição da produção (*throughput contribution*) enquanto diminui investimentos e custos operacionais. A teoria das restrições considera horizontes de tempo de curto prazo e assume que os demais custos operacionais correntes são custos fixos".

Conforme Kee (1995, p. 50), "sob a TOC o material direto é tratado como um custo variável, enquanto a mão-de-obra direta e todos os outros custos são tratados como fixos". Dessa maneira, a TOC adota como método de custeamento uma visão extremada de Custeio Variável, considerando como tal apenas o custo de material direto dos produtos.

O mesmo autor faz algumas colocações críticas sobre o fato de a TOC adotar o custeio variável. "Kaplan tem criticado a aplicação da TOC às decisões de produção como uma forma extrema do custeamento direto ou do enfoque da margem de contribuição para tomada de decisão. A margem de contribuição, na forma da TOC e no formato tradicional, tem sido criticada por seu foco de curto prazo. Shank sugere que o enfoque de margem de contribuição poderá levar uma firma a nunca desistir de um produto, sempre fabricando ao invés de comprar, carregando inadequadamente os preços e suportando o 'status quo' de curto prazo. Os defensores do enfoque da margem de contribuição sugerem que esses problemas são o resultado de aplicações inapropriadas do método, do que do método em si" (ibidem).

Ainda com Kee sobre a questão de curto ou longo prazo, "portanto, a utilização da maximização do resultado da produção como um critério de decisão, pode levar a decisões não ótimas em algumas circunstâncias. Para decisões de prazos médio ou longo nas quais a administração tem poder discricionário sobre a mão-de-obra direta ou os itens de custos indiretos, as medidas operacionais globais da TOC ignoram fatores relevantes para o processo de decisão" (ibidem).

Obviamente, não é essa a visão conceitual da Teoria das Restrições, quando fala da maximização da contribuição da produção. Sobre isso, Plantullo (1994, p. 33-34) diz: "... a meta de qualquer organização industrial, comercial ou de serviços é *ganhar dinheiro no presente, bem como garantir a sua continuidade no futuro* (negrito nosso)". Nosso entendimento também é o mesmo: a questão da maximização da contribuição da produção, o ganho (*throughput*), é um processo de ação ininterrupto sobre os recursos, para que toda a estrutura fabril e comercial flua livre dos gargalos e maximize os resultados, que, por sua vez, fortalecerão a empresa para os projetos de longo prazo que a mantenham em crescimento, competitividade e continuidade.

Modelo de Mensuração do Resultado da TOC

A base para mensuração dos resultados está em três medidas-chave: *throughput* (produção, ou ganho, ou resultado), inventários e despesas operacionais (Guerreiro, 1996, p. 19).

1. *Ganho ou* throughput: é a taxa pela qual um sistema gera dinheiro por meio das vendas. Mais especificamente, ganho corresponde ao preço de venda menos o montante de valores pagos a fornecedores pelos itens relacionados com os produtos vendidos.

2. *Inventários*: é todo o dinheiro que o sistema investe para adquirir coisas que pretende vender. Esse conceito abrange os estoques (materiais, produtos em processo e produtos acabados) e ainda os demais ativos, tais como máquinas e construções. O valor atribuído ao inventário corresponde somente a valores

que foram pagos, uma vez que nenhum valor agregado é atribuído aos inventários. Nesse modelo, o inventário de produtos em processo e produtos acabados é valorizado apenas pelo custo da matéria-prima neles contida.

3. *Despesas operacionais*: todo o dinheiro que o sistema despende para transformar o inventário em ganho (*throughput*). Do ponto de vista prático, o modelo considera que todo o dinheiro gasto com algo que não possa ser guardado para um uso futuro faz parte da despesa operacional.

Em termos de modelo de mensuração de resultados, as equações são as seguintes:

I – Equação do Ganho (*Throughput*)

THROUGHPUT = Receita das Vendas (–) Custos dos Materiais (Ganho/Resultado)

II – Equação do Lucro Líquido Operacional

LUCRO LÍQUIDO = *Throughput* (–) Despesas Operacionais

Na primeira equação, fica explicitada a metodologia do Custeio Variável, obtendo-se o ganho, que não deixa de ser um resultado conceitualmente similar ao da margem de contribuição. Na segunda equação, a obtenção do lucro líquido da organização é resultante da subtração ao ganho de todas as despesas/custos operacionais, que são considerados gastos fixos, sejam eles custos indiretos industriais ou despesas administrativas ou comerciais.

Adaptado de Horngren, Foster e Datar (1994, p. 818), apresentamos o seguinte modelo de demonstração de resultados, na Figura 15.1:

```
Receita das Vendas
(–) Custo dos Materiais Diretos
= Contribuição da Produção (throughput = ganho)
(–) Outras Despesas Operacionais
    . Mão-de-Obra Direta
    . Custos de Engenharia
    . Outros Custos de Manufatura
    . Custos de Marketing
    . Custos Administrativos
= Lucro Operacional
```

Figura 15.1 – Demonstração de Lucros do Ganho (*Throughput*) Operacional.

Avaliação da Rentabilidade do Investimento

Conforme Dugdale e Jones (1996, p. 25), "Goldratt define inventários incluindo a planta fabril e edifícios". Com isso, a avaliação da rentabilidade do investimento é similar ao conceito de ROI – *Return on Investment* (Retorno sobre o Investimento) tradicional, conforme expressamos na figura a seguir:

$$ROI = \frac{Throughput\ (-)\ Despesas\ Operacionais}{Inventários}$$

Figura 15.2 – Rentabilidade do investimento na TOC.

Na visão da TOC, essa equação permite a ação empresarial, segundo uma filosofia de busca de resultados voltada aos ganhos e à abertura de novos mercados. De acordo com Dugdale e Jones, "Goldratt deseja que os gerentes se concentrem no aumento dos ganhos (*throughput*), não no controle e redução das despesas operacionais".

Continuam esses autores: "De acordo com Goldratt, a contabilidade tradicional é obcecada pelo 'pensamento do mundo dos custos' que podem levar a um declínio espiral de redução de custos, queda de produção, e mais redução de custo (as despesas operacionais da equação do ROI – observação nossa). Em contraste, o 'mundo JIT' concentra-se na redução de inventário. Este conceito tende a ser mais efetivo do que a mentalidade do custo e, pela redução dos *lead-times* (tempos de espera) de produção, pode aumentar a responsabilidade na demanda dos clientes. A deficiência teórica fundamental, tanto em relação ao custo como em relação à redução de estoques é, para Goldratt, que ambos os conceitos são inerentemente limitados; algumas despesas e algum estoque é necessário para a produção ser levada a cabo. Em contraste, o ganho (*throughput*) pode, em princípio, ser aumentado sem limite" (ibidem, p. 25).

Parte II – Exemplo Numérico e Análise

Dados um balanço inicial e uma série de eventos para dois períodos, estruturaremos os demonstrativos contábeis, tanto dentro do sistema tradicional da Contabilidade societária, por meio do Custeio por Absorção, quanto sob os conceitos da Teoria das Restrições. O enfoque da análise comparativa recairá sobre os inventários, pois são os elementos-chave na Teoria das Restrições. Adotaremos como premissa que a empresa é industrial, e o produto é elaborado por processamento contínuo. Cada unidade de matéria-prima (MP) origina 0,78 de produto acabado. Para simplificação, não incorporaremos os aspectos tributários.

Quadro 15.1

A – BALANÇO INICIAL			
ATIVO	**$**	**PASSIVO**	**$**
Circulante		Circulante	
Caixa	5.000	Fornecedores	3.000
Estoque		Salários/Encargos a Pagar	–
. Materiais			
(200 unid. a $ 4,00)	8.000		
. Processo	–		
. Acabados	–		
Clientes	–		
Soma	13.000	Soma	3.000
Permanente		Patrimônio Líquido	
Imóveis Industriais	2.000	Capital Social	22.000
(–) Depreciação Acumulada	–	Lucros Acumulados	–
Equipamentos Industriais	10.000		
(–) Depreciação Acumulada	–		
Soma	12.000	Soma	22.000
Ativo Total	25.000	Passivo Total	25.000

B – EVENTOS ECONÔMICOS	Período 1 $	Período 2 $
1. Compra de 1.600 Unidades de MP a $ 4,00 cada, 65% à Vista	6.400	6.400
2. Pagamento de Fornecedor	3.000	3.000
3. Requisição de Materiais para Produção (1.500 Unidades de MP no Período 1 e 1.600 Unidades no Período 2)	6.000	6.400
4. Folha de Pagamento, com Encargos Sociais, 40% Paga à Vista:		
. Mão-de-Obra Direta	2.500	2.500
. Mão-de-Obra Indireta	3.000	3.000
. Mão-de-Obra Administrativa e Comercial	1.500	1.500
. Total	7.000	7.000
5. Despesas Gerais do Período, Pagas À Vista		
. Industriais	800	800
. Administrativas e Comerciais	400	400
. Total	1.200	1.200
6. Depreciação		
. Imóveis – 4%	80	80
. Equipamentos – 10%	1.000	1.000

continua

Quadro 15.1 (Continuação)

B – EVENTOS ECONÔMICOS	Período 1 $	Período 2 $
7. Produção Acabada		
. Unidades Equivalentes = % das MP Introduzidas	80%	80%
. Restante/Estoque Final = % de Acabamento	50%	50%
8. Produção Vendida		
. % das Unidades Acabadas no Mês	70%	80%
9. Vendas – 82% À Vista	14.000	19.067
10. Comissões – 5% das Vendas, Pagas À Vista	700	953

Estoques: A Questão Fundamental

A questão fundamental na mensuração econômica dos resultados na Teoria das Restrições é com relação aos estoques industriais – os produtos acabados e os produtos em processo. Enquanto na contabilidade tradicional esses estoques sofrem o processo de agregação dos custos de transformação (os custos industriais, exceto materiais diretos), na Teoria das Restrições não ocorre essa adição, ficando eles avaliados unicamente pelos *valores pagos aos fornecedores* (Dugdale e Jones, 1997, p. 53). Os custos de transformação são considerados como dispêndios ou, na terminologia da contabilidade tradicional, como despesas operacionais, similarmente aos gastos administrativos e comerciais.

Apresentaremos a seguir a mensuração dos três estoques industriais, segundo a contabilidade societária, que estamos também chamando de tradicional, e pela Teoria das Restrições (TOC), ao mesmo tempo em que faremos uma breve exposição analítica.

Estoques de Materiais

A mensuração econômica do estoque de materiais, bem como das requisições para o consumo fabril, é a mesma para as duas correntes contábeis. A razão disso é que, nesse estágio, os materiais não sofrem nenhuma transformação e, portanto, a TOC trata os estoques de materiais identicamente à contabilidade tradicional.

Quadro 15.2 – Estoques de Materiais

| | Período 1 | | Período 2 | |
	Tradicional	TOC	Tradicional	TOC
Estoque Inicial	8.000	8.000	8.400	8.400
(+) Compras	6.400	6.400	6.400	6.400
(–) Requisições	6.000	6.000	6.400	6.400
= Estoque Final	8.400	8.400	8.400	8.400

Estoques de Produtos em Processo

No segundo estágio dos estoques industriais, há a transformação dos materiais em produtos acabados, por meio da adição dos custos de transformação (mão-de-obra, despesas, depreciação), ficando retido como estoque final de produtos em processo a produção inacabada nas suas diversas fases de fabricação. No esquema da contabilidade tradicional, todos os custos industriais fazem parte do estoque final de produtos em processo, bem como do custo da produção acabada que é transferida para o estoque de produtos acabados.

Contudo, *na TOC, só se considera como valor dos estoques de produtos em processo o valor dos materiais requisitados*. Todos os gastos industriais de mão-de-obra, despesas e depreciação são considerados despesas do período, e não fazem parte do processo de mensuração econômica dos estoques finais e produção acabada.

Quadro 15.3 – Estoque de Produtos em Processo

	Período 1		Período 2	
	Tradicional	TOC	Tradicional	TOC
A – Insumos de Produção				
Estoque Inicial	0	0	2.020	1.200
Materiais Requisitados	6.000	6.000	6.400	6.400
Custo de Transformação				
. Mão-de-Obra Direta	2.500	0	2.500	0
. Mão-de-Obra Indireta	3.000	0	3.000	0
. Despesas Gerais	800	0	800	0
. Depreciação Imóveis	80	0	80	0
. Depreciação Equipamento	1.000	0	1.000	0
. Soma	7.380	0	7.380	0
Total	13.380	6.000	15.800	7.600
B – Produção Equivalente – Qtdes.				
Matéria-Prima Introduzida – Unid.	1.500	1.500	1.600	1.600
Índice de Conversão em Produtos Acabados	0,78	0,78	0,78	0,78
Produto Acabado Esperado	1.170	1.170	1.248	1.248
Produção Acabada Equivalente (Para Custos de Transformação)				
. 80% a 100% de Acabamento	936	936	998,4	998,4
. 20% a 50% de Acabamento	117	117	124,8	124,8
. Total Acabados no Processo	1.053	1.053	1.123,2	1.123,2
(+) Estoque Inicial (F)	0	0	117	117

continua

Quadro 15.3 – Estoque de Produtos em Processo (continuação)

	Período 1		Período 2	
	Tradicional	TOC	Tradicional	TOC
= Total de Produtos Acabados	1.053	1.053	1.240,2	1.240,2
Produção Acabada – Para Materiais	936	936	1.232,4	1.232,4
Estoque Final – Para Materiais	234	234	249,6	249,6
Soma	1.170	1.170	1.482	1.482
C – Valor dos Estoques/Produção Custo Unitário Médio dos Produtos Equivalentes Acabados				
. Materiais	5,128205128	5,128205128	5,128205128	5,128205128
. Custos de Transformação	7,008547009	0	6,611836801	0
Custo da Produção Acabada				
. Materiais	4.800	4.800	6.320	6.320
. Custos de Transformação	6.560	0	7.375	0
Soma	11.360	4.800	13.695	6.320
Custo do Estoque Final em Processo				
. Materiais	1.200	1.200	1.280	1.280
. Custos de Transformação	820	0	825	0
. Soma	2.020	1.200	2.105	1.280
Total	13.380	6.000	15.800	7.600

Como podemos verificar, os insumos de produção na contabilidade tradicional incluem todos os gastos industriais, enquanto na TOC são considerados apenas os gastos com consumo de materiais. Vemos que, no período 1, os insumos de produção na contabilidade tradicional montam $ 13.380, enquanto na TOC o valor é de apenas $ 6.000, que são os materiais. Esse critério de mensuração, obviamente, conduz à valoração diferente dos produtos acabados e do estoque final. Na contabilidade tradicional, os estoques finais são avaliados por $ 2.020, e a produção acabada transferida, $ 11.360, perfazendo o total de $ 13.380. Na TOC, o valor do estoque final é de apenas $ 1.200, e o custo da produção acabada transferida, de $ 4.800, perfazendo o total de $ 6.000. O período 2 reflete a mesma seqüência, considerando agora também o valor dos estoques iniciais como insumo de produção.

Estoques de Produtos Acabados

O terceiro estágio dos estoques industriais é apenas reflexo do critério de mensuração utilizado nos produtos em processo. No período 1, segundo a contabilidade tradicional, a produção acabada transferida, de $ 11.360, é distribuída entre o Custo dos Produtos Vendidos, de $ 7.952, e o valor dos estoques de produtos acabados não vendidos, de $ 3.408.

Quadro 15.4 – Estoque de Produtos Acabados

	Período 1		Período 2	
	Tradicional	TOC	Tradicional	TOC
Estoque Inicial	0	0	3.408	1.440
(+) Custo da Produção Acabada	11.360	4.800	13.695	6.320
(–) Custo dos Produtos Vendidos (CPV)				
Qtde. Vendida (em % da Prod. Acabada)	70%	70%	80%	80%
Valor do CPV	7.952	3.360	1.0956	5.056
= Estoque Final	3.408	1.440	6.147	2.704

Na TOC, no mesmo período, o custo da produção acabada é segmentado em $ 3.360, de Custo das Vendas, e $ 1.440, de custo dos produtos acabados não vendidos e considerados como estoque final.

Demonstração dos Resultados

Além de o critério de mensuração dos estoques ser diferente entre a TOC e a contabilidade tradicional, outro conceito importante da TOC, a adoção irrestrita do método do Custeio Variável, conduz a uma apresentação diferenciada da Demonstração dos Resultados.

Em nosso exemplo, caracterizam-se como custos variáveis os materiais, por meio do Custo dos Materiais dos Produtos Vendidos, e as comissões sobre venda. Essa forma de apresentação já havíamos evidenciado, neste capítulo, na Figura 15.1.

O ponto básico da diferenciação é a troca do conceito de *lucro bruto* pelo conceito de *ganho* ou *throughput*. O conceito de ganho ou *throughput* corresponde ao valor gerado pelas vendas menos os valores consumidos de materiais e serviços diretos. A seguir apresentamos, nos Quadros 15.5 e 15.6, as duas demonstrações de resultados.

Quadro 15.5 – Demonstração de Resultados na Contabilidade Tradicional

	Período 1	Período 2
VENDAS	14.000	19.067
(–) Custo dos Produtos Vendidos	7.952	10.956
= Lucro Bruto	6.048	8.111
(–) Despesas Operacionais		
Mão-de-Obra Administrativa/Comercial	1.500	1.500
Despesas Gerais	400	400
Comissões	700	953
Soma	2.600	2.853
= Lucro Líquido	3.448	5.258

Quadro 15.6 – Demonstração de Resultados na Teoria das Restrições

	Período 1	Período 2
VENDAS	14.000	19.067
(–) Custo dos Materiais dos Produtos Vendidos	3.360	5.056
(–) Comissões	700	953
= Ganho (ou *Throughput*)	9.940	13.058
(–) Despesas Operacionais		
Mão-de-Obra Administrativa/Comercial	1.500	1.500
Despesas Gerais (Adm./Com.)	400	400
Mão-de-Obra Direta	2.500	2.500
Mão-de-Obra Indireta Industrial	3.000	3.000
Despesas Gerais Industriais	800	800
Depreciação Imóveis	80	80
Depreciação Equipamentos	1.000	1.000
Soma	9.280	9.280
= Lucro Líquido	660	3.778

Análise dos Resultados

Nos dois períodos analisados, o lucro líquido obtido pelo critério de mensuração da TOC é menor do que o da contabilidade tradicional. Isso é verdade tendo em vista que na TOC não se incorporam à valorização dos estoques industriais os custos de transformação, ficando os estoques de produtos em processo e acabados representados apenas pelos valores dos materiais neles contidos. Como a legislação societária e a contabilidade tradicional adicionam os custos de transformação aos materiais, obviamente os estoques tendem a ter valor econômico maior e, conseqüentemente, lucro maior.

Não custa relembrar, porém, que essa diferença de valores do lucro, e dos estoques, existe enquanto houver estoques. Em uma concepção de longo prazo, somando os resultados de todos os períodos da empresa, em que todos os seus ativos necessariamente se transformam em caixa, essas diferenças periódicas deixarão de existir, pois os estoques serão, um dia, vendidos.

Balanço Patrimonial

Conforme podemos ver no Quadro 15.7, as diferenças existentes decorrem dos valores dos estoques e dos lucros, afetando similarmente o ativo circulante e o patrimônio líquido, acompanhando as demonstrações de resultados.

Quadro 15.7 – Balanço Patrimonial

	Período 1		Período 2	
	Tradicional	TOC	Tradicional	TOC
Ativo				
Circulante				
Caixa	4.620	4.620	7.222	7.222
Estoques				
. Materiais	8.400	8.400	8.400	8.400
. Produtos em Processo	2.020	1.200	2.105	1.280
. Produtos Acabados	3.408	1.440	6.147	2.704
Clientes	2.520	2.520	3.432	3.432
Soma	20.968	18.180	27.306	23.038
Permanente				
Imóveis Industriais	2.000	2.000	2.000	2.000
(–) Depreciação Acumulada	–80	–80	–160	–160
Equipamentos Industriais	10.000	10.000	10.000	10.000
(–) Depreciação Acumulada	–1.000	–1.000	–2.000	–2.000
Soma	10.920	10.920	9.840	9.840
Ativo Total	31.888	29.100	37.146	32.878

continua

Quadro 15.7 – Balanço Patrimonial (continuação)

	Período 1		Período 2	
	Tradicional	TOC	Tradicional	TOC
Passivo				
Circulante				
Fornecedores	2.240	2.240	2.240	2.240
Salários/Encargos a Pagar	4.200	4.200	4.200	4.200
Soma	6.440	6.440	6.440	6.440
Patrimônio Líquido				
Capital Social	22.000	22.000	22.000	22.000
Lucros Acumulados	3.448	660	8.706	4.438
Soma	25.448	22.660	30.706	26.438
Passivo Total	31.888	29.100	37.146	32.878

Fluxo de Caixa

Como a questão da TOC *versus* a contabilidade tradicional é de caráter puramente econômico, relacionando-se com o critério de mensuração dos estoques, não há efeito diferencial nenhum em relação à movimentação financeira, representada pelo fluxo de caixa.

Assim, no Quadro 15.8 a seguir, podemos ver que, nos dois períodos analisados, os saldos iniciais e finais de caixa são os mesmos, bem como a movimentação dos recebimentos e pagamentos. Em resumo, a opção por um outro critério de custo e mensuração dos estoques não afeta o fluxo de caixa.

Quadro 15.8 – Fluxo de Caixa

	Período 1		Período 2	
	Tradicional	TOC	Tradicional	TOC
Saldo Inicial	5.000	5.000	4.620	4.620
(+) Recebimento das Vendas	11.480	11.480	18.155	18.155
(–) Pagamento de Fornecedores				
. do Saldo Inicial	3.000	3.000	2.240	2.240
. das Compras do Mês	4.160	4.160	4.160	4.160
(–) Pagamento de Mão-de-Obra	2.800	2.800	7.000	7.000
(–) Pagamento de Despesas Gerais	1.200	1.200	1.200	1.200
(–) Pagamento de Comissões	700	700	953	953
= Saldo Final	4.620	4.620	7.222	7.222

É óbvio que deixamos de lado a questão da tributação, para fins de simplificação. Porém, o impacto tributário possível seria em termos de Imposto de Renda, pelo maior ou menor lucro. Contudo, nossa legislação não permite outro critério de valorização de inventários que não o do custeio por absorção, o tradicional. Assim, não há impacto nenhum no fluxo de caixa da empresa em função da adoção ou não da TOC, pois, se uma empresa a adotar, terá de efetuar uma adição fiscal ao lucro contábil para obtenção do lucro tributável.

Análise do Retorno do Investimento

Além do aspecto contábil da mensuração dos estoques, e da adoção dos conceitos e teorias da TOC para fins de gestão empresarial, o outro aspecto fundamental é a análise do retorno do investimento. Nesse caso, a visão de Goldratt é interessante, única e envolve alguns pontos importantes.

Goldratt conceitua que o investimento no negócio está representado pelo inventário, "todo o dinheiro que o sistema investiu na compra de coisas que ele pretende vender". Assim, o critério de mensuração dos estoques volta a ter relevância. Além do dinheiro investido em imobilizados, a TOC considera como dinheiro investido nos estoques apenas os valores de materiais ainda não consumidos, sejam eles como materiais à disposição da fábrica, materiais retidos na produção em processo e materiais retidos dentro dos produtos acabados.

Como linha geral de raciocínio, ele deixa de lado o conceito de *Patrimônio Líquido*, como representante do valor do investimento dos acionistas, e também o *Ativo Total*, que inclui demais ativos econômicos não necessariamente oriundos de um investimento financeiro direto.

Os Quadros 15.9 e 15.10 apresentam uma comparação entre os dois critérios de análise de retorno do investimento.

Quadro 15.9 – Retorno do Investimento na Contabilidade Tradicional*

	Período 1			Período 2		
	Inicial	Final	Médio	Inicial	Final	Médio
PATRIMÔNIO LÍQUIDO (A)	22.000	2.5448	2.3724	2.5448	30.706	28.077
LUCRO LÍQUIDO (B)	3.448	3.448	3.448	5.258	5.258	5.258
RETORNO DO INVESTIMENTO (B/A)	15,67%	13,55%	14,53%	20,66%	17,12%	18,73%

* Retorno sobre o Patrimônio Líquido = Lucro Líquido / Patrimônio Líquido.

A análise da rentabilidade do período 1 é rica em comparações. Apesar de colocarmos a análise de retorno sobre três bases possíveis – investimentos inicial, médio e final –, entendemos que as avaliações mais adequadas são as que utilizam os dados iniciais ou médios.

Quadro 15.10 – Retorno do Investimento na Teoria das Restrições*

INVENTÁRIOS	Período 1			Período 2		
	Inicial	Final	Médio	Inicial	Final	Médio
Estoques						
. Materiais	8.000	8.400		8.400	8.400	
. Produtos em Processo	0	1.200		1.200	1.280	
. Produtos Acabados	0	1.440		1.440	2.704	
Ativo Imobilizado	12.000	10.920		10.920	9.480	
SOMA (A)	20.000	21.960	20.980	21.960	21.864	21.912
LUCRO LÍQUIDO (B)	660	660	660	3.778	3.778	3.778
RETORNO DO INVESTIMENTO (B/A)	3,30%	3,01%	3,15%	17,20%	17,28%	17,24%

* Retorno do Investimento = Lucro Líquido/Inventários.

Pela contabilidade tradicional, a rentabilidade do investimento do período 1 é muito maior que pela TOC. Apesar de o valor considerado como investimento ser maior (PL médio de $ 23.724), o lucro também é maior (pelo critério de mensuração dos estoques), dando uma margem de 14,53% no período. É uma grande rentabilidade, porém, decorrente basicamente do valor maior dos estoques.

Pela TOC no mesmo período, temos uma rentabilidade média de 3,15%! Apesar de o valor do estoque ser menor, diminuindo a base da análise (o valor dos inventários), o lucro é extremamente menor, pela adoção do método de Custeio Variável.

A TOC não considera o estoque pelo seu valor de custo, nem pelo seu valor econômico de mercado. De forma parcial, a TOC busca algo parecido com o regime de caixa na apuração do lucro, para análise do retorno do investimento, que é coerente com a filosofia da meta de "ganhar dinheiro".

Nesse sentido, a TOC representa uma volta às origens em termos de análise de retorno do investimento. Só considera o valor gasto, e não os valores gerados e mantidos como ativos. Não há lucro pela valorização ou geração de ativos. O lucro é estritamente a diferença entre os valores gastos e os valores gerados pelas vendas.

Não há dúvidas de que existem inconsistências nesta análise. O valor das vendas, que gera o lucro, não é necessariamente o recebido. Porém, Goldratt deve ter considerado esse fato como irrelevante, pois, em princípio, as vendas devem ser recebidas rapidamente, dentro de um prazo médio normal e uniforme.

Analisando o período 2, as diferenças de rentabilidade são menores entre os dois conceitos de mensuração. Pela contabilidade tradicional, a rentabilidade média é de 18,73%, e pela TOC, de 17,24%. As diferenças são menos significativas que no período 1, pois, em nosso exemplo, os estoques de produção em processo e produtos acabados foram formados no período 1, enquanto no período 2 houve apenas um pequeno aumento.

De qualquer forma, os custos de transformação que se adicionaram aos estoques industriais aumentam o lucro pelo conceito tradicional, e também a base do valor do investimento, via patrimônio líquido, e mesmo assim evidenciam uma rentabilidade maior.

Em resumo, a análise de retorno do investimento pela TOC é mais "dura" que na contabilidade tradicional, pois não considera, em nenhuma hipótese, a valoração dos estoques e, conseqüentemente, do lucro e do patrimônio líquido, pelos seus custos de transformação. Nesse sentido, é mais próximo do conceito de lucro = caixa, coerente com a meta de ganhar dinheiro agora e no futuro.

Pontos a Discutir

No exemplo numérico apresentado, dois pontos principais podem ensejar discussão. O primeiro é com relação a *clientes*. Não consideramos esta conta como inventário para análise do retorno do investimento, já que não é um valor gasto antes de gerar vendas. Contudo, no lucro líquido constam todas as vendas, recebidas ou não.

Adotamos esse procedimento porque entendemos que o conceito de inventário não é o conceito de patrimônio líquido. Se fôssemos considerar a conta de clientes como valor gasto, juntando-o com estoques e imobilizado, porque as vendas contêm valores não recebidos, teríamos de, também, seguindo o mesmo raciocínio, diminuir o valor dos inventários das contas a pagar do circulante (fornecedores e salários e encargos a pagar), pois são decorrentes de consumo de materiais e despesas, também consideradas no lucro, e não pagas.

O segundo ponto é com relação ao *imobilizado*, se devemos levar em conta o valor líquido da depreciação acumulada ou o valor bruto, para compor o valor dos inventários. Adotamos o procedimento de considerar o valor líquido, tendo em vista que o lucro considerado para análise do retorno do investimento já está diminuído da depreciação. Contudo, é um ponto discutível.

Considerações Finais

O objetivo deste estudo foi apenas apresentar numericamente como seria a apuração de resultados e a elaboração dos demonstrativos contábeis e financeiros segundo a Teoria das Restrições. Adicionalmente, apresentamos uma análise da rentabilidade do investimento, buscando evidenciar as conseqüências dos conceitos de mensuração da TOC e a relação deles com o cerne de sua concepção, que é a meta da empresa de ganhar dinheiro.

Sabemos que os conceitos de mensuração da TOC em relação aos estoques não se incluem nos Princípios Contábeis Geralmente Aceitos (PCGA), e não refletem conceitos econômicos tradicionais de formação do custo dos produtos. Contudo, convém lembrar também que os PCGA têm sido questionados em relação a esse mesmo ponto, pois a contabilidade tradicional ainda não aceita outros critérios de mensuração atrelados a valor de mercado e custo de oportunidade, que, para muitos cientistas contábeis, são os realmente adequados para a Ciência Contábil.

De qualquer forma, em termos do processo de gestão, de planejamento e controle, entendemos que os conceitos apresentados pela TOC são importantes e relevantes para as empresas.

Bibliografia

CIA, Joanília Neide de Sales. Contabilidade gerencial e teoria das restrições: interligando a contabilidade à produção. *Revista Brasileira de Contabilidade*, maio/jun. 1997.

DUGDALE, David; JONES, Colwyn. Accounting for Throughput. Part 1 – The Theory. *Management Accounting*, Londres, abr. 1996.

_____. Accounting for Throughput: Techniques for Performance Measurement, Decisions and Control. *Management Accounting*, Londres, dez. 1997.

GOLDRATT, Eliyahu. Contar feijões só atrapalha. Entrevista em *Revista Exame*, São Paulo, maio 1991.

GOLDRATT, Eliyahu; COX, Jeff. *A meta*. São Paulo: Imam, 1986.

GUERREIRO, Reinaldo. *A meta da empresa*. São Paulo: Atlas, 1996.

HORNGREN, Charles T.; FOSTER, George; DATAR, Srikant. *Cost Accounting*: A Managerial Emphasis. 8. ed. Englewood Cliffs, NJ: Prentice-Hall, 1994.

KAPLAN, Robert S.; ATKINSON, Anthony A. *Advanced Management Accounting*. Englewood Cliffs, NJ: Prentice-Hall, 1989.

KAPLAN, Robert S.; COOPER, Robin. *Custo & desempenho*. São Paulo: Futura, 1998.

KEE, Robert. Integrating Activity-Based Costing with the Theory of Constraints to Enhance Production-Related Decision-Making. *Accounting Horizons*, v. 9, n. 4, dez. 1995.

OLIVEIRA, Fabíola Bianco. Teoria das Restrições: um método de definição do *mix* de produtos. *Fundição e Serviços*, jul. 1997.

PADOVEZE, Clóvis Luís. *Contabilidade gerencial*. 2. ed. São Paulo: Atlas, 1997.

PLANTULLO, Vicente Lentini. Um pouco além do just-in-time: uma abordagem à Teoria das Restrições. *Revista de Administração de Empresas*, São Paulo, FGV, set./out. 1994.

Capítulo 16

Contabilidade Divisional:
Centros de Lucros e Unidades de Negócios

Clóvis Luís Padoveze

A análise financeira ou análise de balanço é o instrumental clássico para avaliação do desempenho do sistema empresa, e tem duas características básicas:

- é um modelo de avaliação global da companhia, não levando em consideração as partes que a compõem;
- é um modelo de avaliação estritamente financeiro, impessoal, avaliando a empresa como um todo, não vinculando, de forma explícita, os resultados obtidos a algum gestor responsável dentro da empresa.

Em visto disso, faz-se necessário um instrumental de Controladoria para avaliação dos resultados dos produtos e das atividades da empresa, ou seja, das partes que a compõem, bem como para avaliar o desempenho dos responsáveis por essas atividades. Esse instrumental, de extrema importância na gestão econômica, é denominado de Contabilidade Divisional ou Contabilidade por Responsabilidade e tem como premissa vincular o resultado das diversas partes componentes da empresa, suas atividades, divisões e departamentos aos responsáveis por essas partes, traduzindo-se em um instrumental de avaliação tanto de resultados como do desempenho dos gestores internos da empresa.

Avaliação de Desempenho[1]

Por desempenho entende-se a realização de uma atividade ou de um conjunto de atividades. O termo avaliação refere-se ao ato ou efeito de atribuir valor, uma vez que o valor pode ser entendido em um sentido qualitativo (mérito, importância) ou em um sentido quantitativo (mensuração).

Avaliar um desempenho é um meio para se tomar decisões adequadas. Constitui um processo complexo que incorpora, além das características informativas necessárias para se julgar adequadamente um desempenho, requisitos essenciais para se integrar ao processo de gestão, em suas fases de planejamento,

---
[1] Extraído de Catelli (1999).

execução e controle. Portanto, a avaliação de desempenho inclui a avaliação e o controle dos resultados das atividades, requerendo a mensuração ou a quantificação de um desempenho planejado e do realizado.

A informação contábil tem como sua principal característica a mensuração econômica, ou seja, a expressão das atividades em valor econômico. Além dessa característica, fundamental para a avaliação de desempenho e dos resultados das operações das entidades, a informação contábil deve possibilitar o apoio ao processo de gestão, incorporando outras características necessárias à boa informação, como conteúdo, precisão, freqüência, adequação à decisão, confiabilidade, oportunidade, motivação etc.

Considerando a necessidade de avaliação dos resultados e do desempenho e as características da informação contábil, os relatórios contábeis devem ser apresentados dentro de modelos decisórios que incorporem todas essas necessidades e características.

A avaliação de resultados centra-se na obtenção do valor do resultado positivo ou negativo da realização dos eventos de produção e disponibilização dos produtos ou serviços. A avaliação de desempenho parte da apuração do resultado das atividades de uma área de responsabilidade, e incorpora os demais gastos necessários para gerir e realizar essas atividades.

Como a avaliação de desempenho precisa ser incorporada ao processo de gestão, que inclui as fases de planejamento e controle, os dados reais obtidos pelos modelos de mensuração e informação devem ser confrontados com os dados planejados ou desejados. Normalmente, os dados planejados são aqueles obtidos do sistema orçamentário, e os dados desejados são obtidos pelo sistema de padrões. O modelo geral de avaliação de resultados e desempenho pode, então, ser resumido em uma estrutura de modelo decisório, apresentada a seguir de forma resumida.

Área de Responsabilidade	Real	Orçado	Padrão	Variação
Receita das Atividades				
(–) Custos Diretos/Variáveis das Atividades				
Resultado Operacional (Avaliação de Resultados)				
(–) Custos Específicos da Área de Responsabilidade				
Resultado Econômico (Avaliação de Desempenho)				

Figura 16.1 – Modelo Genérico de Avaliação de Resultados e Desempenho.

O modelo permite identificar o resultado dos produtos e serviços que são realizados por determinada área de responsabilidade, bem como identificar o resultado final da área, constituindo-se em um modelo de avaliação de desempenho.

Avaliação de Resultados e Avaliação de Desempenho

Basicamente, a avaliação de resultados está ligada à mensuração da margem de contribuição gerada pelos produtos, e a avaliação de desempenho está ligada à responsabilidade de um gestor por uma área da empresa, ou mesmo da empresa como um todo.

A avaliação de desempenho tem como objeto a segmentação da empresa em unidades administrativas organizadas dentro do subsistema formal: os setores, departamentos e divisões, que se expressam na Contabilidade Gerencial ou de Custos sob os conceitos de centros de custos, de resultado ou de investimento. A avaliação de resultado tem como objeto as atividades internas e as saídas do sistema empresa por meio dos seus produtos e serviços gerados no processo de transformação de recursos.

A seguir, na Figura 16.2, sugerimos uma representação esquemática do processo geral das avaliações, extraído de Catelli (1999).

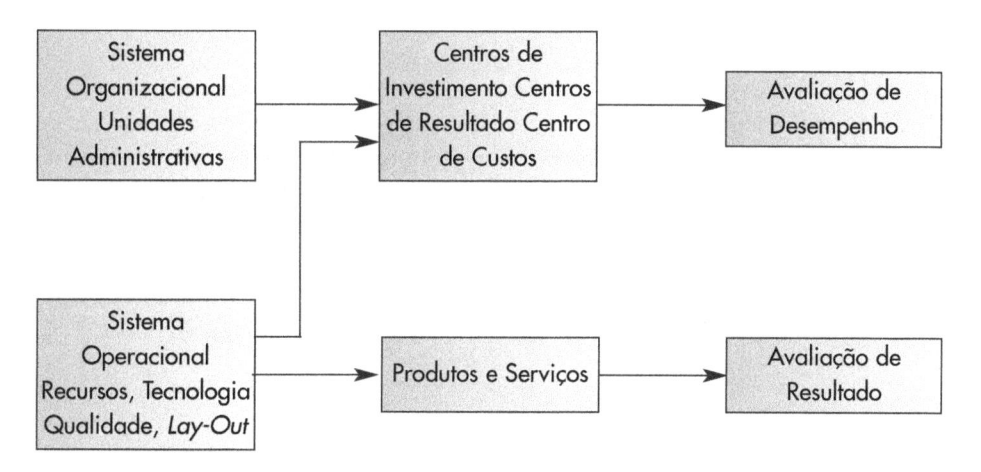

Figura 16.2 – Avaliação de Resultado e Avaliação de Desempenho.

Modelo Básico de Mensuração e a Integração com os Conceitos de Avaliação de Resultado e Avaliação de Desempenho

Os conceitos de avaliação de resultados e avaliação de desempenho podem ser visualizados dentro do modelo básico de mensuração, sob o conceito de margem de contribuição, conforme apresentamos, a seguir, na Figura 16.3.

```
Receitas Operacionais
Receitas de Produtos/Serviços
(–) Custos Variáveis da Atividade
(–) Custos Variáveis de Transferências
= Margem de Contribuição
Operacional
(+) Receitas Financeiras
(–) Custos Financeiros
= Margem de Contribuição Financeira
= Margem de Contribuição Total
(–) Custos Fixos Identificados
(Atividade/Área/Centro/Depto.)
= Resultado Econômico/Atividade
% Margem de Contribuição
Ponto de Equilíbrio
Investimentos
```

→ Resultado de Produtos/Serviços → Avaliação de Resultados

→ Resultado das Atividades → Avaliação de Desempenho

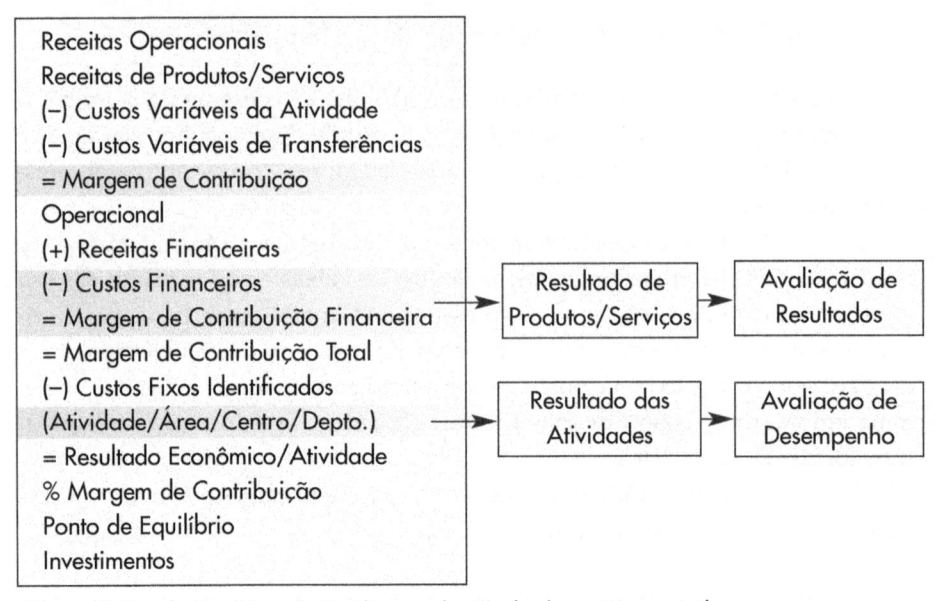

Figura 16.3 – Processo de Avaliação de Resultados e Desempenho.

Atividade, Evento Econômico e Transação

Evento econômico é um fato que modifica o patrimônio empresarial, provocando resultados, que podem ser mensurados economicamente. As atividades empresariais são responsáveis pelos eventos econômicos da empresa. Assim, a atividade compra é responsável pelo evento econômico compra, a atividade produção é responsável pelo evento econômico produção. A atividade de finanças, por exemplo, é responsável por mais de um evento econômico, como captação de fundos, aplicação financeira, recebimento de duplicatas, pagamento de contas etc.

```
Atividade
   ↓
Evento Econômico
   ↑
Transação
```

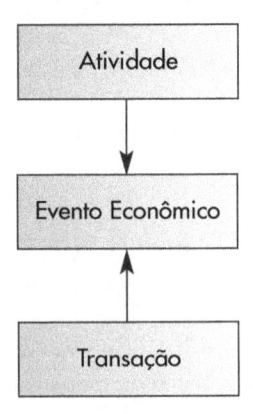

Figura 16.4 – Evento Econômico, Transação e Atividade.

Denominamos de transação a execução de cada um dos eventos econômicos em uma empresa. Ou seja, o evento econômico é um modelo representativo de um fato que modifica o patrimônio, e a transação é a efetivação de cada evento. Portanto, o resultado empresarial dá-se em cada transação de cada evento econômico, que, por sua vez, deve ser objeto de um modelo de mensuração, informação e decisão.

Modelo Geral de Decisão, Mensuração e Informação para os Eventos Econômicos

O foco de qualquer ação é o seu resultado. Em termos contábeis, a ação de executar um evento econômico deve ser traduzida em termos de lucro ou prejuízo. Portanto, cada transação de um evento econômico dá uma contribuição ao resultado da empresa, contribuição que pode ser visualizada em um modelo de decisão, tanto na opção de simulação como na opção de realização. O modelo de decisão compreende um modelo de mensuração econômica, bem como tem de ser construído em termos de modelo de informação para a utilização pelo gestor responsável pelos eventos.

Toda atividade contém os aspectos operacionais, econômicos, financeiros e patrimoniais. O modelo de decisão com enfoque em resultados deve considerar todos esses aspectos no seu modelo informacional. O foco em resultados compreende os seguintes fundamentos de gestão econômica:

1. Adoção irrestrita do conceito de custo de oportunidade.
2. Mensuração do resultado operacional do evento em condições de valor à vista.
3. Mensuração do impacto financeiro sobre o evento, tanto em relação aos prazos de pagamento e recebimento como do custo de capital.
4. Avaliação do desempenho por meio de dados padrões ou orçados.

Apresentamos, na Figura 16.5, um modelo genérico de decisão para todos os eventos econômicos, modelo que deverá ser adaptado para os principais eventos, respeitando suas características específicas.

O modelo objetiva, primeiramente, mensurar a margem de contribuição operacional do evento econômico, que é o resultado na condição à vista, e compreende o valor da receita do evento menos seus custos variáveis. Eventuais custos diretos específicos do evento devem ser considerados como custo variável. O principal custo variável operacional do evento é o custo de oportunidade a preços de mercado, ao seu menor preço. A margem de contribuição financeira representa a) a receita (ou o custo) de financiamento do evento, menos b) o custo (ou a receita) de oportunidade de financiá-lo, a custos financeiros de oportunidade. Os custos e as despesas fixas decorrem desse tipo de gasto do total da atividade responsável pelo evento.

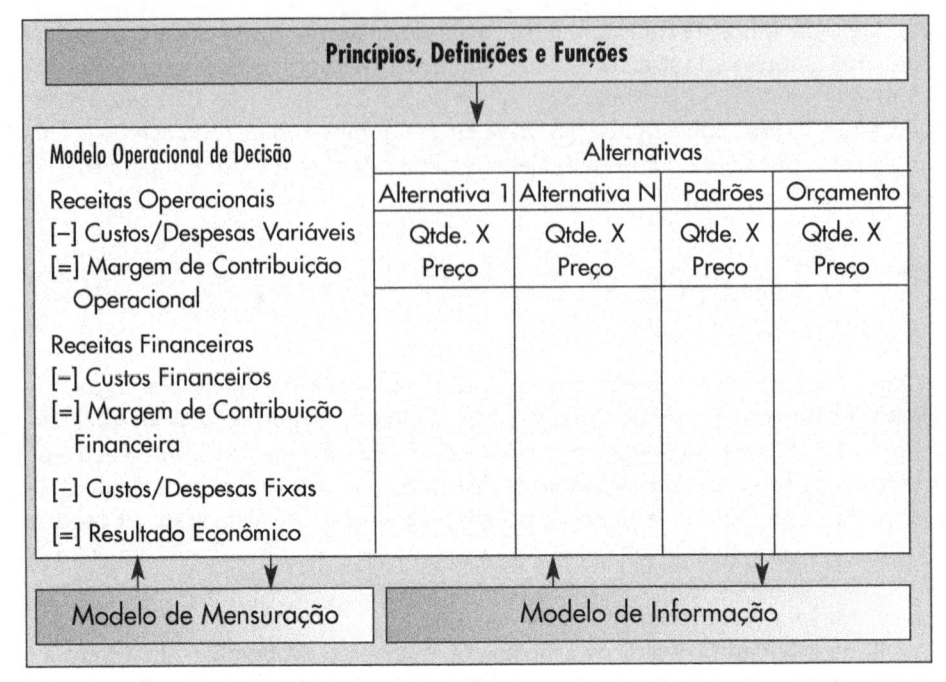

Princípios, Definições e Funções				
Modelo Operacional de Decisão	Alternativas			
Receitas Operacionais	Alternativa 1	Alternativa N	Padrões	Orçamento
[–] Custos/Despesas Variáveis	Qtde. X Preço	Qtde. X Preço	Qtde. X Preço	Qtde. X Preço
[=] Margem de Contribuição Operacional				
Receitas Financeiras				
[–] Custos Financeiros				
[=] Margem de Contribuição Financeira				
[–] Custos/Despesas Fixas				
[=] Resultado Econômico				
Modelo de Mensuração	Modelo de Informação			

Figura 16.5 – Modelo Conceitual de Decisão.

A Empresa como uma Estrutura de Atividades

Podemos definir atividade como a menor unidade organizacional que produz internamente um produto ou serviço. Como qualquer produto ou serviço tem um valor econômico, traduzido pelo preço de venda, qualquer atividade pode ser mensurada em termos de custos e receitas e, portanto, resultado (lucro ou prejuízo). Dessa forma, não existe nenhuma atividade empresarial que apenas tenha custos. Todas as atividades têm seus custos, mas também sua receita, que pode ser medida pelo valor econômico da produção de seus produtos ou serviços. Portanto, o melhor modelo de gestão econômica, para fins de avaliação de desempenho, é o modelo de apuração do resultado de cada atividade. As principais atividades de uma empresa são:

- compra;
- estocagem de materiais;
- estocagem e expedição de produtos acabados;
- manutenção da empresa;
- planejamento e controle da produção;
- produção;

- vendas;
- assistência técnica e serviços pós-venda;
- garantia de qualidade;
- engenharia de desenvolvimento e de fábrica;
- contabilidade;
- assessoria jurídica;
- administração financeira;
- administração dos recursos humanos;
- administração de tecnologia de informação;
- logística etc.

De modo geral, é normal a apuração dos resultados dos produtos e serviços quando de sua saída da empresa, para os clientes, por meio da venda e expedição dos produtos acabados. Contudo, uma série de atividades foram desenvolvidas anteriormente para que os produtos e serviços estivessem à disposição de vendas, que têm valor econômico e devem ser mensuradas em termos de resultados.

O fato de essas atividades fornecerem seus produtos e serviços internamente não implica que tenham só custos. Os produtos e serviços produzidos e entregues internamente também têm um valor econômico, que podem ser mensurados por um preço de venda (interno), para apuração do resultado de cada atividade. O preço de venda interno é denominado de preço de transferência.

Reconhece-se que pode haver alguma dificuldade de mensuração da receita dos produtos e serviços de algumas atividades, principalmente as atividades de apoio (tecnologia de informação, contabilidade, recursos humanos etc.). Porém, isso não é justificativa para se dizer que elas apenas incorrem em custos, pois têm também sua receita, podendo e devendo ser avaliadas em termos de resultados. Ao avaliarmos as atividades em termos de resultados, temos a condição de, conjuntamente, fazer a avaliação do desempenho do gestor de cada atividade.

O Resultado da Empresa Como a Somatória do Resultado das Atividades

A empresa escolhe e determina quais as atividades que ela quer processar internamente, para alcançar a maior eficácia empresarial. O parâmetro referencial deve ser sempre o mercado, já que as atividades internas também podem ser desenvolvidas externamente por terceiros. Assim, há possibilidade de que os gestores de todas as atividades internas confrontem o valor dos produtos e serviços gerados por suas atividades com um referencial de mercado. Com isso, a empresa tem condições de decidir, permanentemente, se as atividades devem ou não continuar a ser desenvolvidas internamente.

O resultado final da empresa será a somatória do resultado de cada atividade. Dessa forma, o melhor resultado de cada atividade conduzirá ao melhor resultado da empresa e à máxima eficácia empresarial. Como as atividades são responsáveis pelos eventos econômicos e estes são operacionalizados por meio das transações, a eficácia e o maior resultado de cada transação redundarão na maior eficácia da empresa como um todo. Esse fluxo pode ser visto na Figura 16.6.

Resultado de cada Transação → Resultado de cada atividade → Resultado de cada Departamento, Filial, Divisão, Unidade de Negócio etc. → Resultado Global da Empresa

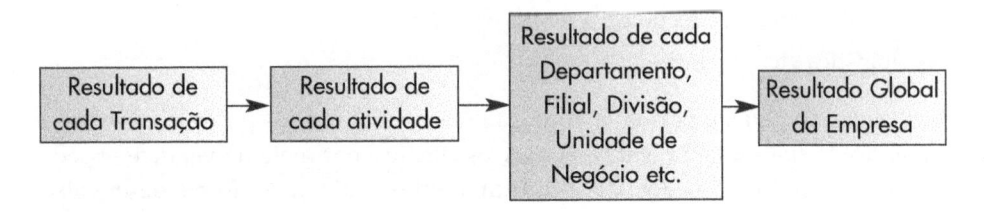

Figura 16.6 – Fluxo do Sistema de Gestão Econômica por Atividades.

Atividades e Microatividades: Limites da Contabilidade Divisional

O conceito de atividade pode ser apresentado de forma mais detalhada, caminhando para o conceito que denominamos de microatividade. Por exemplo, a atividade de compras pode ser encarada como uma atividade básica. Contudo, sabemos que o setor de compras desempenha outras atividades menores, para auxílio à atividade básica de comprar, tais como: manutenção do cadastro de fornecedores, desenvolvimento de fornecedores, obtenção de cotações e listas de preços, colocação de pedidos, negociações etc.[2]

Assim, os limites para se estruturar um sistema de Contabilidade Divisional estão apresentados no fluxo da Figura 16.6. O sistema de informação de gestão econômica pode ser estruturado desde o conceito de microatividade, em seu extremo detalhe, até o conceito da empresa como um todo. Em nosso entendimento, o conceito de atividade como apresentamos neste tópico é o ideal para a estruturação de um sistema de Contabilidade Divisional, e está consagrado na visão que se dá para a apuração de resultados por centros de lucros e unidades de negócios.

Cada empresa é organizada de uma forma a qual deve conduzir, em linhas gerais, a estruturação do sistema de Contabilidade Divisional. Podemos resumir

---

[2] O conceito de atividade em seu maior detalhamento (microatividade) é o adotado pelos defensores do Custeio ABC.

os principais modelos existentes de apuração dos resultados divisionais considerando as organizações existentes.

1. Contabilidade Divisional pelo conceito de *Centros de Lucros ou Resultados*, em que cada centro de lucro é uma unidade organizacional que congrega vários departamentos, que, por sua vez, podem congregar mais de uma atividade.
2. Contabilidade Divisional pelo conceito de *Divisões*, em que cada divisão representa, por exemplo, uma fábrica ou uma filial ou um grande departamento.
3. Contabilidade Divisional pelo conceito de *Unidades de Negócios*: cada unidade pode congregar várias divisões ou fábricas que produzem ou filiais que vendem ou revendem produtos similares.
4. Contabilidade Divisional pelo conceito de *Atividades*, em que o foco está em apurar o resultado de cada atividade do fluxo operacional e administrativo da empresa.

Visão Multimensional dos Resultados

A Contabilidade Divisional, em resumo, induz à estruturação de um Sistema de Informação Contábil que abarca mais de uma dimensão de visualização de resultados. De modo geral, as empresas necessitam das informações do resultado de seus negócios e de sua organização, apresentados em pelos menos três dimensões: divisões, processos e produtos.

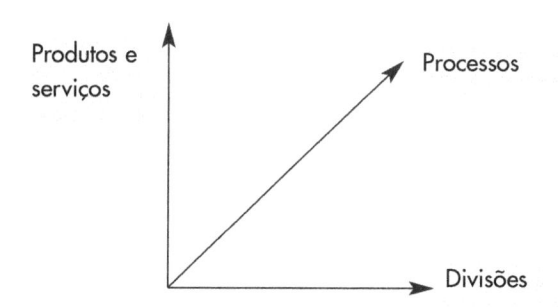

Figura 16.7 – Visão Tridimensional da Contabilidade Divisional.

Conforme essa visão, os processos normalmente representam os departamentos ou atividades. As divisões representam os centros de lucros, filiais, divisões ou fábricas, e em cada um deles estão os produtos e serviços produzidos e vendidos, interna e externamente. Assim, podemos estruturar uma Contabilidade Divisional que apresente o resultado de cada atividade em uma fábrica, com o resultado de seus produtos e serviços internos, ao mesmo tempo em que podemos ter o resultado dos produtos e serviços vendidos aos clientes, e a somatória sendo o resultado da fábrica.

Identificação dos Centros Geradores de Resultados

Diante do exposto até agora, pode-se dizer que o ponto fundamental para a estruturação de um sistema de informação de Contabilidade Divisional é a identificação dos centros geradores de resultados. Cada empresa tem uma visão de seus negócios, baseada em como ela é organizada; portanto, deve ser feita uma análise criteriosa, buscando-se uma adequada relação custo/benefício da informação, para se apurar os resultados divisionais.

Entre um extremo detalhamento e uma extrema sintetização, a empresa deverá, juntamente com a Controladoria, identificar e determinar em que partes ela deverá ser segmentada e quantas dimensões deseja, para fins de apuração de seus resultados. O referencial sempre será a necessidade de avaliação de desempenho dos gestores divisionais ou dos responsáveis por determinados eventos econômicos. Não há necessidade imperiosa de uma vinculação de todos os centros geradores de resultados com a hierarquia existente, já que alguns centros de resultados podem ser até virtuais, como os resultados financeiros das atividades.

É absolutamente normal identificar os centros geradores de resultados que envolvem os produtos finais, como filiais, divisões e fábricas. O maior trabalho está na identificação, e na consideração como centros de resultados, das atividades internas (os processos) e das atividades de apoio que têm de fazer parte do sistema de informação de apuração dos resultados. Esse é um ponto vital que não pode ser desprezado. Devem ser consideradas como centros de resultado, em sua maioria, as atividades internas e de apoio, sob pena de se excluir muitos gestores divisionais do processo de avaliação de desempenho.

Resultados Financeiros

Um centro de resultados ou unidade de negócio que absorva os resultados financeiros que permeiam todas as atividades é imprescindível para o complemento adequado e o correto gerenciamento das atividades empresariais. Esse é um centro de resultados que pode ser considerado virtual, pois recebe os efeitos das transações de compra e venda a prazo, bem como do impacto do custo de oportunidade do capital, e deve ser gerenciado pela Controladoria em conjunto com o responsável pela área financeira da empresa. Em linhas gerais, esse centro de resultados presta-se a:

1. Mensurar o efeito dos juros nas compras a prazo.
2. Mensurar o efeito dos juros nas vendas a prazo.

3. Receber os resultados financeiros das aplicações financeiras.
4. Receber os resultados financeiros dos empréstimos e financiamentos.
5. Receber os resultados financeiros dos juros, variações monetárias e variações cambiais dos ativos e passivos com encargos financeiros e indexação monetária.
6. Fazer o papel de banco interno (*banking center*) para incorporação do conceito de lucro residual e do custo de oportunidade de capital sobre os investimentos dos demais centros de resultados e unidades de negócio dentro do sistema.

Retorno do Investimento e Lucro Residual

O critério mais utilizado para avaliação de desempenho de um centro de resultado ou unidade de negócio, aqui tratado genericamente como divisão, é o retorno do investimento – ROI, do inglês *Return on Investment*. Relaciona-se o resultado obtido com os investimentos utilizados pela divisão. Os investimentos a serem considerados são os ativos fixos e o capital de giro alocados para cada divisão. No exemplo conceitual apresentado a seguir, a Divisão 2 deve ser considerada como a de melhor desempenho porque a taxa de rentabilidade é superior à rentabilidade obtida pela Divisão 1. Observe que a Divisão 1 teve um lucro, em valor absoluto, muito maior que a Divisão 2; contudo, a Divisão 1 exigiu muito mais investimentos de capital que a outra divisão e seu ROI, que é uma rentabilidade relativa, foi menor e, comparativamente, a Divisão 1 teve um desempenho inferior à Divisão 2.

ROI – Exemplo conceitual:

	Divisão 1	Divisão 2
a) Lucro Antes dos Impostos	$ 20.000	$ 8.500
b) Investimentos (Ativos da Divisão)	150.000	50.000
c) ROI (a/b)	13,33%	17,00%

O conceito de lucro residual é mais avançado e equipara-se ao conceito de EVA (*Economic Value Added*). Considera-se como lucro da divisão apenas o valor do lucro que exceder a um determinado custo de oportunidade de capital. Esse custo de oportunidade de capital pode ser considerado como uma rentabilidade mínima desejada pela empresa e, por isso, é um conceito de custo de oportunidade. Neste conceito, só existe efetivamente lucro (ou valor adicionado) se o lucro obtido ultrapassa o custo de capital da divisão.

Considerando os mesmos dados do exemplo anterior, e supondo que o custo de capital da empresa seja de 15%, o exemplo a seguir apresenta a avaliação do investimento pelo lucro residual. Neste conceito, além de a Divisão 1 não dar lucro (resultado positivo), este foi insuficiente para cobrir o custo de capital (situação denominada de destruição de valor). A Divisão 2 cobriu o custo de capital e ainda deu um lucro residual de 2%, ou criação de valor de $ 1.000, portanto configurando-se como atrativa e de melhor desempenho.

Lucro Residual – Exemplo Conceitual – Custo de Capital = 15% aa:

	Divisão 1	Divisão 2
a) Lucro Antes dos Impostos	$ 20.000	$ 8.500
b) (–) Custo de Capital*	(22.500)	(7.500)
c) Lucro Residual	(2.500)	1.000
d) Investimentos (Ativos da Divisão)	150.000	50.000
e) Resultado Residual % (c/d)	(1,67)%	2,00%

* Divisão 1 – 15% x $150.000 = $ 22.500
Divisão 2 – 15% x $ 50.000 = $ 7.500

Mensuração da Receita das Atividades Internas: Preços de Transferência

Considerando que uma empresa é uma reunião de uma série de atividades, e que em sua grande parte essas atividades são destinadas a prestar serviços ou produzir produtos internamente, considerados intermediários em relação aos produtos e serviços finais que vão para os clientes, emerge naturalmente a necessidade do estabelecimento de preços para mensuração das receitas internas das diversas atividades que transferem tais receitas para as etapas subseqüentes.

Denomina-se preço de transferência a mensuração econômica do valor dos produtos e serviços transferidos entre as atividades internas (centros de lucros, unidades de negócios, divisões). Há a necessidade da mensuração das receitas internas porque o sistema de Contabilidade Divisional é um sistema de mensuração de resultados, e, portanto, necessita dos custos e das receitas.

Muitas empresas adotam o critério de mensurar as receitas dos produtos e serviços fornecidos internamente por preços de custo (custo real, custo padrão, custo padrão mais margem arbitrada), partindo da premissa de que são atividades internas e há dificuldades de se obter referencial externo ou de mercado. Todos os preços baseados em custo trazem o problema central de transferência de ineficiência e, portanto, não devem ser utilizados. Entendemos que o melhor critério é a adoção de preços de mercado, pelo conceito de valor realizável líquido, pois, com raríssimas exceções, todas as atividades internas têm referencial externo, já que podem ser desempenhadas fora da empresa.

Exemplo

O Quadro 16.1 apresenta um exemplo de relatório gerencial decorrente da utilização do conceito de Contabilidade Divisional, incorporando os principais fundamentos e características desse tipo de Contabilidade por Responsabilidade.

O exemplo sugere uma empresa segmentada em duas unidades de negócios principais, Divisão 1 e Divisão 2, além de um centro de lucro de apoio, que engloba Administração e Vendas, para sugerir a possibilidade de transformar em centros de resultados as principais atividades de prestação de serviço dentro da empresa (logística, compras, recursos humanos, finanças, tecnologia de informação etc.). Como recomendado, há um centro de resultado para apurar os efeitos financeiros das operações e apuração do custo de oportunidade de capital, denominado de Resultados Financeiros. As Divisões 1 e 2, ao mesmo tempo em que fazem o papel de unidades de negócios, também são consideradas atividades de processo, uma vez que a Divisão 1 é fornecedora para a Divisão 2. Os principais aspectos retratados no exemplo são:

1) O centro de resultado Resultados Financeiros recebe: a) as receitas financeiras pelas vendas a prazo e os custos financeiros pelas compras a prazo; b) as receitas financeiras de aplicações financeiras e os custos dos financiamentos com encargos financeiros, no grupo Resultados Financeiros; e c) a receita de custo de oportunidade de capital, cobrado das demais divisões. O custo de capital é contabilizado pelo conceito de preço de transferência: os valores são debitados em cada unidade e a somatória é creditada no centro de lucro Resultados Financeiros.

2) A Divisão 1 caracteriza-se por ser essencialmente transferidora, remetendo produtos e serviços para a Divisão 2, contabilizados como Receita Interna na Divisão 1 e como Custo Interno na Divisão 2. O conceito aplicado é a transferência a preços de mercado.

3) A divisão Administração e Vendas é tratada como centro de lucro ao receber receita internamente pelos serviços prestados. No exemplo, arbitramos um pagamento pelas Divisões 1 e 2 de 12% de suas receitas, que são consideradas receitas da área Administração e Vendas, também utilizando o fundamento de preços de transferência.

4) As três divisões operacionais pagam um custo de oportunidade de capital pela utilização de ativos, que foram financiados pelo centro de lucro Resultados Financeiros. No exemplo em questão, foi atribuído um custo de capital de 15% aa, o qual foi aplicado sobre o total dos investimentos em capital de giro (principalmente estoques) e ativos imobilizados utilizados pelas três divisões. Esse custo financeiro é alocado para incorporar o conceito de lucro residual. A contrapartida é uma receita para Resultados Financeiros, que,

nesse conceito, acaba fazendo o papel do acionista, o supridor interno de capital para as atividades operacionais. Os cálculos estão demonstrados ao final do quadro.

Quadro 16.1 – Exemplo – Contabilidade Divisional e Fluxo de Transferências – Período Anual

	Divisão 1	Divisão 2	Administração e Vendas	Resultados Financeiros	Total
RECEITAS	50.000	80.000	15.600	16.150	161.750
. Externas	0	80.000	0	1.600 (1)	81.600
. Internas – Transferências	50.000	0	15.600	14.550	80.150
CUSTOS	35.400	63.100	0	1.200	99.700
. Compras/Consumo	27.000	4.000	0	1.200 (2)	32.200
. Internos – Transferências	0	50.000	0	0	50.000
. Custos de Fabricação	8.400	9.100	0	0	17.500
DESPESAS	6.000	9.600	16.500	0	32.100
. Departamentais	0	0	16.500		16.500
. Internas – Transferências	6.000	9.600			15.600
RESULTADOS FINANCEIROS	0	0	0	13.400	13.400
. Receitas Financeiras	0	0	0	2.000	2.000
. Despesas Financeiras	0	0	0	15.400	15.400
LUCRO OPERACIONAL	8.600	7.300	(900)	1.550	16.550
CUSTO DE CAPITAL*	7.200	6.750	600	0	14.550
LUCRO RESIDUAL (a)	1.400	550	(1.500)	1.550	2.000
LUCRO RESIDUAL – Percentual (a/b)	2,9%	1,2%	-37,5%	0,0%	2,1%
ATIVOS DAS DIVISÕES					
Capital de Giro	8.000	25.000	0	0	33.000
Ativos Fixos	40.000	20.000	4.000	0	64.000
Total (b)	48.000	45.000	4.000	0	97.000
*Custo de Capital – 15% aa x (b)	7.200	6.750	600	0	14.550

(1) Receita Financeira de Vendas a Prazo.
(2) Custo Financeiro de Compras a Prazo.

Em uma análise primária dos dados apresentados, as Divisões 1 e 2 geraram lucro operacional suficiente para cobrir o custo de capital de seus investimentos. A Divisão 1 teve um desempenho maior, pois seu lucro residual foi de 2,9%, enquanto a Divisão 2, mesmo com menos ativos, teve um lucro residual menor, 1,2%. A divisão/centro de lucro Administração e Vendas não teve resultado positivo e, por conseqüência, não cobriu também o custo financeiro de capital. O resultado geral da empresa evidencia que a geração total de lucro operacional cobriu o custo mínimo de capital e ainda gerou um lucro residual (o mesmo que o valor econômico adicionado da metodologia EVA) de $ 2.000, 2,1% sobre os ativos da empresa.

Rentabilidade dos Produtos e Serviços

O exemplo não contempla a outra possibilidade de Contabilidade Divisional, que é a dimensão da rentabilidade dos produtos e serviços. O sistema de informação deve produzir relatórios gerenciais que mostrem a rentabilidade dos produtos e serviços dentro de cada divisão, notadamente para as Divisões 1 e 2.

Considerações Finais

A utilização do conceito de Contabilidade por Responsabilidade no enfoque de Contabilidade Divisional é um instrumental indispensável para a gestão econômica de qualquer entidade, seja ou não com fins lucrativos. Da mesma forma, o sistema não é exclusivo para empresas de médio e de grande portes, sendo totalmente viável e adaptável a pequenos empreendimentos, mesmo para microempresas. A gestão contábil não pode, hoje, ficar restrita aos instrumentos de análise de desempenho global, mas deve necessariamente incorporar os conceitos de avaliação de resultados e desempenho para os responsáveis pelos segmentos geradores de resultado da entidade. A adoção de um sistema de Contabilidade Divisional é fundamental para a gestão das entidades na busca da maior eficácia e, conseqüentemente, para lhes permitir o cumprimento de sua missão.

Bibliografia

ATKINSON, Anthony A. et al. *Contabilidade gerencial*. São Paulo: Atlas, 2000.

CATELLI, Armando (Coord.). *Controladoria*. São Paulo: Atlas, 1999.

PADOVEZE, Clóvis Luís. *Contabilidade gerencial*: um enfoque em sistema de informação contábil. 3. ed. São Paulo: Atlas, 2000.

PELEIAS, Ivam Ricardo. *Controladoria*: gestão eficaz utilizando padrões. São Paulo: Saraiva, 2002.

SCHMIDT, Paulo (Coord.). *Controladoria*: agregando valor para a empresa. Porto Alegre: Bookman, 2002.

Capítulo 17

Mensuração do Capital Humano

Clóvis Luís Padoveze

Estamos vivendo a era do conhecimento e da economia do conhecimento. Conforme Crawford (1994, p. 29), a economia do conhecimento é a sucessora da economia industrial. O conhecimento sempre foi a pedra angular do desenvolvimento da civilização, porém mais recentemente é que tem tomado lugar de destaque no âmbito empresarial.

De acordo com Davenport e Prusak (1998, p. x), "múltiplos fatores levaram à atual *explosão do conhecimento*. Essa convergência de causas é um dos motivos pelos quais o ato de discriminar claramente o conhecimento ganhou importância fundamental. A percepção e a realidade de um novo mundo competitivo globalizado constituem uma das forças motrizes. As rápidas mudanças e a crescente competição pelos dólares, marcos e ienes de consumidores cada vez mais sofisticados levaram as empresas a buscar uma vantagem sustentável para se distinguir em seus mercados".

O conhecimento é gerado pelo ser humano, acumulado e administrado pela sociedade e operacionalizado pelo ser humano para satisfação de suas necessidades. As empresas e demais instituições, sociedades de pessoas com objetivos bem definidos, fazem o papel de reunir e operacionalizar especialidades de conhecimento, e com isso conseguem maior eficiência e eficácia na gestão do conhecimento para atender seus objetivos e cumprir suas missões.

O subsistema empresarial em que a variável conhecimento se explicita é o subsistema social, ou seja, é o subsistema que representa as pessoas as quais trabalham na empresa, englobadas, semanticamente, pelo conceito de *recursos humanos*. Portanto, o conhecimento retido com os recursos humanos das empresas é denominado atualmente de *capital humano*. *Capital humano significa pessoas estudadas e especializadas* (Crawford, 1994, p. 17). Em outras palavras, capital humano corresponde a toda capacidade, todo conhecimento, habilidade e experiências individuais dos empregados de uma organização para realizar as tarefas.

O capital humano, sendo um recurso empresarial, pode e deve ser qualificado como ativo, pois tem potencial de geração de benefícios futuros para a empresa. Como há dificuldades de mensuração de seu valor econômico, já que não tem valor de aquisição ou de venda, e pela sua característica de não ser de propriedade da empresa, deve ser considerado como um ativo intangível. O capital humano faz parte do conjunto de ativos intangíveis que se denomina *capital intelectual*.

O objetivo deste estudo é expor uma série de aspectos como contribuição para a construção de uma metodologia de gestão econômica do capital humano. Considerando a Controladoria com enfoque em resultados, apresentaremos conceitos para a gestão do capital humano como recurso empresarial, tendo como referencial a proposta de um modelo de informação para sua gestão econômica. Apresentaremos também, dentro das considerações iniciais, vários conceitos sobre a questão do capital humano que estão, de certa forma, já consagrados como necessários para a gestão desses recursos.

O Fator Humano e a Competitividade

É inquestionável a constatação de serem as pessoas, dentro da organização, um fator-chave de competitividade. São as pessoas, em uma organização, que geram a eficiência, a eficácia e a produtividade. Iacocca (1985, p. 203) resume a importância dos recursos humanos na seguinte frase: "Em última análise, todas as operações de negócios podem ser reduzidas a três palavras: pessoas, produtos e lucros".

Drucker (1995) diz: "Finalmente, o que é administração? Administração é sobre recursos humanos. Sua tarefa é tornar as pessoas capazes de atuar juntas, tornar sua força eficiente e sua fraqueza irrelevante".

Davenport faz o relacionamento dos recursos humanos com os processos e a tecnologia de informação. Sob sua ótica, "a reengenharia de processos deve fundir a tecnologia da informação com o gerenciamento dos recursos humanos" (1994).

Crawford (1994, p. 3) entende que entramos agora no que ele denomina de sociedade do conhecimento, uma era que substitui a sociedade industrial. Ele encara as características das pessoas – o talento, a inteligência e o conhecimento – como forças econômicas. E Robert W. Hall, citado por Johnson (1994, p. 157), afirma: "Toda empresa pode comprar as mesmas tecnologias e ferramentas, mas não o mesmo poder das pessoas. Este você precisa criar internamente. Esta é a fonte definitiva de competitividade".

Organizações que Aprendem (*Learning Organization*)

Decorrente da importância do fator humano e paralelamente ao conceito de capital intelectual e economia do conhecimento, o conceito de organizações que aprendem tem sido entendido como necessário para manter a competitividade empresarial.

Fundamentalmente, uma *organização que aprende* é aquela com capacidade de adquirir continuamente novos conhecimentos organizacionais. Basicamente, existem três tipos de aprendizado organizacional: aprender como melhorar o conhecimento organizacional existente; aprender a criar o novo conhecimento organizacional (também conhecido como inovação); e disseminar ou transferir o conhecimento para as várias áreas da organização (Maira e Bragar, 1998).

Capital Humano como Recurso Empresarial

Concordamos com a afirmativa de Crawford (1994, p. 34) sobre o tratamento das pessoas dentro das empresas e instituições como *recurso* empresarial. Diz esse autor: "Seres humanos – seus corpos, habilidades e conhecimentos – são parte de um estoque de capital do mundo. Embora possa parecer muito frio e desumano referir-se a pessoas como capital, considere a expressão popular 'os ativos desta empresa descem pelo elevador à noite'".

Não vemos nenhum constrangimento em tratar as pessoas nas empresas como recursos humanos, necessários para operacionalizar os processos e outros recursos que a empresa necessita para fornecer produtos e serviços à sociedade. Concordamos também que essa visão dá uma conotação de crueldade, como se as pessoas dentro da empresa fossem descartáveis, ao sabor das políticas empresariais.

Acontece que isso é um fato e não há como modificá-lo. As empresas investem em seus colaboradores para que eles prestem o melhor serviço para elas, segundo seu conjunto de objetivos e harmonização de interesses. Sabendo que a empresa busca otimizar seus resultados, o que decorre de seus investimentos feitos, e ao mesmo tempo manter-se indefinidamente atuando para cumprir sua missão, não há por que imaginar que uma organização se desfaça de um trabalhador treinado e especializado sem um motivo de extrema necessidade.

Portanto, a empresa deve ter modelos de gestão, modelos de informação, mensuração e decisão sobre seus recursos humanos, para avaliar constantemente os investimentos neles efetuados, por meio da mensuração dos resultados da atuação de seus funcionários.

É incontestável, também, que o investimento feito pelas empresas em seus funcionários, para que estes melhorem seu conhecimento e desempenho, é *retido* e *fica* com cada um deles. Portanto, o investimento que as empresas fazem em seus trabalhadores tem uma via de mão dupla, pois beneficia a ambos. Assim, o eventual "descarte" de um funcionário especializado não deve ter, em tese, problemas, nem ser encarado como crueldade, pois ele poderá dispor de seu conhecimento para atuar em qualquer outra entidade.

O Capital Humano no Sistema Empresa

A empresa, como um sistema aberto, pode ser subdividida em outros subsistemas. Adotamos o posicionamento de Guerreiro, que divide o subsistema empresa em seis subsistemas, quais sejam: Institucional, de Gestão, Social, Organizacional, de Informação e Físico-Operacional. O Subsistema Social compreende os indivíduos que fazem parte do sistema empresa, bem como toda a cultura, características e demais aspectos relacionados às pessoas. Também conforme Guerreiro (1989, p. 171), diz respeito, entre outros aspectos, a:

- necessidades dos indivíduos;
- criatividade;
- objetivos individuais;
- motivação;
- liderança;
- treinamento etc.

A Controladoria e o Capital Humano

O conceito de gestão econômica considera que o sistema empresa deve ser administrado com enfoque em resultados mensurados economicamente, na busca de excelência empresarial e de otimização do resultado econômico (Catelli, 1999, p. 69).

A área de Controladoria, responsável pelo sistema de informação de gestão econômica, deve, então, ter como elemento norteador o resultado empresarial, medido conforme conceitos econômicos e, dessa maneira, sua atuação tem de estar fundamentada em premissas consistentes com esse objetivo maior.

Apresentamos a seguir as principais premissas que embasam o conceito de Controladoria com foco em resultados (Padoveze, 1998, p. 24-25):

- lucro como medida de eficácia da empresa;
- lucro como diferença de patrimônios líquidos;
- o lucro é maior ou menor segundo o grau de competência empresarial;
- os empreendimentos empresariais são investimentos;
- valor econômico da empresa;
- mensuração do valor da empresa;
- dificuldade de mensuração da previsibilidade do mundo real;
- o planejamento é necessário;
- a empresa é a reunião de especialidades humanas;
- os gestores são responsáveis pela geração do lucro;
- informação para gestão;
- interação modelar entre as Teorias da Informação, decisão e mensuração;
- nível ótimo de informação.

Das premissas citadas, algumas claramente referem-se à questão do capital humano, quais sejam:

- o lucro é maior ou menor segundo o grau de competência empresarial;
- a empresa é a reunião de especialidades humanas;
- os gestores são responsáveis pela geração do lucro.

O Lucro é Maior ou Menor Segundo o Grau de Competência Empresarial

O grau de competência empresarial é o elemento diferenciador das empresas e a garantia da sustentação de sua continuidade e do cumprimento de sua missão. A competência empresarial reflete-se nos resultados empresariais, que é a medida da eficácia gerencial.

A competência empresarial se expressa nos recursos (custos) por meio da eficiência e/ou eficácia exercida (aplicada e extraída) em cada recurso ou transação em ocorrência ou ocorridos, no processo de obtenção da receita de produtos ou serviços.

A Empresa é a Reunião de Especialidades Humanas

O capital é o recurso que consegue reunir em um único empreendimento pessoas de diversas capacitações e especializações, objetivando atingir os resultados propostos pela entidade empresarial. A reunião de especialidades dentro da empresa possibilita que esta entregue à sociedade produtos e serviços com qualidade, com custos seguramente inferiores aos que teriam se fossem produzidos individualmente por esses especialistas. O capital é o elemento que consegue promover a maior eficácia dos recursos humanos dentro de uma organização e, portanto, deve ser também remunerado pelo lucro empresarial.

Em linhas gerais, as diversas especialidades humanas – do conhecimento humano na empresa – são aglutinadas em setores, departamentos ou áreas, que denominaremos genericamente por atividades. Assim, o capital é o elemento necessário para unir os processos ou atividades transformadores do produto ou serviço.

Normalmente, as atividades são coordenadas por algum responsável, que denominamos de gestor.

Os Gestores São Responsáveis pela Geração do Lucro

Conforme Guerreiro (1991, p. 14), "os gestores são responsáveis pela eficácia da empresa. Como o próprio nome esclarece, os gestores são os responsáveis pela gestão, administração ou processo de tomada de decisão. A gestão corresponde analiticamente ao processo de planejar, executar e controlar".

O lucro é gerado pelas diversas atividades e a responsabilidade por sua geração é exatamente dos responsáveis pelas diversas atividades, ou seja, dos gestores.

Capital Intelectual

Uma sociedade ou economia do conhecimento exige empresas e trabalhadores do conhecimento. Nessa linha, desenvolveu-se o conceito de capital intelectual. Podemos definir capital intelectual como o domínio de conhecimentos, experiência acumulada, tecnologia da organização, relacionamentos com clientes e habilidades profissionais, de modo a dar vantagem competitiva para a empresa que detém um capital intelectual diferenciado. Em outras palavras, capital intelectual é um conjunto de talentos, capacidades, habilidade e idéias (Stewart, 1998).

A nomenclatura capital intelectual é para diferenciar esse ativo intangível (intelectual, de conhecimento) dos demais ativos físicos da empresa. Dessa maneira, o valor da empresa é a somatória do capital intelectual mais o capital físico, representado pelos ativos tradicionais da empresa.

Esse conceito traz um desafio à Contabilidade tradicional, tendo em vista que seus proponentes entendem que o capital intelectual é passivo de mensuração econômica e, portanto, deve figurar no ativo da empresa, juntamente com os demais ativos tradicionais. O Quadro 17.1 sugere como deve figurar no balanço patrimonial o capital intelectual.

Quadro 17.1 – Capital Intelectual no Balanço Patrimonial

Ativo	Passivo
Balanço Tradicional	
Investimentos Tangíveis	Capital Financeiro
Bens e Direitos	
Balanço Intelectual	
Propriedade Intelectual • *Goodwill* • Tecnologia • Competência • Outros	Capital Intelectual
Total do Ativo	Total do Passivo
Balanço Total	
Valor da Empresa	

A Federação Internacional dos Contadores (International Federation of Accountants – Ifac), por meio do Comitê de Contabilidade Financeira e Gerencial, *Estudo* 7 de setembro de 1998, "A Mensuração e a Gestão do Capital Intelectual: Uma Introdução", assim se expressa sobre capital e ativo intelectual: "O capital intelectual pode ser pensado como o total de estoque de patrimônios de capital ou baseados em conhecimento que a empresa possui. Em termos de balanço patrimonial, os ativos intelectuais são aqueles itens baseados em conhecimento, que a companhia possui, que produzirão um fluxo futuro de benefícios para a empresa. Isso pode incluir tecnologia, administração e processos de consultoria, bem como pode ser estendido para propriedade intelectual patenteada".

O capital humano é considerado um componente do capital intelectual.

Elementos e Medidas para Gerenciamento do Capital Intelectual

Os elementos já reconhecidos do capital intelectual pelo Ifac, detalhados no Quadro 17.2, são:

- capital humano;
- capital de clientela (relacional);
- capital organizacional (estrutural).

Quadro 17.2 – Tipos de Capital Intelectual

CAPITAL HUMANO	CAPITAL DE CLIENTELA
. Conhecimento (*Know-how*)	. Filiais
. Educação	. Clientes
. Qualificação Vocacional	. Lealdade dos Clientes
. Conhecimento Relacionado com Trabalho	. Nomes da Empresa
. Taxas Ocupacionais	. Pedidos em Carteira
. Taxas Psicométricas	. Canais de Distribuição
. Competências Relacionadas com Trabalho	. Colaborações em Negócios
. Inovação, Elo dos Empreendedores, Habilidades	. Acordos de Licenciamento
. Reativas, Proativas e de Mudanças	. Contratos Favoráveis
	. Acordos de *Franchising*
CAPITAL ORGANIZACIONAL	
Propriedade Intelectual	*Ativos de Infra-Estrutura*
. Patentes	. Filosofia Gerencial
. Direitos (*Copyrights*)	. Cultura Corporativa
. Direitos de Pesquisa	. Processos Gerenciais
. Marcas Secretas	. Sistemas de Informação
. Marcas Registradas	. Sistemas de Redes de Trabalho
. Marcas de Serviço	. Relações Financeiras

O Quadro 17.3 apresenta as medidas sugeridas para o gerenciamento do capital intelectual.

Quadro 17.3 – Medidas para Gerenciamento do Capital Intelectual

INDICADORES PARA O CAPITAL HUMANO
. Reputação dos Empregados da Companhia junto às Empresas de Colocação de Empregados
. Anos de Experiência na Profissão
. Taxa de Empregados com Menos de Dois anos de Experiência (*rookie ratio*)
. Satisfação dos Empregados
. Proporção dos Empregados Dando Novas Idéias e Sugestões e Proporção Implementada
. Valor Adicionado por Empregado
. Valor Adicionado por Unidade Monetária de Salário
INDICADORES PARA O CAPITAL ORGANIZACIONAL
. Número de Patentes
. Percentual de Despesas de P&D (Pesquisa e Desenvolvimento) sobre as Vendas Líquidas
. Custo de Manutenção de Patentes
. Custo de Projeto do Ciclo de Vida por Vendas
. Número de Computadores Individuais Ligados ao Banco de Dados
. Número de Vezes que o Banco de Dados é Consultado
. Atualizações do Banco de Dados
. Contribuições ao Banco de Dados
. Volume de Uso do Sistema de Informação (SI) e Conexões
. Custo do SI por Vendas
. Lucro por Custo do SI
. Satisfação com o Serviço do SI
. Taxa de Implementação de Novas Idéias pelo Total de Novas Idéias Geradas
. Número de Introdução de Novos Produtos
. Introdução de Novos Produtos por Empregado
. Número de Equipes de Projeto Multifuncionais
. Proporção do Lucro dos Novos Produtos Introduzidos
. Tendência do Ciclo de Vida dos Produtos nos Últimos Cinco Anos
. Tempo Médio para Planejamento e Desenvolvimento de Produto
. Valor das Novas Idéias (Economias e Ganhos em Dinheiro)

continua

Quadro 17.3 – Medidas para Gerenciamento do Capital Intelectual (continuação)

INDICADORES PARA A CLIENTELA E RELACIONAMENTOS

. Participação no Mercado (*Market Share*)
. Crescimento no Volume de Negócios
. Proporção das Vendas por Repetitividade dos Clientes
. Lealdade à Marca
. Satisfação dos Clientes
. Reclamações dos Clientes
. Rentabilidade dos Produtos como uma Proporção das Vendas
. Número de Alianças Cliente/Fornecedor e Seu Valor
. Proporção dos Negócios dos Clientes (ou Fornecedores) que os Produtos e Serviços da Empresa Representam (em Valor)

Mensuração Econômica do Capital Intelectual

A Ifac ainda não se pronunciou sobre uma medida "oficial" para o capital intelectual. As medidas sugeridas pelos estudiosos até o momento são similares às utilizadas para o *Goodwill*, ou seja, o valor dos fluxos futuros de benefícios (lucros ou fluxos de caixa), descontados a determinada taxa de custo de capital, que excede à avaliação dos ativos feita de forma individual. Ou seja, a mais aceita tem sido entender que o valor do capital intelectual reside no valor da empresa que excede aos ativos tangíveis.

O valor da empresa que excede aos ativos tangíveis, sugerido pelo Ifac como primeira mensuração do capital intelectual, seria a rentabilidade média percentual do ativo da empresa, que excede à rentabilidade média percentual dos ativos das empresas do mesmo ramo, menos os impostos sobre o lucro, trazidos a valor presente pelo critério de perpetuidade, a um custo médio de capital adotado.

Capital Humano como Investimento

Podemos definir que o investimento no capital humano refere-se aos gastos que a empresa tem especificamente para manter os seus recursos humanos (os seus funcionários, sejam eles de atuação direta ou indireta sobre os produtos) com um grau de conhecimento consistente tecnologicamente com os demais recursos empresariais e/ou com capacitação que permita a capacidade de adaptação, o desenvolvimento e a sobrevivência da empresa. Em outras palavras, são os gastos com seus funcionários para manter a eficácia empresarial nos três aspectos temporais: curto prazo, médio prazo e longo prazo.

O principal do gasto para manutenção e desenvolvimento das habilidades e especialização do capital humano são os gastos de treinamento, dentre os quais se incluem os gastos educacionais para adaptação a novas especialidades necessárias, naturais ao constante desenvolvimento das funções.

Em resumo, podemos elencar os seguintes gastos com o capital humano empresarial:

- salários e quaisquer outras remunerações pela prestação dos serviços;
- encargos legais;
- encargos espontâneos;
- assistência social e à saúde;
- alimentação e transporte;
- recreação;
- educação;
- treinamento;
- gratificações, prêmios e remunerações variáveis;
- previdência privada complementar;
- participação nos lucros.

Ativamento e Amortização dos Gastos

Em princípio, apenas os gastos com treinamento têm sido objeto de estudos sobre seu ativamento, já que estariam relacionados com benefícios futuros prestados pelos funcionários.

Garcia (1997) propõe o ativamento dos gastos de treinamento como Ativo Diferido. Nesse mesmo estudo, apresenta critérios para a amortização dos gastos, basicamente relacionados com a capacidade de captar o efetivo comportamento da contribuição dos benefícios ao resultado dos períodos futuros.

Obviamente, os gastos pessoais dos funcionários com autotreinamento não estariam inclusos no processo de ativamento e amortização, pois não seriam desembolsados pela empresa.

Ativamento do Capital Humano

Como já vimos sobre o capital intelectual, que inclui o capital humano, ainda não se consolidaram instrumentos e metodologias para ativamento deste recurso de capital. Contudo, em tese, nada impede que isso aconteça.

Para o ativamento do capital humano, terá de haver a prevalência do atributo da posse sobre a propriedade. O capital humano, mesmo sendo um investimento da empresa, não é de sua propriedade. Contudo, tendo em vista o contrato que une as duas partes, o serviço do funcionário é um direito da empresa enquanto contratualmente ligado a ela e, portanto, a empresa está de posse da capacidade de prestação de serviço do capital humano.

Em muitas situações empresariais, há possibilidades de visualização mais clara do valor do capital humano para seu ativamento. Por exemplo, nas empresas de entretenimento, os artistas são mantidos como *cast* e têm um preço de mercado; o mesmo ocorre nos empreendimentos esportivos, nos quais os esportistas também têm um preço de mercado e por ele poderiam ser ativados. Um outro exemplo são empresas ligadas a propaganda e marketing, nas quais os principais criadores também têm um preço de mercado. Vários outros mercados ou empresas possuem condição de avaliar os seus recursos humanos sob o enfoque de capital e ativo, como empresas do mercado financeiro, com seus analistas mais conhecidos, as empresas de tecnologia de informação, com os seus engenheiros etc.

Depreciação do Capital Humano

O capital humano é um investimento passível de depreciação, já que é um capital físico (Crawford, 1994, p. 44). Além da parte física das pessoas envolvidas, a rapidez com que o conhecimento e a tecnologia se tornam obsoletos é a maior fonte de depreciação do capital humano. Em entrevista recente, perguntaram ao compositor brasileiro Chico Buarque de Hollanda o porquê da queda quantitativa de sua produção. Ele foi objetivo: "Quando eu era jovem, as composições vinham com facilidade e abundância; agora, levo muito mais tempo para compor".

No exato momento em que a empresa se decidir pelo ativamento do capital humano, imediatamente deverá criar uma metodologia para a depreciação desse ativo. Obviamente as empresas e seus funcionários estarão atentos para que essa depreciação seja minorada o mais possível, com treinamentos adicionais, programas de criatividade, educação continuada, renovação de funcionários etc.

A depreciação do capital humano tem, então, duas vertentes:

- a depreciação específica de cada funcionário do capital humano;
- a depreciação do conjunto do capital humano da empresa.

É possível que a empresa, em um programa criterioso de renovação de seus funcionários, com programas motivadores de planos de carreira, planos de previdência etc., alcance um perfeito encadeamento dentro de sua política de *turn-over* de pessoal, que consiga reinvestimento no mínimo na mesma proporção da depreciação do capital humano. Nesse caso, a depreciação específica de cada funcionário poderá não afetar o valor total do capital humano, o qual pode até crescer.

Gerência do Risco do Capital Humano

Como qualquer investimento, o capital humano está sob condições de incerteza. Portanto, há um risco permanente da perda desse investimento pela empresa, seja de forma total ou parcial. Pela característica marcante de esse investimento não ser de propriedade da empresa e, ao mesmo tempo, devido às próprias características comportamentais do ser humano, a manutenção desse capital humano no empreendimento exige das empresas uma gestão específica.

Em princípio e em linhas gerais, deveria haver uma mensuração da probabilidade de perda do valor do capital, como um outro investimento qualquer. O risco sobre o capital humano é um dos que devem ser identificados dentro da estrutura de gestão de riscos do negócio (Ifac, 1999).

Em termos da Contabilidade tradicional, a questão desse tipo de risco teria o tratamento de provisões para contingências.

Sistemas de Informações do Capital Humano

Podemos resumir os sistemas de informação para gestão do capital humano em três grandes subsistemas: folha de pagamento, gestão de recursos humanos e Controladoria de recursos humanos.

Folha de Pagamento

Esse tradicional sistema cumpre as funções de registro de todas as informações de caráter cadastral legal e gerencial, bem como de todas as transações monetárias relacionadas às obrigações legais e contratuais com o corpo de funcionários.

Basicamente, compreende o registro e a acumulação dos pagamentos das remunerações e os benefícios concedidos a cada empregado, o controle dos horários de trabalho, bem como das obrigações decorrentes da segurança e medicina do trabalho.

Recursos Humanos

O sistema de recursos humanos está voltado para a gestão do capital humano e deve ser desenvolvido procurando-se internar o máximo de informações que permitam gerir os recursos humanos de forma a potencializá-los o mais possível e criar valor para a empresa.

São módulos naturais desse sistema:

- recrutamento e seleção;
- treinamento;
- administração de cargos e salários;

- avaliação de desempenho e potencial (talento);
- plano de carreiras e de sucessão;
- visão geral do funcionário.

Como instrumento final de informação, a empresa deve ter, permanentemente, uma visão geral do valor que cada funcionário representa para ela, para compor o seu estoque de capital humano. Portanto, outras informações podem ser agregadas, como as de educação básica, auto-educação, autotreinamento, aspectos comportamentais como família, esportes, *hobbies*, lazer, viagens, cultura etc.

Controladoria de Recursos Humanos

Como complemento aos dois sistemas anteriores, a Controladoria deverá produzir informações adicionais sobre os recursos humanos, voltadas basicamente para a mensuração econômica desse ativo. Elencamos a seguir uma série de aspectos a se observar, pela Controladoria, na gestão dos recursos/capital humano, conforme nosso objetivo de apresentar uma proposta de sistema de informação para esta gestão.

Sistemas de Informação de Controladoria do Capital Humano

Como apresentado na introdução, a Controladoria tem como foco a gestão econômica da empresa e de suas partes e, portanto, busca modelos de decisão, mensuração e informação que privilegiem a visão de resultados, já que o lucro é considerado a melhor medida de desempenho da empresa.

Segundo essas premissas, o sistema de informação de Controladoria do capital humano deve ter como objetivo evidenciar o resultado que cada funcionário dá para a empresa em termos de lucro ou prejuízo. Há de se ter como foco a contribuição individual, evitando-se, dentro do possível, mensurações de caráter coletivo.

Sistema de Acumulação de Custos, Receitas e Patrimonial

Temos como premissa que a informação é a matéria-prima do processo de gestão e tomada de decisão. Os sistemas de informações devem ser estruturados de forma a atender primariamente esse objetivo.

Como base da teoria da decisão, a informação contábil é apresentada por meio de um sistema ou sistemas de informação, normalmente denominados de Sistema de Informação Contábil. A vinculação da informação contábil com sistema de informação é tão íntima que a Associação Americana de Contabilidade (American Accounting Association – AAA) define Contabilidade como "o processo de identificação, mensuração, acumulação, análise, preparação, interpretação e comunicação de informações financeiras utilizadas pela administração para planejamento, avaliação e controle dentro de uma organização e para assegurar e contabilizar o uso apropriado de seus recursos" (Francia et al., 1992, p. 4).

O enfoque sistêmico da Contabilidade e da informação contábil é dado basicamente pelo "processo de identificação, mensuração e comunicação" de informação, da definição apresentada anteriormente.

A gestão dos recursos normalmente é feita por meio do sistema de acumulação de custos. Outrossim, tendo em vista que nossa proposta possui como enfoque o resultado e, portanto, uma abordagem de Contabilidade de resultados, entendemos que a visão tradicional de sistema de acumulação de custos é muito restritiva (só custos), e deve ser ampliada enfocando resultados.

Isso exige a introdução dos elementos das receitas. Tendo em vista, também, que a resultante final de todas as operações da empresa, que tem como objetivo o lucro, evidencia-se dentro de um patrimônio empresarial, entendemos que o Sistema de Informação Contábil deve ter como escopo final a mensuração do efeito patrimonial das receitas e custos. Dessa maneira, o sistema contábil deve abranger a *acumulação de custos, as receitas e o valor patrimonial resultante*.

A introdução das receitas no sistema tradicional de acumulação de custos busca manter a vinculação entre os recursos (custos) e os produtos e serviços gerados (receitas), incorporando, no sistema de informação, o enfoque sistêmico empresarial da obtenção de lucro e eficiência.

A introdução do conceito de avaliação patrimonial no sistema tem como objetivo evidenciar também o conceito de que os custos (os recursos) são meios de se obter a receita – portanto, são investimentos. A incorporação do conceito de patrimônio ou investimento, aos recursos, no Sistema de Informação Contábil, permite uma visão em termos de gestão patrimonial, na busca de resultados.

A incorporação da avaliação patrimonial dos recursos, que pode e deve ser aplicada aos custos do capital humano, está em consonância com o conceito de *momentum accounting* desenvolvido brilhantemente por Ijiri.

O conceito de *momentum accounting* (Contabilidade do momento) decorre da constatação do mesmo autor sobre o efeito causal do método das partidas dobradas, em que se tem uma visão de fluxo e uma visão de estoque. Da visão do fluxo, causador do estoque, Ijiri (1989, p. 2, 3, 43) incorpora o fator tempo no lançamento contábil: "... o fato de que as mensurações contábeis são funções do tempo, permite-nos desenvolver novas mensurações de sua existência tomando seus derivativos de tempo e integrais de tempo (...) na estrutura básica do registro de partida dobrada nota-se que há uma ligação entre contas de estoque e contas de fluxo como sua característica essencial". Considerando a estrutura dinâmica do lançamento contábil, Ijiri (p. 43-44) diz: "Assim, se nós podemos de alguma forma converter fluxos em estoques, então nós podemos olhar para os fatores que são fluxos nas relações para o estoque novamente criado. Essa é a idéia subjacente atrás de nosso esforço para construir uma estrutura dinâmica para mensuração contábil (...) Há um método de conversão que é perfeitamente ajustado para esse propósito, denominado de operação derivativa com respeito ao tempo. Cada fluxo pode ser visto como um estoque relativo para seu próximo derivativo de tempo num dado ponto no tempo. Assim, a mensuração do lucro é convertida dentro de 'uma taxa pela qual o lucro está sendo conseguido' a um dado ponto no tempo. Nós chamamos essa nova mensuração (lucro) de mensuração do *momentum* (...) O lucro *momentum*, ou apenas *momentum*, é a tendência para as receitas e despesas recorrerem-se dadas as razões para que a recorrência deva acontecer. Os clientes mantendo as compras, os juros mantendo-se em ocorrência, salários são pagos, e taxas são incorridas continuadamente. O processo de ganho da empresa, então, consiste de um grande número de eventos recorrentes misturados com alguns eventos não recorrentes".

Com relação ao conceito de *momentum*, ele estará incorporado no sistema de acumulação quando da necessidade de avaliação do potencial gerador de serviço de cada recurso que não tenha consumação instantânea (máquinas, mão-de-obra, serviços). Entendemos que determinados tipos de recursos contêm dentro de si o potencial recorrente de que fala Ijiri, quando o mesmo recurso mantido pela empresa é o produtor de fluxos futuros de ganhos.

Modelo de Informação para Gestão do Capital Humano

Um modelo de informação decorre do modelo de decisão adotado, que, por sua vez, necessita de um modelo de mensuração.

A gestão do recurso do capital humano, provavelmente, é uma questão das mais importantes do modelo de gestão empresarial, pois é onde a administração da empresa pode provocar todo o seu efeito diferenciador junto ao mercado, exercitar toda a sua competência, e transformar a equipe de funcionários em elemento otimizador de lucros.

Neste estudo, a mão-de-obra deve ser tratada como um investimento e, portanto, fonte básica de geração de lucros e do fluxo futuro de benefícios para a empresa. Conforme Johnson (1994, p. 94) "O poder das pessoas", diz Robert Hall, "é a fonte definitiva de competitividade". "Encarar os funcionários como um custo, ao invés de um recurso valioso, é a mais custosa das práticas dos gerentes por controle remoto".

A gestão da mão-de-obra é individual. Não entendemos a possível busca da eficiência e a mensuração do potencial gerador de serviço ou receita de cada funcionário tratadas de forma aglutinada. Cada funcionário tem uma característica específica e deve, em princípio, ser cuidado como um investimento individual, sob pena de se igualar os desiguais.

Sob esse fundamento, o sistema de informação de Controladoria do capital humano deve apresentar condições de avaliação específica de cada funcionário –

reunindo os recursos que são vinculados a cada um deles – e dos aspectos operacionais desenvolvidos por cada um. A essência é sempre a busca da eficiência do recurso, e a gestão operacional objetivando resultados.

Apresentamos a seguir um modelo básico de decisão, mensuração e informação, alinhando os principais elementos que devem ser identificados, coletados, armazenados, processados e mensurados no sistema de informação de Controladoria, para o recurso da mão-de-obra.

	Funcionário 1	Funcionário 2	Funcionário 3	Funcionário N
Local				
Setor				
Departamento				
Salários e Encargos				
Salários e Adicionais				
Horas Extras				
Luvas e Benefícios				
Encargos Sociais				
Despesas				
Treinamento				
Livros, Jornais				
Viagens				
Mat. Expediente				
Assist. Médica				
Mat. Segurança				
Telefone				
Outras				
Equipamentos Pessoais				
Depreciação				
Mat. p/o Equipamento				
Mat. Manutenção				
Mat. Expediente				
TOTAL DOS GASTOS				
Atividade				
Tipo				
Quantidade				
Receita dos Serviços				

Figura 17.1 – Modelo de Informação para Gestão do Capital Humano.

Apresentamos a seguir os principais critérios e conceitos que envolvem o modelo geral de informação, mensuração e decisão.

Avaliação Individual

O modelo é para avaliação individual de cada funcionário. O objetivo da avaliação individual é que cada funcionário pode representar um valor de capital específico para a empresa. Para as mesmas funções, temos funcionários com talentos diferentes e, portanto, com "capital humano" com diferentes valores.

Dentro dos objetivos da gestão do capital humano, podemos identificar os talentos que devem ser potencializados ao máximo, bem como os talentos que devem merecer uma atenção diferenciada para que cheguem a um mínimo de desempenho e valor desejável.

Avaliação Coletiva

Só vemos sentido em uma avaliação coletiva de funcionários em funções de pouca especialização e de trabalho repetitivo. A essência do conceito de capital humano é "pessoas estudadas e especializadas". Se há mão-de-obra em que a especialização não é fator restritivo, provavelmente haverá abundância do recurso, e seu valor não merecerá atenção especial em capitalização adicional.

Com relação a esses dois últimos aspectos, Oliveira (1999, p. 144) também deixa claro essa diferenciação, classificando o pessoal da empresa em duas categorias fundamentais:

1. Pessoal descartável, facilmente substituível, cujos custos seriam despesas do período.
2. Pessoal permanente, que formaria o corpo técnico e diretivo da empresa, cujos custos representariam um investimento.

Gastos com Remuneração

As informações primárias dos custos de cada um são dadas pelos valores despendidos periodicamente com os salários e seus complementos, tipo adicionais legais, horas extras e encargos sociais e trabalhistas. São os gastos ligados à contraprestação remuneratória pelo serviço contratado.

Gastos Complementares

Dentro do modelo apresentado, propomos a acumulação de um conjunto de informações que mensura os principais gastos e investimentos específicos de cada um, que denominamos de despesas, tais como:

- investimentos em treinamento formal, treinamento com livros e periódicos, assistência médica etc.;
- gastos necessários para o desenvolvimento de sua função, como viagens, materiais de expediente requisitados, comunicações etc.

Esses gastos são gerados pelas atividades desenvolvidas pelo funcionário, bem como pelas necessidades de seu desenvolvimento para o atendimento de suas funções dentro da empresa. Provavelmente, nesse tipo de gastos é que as grandes diferenças de investimento em cada um dos funcionários aparecem.

Gastos com treinamento e viagens, tanto para executar as funções, quanto para desenvolvimento de relações, tecnologia etc., criam valor para o capital humano de forma individualizada, e devem ser objeto de especial atenção para a empresa.

Equipamentos Pessoais

Reservamos um bloco de informações para identificar e acumular os gastos com os instrumentos de trabalho, ou seja, os equipamentos, com seus respectivos gastos com a sua operação, que denominamos de equipamentos pessoais.

Na mesma linha de raciocínio das despesas, determinadas funções e funcionários operacionalizam seu trabalho em equipamentos pessoais, que exigem investimentos da empresa e gastos para sua operação e manutenção.

Por exemplo, os funcionários administrativos operam microcomputadores e outros equipamentos que geram investimentos e despesas; os engenheiros exercem suas funções com estações de trabalho de valor relevante etc.

Além dos gastos necessários para operacionalizar os equipamentos, a depreciação desses equipamentos deve ser acumulada neste bloco de informações.

Total dos Gastos

Com isso, em linhas gerais, podemos avaliar economicamente os recursos despendidos para cada funcionário, seja no tocante ao investimento de capacitação profissional, seja para os recursos necessários para o desempenho de sua função.

Atividade

O próximo bloco de informações se relaciona com os aspectos operacionais, normalmente medidos em termos de produção, em relação à sua atividade. Esse bloco de informações, caso se deseje construir, posteriormente, sistema de Custeio Baseado em Atividades, fornece os dados para tanto, se bem que não é, em nossa opinião, o objetivo básico. Esse objetivo básico é ter uma medida de produção e, conseqüentemente, produtividade e eficiência.

Por exemplo, um engenheiro pode ter como atividade quantificada o número de desenhos efetuados; o vendedor, o número de visitas etc. O importante é identificar a(s) atividade(s) e obter as quantidades, o que permite a comparabilidade de funcionários com funções iguais.

Receita dos Serviços: o Valor do Capital Humano

O último bloco é a proposição para a avaliação da receita do produto ou serviço desenvolvido pelo funcionário. Cada funcionário, dentro da empresa, é um elemento produtivo. Não existe funcionário improdutivo, seja ele considerado direto ou indireto ao produto. Todo funcionário da empresa é contratado para produzir determinado serviço ou produto e tem uma receita. Pode haver problemas de mensuração da receita de cada funcionário; porém, ela existe.

O bloco de informações sobre a receita dos serviços está em consonância com o conceito de *momentum*, e nada impediria que se procurasse medir o efeito futuro do serviço da mão-de-obra de cada funcionário, por meio de um indicador de taxa por período de tempo.

Esse bloco de informações do sistema de informação de Controladoria do capital humano evidencia o efeito *patrimonial* do sistema de acumulação. Tanto o conceito de *momentum* quanto o conceito tradicional de fluxo futuro de benefícios evidenciam o efeito patrimonial do recurso, seus custos e receitas.

Em resumo, o fluxo futuro de benefícios do funcionário, descontado a uma taxa de custo de capital, é o valor do capital humano desse funcionário. A avaliação do fluxo futuro e do valor do capital humano terá como base as informações apuradas pelo sistema de informação e apresentadas no modelo de informação proposto.

Em suma, a base para essa avaliação será a resultante do total dos gastos que cada funcionário tem, contraposto com a quantidade das atividades desenvolvidas, avaliadas em termos de receita dos seus serviços. Um valor mínimo que se pode atribuir ao funcionário é o valor que decorre do seu custo. Nesse caso, os benefícios gerados pelo funcionário não suplantariam o valor das receitas geradas pela sua atividade, mas indicam o custo de manter a atividade.

Com isso, o sistema permite evidenciar o foco da Controladoria, que é a apuração do resultado de cada recurso ou atividade, neste caso, do capital humano.

Modelo de Mensuração

O modelo de mensuração do capital humano é o mais recomendado para qualquer ativo intangível, que é o valor presente do fluxo de benefícios futuros menos o valor presente de desembolsos futuros. Entendemos que o modelo apresentado por Oliveira (1999, p. 151) é adequado como modelo de mensuração para o capital humano, que apresentamos no Quadro 17.4.

Quadro 17.4 – Fluxos Econômicos Esperados

Premissas: 1. Fluxo de Benefícios Futuros de $ 1.000,00 por 5 anos.
Descontado ao custo de oportunidade de captação de 3% aa.
2. Fluxo de Custos Futuros de $ 100,00 por 5 anos.
Descontado ao custo de oportunidade de aplicação de 2% aa.

Período	Benefícios	Salário e Gastos	Amortização do Período	Amortização Acumulada	Valor Líquido
Início Período 1	4.579,71	471,35			4.108,36
Fim Período 1	4.717,10	480,77	(1.000,00)	(1.000,00)	3.236,33
Início Período 2	3.717,10	380,77			3.336,33
Fim Período 2	3.828,61	388,39	(1.000,00)	(2.000,00)	2.440,22
Início Período 3	2.828,61	288,39			2.540,22
Fim Período 3	2.913,47	294,16	(1.000,00)	(3.000,00)	1.619,31
Início Período 4	1.913,47	194,16			1.719,31
Fim Período 4	1.970,87	198,04	(1.000,00)	(4.000,00)	772,83
Início Período 5	970,87	98,04			872,83
Fim Período 5	1.000,00	100,00	(1.000,00)	(5.000,00)	(100,00)

FLUXOS ECONÔMICOS – $

Exemplos de Aplicabilidade do Modelo

É fácil visualizar a aplicação desses modelos para algumas funções. Os vendedores são funcionários que têm despesas diferenciadas entre eles, mas também produzem receitas diferenciadas. Portanto, há vendedores que gastam mais, mas vendem mais, e há o inverso. Cada vendedor tem um potencial específico de geração de resultado futuro para a empresa, e esta pode contar com isso.

Outro exemplo também de fácil visualização são os funcionários de entrega técnica ou assistência técnica. Também têm gastos diferenciados, competências diferenciadas e trazem receitas diferenciadas. Um bom assistente técnico é uma fonte de geração de recursos para a empresa.

Os compradores representam outra função que permite também visualizar com facilidade a possibilidade de utilização do modelo proposto. A eles normalmente são delegadas as negociações e transações com determinados fornecedores. A habilidade de negociação de cada um pode gerar resultado econômico diferente.

As funções ligadas às áreas de engenharia, produtos, processos, sistemas etc. também seguem as mesmas características das funções que já evidenciamos. Em resumo, todos os funcionários indiretos, cujas funções exigem determinado nível de especialização e por cuja atividade o mercado esteja disposto a pagar, incluindo supervisores e gerentes, devem ter seu potencial avaliado em termos de capital humano.

A avaliação dos funcionários de mão-de-obra direta está mais ligada à avaliação do capital intelectual, fruto da engenharia de processos, *know-how* etc. e pode ser feita no conceito de avaliação coletiva.

Metodologia de Acumulação

A metodologia utilizada para acumulação das informações dos gastos, receitas e atividades do capital humano pode ser a empregada pelos procedimentos já utilizados na departamentalização, mediante o conceito de centros de custos ou despesas. Adiciona-se um registro para cada um dos funcionários, e a conta contábil terá, além do código para a conta contábil e o código para o centro de custo, o código de cada funcionário, para a gestão econômica do capital humano. Em outras palavras, ao proceder-se ao registro das receitas e despesas, o lançamento contábil deverá ter também o código de cada funcionário ao lado da conta contábil e do centro de custo ou centro de lucro.

Considerações Finais

A mensuração do valor do capital humano não está ainda com uma metodologia consolidada. Contudo, o atual momento empresarial deixa clara a necessidade de apurar-se o valor dos recursos humanos mantidos pela empresa, pois eles têm um valor e, dessa forma, devem ser objeto de estudo da Ciência Contábil.

O presente estudo apresentou os principais conceitos atuais de capital intelectual e do capital humano e, ao final, apresenta uma proposta de modelo de informação para gestão econômica dos recursos humanos. Na proposta, denominada de sistema de informação de controladoria do capital humano, procuramos evidenciar que todos os gastos para cada funcionário especializado devem ser acumulados de forma individual.

Além disso, é fundamental que se consiga, de alguma forma, mensurar as atividades de cada funcionário, ao mesmo tempo em que se medem suas receitas, resultantes da prestação dos serviços. Como conseqüência, é possível medirmos, tomando como base o conjunto de suas receitas e despesas, o potencial gerador de benefícios futuros de cada funcionário e, assim, seu valor econômico.

Bibliografia

CATELLI, Armando. *Controladoria*. São Paulo: Atlas, 1999.

CRAWFORD, Richard. *Na era do capital humano*. São Paulo: Atlas, 1994.

DAVENPORT, Thomas H. Inovação com qualidade total. São Paulo: *Gazeta Mercantil*, 22 set. 1994.

DAVENPORT, Thomas H.; PRUSAK, Laurence. *Conhecimento empresarial*. Rio de Janeiro: Campus, 1998.

DRUCKER, Peter. Entrevista à *Revista Exame*, dez. 1995.

FRANCIA, Arthur J. et al. *Managerial Accounting*. 9. ed. Houston: Dame, 1992.

GARCIA, Solange. Diferimento de despesas de treinamento. *Caderno de Estudos*, Fipecafi/FEA-USP, v. 9, n. 16, jul./dez. 1997.

GUERREIRO, Reinaldo. *Modelo conceitual de sistema de informação de gestão econômica*: uma contribuição à Teoria da Comunicação da Contabilidade. São Paulo, 1989. Tese (Doutorado) – FEA-USP.

_____. Um modelo de sistema de informação contábil para mensuração do desempenho econômico das atividades empresariais. *Caderno de Estudos*, Fipecafi/FEA-USP, n. 4, mar. 1991.

IACOCCA, Lee. *Uma autobiografia*. São Paulo: Cultura, 1985.

IJIRI, Yuji. Momentum Accounting and Triple-Entry Bookkeeping: Exploring the Dynamic Structure of Accounting Measurements. American Accounting Association, Studies in *Accounting Research*, v. 31, 1989.

INTERNATIONAL MANAGEMENT ACCOUNTING STUDY (Ifac). The Measurement and Management of Intellectual Capital: An Introduction. *Estudo*, n. 7, set. 1998.

_____. Enhancing Shareholder Wealth by Better Managing Business Risk. *Estudo*, n. 9, jul. 1999.

JOHNSON, H. Thomas. *Relevância recuperada*. São Paulo: Pioneira, 1994.

MAIRA, Arun N.; BRAGAR, Joan L. Aprender a aprender. *HSM Management*, n. 9, jul./ago. 1998.

OLIVEIRA, Antonio Benedito da Silva. *Contribuição à formulação de um modelo decisório para intangíveis por atividade* – Uma abordagem de gestão econômica. São Paulo, 1999. Tese (Doutorado) – FEA-USP.

PADOVEZE, Clóvis Luís. *Proposta de modelo conceitual para estudo e estrutura da contabilidade gerencial com enfoque em resultados*. São Paulo, 1998. Tese (Doutorado) – FEA-USP.

STEWART, Thomas A. *Capital intelectual*. Rio de Janeiro: Campus, 1998.

Impresso por

META
www.metabrasil.com.br